Souvenirs

DE

NOTRE TOUR DU MONDE

11933. — PARIS, IMPRIMERIE A. LAHURE
9, RUE DE FLEURUS, 9

JEUNE FILLE JAPONAISE.
Photographie de l'auteur.

Souvenirs

DE

NOTRE TOUR DU MONDE

PAR

HUGUES KRAFFT

OUVRAGE
Illustré de 24 phototypies
et contenant 5 cartes

Paris
LIBRAIRIE HACHETTE ET Cie
79, BOULEVARD SAINT-GERMAIN, 79

1885

Droits de propriété et de traduction réservés

A MES

COMPAGNONS DE VOYAGE

ÉDOUARD H. KRAFFT

CHARLES KESSLER — LOUIS BORCHARD

C'est à toi, mon frère, et à vous, mes amis, que je dédie affectueusement ce volume.

Il contient les lettres que j'ai adressées aux miens pendant ce long et beau voyage de dix-huit mois, au cours duquel nous avons gaiement visité l'Inde anglaise, Ceylan, la Cochinchine, Java, la Chine, le Japon et l'Amérique.

Écrites sous vos yeux, et pourtant encore inconnues de vous, ces lettres raviveront bien des impressions que nous avons partagées, et fixeront à jamais dans votre mémoire des souvenirs précieux. Je me tiens donc pour assuré que vous leur ferez bon accueil.

Mais comment les recevra le grand public qu'elles ont en même temps la témérité d'aborder?

Il a déjà entre les mains tant d'ouvrages du même genre, plus sérieux et plus spéciaux, que la publication de ces pages presque intimes, tracées au jour le jour et sans visées déterminées, lui paraîtra peut-être une superfluité.

Puisse-t-il cependant les accueillir avec sympathie! Je l'espère, parce qu'à notre époque le goût des voyages, des études et des entreprises qui s'y rattachent, se développe de plus en plus en France, et que les plus modestes efforts faits pour favoriser ces tendances semblent mériter quelque indulgence en raison même de la sincérité avec laquelle ils sont tentés.

Certes, ils ne sont pas assez nombreux encore les Français qui, profitant de leur fortune et de leur indépendance, ou qui, encouragés par leurs familles trop souvent craintives, se décident à parcourir l'univers. Ne les compte-t-on pas trop facilement aussi ceux qui, libres d'appréhensions pour la plupart mal fondées, vont chercher dans nos propres colonies et dans ces centres lointains, où l'idiome anglais règne maintenant sans partage, l'activité et la prospérité que tant d'étrangers savent y trouver?

Si le récit de nos pérégrinations pouvait, pour sa faible part, contribuer à faire sortir de notre vieille Europe une jeunesse trop hésitante, et à stimuler l'intérêt que, de nos jours, chacun devrait consacrer à des questions devenues universelles, j'aurais atteint mon but. Dans ce cas, je m'estimerai heureux d'avoir retiré de l'ombre, à laquelle je les avais tout d'abord destinés, ces simples « Souvenirs de notre Tour du Monde ».

Hugues Krafft.

SOUVENIRS
DE
NOTRE TOUR DU MONDE

I

INDE ANGLAISE

A bord du *Péluse*, 6 novembre 188...

Le 31 octobre au soir, après avoir échangé à la gare de Lyon les derniers adieux et les derniers serrements de mains, nous filions à toute vapeur vers Marseille......

La nuit fut froide et les carreaux du coupé-lit gelèrent. A Lyon, nous eûmes un véritable temps de Toussaint : ciel bas et gris, atmosphère chargée de brumes épaisses, ville enveloppée de brouillard. Mais dans la Cannebière, au milieu de son tohu-bohu cosmopolite, autour du port enchevêtré de mâts et de cordages, sur la route de la Corniche que nous avons parcourue, gais comme des collégiens en vacances, le changement de décors était complet, et ces notes nouvelles nous ont paru comme un avant-goût charmant de celles qui nous attendent au loin.

Le soleil donnait de tout son plein et scintillait à nos pieds sur la nappe bleue de la Méditerranée ; nous nous réchauffions à ses rayons bienfaisants en oubliant les frimas du Nord ; et les mille petits soucis de ce grand départ s'effaçaient vite sous l'empire de cette première impression méridionale, remplie de promesses riantes.

Le 3 novembre eut lieu notre embarquement sur ce bateau des Messageries maritimes, le *Péluse*, employé aux traversées de Marseille à Alexandrie. De bonne heure nous avions envoyé à bord nos nombreux bagages : les fauteuils-pliants achetés sous la voûte de l'hôtel de Noailles, objets indispensables à tout voyage en mer; les malles grand format et les petites malles plates destinées à la cabine, toutes en solide cuir noir et plus ou moins doublées de zinc. Ces colis, suivant l'habitude adoptée par les Anglais, ont été munis de tous les signes extérieurs propres à les rendre au plus vite reconnaissables. Ils portent de larges bandes circulaires, peintes à nos couleurs, des numéros d'ordre, nos noms en toutes lettres, et des inscriptions spéciales faites en anglais, telles que : *Cabin*, — *Wanted on voyage*.

Je n'essayerai pas de décrire le désordre de la dernière demi-heure.... Tout fut prêt cependant à midi un quart. Aussitôt la cloche retentit, et le *Péluse* se mit en marche pour sortir majestueusement du port.

Appuyés tous trois à la balustrade de l'arrière, nous pûmes contempler longtemps le beau panorama de la rade, les découpures des côtes se détachant sur le ciel, puis Notre-Dame de la Garde dominant le promontoire semé de pins et de claires murailles. Vers cinq heures, un étroit ruban de terre s'apercevait encore à notre gauche, mais déjà loin.... bien loin ! et nous murmurions en le regardant un suprême « au revoir », empoignés, malgré nous, par ce sentiment indéfinissable, mélange de regrets pour les choses aimées que l'on quitte et de désirs pour cet inconnu si charmeur et pourtant si incertain....

Notre première soirée à bord fut ennuyeuse et triste. Dîner de table d'hôte, voisins maussades, crainte du mal tant redouté, perspective peu attrayante de tous les emprisonnements successifs qu'il faudra subir sur les divers océans du globe... tout cela nuisait à notre entrain ! Nous n'avons ni l'un ni l'autre le pied marin, témoin nos défaillances régulières entre Calais et Douvres ! Jusqu'à présent pourtant, tout va bien et nous commençons à croire, comme on le prétend, que la traversée de la Manche possède sur toute autre l'avantage d'être particulièrement désagréable. Quant à moi, je réalise ce qui, récemment encore, m'eût semblé impossible : je vous écris ces lignes au bord de l'étroite table du salon, sans que ma main vacille, sans que ma tête tourne ou que mon estomac crie grâce. On s'habitue au balancement inévitable d'un bateau comme à l'exiguïté d'une cabine.

La nôtre n'est véritablement pas grande. Elle mesure tout au plus deux mètres carrés, et contient quatre couchettes superposées deux par deux ! Quand l'un de nous se meut dans le petit espace libre du milieu, les autres n'ont qu'à rester cois dans leurs tiroirs, sinon sortir.... Et cependant, nous sommes relativement très fortunés : car nous avons payé la quatrième couchette et nous restons au moins entre nous. Le *Péluse* est bondé : certains passagers couchent jusque sur les divans du carré des cabines et sur les canapés du salon. Caisses et paquets encombrent tous les coins ; garçons et femmes de chambre sont sur les dents.

Cinq repas et collations charment la monotonie du voyage : déjeuner-volant servi jusqu'à huit heures ; grand déjeuner à la fourchette et au vin à neuf heures ; lunch froid à midi et demi ; dîner à cinq heures, et finalement le thé du soir. Avec un pareil choix de réconfortants on passe une partie de son temps à manger et à digérer ; puis, dans les intervalles de siestes, on cause, on lit, on fume, en variant l'installation des fauteuils-pliants, ces petits domaines indépendants dont on ne tarde guère à apprécier les avantages. La note bruyante est fournie par une dizaine d'enfants accompagnés d'autant de bonnes ou de gouvernantes. En gros total nous sommes environ une centaine de passagers de première classe.

A quelques exceptions près, tout ce monde va à Alexandrie, où le *Péluse* arrivera après sept jours de voyage, soit le 9 novembre. Le lendemain, nous nous réembarquerons à Suez sur un bateau anglais de la Compagnie Péninsulaire et Orientale (P. and O.), à destination directe de Bombay. C'est là que nous rejoindra Louis, attardé encore par ses adieux à Pétersbourg et réduit à faire seul le trajet de la Russie aux Indes par voie d'Odessa, Constantinople, Suez. Ainsi, dans quelques semaines seulement, notre quatuor sera au complet. Avouez que le rendez-vous assigné comme point de départ de nos communes pérégrinations est assez original!

Le 5 au matin nous étions devant Naples pour un arrêt de quelques heures. Nous nous sommes hâtés d'aller à terre et de fuir la cohue de marchands divers qui ne tardèrent pas à envahir le pont. Mais sur le quai ce fut bien pis : assauts de bouquetières fleurissant malgré nous nos boutonnières, de gamins remplissant nos poches de boîtes d'allumettes ou se bousculant en tas pour nous ouvrir une portière de voiture... et les mendiants, cette kyrielle de mendiants nous accostant de toutes parts!

Pilotés par un cicerone à mine assez suspecte, nous avons visité rapidement les principaux monuments, en passant par une quantité de rues étroites et affreusement pavées; puis, pressés par l'heure, nous avons regagné notre habitation flottante en compagnie d'une superbe botte de roses marchandée *una lira* à un bambin qui poursuivait notre voiture et en voulait dix fois autant. A bord, la foule des marchands n'a déguerpi qu'à la dernière minute, et les musiciens venus pour nous charmer par un concert vocal et instrumental nous ont poursuivis en barque aussi loin qu'ils ont pu. Le chef de la bande, un petit bonhomme à voix éraillée, se démenait dans son canot comme un possédé, brandissant du bras droit un parapluie collecteur, gesticulant du bras gauche et dansant sur place, en hurlant entre chaque couplet de sa chanson : « Allegro la mousique ! — bonne voyatche ! — donnez la mousique ! »

Tout le répertoire y passa, depuis la *Santa Lucia* jusqu'au *Funiculi, funicula*; et tandis qu'on redemandait l'*Addio mia bella Napoli*, le *Péluse* creusait un profond sillon bleu, s'éloignant rapidement de la lumineuse et vaste baie, où flottaient, comme autant de gigantesques papillons, des barquettes aux ailes blanches.....

◉

A bord du *Zambesi*, 18 novembre.

Quel débarquement que celui d'Alexandrie ! Aussitôt que le *Péluse* fut arrêté, grouillèrent subitement, venus on ne sait d'où, des centaines de canots bondés de moricauds aux costumes bigarrés : ce furent des fez, des fez à ne plus les compter ! En même temps s'éleva un tumulte épouvantable de cris et de hurlements qui partaient d'une mêlée effroyable de parents, d'amis, de drogmans, de garçons d'hôtel, de portefaix, de passagers dégringolant dans leurs barques, d'Arabes escaladant pieds nus les cordages et les barres d'appui.

Stoïquement nous avons surveillé nos bagages, ne descendant qu'après un amarrage et un va-et-vient de deux grandes heures, guidés par un interprète italien que nous avions demandé d'avance par lettre, sur la recommandation d'un collègue du Cercle. A la douane, le tumulte fut plus effrayant encore! Et c'est à moitié assourdis que nous nous sommes arrêtés au bureau des passeports, dans une poussée de colosses bronzés, tout ruisselants et surchargés de colis.

De là à l'hôtel le chemin est véritablement abject. Ce ne sont que ruelles bordées de baraques dégoûtantes, devant lesquelles croupissaient des indigènes et des étalages où fourmillaient par myriades de vilaines mouches noires. Des bouffées de ménagerie traversaient l'air chaud. Mais la scène changea sur la grande place où se trouve l'hôtel de l'Europe, au seuil du quartier moderne.

Le train pour Suez devant partir aussitôt après l'arrivée de la malle de Brindisi, nous étions sur le qui-vive, et il fallut condenser en un seul après-midi toutes nos explorations égyptiennes.

Le soleil brûlait fort, de sorte que nous avions endossé nos vêtements légers et étrenné nos *pith-hats*, ces chapeaux-casques aussi disgracieux qu'indispensables. Du reste, nous ne prétendions et ne prétendons encore pas à des mines séduisantes, car, avec nos mentons hérissés de petites pointes en brosse, nous sommes dans une période tout à fait ingrate pour nos avantages extérieurs. L'excellent Monsieur de Marseille qui nous pria, au restaurant, de lui confirmer qu'il venait de gagner un pari en soutenant que nous étions bien trois officiers de cavalerie, ne songerait jamais à nous faire passer pour tels maintenant. Après tout, il avait deviné presque juste!...

Amaturi, notre interprète, nous a guidés religieusement vers la colonne de Pompée, pour nous montrer la ville d'Alexandrie dans toute sa monotone étendue; puis il nous conduisit au jardin Antoniades, après une longue promenade sur le bord d'un bras étroit du Nil. A gauche, une suite de jolies villas claires, des murs enguirlandés de feuillages grimpants et de fleurs bariolées, des grilles se découpant sur des plantations admirablement vertes; à droite, un horizon plat de bois de palmiers et de petits villages : tel fut le chemin qui nous mena jusqu'au plus beau et plus connu des jardins d'Alexandrie, que le propriétaire ouvre au public tous les jeudis et dimanches. La végétation y est merveilleuse et s'étale dans des parterres superbes; on y voit autant de jardiniers et de gardiens que d'arbres et de chemins.

Mais aussi quel contraste entre une oasis de ce genre et les affreuses routes grises qui ramènent à la ville! Quels nuages de poussière s'élèvent des ornières sablonneuses, enveloppant les voitures et les piétons, les équipages élégants aux janissaires armés, précédés des saïs traditionnels, et les petits ânes qui trottinent philosophiquement, la croupe chargée d'un cavalier aux longues jambes pendantes, et les flancs battus raide par les âniers qui courent derrière.

Le soir nous sommes allés dans un établissement où nous espérions naïvement voir des almées! Mais, ô progrès! il n'y avait que des billards et un de ces orchestres trop connus de « Dames viennoises »!.....

Le 10, nous dormions profondément quand Amaturi vint nous réveiller en sursaut et nous annoncer que la malle de Brindisi était arrivée. Force fut de nous hâter et de courir au quai, où en fin de compte nous dûmes attendre patiemment le départ du train, qui ne s'ébranla que deux heures et demie après le moment annoncé.

L'organisation de ce service laisse d'ailleurs fort à désirer : on n'enregistre même pas les bagages des voyageurs qui, comme nous, se joignent aux *through passengers* de Londres à Suez. Toutes les malles sont jetées pêle-mêle dans des fourgons, sans qu'on y appose la moindre étiquette et sans qu'aucun reçu en soit délivré aux propriétaires, qui peuvent se dire trop heureux quand leurs colis ne sont pas éparpillés de tous côtés.

Le trajet jusqu'à Suez devrait se faire en dix heures. Je ne sais s'il est possible de l'accomplir dans ce laps de temps, en tout cas nous ne sommes arrivés qu'à onze heures du soir, après de nombreux retards. En route le paysage et son animation contribuèrent cependant à nous faire prendre patience, au moins jusqu'à la tombée de la nuit.

Pendant la moitié du trajet, la ligne traverse des contrées fertilisées par les débordements du Nil, dont le courant bienfaisant a créé au milieu des sables une luxuriante végétation. Une route, réduite en certains endroits à la largeur d'un sentier, court parallèlement à la voie ferrée. Là règne le mouvement le plus étonnant, mouvement auquel ne pourrait même se comparer le trafic d'un jour de marché sur un grand chemin d'Europe. Piétons isolés ou groupés par bandes, hommes à cheval ou à âne, caravanes de chameaux se suivent ou se croisent incessamment, tandis qu'au bord du chemin se reposent ici et là des voyageurs fatigués. De rares femmes passent, vêtues de noir ou de bleu foncé, et visage découvert. Dans les champs de maïs on aperçoit de nombreux travailleurs, des bergers gardant des troupeaux de moutons noirs; çà et là, dans les eaux jaunes du fleuve, des bœufs se baignant jusqu'au mufle. Les villages qui émergent de ces plaines fertiles laissent cependant une impression misérable qui fait ombre sur la gaieté générale du tableau. Leurs cabanes de terre brune, percées à peine de petites ouvertures, ressemblent à autant de taupinières, et tout ce qui les entoure est malpropre, écœurant. Des pigeons seuls, avec leur blanc plumage, apparaissent comme une note pure au-dessus de ces habitations tristes et délabrées....

J'aime mieux ne pas parler des repas que l'on nous servit en route à deux reprises, à midi et à cinq heures : j'en dirais trop de mal.

Ce fut après la seconde de ces haltes que le chemin de fer quitta la région du Nil pour s'engager dans les sables. La nuit tomba rapidement, et bientôt la lune vint de ses pâles reflets éclairer le désert, tandis que nous nous endormions dans les fauteuils de notre pullman-car, bondé d'Anglais et d'Anglaises.

Je vous ferai grâce de la série de vexations et d'ennuis de toutes sortes que nous avons endurés à Suez, à la gare maritime de la Compagnie P. and O. Je les résumerai en vous disant que pendant trois longues heures nous eûmes à subir une vraie torture avivée encore par le flegme des rares employés britanniques et le charabia insupportable d'Arabes avides de *bakchiches*. Amaturi lui-même ne savait plus où donner de la tête. Tous nos Anglais s'empilaient dans un steamer colossal amarré au quai. Quant au nôtre, on nous le désignait à deux ou trois milles en mer, mais on ne nous indiquait pas le moyen de l'atteindre, et dans le désordre occasionné par le transbordement des innombrables sacs des malles de l'Australie, des Indes, de tout l'Extrême Orient, il n'y avait plus ni barques ni rameurs à notre disposition. Ce ne fut qu'après de longs pourparlers, et grâce au caprice subit d'un sous-directeur du trafic, qu'il nous fut possible de nous embarquer sur un petit remorqueur qui nous conduisit avec nos bagages, assez heureusement repêchés dans plusieurs fourgons, vers le *Zambesi*. On nous y attendait depuis la veille, et peu s'en était fallu qu'on n'eût pris la mer sans nous!

Le *Zambesi*, parti de Southampton le 27 octobre, et arrivé à Suez par Gibraltar et Malte, ne portait depuis le commencement de son voyage que des passagers à destination de Bombay, et nous fûmes seuls à les joindre en route. Certains farceurs du bord nous ayant annoncés comme trois clergymen, nous excitâmes à ce titre la curiosité générale, et notre entrée au *breakfast* du matin fit sensation. Quant à nous, ne soupçonnant même pas l'intérêt que nous éveillions, nous avons failli être pris du mal de mer à ce moment même et pour tout de bon : les tables, les passagers, les serviteurs, tout nous semblait danser une sarabande étourdissante sous le balancement continu de grands éventails d'étoffe qui pendaient au plafond du salon.

Assis sous la brise caressante de ces *pankas*, que nous retrouverons dans tous les pays chauds, nous n'avons pas tardé à en constater l'utilité et l'agrément. Le système en est à la fois simple et ingénieux : ce sont de longues traverses de bois, garnies de volants d'étoffe et mises en mouvement au moyen de cordes que tirent méthodiquement des serviteurs spéciaux. Il paraît que dans le sud des Indes ces pankas fonctionnent jour et nuit, ce qui ne doit pas être superflu, si l'on en juge par l'accablante chaleur que nous subissons déjà. Bien que le pont du navire soit transformé en tente énorme, interceptant les ardeurs du soleil, nous étouffons. Les courants d'air eux-mêmes sont oppressants.

A Aden, nous sommes restés quelques heures en rade, mais personne n'est allé à terre. Pendant que nous contemplions le morne rocher brun, dénudé, sur lequel tranchent des murailles blanches, nous avons reçu la visite de marchands juifs, sales au suprême degré. Ils venaient offrir aux passagers des plumes d'autruche. En même temps des bataillons de gamins, noirs comme de l'encre, s'ébattaient autour de notre bateau en faisant les plongeons les plus extravagants, à la recherche de petites pièces qu'on leur jetait au fond de la mer. Ils n'en avaient jamais assez, et ne cessaient de hurler en mesure des : *Haver dive, o'ho! Haver dive, o'ho!*.... très divertissants.

Depuis Aden la chaleur est devenue moins forte, grâce à la mousson nord-ouest, qui nous favorise. Cependant la vie à bord est restée ce qu'elle était auparavant, calme et monotone! Aucun entrain parmi les vingt passagers qui composent notre « société ». Il y a un révérend à mine rébarbative, un vieux colonel qui a la manie de prendre des notes de toutes les paroles qui frappent ses oreilles, un jeune couple qui se dispute à tout instant, et plusieurs dames à demi muettes, — de bonheur, je l'espère, — car elles vont aux Indes retrouver leurs époux !

Une seule personne est amusante, et nous espérons bien la revoir à Lucknow, où son mari a le grade de général. C'est une de ces Anglaises d'âge incertain ou plutôt trop certain, très vive, très gaie, un peu railleuse, et ultra-coquette. De cheveux très noirs, de taille un peu forte, elle porte toujours du bleu ciel ou du rose, et se couvre de dentelles et de fleurs. Dès les premières heures du matin elle apparaît en petit bonnet élégant et en peignoir prétentieux. Le deuxième jour de notre embarquement elle nous appelait déjà « ses enfants », *her children*, et nous nommait par nos prénoms. Vous ne vous étonnerez donc pas qu'elle soit devenue depuis lors notre « tante ».

Suivant la coutume établie dans tout milieu anglais qui se respecte, chacun se met en toilette pour le dîner : les dames affectent une certaine élégance et se parent de robes à traîne, tandis que les hommes endossent tous un vêtement noir. Dans la soirée, on se rassemble sur le pont comme dans un salon et l'on fait cercle autour du piano. L'instrument musical sert alors à toutes sortes d'exercices vocaux et digitaux ; il accompagne même la danse, car, malgré le haut degré de température, nous dansons !... les dames anglaises ayant une passion très grande pour la valse et la polka. Souvent cependant nous leur échappons pour aller regarder du haut de la rampe les phosphorescences magnifiques de la nappe noire et calme du golfe d'Oman.

Les six ou sept enfants qui nous accompagnent sont gardés par des bonnes appelées *ayahs*, petites femmes couleur chocolat clair, drapées de burnous blancs bordés de rouge, et portant aux chevilles comme aux bras quantité d'anneaux et de bagues. Avec les *lascars* de l'équipage elles représentent à bord l'élément indien. Ces matelots sont de petits hommes grêles, à barbe pleine; leur costume est composé d'un pantalon étroit, d'une longue chemise serrée aux hanches par un fichu de couleur, et d'un turban rouge. Ils vont partout nu-pieds.

Les dimanches à dix heures tous ces hommes sont passés en revue par le capitaine et les officiers. Le bateau prend alors un air de fête et, l'inspection terminée, le révérend célèbre le service divin, auquel assistent tous les passagers. Tandis que sous le ciel clair le navire chemine doucement, ce culte dominical ne manque pas de solennité, au milieu de la solitude imposante de l'Océan.

Cependant l'aspect le plus curieux du pont est bien celui du soir, lorsque vers dix heures, après l'extinction des lumières, tous les gentlemen ont la faculté de s'y présenter vêtus du costume de nuit appelé *paejamah*, usité universellement dans les climats chauds, et qui consiste en un pantalon et une veste de légère flanelle. Les cabines sont généralement si peu habitables que presque tout le monde (les dames même assez souvent) couche à la belle étoile. Les *stewards* font une installation générale de matelas et de couvertures sur les planchers et les prises de jour, de sorte qu'à un moment donné tout le pont se trouve transformé en dortoir. Je connais des gens cependant qui n'affectionnent pas ce campement, et qui craignent le serein, fort traître pour les rhumatismes : d'ailleurs le pont est envahi dès l'aube par une compagnie de lascars, munis de balais et de grands seaux, et leur ardeur matinale dérange impitoyablement les dormeurs.

Bombay, 24 novembre.

Nous voici arrivés sains et saufs en Hindoustan.

Bombay, 28 novembre, Watson's Hotel.

Ma dernière lettre a été terminée à la hâte peu d'instants avant le départ de la malle d'Europe, dans les bureaux somptueux du Comptoir d'Escompte, premier but de nos courses à Bombay. Nous étions déjà entrés en rade la veille au soir, mais nous avons couché encore une fois à bord, préférant éviter une installation nocturne à Watson's Esplanade Hotel.

C'est à la fin de notre dîner du 23 que le *Zambesi* s'arrêta, et que tout bruit cessa subitement avec tout mouvement, pour nous donner le sentiment si bienfaisant de l'arrivée à bon port. Ce sentiment n'est surpassé que par celui qu'on éprouve au moment où le pied pose de nouveau à terre; ce dernier ne se décrit pas. Il faut en avoir eu soi-même l'émotion pour le comprendre : on débarque avec l'orgueil d'un conquérant.

Plusieurs maris montèrent à bord en même temps que les employés de la douane et se donnèrent la joie d'emmener immédiatement leurs familles respectives. En présence de tant de départs nous n'avons pu résister à la tentation d'atterrir le soir même, et nous sommes partis en bande pour une courte tournée dans la ville, afin de retenir nos logements. Le débarcadère s'appelle Apollo-Bunder : de là jusqu'à Watson's Hotel il n'y a que cinq à dix minutes de marche. Durant ce court trajet nous avons eu tout de suite un résumé des premières impressions : atmosphère agréable et remplie des senteurs musquées qui se dégageaient des arbres et des plantes environnantes, tièdes caresses d'une faible brise à laquelle se mêlait la musique perçante de cri-cris invisibles; puis devant nous, sur une vaste place illuminée, l'universel tramway rempli de voyageurs enturbannés....

Le lendemain matin, la visite de nos petits colis faite à bord fut aussi désagréable que possible, à cause de l'insistance curieuse et naïve des douaniers, de grands Hindous habillés à l'européenne. Tout leur parut mystérieux, jusqu'à mes couleurs et mon appui-main, qu'ils prenaient pour une baguette de fusil! Quant à nos grandes malles, elles furent emmenées au *Custom-house* avec nos revolvers et tous les objets suspects. Mais un employé du Comptoir nous aida à les retirer sans ennuis.

Notre hôtel est une immense construction presque neuve, entièrement entourée de larges terrasses le long de ses quatre étages. Les chambres y sont très élevées, mais dépourvues d'élégance et de papiers de tenture. Les murs de séparation ne vont pas jusqu'au plafond, et il reste en haut un espace libre d'environ 5o centimètres, destiné à établir un courant d'air général dans la largeur de tous les étages. Le mobilier est simple, passablement fatigué, et soumis comme les effets des voyageurs aux caprices des rats, qui semblent s'attaquer de préférence aux chaussures. Une façade de l'hôtel commande la mer; aussi les chambres y sont-elles le plus recherchées.

Le personnel régulier est composé d'Indiens de Goa, échantillons mi-portugais de la population mitigée de cette colonie; ils parlent tous anglais et portent des vêtements blancs de coupe moderne. A côté d'eux on voit dans toute la maison une foule de *boys* (domestiques) particuliers, personnages indispensables dans ce pays où chaque *saheb* ne peut s'empêcher d'avoir un esclave individuel, destiné à le suivre comme une ombre. Ce dernier couche la nuit sur le seuil de la porte de son maître, ne le quitte dans la journée que pour aller prendre sa nourriture, et le sert exclusivement à tous les repas, même à ceux qu'il accepte chez des amis. De cette façon, la salle à manger, où se balancent d'immenses pankas, devient littéralement bondée au breakfast de neuf heures, au *tiffin* (lunch) de deux heures et au dîner de sept heures et demie. En faisant une moyenne générale, on trouverait alors plus d'un domestique pour chaque voyageur.

Pour le moment nous nous passons encore de ces personnages et n'en prendrons qu'en commençant notre voyage à l'intérieur. Nous aurons ainsi plus de loisir pour en trouver de bons, chose qui ne paraît pas être toujours facile.

Depuis le premier jour de notre arrivée nous avons sillonné, et nous continuons à sillonner la ville dans tous les sens.

Bombay est une cité de 800 000 habitants (dont un centième d'Européens), située sur une grande île et reliée au continent par le pont des lignes ferrées qui partent d'ici pour le nord, le centre et le sud de l'Inde. Le quartier le plus moderne, le Fort, où se concentrent les bâtiments du Gouvernement, les bureaux, notre hôtel, etc., se termine par le quai d'Apollo-Bunder, déjà nommé. Au nord s'étend la *native town*, vivante et colorée; à l'ouest, Malabar-Hill, longue colline baignée par la mer sur deux côtés. Elle est le centre des villas européennes, joliment disséminées dans de riants jardins, où vivent tous les résidents qui veulent fuir la température étouffante de la ville. Costumes indigènes à part, le Fort est décidément tout ce qu'il y a de moins couleur locale : les larges rues et les vastes places, les constructions luxueuses en style gothique, les colonnades imposantes, l'éclairage au gaz et à l'électricité, les magasins somptueux largement approvisionnés des objets les plus nouveaux et les plus chers, tout cela forme un ensemble européen qui serait complet si les couleurs vives des turbans indigènes ne venaient y jeter une note orientale.

Quant au confort habituel de la vie journalière, nous pouvons en juger autant par l'installation très soignée des clubs, dont on nous a nommés membres temporaires, que par l'arrangement de plusieurs habitations privées. Partout les dispositions sont prises en vue de combattre la chaleur par le plus de courants d'air possibles, dans des appartements énormes, généralement de plain-pied, percés de nombreuses portes et fenêtres, et entourés de vérandas.

Partout la domesticité est innombrable, puisqu'il s'agit, même pour un train de maison ordinaire, de légions de serviteurs plus ou moins paresseux, voués à des attributions exclusives dont rien ne les ferait démordre. C'est ainsi qu'il faut des Musulmans pour le service de la cuisine et de la table, parce que les Hindous pratiquants ne veulent pas toucher à la nourriture européenne. Il est vrai que le salaire de tout ce monde est comparativement peu élevé : les gages d'un maître d'hôtel musulman ne dépassent pas 18 à 20 roupies (40 à 45 francs), tandis qu'un employé infime, tel qu'un coupeur d'herbe pour les chevaux, n'est payé que 4 à 5 roupies par mois, soit 12 francs pour nourrir femme et enfants!

Les routes qui réunissent Malabar-Hill à Apollo-Bunder s'animent de nombreux véhicules, surtout après quatre heures, quand le soleil, très fatigant jusqu'à cette heure, a diminué d'éclat et qu'une promenade en voiture devient vraiment délicieuse. Tout le monde élégant circule alors en équipages corrects, des calèches ou de grands landaus attelés de chevaux australiens, et dont les cochers et les saïs porteurs de chasse-mouches sont vêtus de robes serrées ayant la couleur de la livrée, et coiffés de turbans plats à galons d'or. A certains jours, et quand la musique joue, on fait corso devant le restaurant du quai et le Yacht-Club, tout récemment terminé.

Parmi nos lettres de recommandation, il y en a beaucoup qui nous ont valu des visites ennuyeuses, et voilà tout. Après avoir naïvement imaginé que certaines de ces lettres nous ouvriraient toutes grandes telles ou telles portes, il a fallu vite reconnaître que dans une ville immense comme Bombay, où il débarque tant de voyageurs, les résidents accueillent peut-être encore plus froidement qu'ailleurs les inconnus qu'on leur envoie trop souvent. Je dois même dire qu'ici nous sommes le plus aimablement reçus chez les personnes dont nous avons à attendre le moins de prévenances.

Ayant beaucoup de temps à nous, nous passons fréquemment par la ville indigène, où l'animation la plus vive règne le matin surtout, au réveil de la population hindoue. Mais comment vous décrire l'aspect bariolé de toutes les rues principales, des rues secondaires et des petites ruelles aux hautes maisons claires, et toutes grouillantes d'une foule compacte en vêtements blancs et en coiffures rouges, allant et venant devant les boutiques et les bazars! Il y a de tous côtés une telle infinité de turbans divers qu'il faudrait des études spéciales pour en approfondir l'origine et la signification! Comment ranger cette foule incomprise par castes de *Brahmines*, de *Chétris*, de *Waïshias* et de *Soudras*? Les coiffures les plus pittoresques et les plus extravagantes défilent les unes après les autres, tantôt enchevêtrées en mélange d'étoffes rouge et or, tantôt ornementées d'appendices bizarres qui surgissent sur les occiputs. Sur dix de ces Hindous à turbans, on en voit huit ou neuf avec des anneaux d'or dans la partie supérieure de l'oreille et portant sur leur front brun des peintures mystérieuses, tracées en petits ronds, en raies blanches, rouges ou jaunes au-dessus de leurs yeux noirs. Les rares femmes qui marchent dans la rue ont toutes des anneaux dans le nez et aux oreilles, des quantités de bagues et de bracelets clinquants aux mains et aux pieds. Seuls les enfants du peuple sont dépourvus de vêtements. Ils trottinent à droite et à gauche, remarquables par la proéminence de leur ventre monstrueux, ou passent languissamment placés à califourchon sur la hanche maternelle et maintenus dans les plis d'une grande draperie. Vers le soir commence aussi le mouvement des voitures des riches indigènes, des

Banians et des *Parsis*, retournant de leurs comptoirs à leurs demeures ombragées de palmiers. On voit circuler alors des femmes enveloppées, adossées au fond de leurs *garis* à volets de bois, et accompagnées d'enfants somptueusement habillés, dont les grands yeux brillants illuminent de petits visages pâles.

Bombay possède deux curiosités principales : l'île d'Éléphanta, célèbre par ses temples creusés dans le roc, et les tours du Silence. C'est là que la tribu des Parsis porte ses morts.

Les Parsis descendent des Perses, ainsi que l'indique leur nom, et représentent une caste nombreuse, très distincte de tous les habitants de l'Inde et vouée au culte de Zoroastre. En leur qualité d'adorateurs du feu, leur culte les empêche de brûler leurs morts. Qu'en font-ils? Ils les donnent en pâture à des vautours. Chaque Parsi se trouve donc un beau jour inhumé par petits morceaux dans une centaine d'estomacs d'oiseaux carnassiers !

Le domaine des vautours est situé au sommet de Malabar-Hill, dans un vaste enclos, beaucoup moins lugubre que ne le représente l'imagination. On y pénètre en passant sous des tonnelles enguirlandées de fleurs aux vives couleurs. Au bout d'une prairie dépourvue de petite végétation mais plantée de palmiers, se dressent cinq grosses tours rondes, ouvertes par le haut, élevées de huit mètres environ. Les vautours sont assoupis sur les crêtes des murailles ou sur les branches des arbres voisins, où ils forment de grosses grappes hideuses. Des nuées de corbeaux jaloux voltigent autour d'eux. Personne, sauf deux hommes spéciaux qui font le service des morts, n'entre dans ces tours ou ne peut en approcher, pas même les Parsis. Les visiteurs, assez déçus d'être ainsi maintenus à distance, ne voient donc rien et doivent se contenter d'inspecter un petit modèle en plâtre, que leur montre le gardien de l'endroit. On voit ainsi de quelle manière les tours sont partagées en trois cercles successifs, pour les hommes, les femmes et les enfants, que les porteurs y déposent sur des grillages de fer. Il paraît qu'au bout d'une heure il ne reste d'un Parsi défunt que les os.

Du haut de ce plateau, la vue sur Bombay est si belle et si étendue, la nature y prend dans l'après-midi de si jolis tons purs et transparents, que les impressions mélancoliques produites par une coutume si répulsive s'effacent bientôt devant un panorama aussi imposant.

En quittant ces lieux, nous avons vu un convoi de Parsis qui gravissaient l'escalier d'entrée. Tout de blanc vêtus, ils défilèrent lentement devant nous, et disparurent dans l'intérieur de leur territoire....

Question d'enterrement à part, les Parsis sont des personnages très modernes et très instruits. Ils se croient bien supérieurs à tous les Hindous, affectent des tendances occidentales, et tiennent le grand commerce entre leurs mains. Extérieurement ils se ressemblent tous beaucoup. Ils ont des traits réguliers, et le teint simplement basané, portent favoris et moustaches, et se vêtent de longs surplis noirs. Plusieurs d'entre eux occupent des positions exceptionnelles et ont été anoblis par la Reine.

Si les Parsis professent à l'égard de leurs morts une bizarre philosophie, les Hindous, qui ont la plus grande horreur de verser le sang d'une bête quelconque, et ne tueraient pas plus un oiseau qu'un gros quadrupède, poussent le respect pour la vie animale jusqu'à l'absurde. Nos sociétés protectrices seraient-elles satisfaites cependant de cette sollicitude outrée en parcourant, comme nous venons de le faire, le fameux hôpital créé pour les animaux? J'en doute. Rien ne saurait donner une idée des misères rassemblées dans ce grand espace divisé en parcages, comme un jardin zoologique, où une foule de pauvres bêtes maigres et repoussantes tirent en longueur une existence piteuse. On voit là des singes éclopés, des chiens infirmes, des volailles boiteuses, des bestiaux à trois jambes, etc. Quelle écœurante promenade !

Bombay, 2 décembre, Watson's Hotel.

Nous avons assisté ces jours derniers à deux spectacles purement indigènes : une représentation donnée dans un théâtre hindou, et une soirée de mariage chez un riche Banian.

Au théâtre nous n'avons tout naturellement pas compris un seul mot de la pièce, mais l'intrigue était limpide comme de l'eau de roche : il s'agissait d'un prince amoureux d'une beauté indigène, représentée par un homme costumé en femme (puisque ici le sexe fort monte seul sur les planches). Ce prince envoie à sa belle une bande de chanteurs chargés de lui faire une déclaration. Le message, psalmodié sur une mélodie plaintive à donner la migraine, dure bien un quart d'heure, tandis que la princesse et ses suivantes, raides comme des piquets, écoutent debout, au milieu d'un magnifique jardin. Pendant la scène suivante, qui se passe dans une forêt, la princesse se promène sur un éléphant en carton; un tigre en carton attaque l'éléphant, mais l'amoureux, qui jusqu'à ce moment dramatique avait aussi l'allure d'un personnage de carton, survient à temps pour occire le tigre et sauver son adorée. Sur quoi grande scène de bonheur dans un décor orné de chaises rangées en demi-cercle; bénédiction du brahmine et reprise des douces mélodies par les mélancoliques chanteurs. Les nouveaux époux éprouvent eux-mêmes le besoin de se joindre à ces interminables litanies, mais c'est plus terrible encore que tout le reste. Tandis que leurs voix nasillardes, montées sur un diapason suraigu, se fatiguent en trilles et en roulades, ils se tiennent une oreille et penchent la tête en prenant les expressions les plus languissantes.

Nous croyons la pièce finie par cet heureux mariage, mais point du tout. Surviennent un complot ourdi par un rival et découvert par le serviteur du rajah, puis la fuite de ce dernier et de sa femme, au grand désespoir du traître, qui ne trouve plus que le cercle de chaises délaissées ; ensuite une grande scène d'infortune jouée par le couple poursuivi, qui se promène en négligé dans une autre forêt et se livre à une nouvelle succession de discours et de jérémiades ! Au bout d'une demi-heure ils s'en vont pour de bon ; mais que voit-on ? Un petit paquet blanc déposé par eux au milieu de la scène ! C'est l'enfant du malheur, le rejeton abandonné des nobles époux !...

Pour le coup, nous en avons assez, et nous nous sauvons à la hâte, craignant d'assister encore à la vie entière de ce nouveau et inattendu personnage.

M. Gokuldas Iagmahondas est un Banian bien placé qu célébrait hier les épousailles de sa fille Vihilitka. Cette jeune personne, de douze à treize ans, devait se marier deux jours plus tard, mais, suivant la coutume, elle était déjà liée à son fiancé depuis sa première enfance. Ici les parents cimentent de bonne heure les futures unions de leurs enfants.

Ainsi que l'usage le veut, M. Gokuldas avait envoyé des invitations aux négociants étrangers de la ville. Mais ces cérémonies, très longues et fatigantes, exclusivement célébrées entre hommes, passent pour si ennuyeuses que personne n'y retourne deux fois. Ce fut un de nos amis de Bombay, comme nous cravaté de blanc, qui nous conduisit au jardin étincelant de lampes vénitiennes où avaient lieu les fêtes. M. Gokuldas, très flatté de notre visite, vint à notre rencontre sur le perron de l'habitation, et nous conduisit cérémonieusement au milieu de l'assemblée, vers de grands sofas jaunes rangés le long des murs. On nous apporta des fleurs et l'on arrosa d'eau de rose nos pauvres pantalons noirs, tandis que, pour avoir l'air moins ridicules avec nos petits bouquets plantés dans chaque main, nous les portions fréquemment à nos narines. Entre-temps deux bayadères laides comme les sept péchés capitaux et emmitouflées de la cheville à la tête exerçaient leurs gosiers par des vocalises stridentes et monotones en prenant des airs très malheureux, et frappaient en cadence le sol de leurs pieds garnis de grelots bruyants. Les Hindous présents, vêtus de larges robes blanches empesées, coiffés de mitres noires ou de turbans disparates, semblaient s'ennuyer autant que nous.

Après une heure d'audition, nous avons pris congé, assurant au maître de céans que sa soirée avait été charmante!

Bombay nous possède déjà depuis plus de huit jours, et nous avons hâte de partir pour l'intérieur; demain 3 décembre nous nous mettrons en route. Louis nous est arrivé le 29, à bord d'un énorme steamer, le *Surat*, rempli de cent cinquante passagers. Il n'a fait que toucher à Constantinople et à Smyrne, mais il a pu s'arrêter deux jours au Caire. Nous voici donc au complet, et nous venons de tracer les bases définitives de notre itinéraire. Nous consacrerons trois mois à la partie nord des Indes, rayonnant d'abord autour de Bombay pour visiter les fameux temples souterrains d'Ellora, puis la colonie portugaise de Goa; ensuite nous nous acheminerons par la nouvelle ligne de chemin de fer du nord vers Jaïpur, Delhi, Lahore, Agra, pour gagner ensuite Calcutta par Lucknow et Bénarès.

Le choix de notre personnel est fait. Charles a engagé un grand Indien de Goa qui parle un peu anglais et qui se nomme

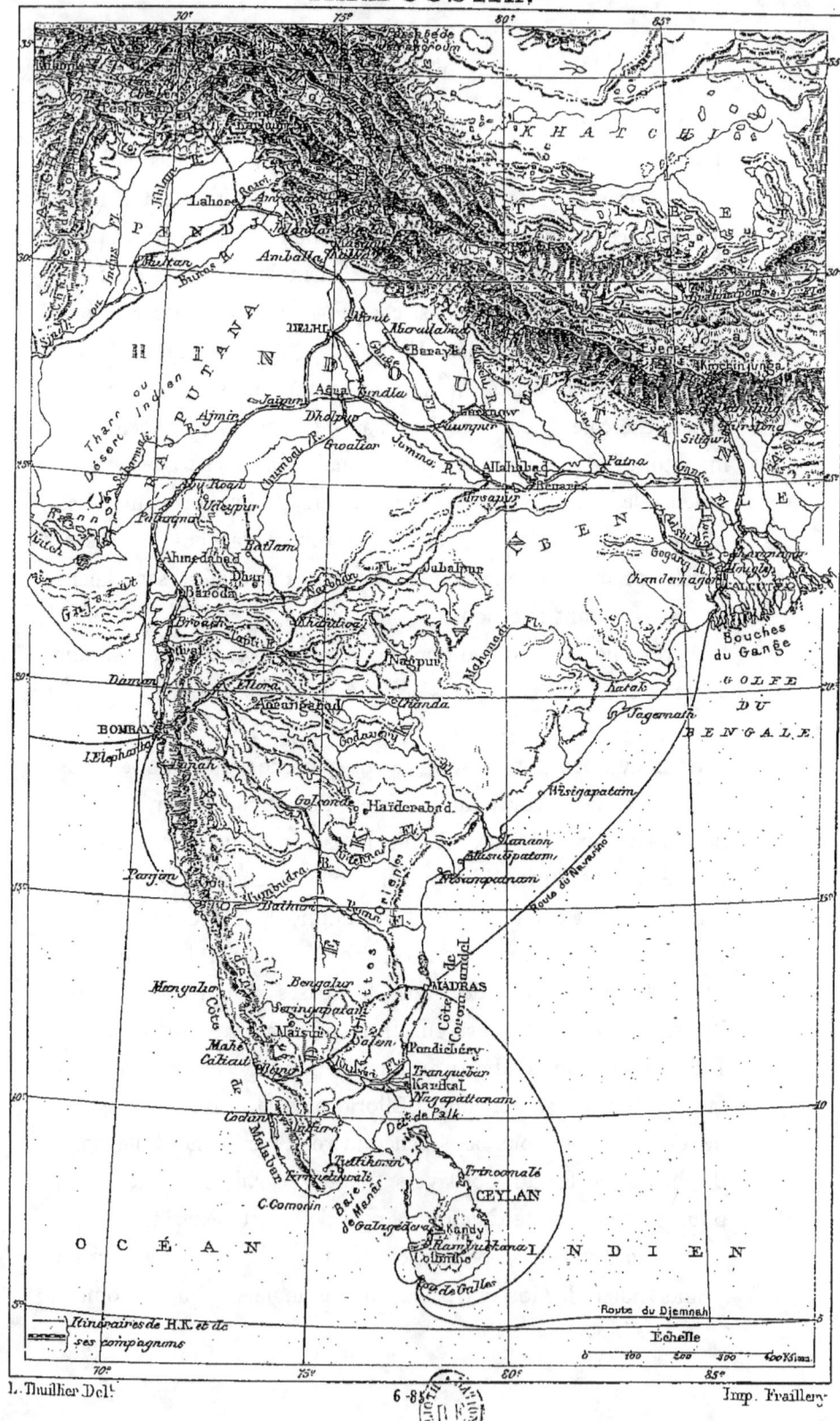

Antonio *de* Souza. Il pose, à l'instar de la plupart de ses compatriotes, pour un descendant, de main gauche, de quelque seigneur lusitanien : ce qui ne l'empêche pas de marcher nu-pieds et d'accepter pour salaire la somme de 18 roupies par mois. Édouard a pris un Madrassi de la plus noire espèce, appelé Lutchmiah, qui se coiffe d'un grand turban sombre et roule de gros yeux farouches. J'ai moi-même un Hindou de Bombay, assez brun de peau, homme entre deux âges, à l'air assez doux et qui porte le nom suave de Lalla Mokhan. Il a déjà voyagé beaucoup avec d'autres sahebs et parle l'anglais couramment. Avec les 25 roupies que j'ai dû lui promettre (ses concurrents avaient des prétentions bien plus élevées et des quantités de certificats moins authentiques), il s'habille et se nourrit à son compte. Selon l'usage je lui ai alloué une somme supplémentaire de 20 roupies (deux fois trop sans doute), pour lui fournir le *warm-clothing* dont il aura besoin dans le nord. Louis possède la perle de la bande. Il a eu la chance de rencontrer sur son steamer un nommé Will qui a déjà fait deux fois le voyage que nous nous sommes tracé, et qui parle cinq ou six langues. Tandis que nous congédierons nos boys à notre départ des Indes, il conservera Will pour la durée entière de nos pérégrinations, en qualité de valet personnel pour lui-même, et de courrier pour toute la compagnie.

Notre équipement général est terminé. Malgré nos provisions, trop complètes sous bien des rapports et que nous aurions pu faire sur place beaucoup plus rationnellement qu'à Paris et à Londres, il nous a fallu commander diverses choses imprévues: tout d'abord ces costumes blancs, composés d'un pantalon et d'une jaquette de forme militaire avec col droit serrant le cou, costumes universellement portés ici et qui dispensent de faux-cols et de manchettes; puis, un stock nouveau de chemises spécialement confectionnées pour ce pays bienheureux où les blanchisseurs, messieurs les *dhobi-whallahs*, ont pour habitude invétérée de laver le linge en le frappant sur des pierres à coups redoublés (système barbare qui dès la première lessive transforme en loques informes les effets les plus neufs) ; enfin, un assortiment complet d'oreillers et de couvertures ouatées. compagnons indispensables du touriste dans l'Inde, où les lits sont réduits à leur plus simple expression.

Malgré la vieille amitié qui nous unit, nous avons pris des dispositions pour assurer une bonne entente permanente entre nous quatre. Ii est convenu que nous mettrons aux voix toutes les décisions graves, et que pour les autres éventualités nous tirerons au sort, laissant ainsi au soin du hasard le droit de favoriser tel ou tel d'entre nous pour tous les petits avantages courants, meilleures places de wagon, meilleures chambres, meilleures cabines, etc., etc…. Louis a accccepté les fonctions assujettissantes de caissier, contre versements périodiques de nos contributions aux dépenses communes : votre serviteur a été chargé de prendre notes, croquis et photographies ; Édouard et Charles ont pour mission de nous tenir tous en bonne humeur et joyeuse composition.

Et maintenant en route pour Ellora !...

Bombay, 16 décembre.

Pour aller à Ellora, il s'agit de prendre le chemin de fer du *Great Indian Peninsular* (ligne de Bombay-Allahabad-Calcutta) jusqu'à Naudgaon. Partis à six heures du soir, nous arrivions là-bas à deux heures du matin, après avoir accompli le trajet dans un wagon à vaste compartiment, muni de lits-banquettes et d'une toilette adjacente.

De Nandgaon à Ellora, le voyage devrait pouvoir se faire en sept heures de voiture; mais nous avons eu besoin de près du double de temps pour arriver à bon port. Et quels ennuis en route! froid vif de la nuit, chaleur étouffante du jour, véhicules atroces, manque de provisions, poussière aveuglante, flegme inénarrable et charabia exaspérant des cochers indigènes! La route est vraiment abominable, et les petites voitures appelées *tongas*, que fournit le maître de poste de Nandgaon, donnent des secousses telles, que l'on ne conçoit pas comment des dames peuvent s'aventurer par ici. Ces tongas sont montées sur deux roues, comme un dog-cart, et portent des capotes de toile au-dessus de quatre places, disposées dos à dos. Elles sont tirées par de petits chevaux, changés tous les six milles, attelés comme des bœufs sous un large joug en bois et qui refusent régulièrement de démarrer.

Exténués de fatigue et de soif, poudreux comme des meuniers, nous arrivions enfin en haut du plateau de Rozah, qui s'étend en une vaste plaine aride, portant un petit village, plusieurs tombes musulmanes et deux bungalows (*bungalow* ou *bangla* en hindoustani signifie, en général, maison à l'usage des étrangers).

Décidément les Anglais sont partout. Même ici, où nous aurions pu nous croire au bout du monde, la première personne que nous avons rencontrée est un ingénieur architecte écossais. Grâce à lui nous avons trouvé à nous caser deux par deux dans les banglas en question.

Le premier appartient au Nizam d'Haïderabad, prince musulman, le plus puissant des gouvernants indépendants protégés par l'Angleterre, et sur le territoire duquel nous nous trouvions. On l'attendait prochainement pour un pèlerinage qu'il devait faire vers ce lieu rempli de monuments vénérés, et l'on construisait à ce moment une grande annexe à son bangla, car il viendra avec une suite de deux cents femmes, — pas les siennes, puisqu'il a seulement dix-sept ans, mais les femmes de son père défunt. Heureuses belles-mères !

Le second bungalow sert exclusivement aux officiers anglais d'Aorangabad (la station militaire la plus proche) comme pavillon de chasse au centre d'une contrée fertile en panthères, sangliers et toutes sortes de petit gibier. Ancienne tombe d'un saint musulman, cette habitation est tout au moins originale avec sa coupole en dôme et ses terrasses crevassées, peuplées de petits lézards et d'écureuils passés à l'état d'animaux domestiques. Son unique pièce est divisée par une cloison en salle à manger et chambre à coucher. Elle contient un mobilier assez primitif : une petite bibliothèque à laquelle les passants sont priés de contribuer, et deux de ces fameux lits inhospitaliers, simples canevas de toile tendus sur quatre poteaux.

Après le bruit de Bombay, quel calme dans cette solitude et dans cette atmosphère vivifiante, froide même la nuit ! De la hauteur du plateau aux herbes jaunâtres, la vue est triste et sévère, mais superbe dans son originalité ! Elle domine une vaste plaine qui s'appuie à droite à une longue chaîne de montagnes bleues et roses, découpées en formes anguleuses, et se perd à gauche en jungles sans fin.

Les temples souterrains (les célèbres *caves* d'Ellora) s'étendent au nombre de trente-six environ, sous le sol du plateau même, dans les flancs rocheux et abrupts duquel ils ont été creusés sur une longueur de plusieurs kilomètres. Des semaines entières ne suffiraient pas pour les visiter en détail, et M. Burgess, qui a fait une excellente notice historique sur ces spécimens de l'architecture religieuse des grandes époques bouddhiques et brahmines, n'y a pas passé moins d'un an à les étudier. Notre

Caves d'Ellora.
Photographie de MM. Bourne et Shepherd, à Calcutta.

tournée aurait donc pu s'éterniser. Mais nous nous sommes bornés à inspecter à fond une demi-douzaine des caves les plus curieuses, guidés par le *thassildar* (juge du district), un Parsi au service du Nizam. Malgré l'intérêt incontestable de l'une d'elies, Carpenter's Cave, qui rappelle d'une manière frappante la structure d'une église catholique avec nef centrale, voûtes ogivales, balcon au-dessus du portail d'entrée, ce que nous avons le plus admiré, c'est l'imposante splendeur du grand temple monolithe de *Kaylasa*.

Cette roche colosse, unique au monde, qui renferme en elle tout un labyrinthe de colonnades, de vestibules, de chapelles et de sanctuaires, est isolée de tous côtés des flancs de la montagne. Derrière elle s'élève un immense pan de granit noir, taillé à pic, et dans les fentes duquel de petites perruches vertes viennent s'accrocher. Les coupoles supérieures du temple correspondent au point le plus élevé du plateau de Rozah, tandis que ses portiques d'entrée donnent sur la plaine d'Ellora, où sont semés de gros arbres touffus à côté de constructions en ruines, demeures des brahmines mendiants qui gardent ces parages. Pour façonner ce monument extraordinaire, les constructeurs ont dû, à l'envers de toutes les règles habituelles, non pas monter l'œuvre de bas en haut, mais la former de haut en bas, puis la creuser ensuite en mille détails mystérieux.

Comment dépeindre la richesse d'invention, la perfection de travail répandus sur ces profusions de sculptures étonnantes, statues énormes de Brahma, de Vichnou et de Siva, divinités béates ou monstrueuses, scènes allégoriques de toutes sortes en reliefs merveilleusement fouillés, éléphants de toutes tailles et en toutes positions, courant sur les frises, trônant dans les cours, ou supportant par centaines sur leurs puissantes échines les fondements mêmes de ce rêve de pierre! Ma main se déclare incapable de vous initier aux surprises et à l'admiration dont ont joui nos yeux.

Le 6 décembre nous reprenions la route de Nandgaon, afin d'être à Bombay en temps voulu pour le départ du steamer de Goa, sur lequel nous avions déjà retenu nos places. Notre retour à Nandgaon fut presque aussi fatigant que le trajet de l'avant-veille, car il fallut nous contenter d'une seule tonga et d'un véhicule d'un nouveau genre appelé *sigrum*, espèce de petit omnibus traîné par... devinez quoi ?... des bœufs ! Nous avions laissé la tonga à nos hommes, à cause de la poussière, mais notre boîte valait-elle mieux ? Si les bœufs de ce pays passent pour avoir l'habitude de trotter, leur trottinement, à en juger par celui des nôtres, ne peut jamais devenir un trot bien « enlevé ». Encore faut-il voir l'automédon indigène se démener pour obtenir de temps en temps le petit trot en question ! Le larynx, la langue et les bras d'un de ces individus doivent s'user vite à un pareil métier.

Sans les tongas de la malle, que nous avons pu attraper aux deux tiers du chemin, nous ne serions jamais arrivés à temps.

Le 7, notre embarquement sur le *Kerbella* (steamer de la *British India* C° qui fait seul le service régulier entre Bombay et Calcutta, en touchant à tous les ports des côtes de Malabar et de Coromandel) nous donna l'occasion de nous fâcher pour de bon avec ces criards d'Hindous. Ces individus peuvent devenir par moments absolument exaspérants, et mettent une telle persistance à vous hurler aux oreilles les mêmes offres de service, qu'il faut avoir recours à la force brutale pour se débarrasser d'eux. Ainsi, au moment de choisir une chaloupe pour gagner notre steamer, il y avait autour de nous une telle multitude d'énergumènes rivaux, que nous dûmes appeler à notre aide un agent de police et les disperser à coups de canne impitoyablement distribués. Au bateau ce fut encore pis : le *Kerbella* était en plein chargement, et les barques vides qui encombraient les abords de la passerelle ne voulaient pas nous faire place; il y avait un tohu-bohu, des cris, des disputes dont vous ne pouvez vous faire d'idée. Encore un peu, et nous coupions toutes les cordes d'amarrage gênantes; mais de nouvelles volées de coups de bâton suffirent...

Le 9, à quatre heures du matin, après une traversée des plus calmes, nous nous trouvions devant le fort de Goa, à l'entrée de la rivière qui mène à Pangim ou Nova-Goa, la capitale actuelle, située à deux heures de la côte. Notre promenade en canot fut charmante. Nous assistions au lever du jour tout en longeant de verdoyants rivages bordés d'une superbe végétation de palmiers, et vers lesquels descendaient des collines dont les pentes étaient entièrement couvertes d'arbres aux grosses touffes arrondies. Çà et là apparaissait au milieu du feuillage quelque tourelle blanche où tintait une cloche matinale, appelant à la première prière les fidèles de cette colonie christianisée.

A Goa tout est portugais et catholique. On s'y trouve à mille lieues des Anglais et de leur organisation. Dans les rues calmes et presque vides de la petite ville, devant ses maisons claires aux volets verts, règne une note d'isolement et de tranquillité modeste qui contraste singulièrement avec l'aspect du grand centre voisin. Beaucoup d'indigènes portent des habillements européens; les plus pauvres seuls circulent presque sans vêtements, mais ils ont tous au cou des colliers de corail et des amulettes. Aussi ne voit-on plus de types purement hindous, plus d'oreilles, de nez percés, plus de signes cabalistiques ni de crânes demi-rasés sous des turbans multicolores. On sent que sur cette population plus douce, mélangée de sang occidental, a passé un souffle de civilisation chrétienne, quelque superstitieux qu'il ait été.

Les environs de Pangim sont ravissants, en particulier sur

les bords de la rivière bleue qui serpente dans un cadre superbe, tranchant avec la couleur rouge des routes dures et les teintes azurées des horizons montagneux. A une heure de distance de la nouvelle ville nous avons visité la cathédrale et le couvent de Bom-Jésus, où repose, au milieu d'une ornementation surchargée de faux marbres et de plâtres dorés, le sarcophage de saint François-Xavier, le grand apôtre de ces contrées. Ces monuments sont les seuls restés conservés du Vieux-Goa, dont les ruines poétiques, éparpillées dans les bois, dorment sous les ronces et les palmiers d'une végétation plus que séculaire. En contemplant les vestiges de la puissante cité d'autrefois, on y retrouve le triste reflet des anciennes gloires de la colonie, alors que les Portugais étaient les maîtres des Indes.

Le 12 nous avons quitté l'hôtel Gomès, et le *Sirdhana*, autre vapeur de la *British India C°*, nous a ramenés à Bombay où nous sommes depuis le 13. Sir James Ferguson, le gouverneur de la province, était de retour d'un voyage d'inspection, de sorte que nous avons pu enfin lui présenter notre lettre d'introduction. Il nous a d'abord reçus au secrétariat quelques moments avant le premier *lever* de la saison, grande réception officielle où devaient défiler toutes les notabilités anglaises et hindoues, et nous a invités à dîner séance tenante.

Government House est situé dans un quartier de Bombay appelé Parrel, à trois quarts d'heure de voiture du Fort. Arrivés exactement à huit heures, nous avons été accueillis par l'aide de camp de service, un grand Anglais en uniforme (petite jaquette rouge et pantalon noir à bande d'or), qui nous présenta aux autres convives, au nombre de dix environ. Le gouverneur fit son apparition à huit heures un quart précises; sur quoi on passa à la salle à manger, où le dîner fut présidé par miss Ferguson, qui remplaçait sa mère souffrante. La soirée,

RUINES DU VIEUX-GOA.
Photographie de l'auteur.

sur laquelle semblait peser l'étiquette d'un cérémonial assez froid, se termina de bonne heure; mais sir James, qui est un homme très affable et sympathique, fut tout à fait charmant à notre égard. Il nous invita pour tiffin à ses bureaux et nous promit des lettres pour tous les *officials* des villes du nord de son district que nous allons traverser, c'est-à-dire Ahmedabad, Ajmir, Jaïpur, Delhi, Agra.

Munis de ces précieuses recommandations, nous partirons ce soir, non sans avoir déjà une modification à enregistrer dans l'organisation de notre petite troupe. En effet, Édouard vient de congédier son fauve, après l'avoir rossé d'importance à Goa. Il l'a remplacé par un esclave appelé Sama, dont l'air ahuri fait prévoir de nouvelles difficultés. Combien de temps pourrons-nous garder les nôtres?...

Jaïpur, 22 décembre.

Partis de Bombay le 16 au soir, nous étions arrivés à Ahmedabad le lendemain matin de bonne heure sans nous être arrêtés à Baroda, la capitale d'un prince indépendant, le *Guikowar*. Ce rajah prépare actuellement des fêtes magnifiques pour célébrer sa majorité; mais les invitations pour ces festivités sont tellement demandées qu'il n'est plus temps d'en obtenir.

Les wagons du *Bombay, Baroda and Central India Railway* sont organisés comme ceux de la ligne d'Allahabad, et munis de vitres à gros verre bleu ou vert foncé et de volets en bois pour garantir du soleil. L'heure des gares se règle d'après celle de Madras, qui avance de trente minutes sur celle de Bombay.

A Ahmedabad (les Anglais disent Aimaidaibaide) nous nous sommes installés dans des tentes plantées au milieu de la cour de la gare, meublées du strict nécessaire, et garnies à souhait de fine poussière grise. Nos repas étaient servis dans le *refreshment room* de la station. Malheureusement le *collector* (receveur des finances) était absent. Son premier subordonné, l'*assistant collector*, nous offrit à tiffin à sa place et nous délégua un de ses employés hindous pour nous conduire aux principaux monuments, tels que la grande mosquée, *Jama-Musjid*, la mosquée de *Rani-Sipri*, le mausolée de *Shah-Alam*, les trois portes ou *Tin-Darwaza*, etc.

Ahmedabad (ville fondée en 1411 et depuis 1817 entre les mains des Anglais) est renommée pour ses vestiges de l'architecture musulmane des quinzième et seizième siècles. Mais leur état actuel est tellement négligé et délabré que, pris dans leur ensemble, ils font un bien piteux effet. Pas le moindre entretien, la moindre réparation dans ces écroulements et ces crevasses, riches en herbes jaunies, et peuplés de perruches et de loirs agiles. Combien paraissent plus poétiques nos vieilles ruines d'Europe enguirlandées de feuillages et de lierres séculaires, en comparaison de ces murailles émiettées, grillées par un soleil brûlant dans un site dénudé et monotone !

Au milieu de ce délabrement général on remarque d'autant mieux les sculptures merveilleuses des marbres blancs, découpés à jour en mille dessins variés, sur les parois massives, les portes, les fenêtres et les clôtures. Deux grands panneaux surtout, enclavés dans les murs du Ruby Bastion, ou *Manek Buraj*, sont admirables de travail fin et délicat.

Aux environs de la ville, à Sarkej, nous voyons encore des ruines et toujours des ruines : imposantes agglomérations de vieux palais, de mosquées et de tombeaux groupés autour d'un lac artificiel. Au milieu de vastes cours, de grands arbres isolés étendent au loin leurs branches; de lourdes portes en cuivre massif et des parois de dentelle de marbre ferment les sanctuaires, où des sarcophages royaux reposent sous des baldaquins de soie et des guirlandes de fleurs aux âcres parfums.

Quel contraste entre ces lieux solitaires et l'animation du passage à gué de la large rivière aux portes de la ville! Sur le double fond jaune des sables et le bleu du ciel s'agite une véritable fourmilière d'animaux et d'êtres humains : chars traînés par des bœufs, convois d'ânes chargés de sacs, hommes et femmes du peuple aux vêtements relevés, tandis que, le long du rivage, des centaines d'indigènes, accroupis sur le bord, lavent des linges de couleur et des vases de cuivre étincelants.

A Ahmedabad, les mahométans dominent déjà. A chaque pas dans les ruelles, le long des maisons malpropres, on reconnaît leurs longues barbes, leurs grandes chevelures, leurs pantalons collants et leurs hauts turbans. Vers le soir surtout, la circulation devient très difficile par les voies principales, devant les bazars de toutes sortes, devant les boutiques de victuailles, devant les fruiteries et les étalages d'étoffes multicolores et de draperies voyantes, où crie et gesticule une foule compacte. Seuls Européens dans cette mêlée bruyante, nous excitons partout la plus vive curiosité, en nous frayant un chemin sous des centaines de regards légèrement ironiques.

D'Ahmedabad à Ajmir, le trajet en chemin de fer dure dix-huit heures, par la nouvelle ligne du *Western Rajputana State Railway*. Le pays est plat et aride; les wagons sont des voitures provisoires qui cahotent considérablement sur la voie étroite, dont l'écartement ne mesure pas plus d'un mètre. Aussi le voyage paraît-il interminable quand, pour des gens logés comme nous sous les tentes de la gare de départ, la lassitude a déjà commencé avant le lever du jour, grâce au tumulte nocturne des indigènes. Ils ont si peu la notion de l'heure et du temps, qu'ils prennent les gares d'assaut dès le milieu de la nuit, s'accroupissent dans les cours et sous les vérandas, criant et jacassant à qui mieux mieux.

Peu de chose à dire d'Ajmir. C'est une ville joliment située dans un bassin assez aride entouré de montagnes rocheuses. Les hautes murailles suivent les pentes du terrain et sont percées de larges portes devant lesquelles une foule turbulente s'agite dans des tourbillons de poussière. De bonnes routes pavées conduisent de la ville à la plaine environnante, dans laquelle s'élève *Majo College*, l'université où les nombreux rajahs du district de Rajputana viennent faire leur éducation. Autour des vastes bâtiments du collège sont disséminées de charmantes villas, résidences des jeunes princes.

Comme à Ahmedabad, la gare se trouve en dehors des murs de la ville indigène : tout à côté est placé le *dak-bungalow*, c'est-à-dire une de ces hôtelleries créées par les autorités anglaises, placées sous leur contrôle direct, et réglées par des tarifs spéciaux, pour le logement, la nourriture, etc. Tout voyageur a le droit d'y séjourner pour un maximum de quarante-huit heures ; après ce délai il doit céder sa place aux nouveaux arrivants, s'il y en a. Dans bon nombre d'endroits on ne trouve que ces dak-bungalows, et dans les villes où la concurrence existe ils sont même très préférables aux hôtels d'entreprise particulière, qui ne jouissent en général que d'une médiocre réputation. Aussi allons-nous, sur la foi de nombreuses recommandations, choisir de préférence les dak-bungalows dans les localités que nous visiterons.

Delhi, 26 décembre.

Nous avons quitté Ajmir juste vingt-quatre heures après notre arrivée, c'est-à-dire au milieu de la nuit, pour débarquer le lendemain matin à Jaïpur (prononcez Djaïpour), capitale de l'État indépendant du même nom, une des multiples principautés de Rajputana. Nous nous sommes installés à l'excellent dak-bungalow, assez vaste construction composée d'un rez-de-chaussée seulement et placée au milieu de l'enclos planté d'arbres isolés qui entoure aux Indes toute habitation européenne et qu'on appelle *compound*. Les pièces sont larges, très propres, confortablement meublées et percées de petites fenêtres qui s'ouvrent tout en haut. Des cabinets de bain et de toilette accompagnent chaque appartement.

Notre première course fut une visite à l'agent politique anglais, le colonel Banneman, qui est le tuteur et premier ministre du jeune rajah de Jaïpur. Il mit aussitôt à notre disposition, pour tout le temps de notre séjour, une calèche de la cour et un *sipahi*.

Jaïpur passe pour la ville des Indes la plus jolie et la plus complète. Nous n'avons pas encore vu en effet, et nous ne verrons sans doute rien de pareil à cette cité régulière, animée et brillante, vrai cadre des pompes de l'Orient, telles que l'on se plaît à les dépeindre. Combien de descriptions paraissent outrées, quand on peut les comparer avec la réalité! Cette fois cependant notre attente n'a pas été trompée; loin de là. Car nous avons marché de surprise en surprise. Figurez-vous, au centre d'une plaine enclavée dans un demi-cercle de montagnes brunes, couronnées de foreteresses blanches, une vaste cité qu'entourent de hautes et sombres murailles, percées de larges portes ; à l'intérieur, de grandes rues coupées à angle droit, spacieuses comme des boulevards et bordées de constructions symétriques, décorées en rose et en blanc, qui tranchent gaiement sur l'azur du ciel ; çà et là, entre les maisons, des bouquets d'arbres verts ; puis au milieu des chaussées, le long des trottoirs, un va-et-vient de bœufs, d'ânes et de chevaux fringants rênés de brides aux vives couleurs, de types pittoresques vêtus de robes ouatées à grands ramages bigarrés. Ces robes, très serrées sous les bras, sont coupées de façon à laisser à découvert une partie de la poitrine brune, et tombent en jupe sur le pantalon étroit à plis. Les longues chevelures d'un noir de jais forment des boucles raides sous les oreilles ; les moustaches menacent le ciel, et les barbes farouches se redressent, brossées à rebours. De tout petits turbans de nuance jaune, rose ou rouge couronnent le sommet des têtes, en tortillages serrés. A chaque pas, enfin, apparaissent ces Hindous de roman, aux yeux rêveurs, à l'air martial et mystérieux.

Au centre de la ville se trouvent le grand jardin verdoyant du rajah et son palais, qui s'élève au milieu d'une infinité de cours, de passages et de bâtiments couverts de fresques fantastiques. En bas sont des salles de fêtes aux colonnes de marbre, draperies et lustres de cristal ; puis un entassement incroyable de terrasses enrubannées, de balcons à pointes et de coupoles ; enfin une plate-forme supérieure terminée par un dernier dôme, un petit chef-d'œuvre de marbre blanc sur colonnes aériennes. La vue enchanteresse qui se déroule de là-haut vaudrait à elle seule le voyage ; elle plane sur la masse disparate des bâtiments encombrés de serviteurs, sur les rangées d'ifs sombres, sur les bassins et les balustrades enguirlandées des parterres, sur les artères régulières de la ville et l'horizon de campagne et de montagnes.

Un détail curieux de ce palais extraordinaire consiste en ce qu'il est éclairé au gaz jusqu'à sa pointe suprême, et qu'au lieu d'escaliers il a des pentes très douces que l'on pourrait agréablement gravir à cheval. Toute la décoration mobilière brille par un très mauvais goût; le pavillon du billard, isolé dans le jardin, est seul meublé avec tout le luxe et le confort d'une riche résidence anglaise.

Les écuries, par suite de l'absence du Maharajah, étaient à moitié dépeuplées, de sorte que dans l'arène, grande comme une cour de citadelle, tout entourée de galeries à piliers sans fermeture, nous n'avons vu que peu de chevaux. Suivant le système adopté partout aux Indes, les chevaux étaient attachés par la tête et par les pieds de derrière, ce qui les force à se « placer » beaucoup plus que de raison. Les palefreniers, au lieu de fourrage, leur donnaient une nourriture de bouillie sèche qu'ils leur mettaient dans la bouche avec la main....

Jaïpur est curieux, non seulement à cause de son aspect tout indien, mais aussi sous le rapport de son état de civilisation moderne, que révèlent des institutions pratiques fondées par le maharajah défunt. Ce prince (qui, soit dit entre parenthèses, comptait parmi ses faiblesses principales une passion pour le billard et les liqueurs fortes) a immortalisé son nom par des créations importantes, telles qu'une école industrielle, un musée, un jardin zoologique, etc... A l'école industrielle nous avons vu des bambins de tout âge en train de s'initier à différentes industries indigènes et européennes; nous avons parcouru des salles d'électricité et assisté à des cours de dessin des plus intéressants. Au musée nous avons visité à fond une collection, fort utile à connaître, des principaux produits industriels de l'Inde munis de leurs prix de revient. Enfin dans le vaste parc superbement tracé et planté, nous avons remarqué partout des becs de gaz, une installation zoologique aussi parfaite que celle d'un grand jardin d'acclimatation d'Europe, et une bande de jeunes Hindous se livrant avec animation à une partie de cricket....

Aux environs de Jaïpur, Amber, l'ancienne capitale, mérite une visite spéciale. En nous y rendant l'autre matin à huit heures, bien couverts de paletots, nous avons pour la première fois remarqué une forte rosée, répandue sur toute la campagne et les herbes qui recouvrent les ruines éparpillées devant la ville. Amber est dans les montagnes, à une heure de distance environ. On quitte la voiture au pied d'une montée, pour se mettre à dos d'éléphant. Deux de ces pachydermes, les premiers que nous voyions aux Indes, avaient été commandés par les soins du colonel Banneman. Ils avaient la tête couverte de peintures multicolores, et leurs grosses dents ornées d'anneaux en cuivre. L'un d'eux surtout, le favori du rajah, était superbe. Les éléphants s'agenouillèrent afin de nous laisser monter sur une petite plateforme à coussins, placée sur un tapis, et s'avancèrent guidés par des cornacs assis sur leur nuque.

Ceux-ci les conduisent au moyen d'un long crochet en fer, avec lequel ils les aiguillonnent tout en poussant de petits cris. Quant à l'agrément d'un trajet semblable, je déclare qu'il est très minime et qu'il ne ferait certes pas l'affaire de dames au cœur sensible.

Les approches du vieux Amber sont imposantes au possible. Après n'avoir contemplé pendant quelque temps que l'étroite vallée et les arêtes des montagnes couronnées de murs crénelés, on aperçoit au sommet des collines de gauche une longue suite de murailles, de forts et de vieux palais. Tout cela est reflété dans l'eau claire d'un lac tellement transparent et limpide qu'il est difficile de distinguer la limite entre l'eau et le flanc brunâtre de la montagne. L'ascension à dos d'éléphant devient bientôt presque périlleuse, et plus tard la descente ne l'est pas moins; mais la vue qu'on découvre de ces hauteurs vaut bien tous les balancements dont on a souffert. Ici encore les palais couvrent d'immenses espaces, mais parmi leurs ruines et leurs misères architecturales subsistent quelques colonnades de marbre blanc et des décors curieux de mosaïque en verre, enchevêtrés dans des rinceaux de plâtre. Dans un petit sanctuaire, où sont rassemblées des divinités grimaçantes, se fait journellement le sacrifice d'une chèvre.

La vue est, comme je viens de le dire, magnifique et sauvage à la fois. En face du palais en ruines, les murailles de la ville courent tout le long des cimes rocheuses, et s'abaissent subitement sur les deux pentes d'une immense découpure, qui semble faite exprès pour laisser apercevoir un horizon étendu de plaines et de montagnes....

Le 23 au matin, nous quittions Jaïpur, emportant de cette ville originale une impression délicieuse; 191 milles et un trajet de douze heures nous séparaient de Delhi, où nous voici maintenant logés dans deux grandes pièces du dak-bungalow. Notre campement, commandé d'avance par dépêche, est loin cependant de valoir nos habitations précédentes d'Ajmir et de Jaïpur; et, le matin, de nombreux moineaux viennent régulièrement nous souhaiter le bonjour en voltigeant au-dessus de nos lits.

Notre soirée de Noël a été bien calme. Nous l'avons passée entre nous au bungalow, sans avoir été conviés en ville. Assis autour de la table, servie d'un *christmas-dinner* au champagne, avec le *turkey* et le *plumpudding* traditionnels, nous avons bu à toutes les santés des absents, reportant nos pensées vers vous tous en Europe, qui étiez sans doute gaiement réunis devant maints arbres illuminés....

Lahore, 1ᵉʳ janvier. *Civil Camp.*

En fin de compte, nous avons passé à Delhi une semaine entière, c'est-à-dire beaucoup plus que nous ne le voulions dans le principe ; mais les monuments, les marchands, des parties de chasse à la perdrix noire, des courses de poneys nous ont retenus malgré nous. Ce n'est pas cependant que la ville soit bien agréable ni captivante sous le rapport de son aspect indigène ; à ce dernier point de vue nous avons même été un peu désappointés, car la *native town* de Bombay, par exemple, a autrement d'allure et de cachet que les rues beaucoup moins peuplées et assez mornes de Delhi.

Le *commissioner*, le major Gordon Young, premier personnage officiel, nous fit un très aimable accueil, toujours grâce aux recommandations du gouverneur de Bombay, et nous donna toutes sortes de facilités en nous traçant lui-même un petit itinéraire bien compris. Il nous invita aussi chez lui à une soirée musicale, assez guindée du reste, à laquelle assistaient tous les Anglais et Anglaises résidant à Delhi.

C'est donc munis d'excellents renseignements et accompagnés d'un très bon guide, que nous avons visité les monuments grandioses de l'empire des Mogols, monuments qui font rentrer dans une ombre de ruines et de poussière toutes les mosquées et tous les tombeaux que nous avons vus déjà dans d'autres cités. Notre cicerone nous parut d'autant plus agréable que, par extraordinaire, il n'avait pas l'habitude exaspérante de la plupart de ses compatriotes, qui n'avouent jamais leur ignorance des choses, et ne peuvent donner de réponse catégorique à une question quelconque. Cependant il n'eût pas été de force à nous donner les renseignements historiques indispensables à connaître quand on parcourt cette ancienne Rome de l'Asie, mais qu'il est facile de trouver dans les excellents guides que Kealing a publiés pour toutes les villes du nord des Indes.

L'origine de Delhi remonte à l'année 1400 avant Jésus-Christ. Jusqu'au treizième siècle de notre ère, les Hindous y furent puissants. A partir de cette époque eurent lieu les bouleversements qui se sont succédé rapidement dans le nord des Indes, c'est-à-dire : la victoire des musulmans et leur premier empire jusqu'en 1400; l'invasion tartare guidée par Timour, qui se fit proclamer empereur des Indes; le règne d'une dynastie afghane; puis en 1526 la victoire de Babor, le fondateur de cet empire mogol dont la gloire a duré jusqu'au milieu du siècle dernier, au cours des règnes successifs des grands empereurs : Humayun, Akbar, Jahangir, Shah-Jahan, Aurang-Zeb. Après eux vinrent de terribles guerres avec les Mahrattes et les Jats; puis la décadence s'accentua, amenant avec elle un état de faiblesse dont profitèrent les Anglais en 1857, alors qu'à la suite de la révolution indigène ils capturèrent Delhi.

C'est donc de l'époque puissante des Mogols que datent les principaux monuments du Delhi actuel, fondé par Shah-Jahan. Agés de deux cent cinquante ans seulement, ils apparaissent dans tout le luxe et l'éclat d'une architecture respectée par le temps et même par les boulets de 1857. Aussi la vue de la *Jama-Musjid*, ou grande mosquée, toute construite en massives pierres rouges, est-elle grandiose; ses minarets et ses coupoles de marbre blanc dominent une immense cour rectangulaire bordée d'arcades, qui s'élèvent sur une terrasse d'une trentaine de marches majestueuses, taillées en vastes perrons. La mosquée s'appuie d'un côté à la ville; ses trois autres façades sont libres et regardent des pelouses jaunies, ornées d'arbres en touffes, que les Anglais ont créées en rasant tout un quartier de maisons qui s'élevaient entre le fort et la ville.

Les arcades avec leurs multiples échappées préparent déjà au panorama étendu dont jouit celui qui gravit les nombreuses marches d'un des minarets. Vu de là-haut, l'horizon paraît sans fin; des toits plats et bas, des quinconces d'arbres se succèdent d'un côté à perte de vue, au pied des tours anglaises qui montrent çà et là leurs hauts pignons gothiques et qui sont comme les sentinelles de la conquête récente. De l'autre côté repose au bord de la large rivière jaune, la Jumma, la masse compacte du fort (résidence des empereurs jusqu'aux derniers jours de leur puissance); au loin règnent des plaines arides et monotones, semées des ruines du vieux Delhi.

Autrefois le fort était autant palais que citadelle; mais aujourd'hui il ne sert plus que de forteresse, et les restes élégants de l'ancienne demeure impériale font assez triste figure au milieu des canons et des uniformes anglais. Mais quelle majesté et quelle splendeur dans ce qui subsiste de l'ancien palais: la grande salle d'audience ou *Dewan-i-Am*, construite en pierre rouge, ouverte de trois côtés et où l'on voit l'emplacement du trône (petite terrasse surélevée dont les incrustations précieuses ont été pillées à la baïonnette), puis la *Dewan-i-Kas*, le *Hammam* et la *Moti-Musjid* : autant de monuments entièrement du marbre blanc le plus pur, aux lignes fines et nettes, qui se succèdent le long d'une vaste terrasse et surplombent le lit de la rivière. Les sculptures qui recouvrent ces marbres sont si délicates et si belles qu'on les croirait faites d'hier. Elles sont répandues partout avec une profusion, un luxe inouïs, que surpasse encore la riche variété de mosaïques en pierre de couleur. De charmants dessins de fleurs forment des lambris et des dallages comme on n'en peut rêver de plus somptueux, dans un heureux mélange de blanc et d'un coloris discret de bleu, de rouge et de vert, aux teintes légères et transparentes.

Ces sanctuaires de marbre et de mosaïques sont poétiquement

encadrés de parterres de roses, de sorte que l'ensemble général des fleurs, des marbres, des dorures et du ciel azuré laisse une impression exquise. Ici au moins on oublie cette poussière qui voltige partout en nuages gris sur les routes, dans les rues, jusque dans les jardins, au sein des bungalows, et dont l'effet moral est tel, qu'il gâte l'aspect d'une foule de choses, si belles sans cela!...

Je ne m'étendrai pas sur les détails descriptifs concernant la foule de monuments et de tombes que nous avons visités en dehors de Delhi : sépultures de Jahanara Begam, fille de l'empereur Shah-Jahan, du poète Mirza Jahangir, mausolée de l'empereur Humayun, une construction colossale formant église avec dômes et coupoles, élevée sur une terrasse dans un vaste jardin, et qui passe pour le premier modèle du style architectural arrivé à sa perfection au *Taj Mahal* d'Agra, etc. Partout on voit les mêmes contrastes entre les délabrements d'ensemble et les perfections du travail des détails.

Mais je manquerais à tous mes devoirs de touriste si je ne mentionnais plus spécialement le célèbre *Kutab Minar,* situé à onze milles au sud de Delhi. C'est une tour haute de deux cent quarante pieds, toute couverte de sculptures et d'inscriptions arabes sur ses parois rouges. Autour d'elle reposent les ruines d'une grande mosquée ébauchée : cloîtres à colonnades, portails colosses, piliers hindous sculptés et adaptés au plan musulman; puis une mystérieuse colonne de fer plantée au centre des enceintes écroulées et dont l'origine remonte à 319 ans avant Jésus-Christ. Aux environs, les ruines se succèdent, vestiges solitaires des anciennes capitales successivement détruites dans ces lieux où se retracent les souvenirs historiques de l'Inde jusqu'aux âges les plus reculés.

Malgré l'intérêt des souvenirs architecturaux de Delhi, nous avons passé une grande partie de notre temps avec les différents marchands qui assaillaient le dak-bungalow, ou que nous allions voir chez eux.

A Delhi il y a en particulier des bijoutiers et des marchands de châles fort riches et bien placés. Parmi ces derniers, les *Manik Chund* passent pour les meilleurs. Leur magasin est situé sur le boulevard le plus animé, *Chandni Chowk*. Au fond d'une petite cour, un escalier très raide et étroit conduit au premier, dans une pièce donnant sur la rue, où sont suspendus les portraits et les photographies de maints souverains : la reine d'Angleterre, l'empereur d'Allemagne, etc., ainsi que des cadres contenant des autographes et des certificats de haute importance.

On trouve là toute une famille composée d'oncles, de neveux et de cousins à moustaches entreprenantes, parlant assez bien anglais, remplis de prévenances, et offrant régulièrement aux acheteurs sucreries, raisins ou mandarines. Ce sont des types curieux, très amusants par leurs discours engageants et leurs regards malins. Marqués au front des signes habituels aux Hindous, ils portent les vêtements serrés sous les bras, les pantalons à plis horizontaux de tire-bouchons que j'ai déjà mentionnés à propos de Jaïpur, et de petits turbans tout faits, généralement blancs ou rouges.

Que de séances chez eux! que de colloques interminables! que de déballages et de marchandages pour les costumes commandés, pour les broderies et les cachemires choisis!....

Depuis hier 31 décembre, nous sommes à Lahore.

Cette ville ne comptait pas dans notre plan primitif de voyage. Mais comme nous nous sommes annoncés chez M. et Mme M..., deux de nos copassagers du *Zambesi*, auxquels nous voulons faire une visite dans le nord de l'Himalaya, à Kasaoli, nous avons été tout naturellement amenés à pousser une pointe jusqu'ici. D'autant plus que l'on vient d'organiser à Lahore une exposition des produits industriels et artistiques de la région.

Le voyage direct depuis Delhi dure vingt heures, par le *Scinde Punjab and Delhi Railway*. Les wagons sont excellents et la ligne paraît bien administrée. Elle passe par la station importante de Mirut, où se trouvent les plus grands cantonnements d'artillerie, de cavalerie et d'infanterie anglaise et indigène. C'est à Mirut qu'éclata la rébellion de 1857.

Vu le manque d'hôtels et de logements en général, le comité de l'exposition a organisé, spécialement pour les visiteurs, un *Civil Camp*, composé d'une trentaine de tentes de mêmes dimensions et d'une tente centrale servant de salle à manger, de salon et de fumoir. Beaucoup d'Anglais, des officiers surtout, sont venus passer ici les jours de Noël.

Il vous paraîtra certainement bizarre que nous vivions, à cette époque de l'année, sous de légers abris de toile. Mais ici on trouve cela tout naturel, bien qu'il fasse froid, très froid même pendant la nuit. Du reste, ce camp volant ne manque pas d'un certain charme d'impromptu et de sociabilité, car il provoque réunions et conversations faciles entre les douze ou quinze hôtes qui le peuplent.

L'exposition est assez curieuse, mais elle ne vaut pas un déplacement spécial en son honneur. Elle pèche, à notre avis, par une tendance qui s'accentue fort aux Indes et par laquelle on détruira graduellement le goût des artisans de ce pays. Je veux parler de cette manie anglaise qui fait adapter l'ornementation indienne, si originale et distinguée, aux objets d'usage européen ou particulièrement anglais, et qui donne ainsi à l'art national des formes tout à fait contraires à son élégance et à son caractère naturels.

Quant à Lahore, il ne faut pas se le figurer tel que les décors d'opéra peuvent le représenter, et l'on doit bien se dire qu'avant de quitter le train qui y conduit, on embrasse d'un premier coup d'œil un immense réseau de rails, de chantiers et d'ateliers qui rappellent trop nos cités européennes. Le pays étant éternellement plat, on ne sait jamais où chercher la véritable ville indigène, très éloignée non seulement de la gare, mais aussi des quartiers anglais, qui occupent, comme partout ailleurs, des espaces excessivement étendus.

Il faut donc, pour comprendre un peu la situation de Lahore, monter sur la plate-forme du vieux fort, à l'une des extrémités de la ville indigène. Une fois entré par les hautes portes percées dans les murailles d'enceinte, on se trouve dans un labyrinthe de rues et de ruelles tellement resserrées et accidentées qu'il est pour ainsi dire impossible d'y circuler en voiture.

Là il y a vraiment de la couleur locale et de la meilleure : on voit beaucoup de types nouveaux, forts et robustes, au teint plus clair, à l'apparence mâle et vigoureuse. Les grands turbans de calicot blanc roulés très haut sur la tête, les barbes en pointe, et les rares femmes circulant dans les rues, témoignent partout de la prédominance de l'élément mahométan.

Dans un coin spécial de la ville un grand caravansérail sert de marché aux chevaux; là circulent quantité d'Afghans et de Kabouliens, solides gaillards drapés dans de larges étoffes claires, à longues boucles hirsutes, au profil arqué, de peau presque blanche, mais d'une malpropreté repoussante.

Delhi, 8 janvier.

Le 2 janvier étant l'anniversaire du jour où la reine d'Angleterre a pris le titre d'Impératrice des Indes, le lieutenant-gouverneur du Punjab a tenu ce qu'on appelle un *durbar*, c'est-à-dire une réception officielle de tous les hauts personnages et gentlemen indigènes de la région. Nous avons différé notre départ de Lahore exprès pour y assister.

La cérémonie avait lieu dans une immense salle de fêtes qui fait partie d'un grand bâtiment, *Montgomery Hall*, construit au milieu d'un très beau parc. Un trône était préparé au haut de quelques marches, recouvertes d'un tapis rouge brodé d'or. Le lieutenant-gouverneur en uniforme vint y prendre place, à midi sonnant, alors que tout le monde était rassemblé dans la salle, remplie aux trois quarts de personnages indigènes, et pour l'autre quart par les officiers et les résidents anglais. Les galeries supérieures, ouvrant par de larges colonnades, étaient réservées aux invités.

Le cérémonial a été très monotone. C'était une sorte de présentation individuelle de tous les Hindous, suivie d'un discours du lieutenant-gouverneur et de la distribution de quelques présents. Le défilé dura près d'une heure entière. Comme nous étions placés presque au-dessus du trône, nous pouvions voir admirablement tous les détails des salutations. Chaque personnage natif en s'approchant donnait son nom à un fonctionnaire anglais, qui le lisait à haute voix; puis, fléchissant une jambe, il tendait les mains au lieutenant-gouverneur, en lui présentant comme hommage allégorique une pièce d'or. Ce dernier touchait la pièce du bout de sa main droite gantée, qu'il portait ensuite à son front en guise de salut, tandis que le personnage hindou reprenait sa monnaie et s'éloignait à reculons avec force *salams* très profonds.

Ce même cérémonial fut strictement observé par toutes les personnes présentes, depuis le premier, un rajah placé sur un fauteuil tout près du trône, jusqu'aux derniers, parmi lesquels nous avons reconnu un riche marchand de Lahore. Parfois il y avait bien des hésitations et des erreurs, évidemment de la part de ceux qui assistaient pour la première fois à la cérémonie; mais le fonctionnaire anglais se chargeait de remettre les timides dans la bonne voie en les saisissant assez cavalièrement par leurs pans de robe ou leurs larges manches.

Le discours fut lu deux fois : en *urdu* (dialecte du nord de l'Inde) par le gouverneur lui-même; puis en anglais par son secrétaire. Après quoi on tira des salves pour la « Reine-Impératrice », et l'on remit des présents, turbans, pièces de soie et de brocart, à ceux des personnages qu'on voulait distinguer. Enfin, et pour suivre la coutume indienne, on fit une distribution générale de petits cornets remplis de *bétel*, ce fruit que tous les indigènes mâchent en telle quantité que leurs dents et leurs langues gardent constamment la couleur brun-rouge du suc de ses feuilles.

A la sortie le coup d'œil fut des plus curieux, grâce au mélange pittoresque des costumes, tout brillants de brocarts d'or, portés en grande partie par de beaux hommes, forts, au type énergique et imposant.

Partis de Lahore le jour du durbar à six heures du soir, nous sommes descendus de wagon le lendemain à cinq heures du matin à Amballa, station importante sur la grande ligne de Delhi.

La nuit était froide et noire, de sorte que le trajet de six heures qu'il fallut effectuer en *dak-garis* jusqu'à Kalka manqua tout à fait de charme. Ces *dak-garis* sont d'affreuses boîtes de bois, montées sur quatre roues et fermées sur les côtés par des parois à coulisses mal jointes, qui s'ouvrent constamment. On dirait des *sigrums* un peu perfectionnés, dans lesquels on trouve tout juste la place de s'étendre à deux. Les chevaux se relayent chaque demi-heure, et marchent un train d'enfer dès que leurs conducteurs ont réussi à les mettre en route.

A Kalka, il y a d'assez bons hôtels, qui fournissent les poneys nécessaires pour monter à Kasaoli. A partir d'ici, en effet, la route n'est plus praticable pour des voitures, et l'on se rend dans les montagnes à pied, à cheval ou à bras d'hommes dans des palanquins ouverts ou fermés. Des koulis portent les bagages et les fardeaux sur leur tête ou sur des brancards.

Pour notre caravane de quatre sahebs et de quatre serviteurs, nous n'avons pas eu besoin de moins de huit poneys et de vingt-quatre koulis! Je vous vois sourire, et cependant nos bagages ne comportaient que le nécessaire!

Aussitôt qu'on a quitté Kalka, la route devient très pittoresque. Elle serpente en lacets, assez raides par endroits, le long de flancs escarpés, dont l'herbe brûlée par le soleil n'est ombragée que par une végétation de gigantesques cactus. Après les pluies seulement toutes ces pentes deviennent admirablement vertes. Sur la route, on rencontre beaucoup de troupeaux de chèvres, des vaches à demi cachées dans les broussailles, quelques voyageurs, parmi lesquels plusieurs dames portées en palanquins, des cultivateurs chargés de foin, etc. Le terrain est cultivé jusqu'à une grande élévation, gagné pouce par pouce sur les pentes, au moyen d'une succession de gradins taillés en forme d'escalier.

En approchant de Kasaoli après trois heures de chemin, alors que la montée devient plus ardue encore, on salue avec plaisir une végétation de sapins, sous les touffes vertes desquels s'abritent de petites maisons blanches perchées sur les derniers sommets. Kasaoli, choisi comme *hill station* de l'armée par son altitude de 7000 pieds et sa situation salubre, paraît tellement loin du reste du monde, qu'on est tout surpris d'y trouver, en présence de la difficulté des transports, une charmante colonie européenne pourvue de tous les conforts désirables. Une fois qu'on a dépassé le bazar indigène, dont les masures longent le chemin, on se croirait transporté dans quelque centre de villégiature purement anglaise. A côté de belles casernes qui occupent la partie la plus plane de la hauteur, s'élève une paisible église à tour carrée; çà et là sous les pins sombres et le ciel bleu percent les *cottages* des résidents, jolies maisonnettes de bois à vérandas et pignons pointus, disséminées sur les espaces horizontaux qui ont été conquis dans les escarpements.

Le cottage de M. M... est un des mieux placés de l'endroit. Du haut de la terrasse de cette habitation la vue est splendide! Au bas se creuse une vaste gorge boisée ; puis viennent plusieurs lointains de montagnes, roses au premier plan, bleutées au second; au fond trônent les neiges éternelles de l'Himalaya, découpées en traînées de pics fantastiques! Ce n'est ni la Suisse ni les Pyrénées, mais cela tient de l'un et de l'autre, avec un charme grandiose en plus, le charme mystérieux des régions inexplorables. Tandis qu'au loin brillent les neiges, des roses attardées fleurissent encore dans les plates-bandes. Bienheureux décidément sont ceux que leur carrière civile ou militaire amène dans des retraites comme celle-là.

Quatre jours ont vite passé pour nous dans un milieu aussi calme et vivifiant, grâce à des promenades, des parties de lawn-tennis, une inspection aux brasseries que M. M... a fondées, un peu de chasse, de musique et des réunions agréables avec les amis de notre hôte.

Par extraordinaire, Kasaoli même n'est pas sous neige cet hiver. Mais la route de Simla (la station de montagnes voisine qui sert de résidence d'été au vice-roi) a été tellement encombrée par de récentes tourmentes, que nous avons renoncé à y aller. Le trajet eût été assez fatigant dans ces conditions, et peu rémunérateur en tout cas.

A Delhi nous venons de retrouver pendant trois jours notre installation du mois passé. Nous avons beaucoup fréquenté les officiers du 54ᵉ et dîné de nouveau à leur mess au fort. Ces messieurs nous ont conviés aussi à un grand *pic-nic* offert par eux aux *Roshanara Gardens*, un beau parc très soigneusement tenu.

La partie a été assez réussie, malgré la pluie (la première que nous ayons eue depuis deux mois de ciel toujours bleu) qui vint contrecarrer les projets de jeux divers. Aussi resta-t-on réuni « intra muros » du commencement à la fin. La fête débuta par un lunch magnifique et se termina par un excellent dîner. Dans l'intervalle on se livra à toutes sortes de jeux à gages et à des parties de colin-maillard ; on dansa même valses, polkas et quadrilles. Tout ce que Delhi possède d'éléments civils et militaires élégants était présent.

Que direz-vous cependant quand vous saurez que ces réjouissances avaient lieu dans un mausolée de marbre, la dernière demeure de la princesse musulmane Roshanara ? La dalle funéraire, entourée d'une cloison à jour, reposait calme au centre d'une vaste salle à colonnes, tandis que les éclats de rire, les petits cris des ladies en joyeuse humeur, le cliquetis des assiettes et les flonflons de l'orchestre résonnaient tout autour !

Vous voyez que dans ce pays tributaire on soumet les tombes à toutes sortes d'usages ! A Ellora on y couche, à Delhi on y festoie...

Avant de quitter Delhi, nous avons tenu à organiser, par l'intermédiaire de notre guide, une séance de *nautch*, Delhi jouissant d'une réputation spéciale pour ses danseuses. La scène s'est passée de nuit, au fond de la ville indigène, dans une pièce délabrée éclairée de torches. Assis le long du mur, nous avions devant nous une file de six *nautch-girls* groupées en avant d'un orchestre de dix-huit musiciens (trois pour chacune). Une à une les danseuses s'avançaient vers le milieu de la salle, tandis que se déchaînait le tintamarre infernal des instruments. Vêtues de la tête aux pieds comme les chanteuses de Bombay, drapées d'étoffes sombres et de longs voiles, couvertes de bijoux clinquants, tantôt elles tournaient sur place en faisant résonner lugubrement les gros grelots attachés à leurs pieds; tantôt elles glissaient lentement ou repassaient rapidement devant nous en prenant toutes sortes de poses étudiées, souvent provocantes, et accompagnaient leurs gestes de ce chant criard, de ces vocalises et de ces trilles nasillards que vous connaissez.

C'est une impression bien bizarre que celle de ces danses toujours pareilles et monotones, du rythme mordant de la musique, avec les bourdonnements des tambours et les gémissements des violes....

Dholpur, 16 janvier.

Agra, où nous venons de nous arrêter deux jours, diffère beaucoup de Delhi comme aspect, car la ville indigène rappelle Lahore par ses petites rues étroites et tortueuses.

Quant au fort, il est bien plus imposant encore que celui de Delhi. Tout à fait isolé de la ville, cet immense enclos, maçonné en massives pierres rouges, entouré de superbes fossés et longeant d'un côté la rivière, contient une cité entière de palais, de kiosques et de mosquées. Tandis qu'à Delhi une grande partie de l'ancienne résidence impériale a été détruite ou transformée, on retrouve ici presque intacts les bâtiments somptueux créés par l'empereur Akbar vers 1566. Pas à pas on peut donc faire revivre devant soi toutes les splendeurs des cours mogoles, au milieu d'une architecture qu'il faudrait des journées entières pour examiner et admirer en détail.

Tout est beau, depuis la salle d'audience, la grande cour en contre-bas, où règne une galerie circulaire ouvrant sur les anciens harems, le jardin, le balcon et le boudoir en mosaïque de la sultane, jusqu'à d'autres salles ouvertes sur colonnes, sculptées et dallées en marbre; jusqu'aux vastes terrasses qui surplombent le lit du fleuve; jusqu'au palais de verre, le *Shish Mahal*, une suite de pièces et de couloirs souterrains, incrustés de milliers de petites glaces brillantes; jusqu'à la *Moti-Musjid* enfin, ou Mosquée-Perle, vraie merveille de simplicité, avec ses arcades et ses dômes de marbre blanc, chastement enfermée dans un écrin de murailles sombres.

Comment dépeindre de pareilles beautés?

Du haut des terrasses apparaissent au loin, au delà des sables de la plaine, les majestueuses coupoles du fameux *Taj Mahal* (prononcez Tadge), ce tombeau magnifique qu'a élevé Shah-Jahan en 1648 à la mémoire de sa sultane bien-aimée, et qui a coûté 40 millions de roupies et vingt-deux années de travaux.

Quelque habitué que puisse être le touriste à ces mausolées colosses qui prennent aux Indes les dimensions de cathédrales renfermées dans des parcs murés, rien ne peut le préparer, même les descriptions les plus enthousiastes, à l'effet empoignant de ce Taj! Aussi m'est-il impossible de vous communiquer les impressions que nous avons ressenties au moment où, après avoir suivi une avenue bordée de colonnades aboutissant à une large cour d'entrée, nous avons aperçu par l'ouverture du haut portail flanqué de minarets, tout au bout d'une suite de bassins, d'ifs et de cyprès, de bosquets luxuriants émaillés de fleurs écarlates, cette masse imposante de marbre blanc, trônant sur des terrasses, et élançant vers le ciel bleu sa coupole et les pointes de ses tours, étincelant au soleil !

Sauf deux mosquées, placées à droite et à gauche du monument, tout ici est en marbre éblouissant de blancheur : escaliers, terrasses et mausolée. A l'extérieur, des mosaïques de couleur à grands dessins courent jusqu'aux bords de la coupole. Quant à l'intérieur, c'est un rêve. Le sarcophage de la sultane repose dans la nef octogonale au centre d'un écran circulaire en parois de marbre blanc, sculpté à jour et criblé de mosaïques en pierres fines aux mille couleurs, qui forment rinceaux, arabesques, feuillages et fleurs d'agate, de jaspe, de jade, de lapis, etc. Ce sont les magnificences des forts de Delhi et d'Agra, mais cent fois plus parfaites encore, et soigneusement entretenues par le gouvernement, qui a concentré là toute sa sollicitude.

La vue du Taj vaudrait décidément à elle seule un voyage aux Indes. Contempler dans le demi-jour du sanctuaire ces finesses merveilleuses du travail humain le plus délicat, et passer quelques instants d'une fin d'après-midi ensoleillée sous l'un de ces berceaux de feuillages qu'entourent des buissons de roses, tout près de ce colossal bijou de marbre : voilà une de ces jouissances indescriptibles qui laissent dans l'âme d'impérissables souvenirs....

Mais comme on retombe vite dans la vulgaire prose lorsque, en quittant ces lieux remplis d'une mélancolique poésie, on se retrouve entre les griffes de marchands cupides qui vous harcèlent sans merci. Logés au dak-bungalow (très petit à Agra, et que

Le Taj Mahal d'Agra.
Photographie de MM. Bourne et Shepherd, à Calcutta.

nous occupions seuls dans le *compound* où des bandes de chacals venaient la nuit hurler d'affreux concerts), nous ne savions littéralement plus comment nous débarrasser de tous ces vendeurs de marbre et de mosaïques, qui livrent toute la journée assaut aux voyageurs. Avant qu'on paraisse le matin, et pendant qu'on est sorti, ils attendent sans sourciller sous les arbres; mais dès que l'un d'eux vous aperçoit, toute la troupe accourt s'établir en ligne devant la véranda, et procède au déballage général de ses diverses marchandises. Les plus hardis franchissent même le seuil des chambres, en criant: « *Very fine thing, gentleman, real marble, best work. Buy, gentleman, buy* ». Avant de pouvoir répondre on a déjà six plats de mosaïque sous le nez, et les cris continuent : « 60 *rupi, gentleman, very cheap, real marble* », etc. Là-dessus on rit, et l'on en offre 18; nouvelles exclamations suivies de vives protestations et bientôt de petites concessions : « *Buy, gentleman, best work,* 50 *rupi* ».

A ce moment douze plats miroitent autour de vous; on se fâche et l'on renvoie tous les criards pour monter en voiture. Mais c'est le meilleur moyen de les faire revenir plus nombreux encore. Et tandis que l'on tient ferme à 18 et que les autres protestent de plus belle, on se trouve avoir tout à coup sur les genoux, lorsqu'on s'y attend le moins, le plat ou la boîte marchandée. « *Atcha, take it, sir* », murmure alors le rusé trafiquant, en faisant avec les bras un mouvement de suprême résignation. C'est la phrase sacramentelle qui conclut ici tous les marchés.

Avons-nous ri de tous ces bonshommes! Et dire que nous finissions toujours par avoir leurs bibelots pour le tiers et même le quart de ce qu'ils en demandaient!

Le dak-bungalow d'Agra me paraît décidément plus fréquenté que n'importe quel autre par des visiteurs natifs inattendus. Nous y avons reçu des hôtes de toutes catégories: des saltimbanques, très forts, ma foi, et des dresseurs de petits oiseaux, exercés à une foule de trucs et de tours ; puis un pauvre vieux musicien de quatre-vingts ans qui pendant tiffin pinça de la guitare à nos pieds, en chantonnant sur l'air de *Malbrouk s'en va-t-en guerre* des paroles anglaises sempiternellement répétées, et qu'il ne comprenait certainement pas, tout en les prononçant à merveille.

Vinrent ensuite des prestidigitatrices, bien plus intéressantes qu'un magicien vu à Delhi. C'était une famille entière : grand'mère, mère et filles, toutes vêtues de haillons, et malgré cela couvertes de bagues et d'anneaux. Leurs tours, de la plus grande simplicité, étaient exécutés par terre, à deux pas de nous, avec une surprenante facilité. Je me souviens tout particulièrement du suivant ; ce fut la plus jeune des femmes qui le fit sous nos yeux. Elle prit trois poudres différentes de couleurs blanche, jaune et rouge, les mélangea dans un bol d'eau et avala d'un trait le liquide grisâtre résultant de cet amalgame. Quelques secondes après, elle reposait du bout des lèvres, sur un plateau qu'elle tenait sous sa bouche, trois petits tas bien distincts et absolument secs, de poudre rouge, jaune et blanche.

En quittant Agra, un assez triste spectacle nous occupa tout à côté de la gare. Un Hindou, précipité dans le fossé d'enceinte du fort, d'une hauteur d'au moins dix mètres, gisait au pied de la muraille, dans une mare de sang. Il y avait grand rassemblement et colloque vraiment extraordinaire entre les autorités anglaises, assez insouciantes du reste, et les parents du mort, des pèlerins de passage peu émus eux-mêmes du tragique événement. Ils expliquaient que pendant la nuit précédente leur malheureux compagnon, ne soupçonnant pas un pareil abîme, s'était avancé jusqu'à l'endroit où il avait été lancé dans le vide. N'est-il pas inconcevable en effet que pour leur propre sécurité les Anglais n'aient pas songé encore à garnir de barrières ou de luminaires les abords immédiats et si dangereux de la station ?...

A bientôt des détails sur notre nouvelle résidence, toute proche d'Agra, la capitale du Maharana de Dholpur, où nous sommes les hôtes reconnaissants du prince et de son « résident politique », le colonel Dennehy. Notre ami G. L... nous avait chaudement recommandés à ce dernier, qui nous a écrit à Agra une lettre d'invitation tout à fait charmante en nous souhaitant de la part de Son Altesse la bienvenue dans ses États.

Le 14 à midi les voitures du colonel nous ont déposés au pied du perron de la *residency*. Le colonel, homme d'une cinquantaine d'années, d'apparence très distinguée, nous serra cordialement la main et nous présenta aussitôt au jeune prince indien, qui nous attendait avec lui. Pendant le déjeuner qui suivit immédiatement notre arrivée, la glace fut vite rompue grâce à un accueil tout amical. Étaient présents : Locky Dennehy, le fils du colonel, M. Hewett, un ingénieur anglais, et M. Deighton, le directeur de l'université d'Agra. Le maharana s'assit auprès de nous, mais ne toucha à aucun plat.

Ces nouveaux amis sont avec nous les hôtes de la residency. La maison est assez grande et construite, en style italien, sur une pente aride à l'écart de la ville indigène. Elle est entourée de quelques arbres, mais n'a aucune clôture. En bas il y a un salon de dimensions énormes, très gai et très confortable, entrecoupé de colonnes et tout embaumé du parfum de roses géantes : à droite deux petites pièces à l'usage du maharana, son cabinet de travail et son cabinet de toilette; à gauche deux autres pièces, un boudoir et une bibliothèque; au premier, la salle à manger, une chambre d'honneur et l'appartement du colonel. Dans un bâtiment annexe, composé d'un rez-de-chaussée seulement, se trouvent une salle de billard, et deux vastes chambres d'amis, dans lesquelles nous avons l'avantage d'être casés. Elles ont des vérandas des deux côtés : l'une donnant sur l'annexe des serviteurs (et sur le sol de laquelle dorment nos boys), l'autre sur le jardin, où sont plantées des tentes volantes pour les invités surnuméraires.

Après tous nos campements divers, notre installation est tellement parfaite, que nous jouissons on ne peut plus de notre bien-être actuel. On paraît de plus en plus désireux de nous garder; et je crois que nous ne nous ferons pas prier pour rester au delà du délai convenu tout d'abord.....

Camp de Bassaï, 22 janvier.

Le colonel est vraiment un homme charmant, plein de vie et d'entrain. Irlandais de naissance, il a cette politesse naturelle et cette amabilité facile qui manquent souvent aux fils d'Albion; il adore parler français et le parle du reste à la perfection. Depuis 1874 il réside à Dholpur. Quand il y arriva, le maharana d'alors venait de mourir; la maharani veuve, seule avec son jeune fils de dix ans (le maharana actuel), avait demandé au gouvernement anglais un tuteur pour son enfant autant qu'un directeur politique pour ses États.

C'est ainsi que le colonel Dennehy, officier distingué de l'armée des Indes, fut délégué à Dholpur, où, par le fait, il gouverne depuis lors cet État d'environ 250000 âmes, grand comme une petite principauté d'Allemagne et dont la famille régnante compte parmi les plus illustres et les plus anciennes de l'Hindoustan.

Bien que le maharana soit majeur, le colonel doit prolonger encore son séjour auprès de lui. Mais il s'occupe déjà moins des affaires courantes, expédiées par les dignitaires hindous; et il commence à habituer le jeune prince à présider lui-même le conseil, malgré la préférence marquée de ce dernier pour des occupations moins sédentaires. Néhal Singh est en effet avant tout un sportsman convaincu. De petite taille, très mince, tout de muscles, il a la peau assez brune, les cheveux et les yeux d'un noir de jais, le nez busqué et le profil inférieur un peu fuyant. D'un caractère franc, affectueux et très bon enfant, il est tout à fait anglicisé par sa passion pour tous les exercices du corps, la chasse, l'équitation, le polo, etc., sports pour lesquels tous ses *sirdars* (ses amis nobles) se sont enthousiasmés avec lui. Il est du reste tout aussi Anglais par son excellent accent et sa prononciation parfaite que par ses vues et ses appréciations des choses en général. Il est trop Anglais même peut-être aux yeux du colonel qui, en partant d'un point de vue très large et respectable, a tenu à lui enseigner par-dessus tout le respect de la religion hindoue et des traditions nationales, qu'une éducation européenne aurait pu lui faire oublier ou tourner en ridicule.

En ce moment une seconde passion rivalise chez lui avec celle du sport : c'est la musique. Il joue un peu de piano et chante des romances anglaises et françaises; mais il adore surtout le cornet à pistons, que lui enseigne un petit jeune homme blond, élève du conservatoire de Leipzig, très fort sur toutes espèces d'instruments.

L'année dernière, le *rana* (c'est ainsi que par abréviation il est d'usage d'appeler le maharana) s'est marié avec une jeune princesse de quatorze ans, qui habite avec la maharani mère le palais hindou de Dholpur. Toutes deux sont invisibles aux yeux des Européens. Le colonel lui-même n'a jamais vu et ne verra jamais la mère de son élève; dans toutes les audiences, un rideau l'a toujours séparé de cette souveraine inconnue, dont il a entendu seulement la voix, mais qui le connaît parfaitement.

Le rana, dont l'existence est partagée en deux moitiés bien différentes, passe ses nuits et prend tous ses repas au palais hindou; le reste du temps il est à la residency. Un bien curieux spectacle est celui de son arrivée, au matin, dans ses draperies blanches, avec sa petite cour de sirdars et de serviteurs enturbannés qui tiennent en laisse ses grands lévriers. La toilette de transformation a lieu au milieu du pêle-mêle de son appartement où sont entassés cartes, livres, fusils, fouets de chasse, flacons de parfums, bataillons de bottes et de costumes demi-anglais; et bientôt après il apparaît invariablement coiffé d'un turban liséré d'or, et portant au cou le collier serré de diamants, qui ne le quitte jamais....

Pendant les trois jours qui ont suivi notre arrivée, cela n'a été que parties de cheval et de chasse pour toute la compagnie, le rana en tête. Il est enchanté de mettre à la disposition de ses hôtes son écurie de cent soixante chevaux, et de les entraîner avec lui à la poursuite d'un cerf ou d'un sanglier. Rien de joli comme ces grands départs mouvementés du matin, quand devant le perron s'agitent dans un mélange multicolore les chevaux qui piaffent, les piqueurs, les chiens, les soldats d'escorte, les serviteurs hindous et musulmans, et, *conspicuus inter omnes*, le rana caracolant en costume de chasse sur un de ses superbes arabes. Je ne crois pas qu'il soit possible de voir un cavalier plus parfait et plus élégant que Néhal Singh.

Le colonel nous avait avertis qu'il nous garderait le plus longtemps possible. Il est arrivé sans grande peine à nous retenir en organisant une grande expédition de chasse le long de la rivière, le Chumbal.

Sachez en effet que le rana possède une petite flottille de bateaux plats sur lesquels sont construites des maisonnettes. Une ou deux fois par an on met cette flottille en mouvement pour une dizaine de jours. On monte ou l'on descend la rivière, en établissant le plus souvent pour chaque nuit un campement nouveau le long des rives, tandis que du matin au soir les chasseurs poussent des reconnaissances particulières à l'intérieur du pays. Le rana a fait une partie de ce genre à Noël, il y a quatre semaines à peine. Nous devons donc considérer comme une amabilité exceptionnelle l'organisation en notre honneur de ce plaisir cynégétique.

C'est tout une odyssée qu'une expédition comme celle-ci ! On s'en rend compte dès le premier campement. Ainsi, croiriez-vous que nous formons une caravane de six cent huit personnes, je dis bien *six cent huit*, ni plus ni moins, car j'ai devant moi le relevé exact et détaillé qu'a bien voulu faire M. Umacharan Mukarji, le très obligeant professeur du rana. Le voici en résumé :

- 190 koulis pour haler 19 bateaux,
- 30 ouvriers divers, charpentiers, etc.,
- 30 tanneurs pour dépecer le gibier,
- 45 hommes d'écurie,
- 20 conducteurs de chameaux et d'éléphants,
- 37 marchands de comestibles pour les Hindous,
- 84 hommes de troupe et de police,
- 30 hommes de la garde du colonel,
- 36 serviteurs du colonel et des hôtes étrangers,
- 96 personnes formant la suite immédiate du rana (8 sirdars, prêtres, domestiques et chikaris afghans),
- 8 invités,
- 1 le colonel,
- 1 le maharana.

608 personnes au total.

Les animaux qui nous accompagnent se chiffrent à 137. Il y a :

- 4 éléphants,
- 13 chameaux,
- 20 chevaux de cavalerie,
- 6 chevaux de sirdars,
- 13 poneys de polo,
- 16 chevaux particuliers,
- 34 chèvres,
- 20 ânes,
- 8 chiens du rana,
- 1 veau et 2 vaches, animaux sacrés de cette arche de Noé, et que le jeune prince indien doit contempler avant toute autre chose le matin à son réveil, pour assurer le bonheur de sa journée.

Un pareil mouvement d'hommes et d'animaux n'est-il pas extraordinaire pour une excursion de huit jours ? Et n'est-il pas étonnant de penser qu'en faisant figurer tous les sahebs à part, et au même rang, on trouve une moyenne de plus de trente serviteurs pour chaque maître? Songez un peu ce que cela eût été si la maharani, suivie de tout son monde, s'était jointe à la caravane, comme elle l'a fait à Noël ! Il est vrai d'ajouter que les serviteurs ne se fatiguent pas plus que de raison. Ainsi les porteurs d'eau chargés de remplir les *tubs* de la compagnie ne font-ils aucun autre travail que celui-là ; et quand ils ont arrangé ou vidé les bains, ils se reposent de leurs labeurs en dormant !

Conformément au programme établi par le colonel, notre chef à tous, la marche des bateaux, des chasseurs et des caravanes se règle de façon à réunir tout le monde vers la fin de la journée à l'endroit choisi pour le campement. Vers huit heures du matin, les chasseurs, après avoir pris un premier déjeuner sur les sables encore tout couverts de brume, sont déjà partis par groupes, pédestrement ou à cheval, suivant les nécessités, et accompagnés par les chikaris afghans. Peu de temps après, les bateaux se mettent en marche vers le camp suivant. Les koulis, ayant saisi les cordages réunis au mât de chaque embarcation, s'échelonnent sur les rives, et tirent en avant. Au bout d'une heure, tout le petit village flotte, et sur les sables on voit suivre la cavalerie.

Les chasseurs ne rentrent pas à heure fixe, quelquefois pour tiffin, souvent aussi plus tardivement, quand la poursuite de quelque antilope fait oublier la faim. Tout le pays que nous traversons est très nu, accidenté, et entièrement coupé par des ravines et des trous. De grandes étendues de sables séparent de chaque côté la rivière des collines arides, découpées en pointes bizarres, et jusqu'au sommet desquelles montent les eaux au moment des pluies. Au milieu de ces sables et de ces accidents de terrain, la marche ne tarde pas à devenir assez fatigante, et la chasse reste toujours difficile, car le gibier, très sauvage, se lève loin.

Quand nous regagnons nos demeures flottantes, nous trouvons tous les bateaux rangés le long de la rive et réunis aux sables par de petits ponts de planches : en tête le bateau-cuisine, puis le bateau-salon, celui du colonel et les autres. Sur la vaste plage adjacente se groupent les éléments du camp ; au loin, sur la bordure des escarpements, se trouvent les quartiers des chevaux et des éléphants et les tentes de la troupe ; plus près et de tous côtés pétillent des feux de branches mortes sur lesquels cuisent les popotes indigènes dans des vases de terre ; tout autour, des koulis sont accroupis en cercle. Pelotonnés dans des toiles grises, dès que le soleil n'est plus là pour réchauffer leurs membres demi-nus, ils s'asseyent à la manière hindoue, les bras allongés et appuyés sur les genoux, tandis que les pieds seuls reposent à plat sur le sol ; et ils restent ainsi à rêver, immobiles, jusqu'au moment où ils s'étendent pour la nuit sur le sable. A six heures, tinte mélancoliquement la cloche qui appelle aux pratiques de dévotion, et bientôt après retentit en sons éclatants le cornet à pistons du rana jouant son air écossais favori....

Dans le bateau-salon, garni du porte-fusils et d'une petite bibliothèque cynégétique, les soirées sont gaies, grâce à l'entrain des convives déjà nommés, d'un second ingénieur anglais, M. Gahan, et de sa femme, une infatigable sporting-woman qui nous accompagne partout. Pour la nuit on convertit le grand bateau en dortoir des jeunes, car les petits bateaux sont plutôt destinés à servir de cabinets de toilette. Nos boys étendent matelas et couvertures sur les planches, et nous nous endormons au milieu d'un murmure de conversations hindoues et des ronflements des *chillums*, les pipes à eau des indigènes....

Le lendemain, le camp se met en mouvement tout doucement, comme il s'est établi, sans désordre et avec la nonchalante ardeur caractéristique de ce pays où personne ne se hâte Quand tout ce monde crie et hurle, c'est pour faire croire qu'il se donne beaucoup de mal.

✻

Dholpur, 26 janvier.

Notre campement à Bassaï a duré deux jours, l'abaissement des eaux nous ayant empêchés d'aller plus loin à cause des rocs qui encombrent la rivière en cet endroit.

Le rana venait pour la première fois dans ces parages; aussi les chefs des villages environnants accouraient-ils lui présenter leurs hommages. Dans la campagne les indigènes voyaient, pour la première fois aussi, des visages européens, et les femmes se voilaient à notre passage en se détournant vivement. Partout cependant on nous accueillait avec de grands égards, et je me souviendrai en particulier de la bonhomie timide d'un brahmine échevelé et peinturluré qui nous offrit, à l'ombre d'un buisson, quelques bonbons et du lait. Il parut émerveillé de recevoir une roupie en remerciement de ses rafraîchissements.

Les excursions aux alentours de Bassaï ont été particulièrement fructueuses. Édouard personnellement a remporté un grand succès en tuant un magnifique crocodile de douze pieds de long, qui dormait sur les rochers, et qui eut le bon esprit de ne pas plonger dans les eaux à sa première blessure. Une quinzaine de koulis sont allés le chercher. Tout le camp était en émoi à leur retour. Les tanneurs dépecèrent aussitôt l'amphibie, car Édouard tient à emporter la peau et à vous la montrer un jour.

Mais on ne découvrit dans son estomac ni bagues ni bracelets, ce qui prouverait peut-être qu'il n'avait pas de vie humaine sur la conscience....

Maintenant, hélas! les bonnes journées de cette vie délicieuse en plein air sont écoulées, et le grand salon embaumé de la residency nous réunit de nouveau en habit et cravate blanche pour dîner. Voici quel a été le résumé de notre chasse : cent cinquante pièces apportées au camp, dont vingt-neuf *black-bucks* (antilopes et *chikari-bucks*), des *grouses*, des *brahmini-ducks* et des oies sauvages, des lièvres, des perdrix, des cailles, des vautours et des hérons; un peu de tout, comme vous voyez.

Depuis deux jours nous avons parmi nous un hôte de plus, lord Durham, qui nous a rejoints au camp de Chylpura. Il vient passer l'hiver aux Indes uniquement pour une série de grandes chasses. Son arrivée va provoquer de nouveaux plaisirs pour le rana, qui, aussitôt après notre départ, commencera avec lui une autre expédition dans l'intérieur du pays.

A peine rentré à Dholpur, le rana, toujours bouillant, organisa avec ses sirdars un *polo-match* et une course d'obstacles sur son petit « Longchamp » particulier. Il fit atteler son *four-in-hand* pour les spectateurs et le fit conduire par le fils d'un de ses cochers, un gamin de douze ans, haut comme une botte, qui mène avec un aplomb et un flegme incroyables. Sur le mail trônait à côté de nous un charmant spécimen de la race hindoue. C'était un jeune cousin du rana; il avait une robe bleue à rayures claires, un collier d'or au cou, dans l'oreille droite un anneau avec pendant d'émeraude, et sur ses cheveux noirs un petit turban jaune crânement posé. C'était un ravissant tableau que ce bel enfant dont les yeux superbes, curieux et doux, ombragés de longs cils, éclairaient une figure brune aux traits réguliers et d'un ovale parfait.

Le lendemain il y eut un *pig-sticking* monstre, auquel prit même part Mme Gahan. Après le rapport des chikaris envoyés à la découverte des sangliers, on partit vers midi avec douze gardes du corps. Arrivés sur le terrain, les cavaliers se postèrent, la longue lance au poing, de façon à surveiller les trois côtés du champ de maïs, dans lequel s'avançaient à grand bruit une trentaine de rabatteurs. Après une attente relativement courte, tandis que redoublaient les cris des koulis et que les chevaux énervés piétinaient d'impatience, l'animal déboucha subitement entre Néhal Singh, Locky et Édouard, et prit en biais sa course par la plaine. Aussitôt tous les cavaliers donnèrent de l'éperon et se lancèrent à fond de train en avant.

A travers les hautes herbes qui s'accrochaient dans les étriers, sur un terrain affreux, rempli de trous et semé de puits taris, à demi cachés par des branches et des feuillages, la chasse était dure et périlleuse. Le rana s'était fort aimablement effacé en faveur de ses hôtes, de sorte que l'intérêt de la poursuite s'engagea entre Locky et Édouard. Ce fut ce dernier, admirablement servi par *Blue-Peter*, un des meilleurs sauteurs du rana, qui rejoignit la laie, et le premier la toucha à l'épaule, remportant ainsi les honneurs tant désirés du *first spear*. Grièvement blessée, la bête s'accula, et d'un vigoureux coup de défenses ouvrit la jambe de Blue-Peter avant de succomber sous d'autres lances meurtrières.

Le cheval changé, on repartit pour découvrir un autre animal annoncé, que Louis servit cette fois.

Pour clôture brillante de nos impressions indiennes de Dholpur, nous avons vu le rana en grand costume hindou. Il nous fit la surprise d'apparaître au salon après dîner, paré d'une partie des bijoux de son trésor. Il portait son costume de durbar : vêtement étroit de satin saumon à parements bleu de roi et or, écharpe bleu ciel autour des hanches et petit turban clair. Une demi-douzaine de colliers, les uns plus longs que les autres, pendaient sur sa poitrine, la plupart en perles entremêlées de cabochons d'émeraudes, l'un d'eux supportant une émeraude grande comme un œuf de pigeon. Mais le collier le plus précieux était tout en perles, aussi grosses que de belles noisettes, et serré au cou au-dessus de tous les autres.

Comme il n'avait pas mis sur lui la collection complète nécessaire au costume, il nous montra tout simplement le reste à la main. C'étaient de longs pendants d'oreilles en grappes de perles, de rubis et d'émeraudes non taillées, une aigrette en diamants avec un magnifique rubis, une longue chaîne de perles se portant en sautoir, que sais-je encore? Le tout eût représenté un assortiment de pierres précieuses assez considérable pour remplir toute la vitrine d'un magasin de la rue de la Paix.

Agra, le 28 janvier.

Je termine ici cette lettre au lendemain de notre départ de Dholpur. Le rana et le colonel nous ont tous deux accompagnés à la gare, où les adieux ont été très affectueux. Sans trop nous flatter, je crois pouvoir dire que nos regrets étaient partagés, car l'excellent colonel nous a pris en vraie amitié, ce que nous lui rendons bien du reste, et Néhal Singh a été envers nous de jour en jour plus aimable et bienveillant. Dholpur nous laisse donc des souvenirs qui resteront, sans nul doute, les meilleurs de notre séjour aux Indes....

Lucknow, 4 février.

Pendant notre nouvel arrêt de deux jours à Agra nous avons logé cette fois au bungalow du club, en face du club même, grâce à l'obligeance de M. Deighton, qui nous avait inscrits comme membres temporaires.

Nous avons fait plusieurs connaissances, entre autres celle du frère de lord Durham, qui est en garnison à Agra, et qui nous mena aux *Gardens*. Là bon nombre de ladies et de gentlemen étaient occupés au tennis sur des pelouses d'un vert éclatant et à côté d'un pavillon où était servi un *afternoon tea*. Il y avait de jolies toilettes, de la musique militaire, un corso de voitures, quantité de bonnes d'enfants et de bébés aux boucles blondes. On nous invita de but en blanc pour le soir même à une sauterie chez le général-commandant. Mais, loin de sauter autant que les autres, il fallut nous contenter de figurer comme piliers de porte, car les dames anglaises, rares en comparaison du nombre d'hommes, laissent toujours prendre d'assaut leurs carnets en quelques secondes, à moins qu'elles ne les aient déjà remplis d'avance au bénéfice de leurs cavaliers attitrés.

Le soir suivant, après avoir fait un excellent dîner au club avec M. Deighton et plusieurs de ses amis, nous sommes allés en second pèlerinage au Taj, par un doux et poétique clair de lune. C'était féeriquement beau !

Le point le plus intéressant de notre second séjour à Agra a été notre visite à la prison. Le directeur, le docteur Tyler, un ami du colonel Dennehy, nous conduisit lui-même dans tous les recoins de son domaine.

Rien de moins lugubre par exemple que cette suite de bâtiments, de cours et de jardins, qui couvrent une superficie considérable. Ce sont des constructions basses, en rez-de-chaussée, bien aérées et très propres, séparées par des pelouses, des plates-bandes et des grilles, elles-mêmes tellement recouvertes de feuillages et de fleurs, qu'on a peine à les apercevoir. Tous les prisonniers sans exception travaillent, et on les prendrait pour des artisans quelconques, si l'on ne voyait çà et là les chaînes que traînent les plus suspects. A l'approche du directeur, les surveillants d'atelier (prisonniers eux-mêmes) donnent un signal, et tous les hommes claquent ensemble des mains, en signe de salut bref et retentissant.

C'est dans cette prison, où sont détenus en moyenne deux mille cinq cents individus, que se fabriquent d'après la manière des Gobelins les fameux tapis d'Agra, si connus de par le monde, et tant demandés au *Louvre* et au *Bon Marché*. M. Tyler, qui en expédie à Paris autant qu'il peut en fournir, concluait le jour de notre visite une assez grosse affaire (toujours réglée d'avance) avec le voyageur d'une de ces maisons, qui vient aux Indes tous les ans.

Aux environs d'Agra, des monuments et des ruines importantes attendent le touriste consciencieux; mais nous nous sommes dispensés, peut-être à tort, de les voir. C'est Fattipur Sikri, agglomération de palais ruinés d'Akbar, et Sikandra, le mausolée du puissant empereur, où l'on montre un pilier de marbre sculpté sur lequel reposait, dit-on, le célèbre *Koh-i-Nur*.

Nous avons quitté le bungalow avec un serviteur de moins. Charles s'est débarrassé là de son noble portugais, devenu impossible par des états d'ivresse trop répétés. Et de deux!

Durant le trajet d'Agra à Lucknow, nous avons dû changer de train à Tundla-Junction, au milieu d'un encombrement tel que nous n'en avions encore jamais vu. Plusieurs trains bondés de natifs, venant du pèlerinage d'Allahabad, et y allant, déversaient leur contenu sur les quais; ce n'était pas chose facile que de se frayer un passage au travers des groupes serrés, parmi les files indiennes — c'est le cas de le dire — de vieillards, de femmes aveugles et d'enfants colportant des vases d'eau sacrée, ou dévorant à belles dents des cannes à sucre, en s'agitant et en s'interpellant. Quoi d'étonnant si des épidémies se propagent rapidement au moyen de pareilles agglomérations !

Nous voici maintenant dans de nouvelles contrées bien particulières de ces Indes immenses. Nous sommes au centre de provinces fertiles et populeuses, qui comptent onze millions d'habitants (dont dix millions d'Hindous), dans la capitale de l'État d'Oudh. Prospère et puissant au siècle dernier sous ses Nababs, vassaux des Grands Mogols, cet État fut érigé en 1819 en royaume indépendant par l'influence de la Compagnie des Indes, puis annexé par les Anglais en 1856, à la veille de la terrible *mutiny*.

Lucknow a été le théâtre principal des drames de 1857. Notre hôtel en témoigne tout le premier. C'est un grand bâtiment à vérandas en arcades, qui a servi de palais autrefois, et dont les murailles portent la trace des boulets et des balles. Tout y a pris un cachet de mélancolique délabrement, même les chambres, à l'aspect triste et froid, qui s'ouvrent sur un hall haut de deux étages, où le propriétaire actuel, qui a combattu lui-même pendant la révolte, préside les repas silencieux.

Les étrangers viennent donc ici en général comme pour visiter un cimetière. Quant à nous, nous emporterons des impressions bien différentes, car nous menons une vie toute mondaine, grâce aux recommandations de nos amis de Dholpur et d'Agra, grâce surtout à la sollicitude de Mrs D..., notre aimable « tante » du *Zambesi*. Par elle nous avons été présentés d'emblée à la colonie militaire, une des plus importantes et des plus joyeuses des Indes; ses membres se voient tous les jours, aux mêmes heures, et dans les mêmes endroits de réunion, où l'on joue au tennis, où l'on danse et où l'on *flirte* aux sons entraînants des musiques de régiment.

Deux régiments favorisés tiennent garnison ici, le 10ᵉ hussards et le 33ᵉ d'infanterie, c'est-à-dire le régiment du prince de Galles et celui du duc de Wellington. Le premier des deux, du reste, est le régiment par excellence, *the Regiment* (comme disent les Anglais). Les officiers donnent, avant tous les autres, le ton de la vie élégante; ce sont pour la plupart des garçons de fortune, qui mènent grand train de maison, habitent de jolis bungalows et ont quantité de serviteurs, de chevaux de voiture et de selle. En ce moment l'un d'eux ne possède pas moins de quatorze poneys de polo, sans compter ses autres chevaux. Leur mess, connu pour sa généreuse hospitalité, est ouvert à toute heure à leurs amis, et aux amis de leurs amis.

Le lendemain de notre arrivée, ils donnaient un superbe bal dans l'énorme local du club, le *Chatter-Manzil*, ancien palais des sultanes favorites des rois d'Oudh, local qui se prête admirablement aux fêtes par ses salles à arcades blanches. Les honneurs étaient faits par la femme du lieutenant-colonel. Il y avait profusion de fleurs et de lumières, un excellent orchestre, des toilettes de bon goût, un grandissime souper et beaucoup de ces *dark flirting corners* que les Anglais affectionnent tant.

Depuis ce bal nous voyons fréquemment les officiers du 10ᵉ hussards : c'est tantôt un tiffin chez le lieutenant-colonel en second, tantôt des rendez-vous aux casernes pour assister à la parade du matin ou visiter le quartier, dont les dortoirs admirablement tenus, la bibliothèque, la salle de théâtre, le complément indispensable d'épouses et de marmots, prouvent suffisamment à quel point est poussé le *comfort* du soldat anglais aux Indes.

Nous avons assisté aussi à un grand *polo-match*, supérieurement joué par le corps d'officiers, depuis les lieutenants jusqu'aux lieutenants-colonels. Leur *team* passe pour le premier des Indes. Enfin nous venons d'être invités au mess à un grand dîner de cérémonie, tout à fait raffiné, et magnifiquement servi par une légion de serviteurs en blanc. Les plumes du prince de Galles se retrouvaient partout, sur la vaisselle comme sur les très corrects menus français. La table était surchargée de fleurs et d'objets en vermeil, prix de courses, etc., gagnés par les officiers; et au centre brillait un surtout en or, offert au régiment par le roi George IV, une pièce qui est, à ce qu'il paraît, assurée pour la modique somme de 5000 livres sterling.

Dans le courant de la soirée, la passion du sport eut son mot à dire, et nous avons bien ri en voyant un corpulent lieutenant, monté sur sa jument favorite, sauter sans selle les tables et les canapés du grand salon au divertissement général.

Après des réunions de ce genre, on reste frappé de l'esprit de large camaraderie qui règne entre tous les officiers inférieurs et supérieurs, et qui semble effacer complètement la distinction des grades dans les relations de gentleman à gentleman.

Lucknow, février.

Nous sommes encore à Lucknow. Qui de nous l'eût cru? Mais aussi quelle série d'engagements depuis quelques jours

LUCKNOW. 73

Plusieurs réunions d'après-midi au parc de *Mohamed-Bagh;* trois dîners chez Mrs D...; seconde soirée dansante à *Chatter-Manzil;* deuxième lunch chez le lieutenant-colonel des hussards; dîner de quarante couverts au mess du 33e; autre dîner au mess du 2e régiment de *Bengal Cavalry*. Bref, nous sommes engrenés dans le courant d'une existence mondaine et sportive qui ne saurait être nulle part plus recherchée, et que rend particulièrement agréable ici le climat tempéré de l'hiver. Entrés par la bonne porte, nous recevons de tous côtés les invitations les plus inattendues, grâce à notre qualité d'étrangers.

Si notre hôtel ne se trouvait pas à sept ou huit kilomètres des cantonnements anglais (toutes les distances sont fabuleuses à Lucknow) et si nous n'avions pas à traverser journellement de longs quartiers indigènes, nous oublierions véritablement que nous sommes aux Indes. Ce sentiment s'impose du reste dès que l'on vit un peu dans un milieu aussi exclusivement anglais que celui-ci; où les moindres détails de repas, d'ameublement, de confort et avant tout les conversations, sont de purs échantillons de l'anglicanisme le plus absolu; c'est à tel point, je vous assure, que l'on évite même d'aborder des sujets d'intérêt purement oriental.

Une fois les questions d'usage épuisées, comme celles-ci par exemple (nous les avons entendues je ne sais combien de fois, à chaque présentation nouvelle): « *What do you think of the Taj?* » — « *How do you like the hot weather?* » impossible de parler autre chose que polo, lawn-tennis, courses ou racontars locaux. Jamais on n'entend aucune anecdote, aucun récit, aucun renseignement sérieux se rapportant au pays, à ses habitudes, à ses mœurs; tout au plus quelques vieux clichés de recommandations rabâchées, des conseils fantaisistes, qui sentent le parti pris, et des réponses évasives de : *I think, I suppose, I fancy*, qui manquent autant d'assurance que d'encouragement. Il y a en résumé de l'incompétence voulue (il faut bien l'avouer) et, primant tout, un souverain mépris de la couleur locale, même là où elle est le plus intéressante.

C'est vous dire que les vastes cantonnements anglais sont moralement aussi éloignés des centres indigènes que la Grande-Bretagne est matériellement distante des Indes; qu'il n'y a aucune fusion d'idées entre les éléments opposés dans leur isolement systématique, et que le dédain le plus accablant pèse sur tous les mélanges de races. Les souvenirs de 1857 seraient-ils encore si vivaces? et les Anglais visitent-ils les ruines poétiques de la Residency avec un ressentiment toujours égal?

C'est ici, dans l'ancienne demeure du représentant du gouvernement anglais, que 1800 combattants ont tenu tête pendant près de cinq mois aux milliers de révoltés qui les assiégeaient. Pendant ce temps avaient lieu les horribles massacres de Cawnpore, où Nana-Sahib faisait égorger et jeter dans un puits, morts ou agonisants, des centaines de pauvres femmes et de jeunes enfants. Le colonel Campbell, qui nous pilota dans cette enceinte historique, était lui-même lieutenant au moment de la rébellion, et subit tout le siège. Il nous fit voir l'endroit où il resta étendu, blessé au milieu de tant d'autres, nous citant avec ce flegme étonnant, habituel à nos voisins d'outre-Manche, une foule de traits héroïques ; ressuscitant, pour ainsi dire, devant nous cette période de misères et d'angoisses.

Les ruines de la Residency et des habitations diverses qui en dépendaient sont restées dans l'état où les a mises le siège. Partout les murailles détruites par les boulets forment un contraste étrange avec la fraîcheur du parc magnifique qui a été créé pour les encadrer. Çà et là des pierres commémoratives servent de guide à travers ce cimetière de glorieux souvenirs, où maisons et tombes des victimes dorment sous le manteau d'une végétation exubérante.

Du haut d'une tour à moitié écroulée, on découvre une vue étendue sur Lucknow, ou plutôt sur ce qu'il est possible d'en voir ; car Lucknow compte encore parmi les villes qui n'ont pas d'horizon. Vue de là, elle apparaît comme une forêt sans fin d'où émergent seulement par groupes les maisons et les bâtiments auxquels elle doit son nom de « cité des palais ». Voilà cependant un titre bien pompeux pour une ville dont les monuments, superbes sans doute en photographie, perdent de leur prestige quand on les soumet à un examen détaillé.

Ces monuments, le *Kaiser-Bagh*, *Moti-Mahal*, *Jama-Musjid*, etc., sont peu anciens en somme, puisqu'ils remontent à l'époque fastueuse des anciens rois d'Oudh. Ils sont conçus dans un style hybride italien-hindou-arabe, qui s'étale en décoration de biscuit et en couleurs tendres sur des plâtres décrépits. Le plus grand délabrement règne partout, excepté au fort de *Machi-Bawan*, et à la halle imposante l'*Imanbara*, qui à présent sert d'arsenal.

Quant à la vieille ville indigène, elle est très pittoresque dans ses étroites rues marchandes avec ses boutiques d'orfèvres et de changeurs. Une foule à l'aspect original y circule, et nous remarquons des types tout nouveaux, auxquels une belle chevelure crépue et ondulée, une fine moustache et une petite calotte de mousseline transparente donnent beaucoup de ressemblance avec les belles têtes florentines de la Renaissance. Devant les grandes portes stationnent quantité de chevaux et de garis ainsi que des palanquins pour les femmes, mais des palanquins presque microscopiques, formés par une petite planche carrée suspendue par quatre cordes à un fort bâton de bambou. Les femmes s'accroupissent sur ces petits carrés, puis on les recouvre d'une toile de couleur, très serrée.

Là, dans la ville ancienne, on se trouve bien dans le *Laknao* d'Akbar, et loin du *Lucknow* moderne, dont l'orthographe, estropiée pour les besoins de la prononciation anglaise, jure comme celle de tant d'autres villes hindoues[1].

Avant-hier, nous sommes allés présenter nos respects au Maharajah de Balrampur, qui possède ici un palais. Nos amis, en Anglais qui ne doutent de rien, nous avaient assurés que nous serions parfaitement reçus et que nous verrions de fort belles choses. Si nous fûmes désappointés de ce côté-là, notre visite ne laissa pas que d'être assez amusante.

Le vieux rajah, auquel nous nous étions annoncés la veille, nous attendait devant son habitation, entouré de sa petite cour de secrétaires, de dignitaires et de serviteurs : autant d'Hindous à la mine curieuse et sardonique. Il était affaissé sur un siège sous un large parasol, et plusieurs éventails s'agitaient autour de lui.

Nous nous approchâmes avec force salams, pour prendre possession des fauteuils rangés en demi-cercle qui nous tendaient les bras. Mais jugez de notre perplexité et de notre confusion ! Le vieux prince ne parlait pas un mot d'anglais, et pour nous, naturellement, l'hindoustani était et restera lettre close.... Nous étions perdus sans l'aide, à jamais mémorable, d'un personnage de la suite, qui put nous comprendre. Il traduisit l'expression de nos compliments fleuris à Son Altesse, qui de son côté demanda nos noms et nos adresses, afin de les consigner scrupuleusement dans un gros registre. Ces préliminaires finis, on nous montra la maison, remplie de portraits du rajah en mille et une attitudes différentes, mais absolument dépourvue des « belles choses » tant vantées. Après quoi nous nous sommes rassis en cercle et avons recommencé nos compliments.

Au moment longtemps attendu des adieux, notre sérieux fut mis à une rude épreuve : le vieux rajah nous inonda de parfums,

---

[1]. On revient actuellement à un système plus vrai, qui fera écrire *Mirut* au lieu de *Meerut*, *Punah* au lieu de *Poonah*, *Jaïpur* pour *Jeypore*, etc.

nous combla de cornets de bétel, et, prenant finalement des mains d'un serviteur un amas de longues chaînes mystérieuses, nous enguirlanda un à un, avec une majestueuse gravité, d'un collier d'étoupes d'or et d'argent. Ce vieillard ratatiné, orné de lunettes et de gants de fil blancs, avait l'air si parfaitement drolatique, affublé de cette dignité souveraine, que nous manquâmes étouffer de rire... Et puis, nous voyez-vous partir triomphalement dans notre calèche avec nos chapeaux-casques et nos toisons d'or au cou !

Tout l'élément militaire de Lucknow est maintenant dans la plus grande agitation, car les courses du printemps viennent de commencer. Nous rentrons aujourd'hui de la deuxième réunion. Comme la première, elle a été fort intéressante, les poneys hindous, montés par des gentlemen, courant les steeples d'une façon remarquable. Le pesage est bien installé ; il y a des tentes-buffets, appartenant aux divers régiments, et une jolie tribune garnie de dames en toilettes à sensation, mais de plus ou moins bon goût, comme en témoigne la mise de certaine miss, que j'ai admirée en jupe de soie rose, tunique blanche et gants roses !

Ce soir nous partons décidément pour Bénarès, où le choléra, annoncé il y a quelque temps, a suffisamment diminué pour que nous puissions l'oublier. En partant, j'ai à enregistrer un grave embarras domestique. Je congédie Lalla, que j'avais cru fidèle et incorruptible. Il a retrouvé dans cette Capoue un boy de sa connaissance qui l'a entraîné à se lier de trop grande amitié avec le brandy et autres liqueurs. Le malheureux est tombé pendant deux jours dans une rêverie profonde qui à la fin a tourné en un état d'ivresse impardonnable, suivi d'une « cachucha » désordonnée dans la cour de l'hôtel. Je n'ai pas assisté à ce dernier divertissement, mais on m'assure que j'ai beaucoup perdu à n'avoir pas vu mon Hindou, coiffé de son plus beau turban rose, les yeux hagards, une guitare à la main, gambader au milieu d'un cercle d'admirateurs attroupés, en poussant d'horribles petits cris de sa voix aigre et avinée.

Décidément, quand les sobres Hindous s'en mêlent, ils font bien les choses!

En dehors de Will, maintenant il ne nous reste plus que Sama, l'esclave d'Édouard, son « singe » comme il l'appelle. Ledit Sama est en effet un être parfaitement grotesque. Doté d'une épine dorsale démesurément longue, il a de toutes petites jambes, de grands pieds nus, et se donne l'air le plus ahuri du monde en mettant son turban rond toujours trop en arrière sur son crâne luisant. Sa naïveté soulève des tempêtes inénarrables et lui vaut des applications de mains et de bottes bien senties; du reste ce remède semble avoir son effet, car M. Sama se paye de la même monnaie sur les koulis qui ne marchent pas à son gré. Il a supplié d'être compris dans la disgrâce de Lalla, mais *master* le punit bien mieux en le gardant...

Calcutta, 16 février.

Quand nous avons quitté Lucknow, il y avait encore des réjouissances en perspective : bals, théâtre d'amateurs, etc., plaisirs dont nous avons suffisamment joui pour le moment. Dire que pendant dix soirées consécutives nous avons endossé l'habit noir et mis la cravate blanche! Qui eût cru que nos « queues d'hirondelle » seraient soumises à tant de fatigues dans ces lointains pays?

A Bénarès, les décors ont changé, et nous avons repris nos impressions de touristes.

Bénarès, comme vous le savez, est la grande cité religieuse des Hindous, la ville sainte vers laquelle tendent leurs désirs les plus ambitieux. Son origine se perd dans la nuit des périodes védiques et préhistoriques. Bénarès était célèbre il y a 2500 ans, grande et vénérée avant Babylone, Athènes et Rome, avant la captivité des Juifs en Égypte. Son auréole s'est toujours maintenue glorieuse, aussi bien pendant le règne du bouddhisme, que Sakya-Mouni avant de conquérir l'Asie entière y fonda 600 ans avant Jésus-Christ, comme plus tard, quand le brahmanisme réactionnaire rétablit, à la place de doctrines plus élevées, ses grossières superstitions.

La ville actuelle de Bénarès date du temps d'Akbar, c'est-à-dire du seizième siècle. Elle contient un millier de temples et une armée de vingt-cinq mille brahmines, prêtres qui servent d'intermédiaires entre les croyants, les nombreuses divinités et les eaux sacrées du Gange.

A peine a-t-on posé le pied dans la ville sainte, qu'on rencontre à chaque pas les preuves matérielles de l'exagération des pratiques religieuses. A tout coin de rue se trouvent des niches, des renfoncements, des autels abritant des idoles enguirlandées et tout humides de récentes aspersions. Ce qu'il y a de lieux vénérés est inconcevable ! Sanctuaires publics où les pauvres déposent leurs offrandes, chapelles particulières des riches, innombrables temples, vénérés entre tous, et exploités par la caste rebondie des brahmines.

Parmi les endroits les plus fréquentés il faut nommer le puits *Manikarnika*, dont les Hindous boivent, en payant, les eaux corrompues, croyant ainsi se procurer le pardon de tous leurs péchés, même de l'homicide; ensuite, le *Gyan-Bapi*, ou puits de la science, demeure supposée de Siva, et dont les émanations ne sont pas moins écœurantes ; puis le temple d'or : *Bisheswar*. Pour y arriver, il faut se faufiler par des ruelles étroites resserrées entre de hautes murailles suintantes, traverser de petits carrefours tout trempés d'eau du Gange, se frayer un chemin à travers la foule compacte et remuante, en pataugeant dans la boue et en glissant sur des éparpillements de graines et de fleurs, qui partout jonchent le sol.

L'endroit le plus sacré du temple, où se trouve l'idole de pierre, n'est pas accessible aux mécréants ; mais on peut approcher de la porte et assister ainsi aux cris et à la bousculade de l'intérieur. Les femmes surtout font un tapage épouvantable, se piétinent et se poussent à qui mieux mieux.

Cette foule agitée serait encore supportable si l'on ne croisait constamment, errant à l'aventure, des bœufs, des vaches et des veaux sacrés, enguirlandés de feuillages et de fleurs, et habitués à la vénération générale. Vous devinez comme il est agréable de se trouver subitement acculé entre un grand pan de mur ruisselant et un quadrupède récalcitrant. Dans une des cours du temple en particulier, il y avait tant de bœufs, de fumier, etc., qu'il m'a été impossible d'endurer les émanations nauséabondes de l'endroit. Mes camarades ont résisté plus longtemps à l'infection, aussi ont-ils vu un bœuf sans yeux et sans oreilles, bien mieux enguirlandé que les autres !

Si vous saviez ce que ces spectacles d'idolâtrie tapageuse et grossière laissent dans le cœur de compassion et de dégoût !

Et le temple des singes, le *Durga-Kund !* Est-il un endroit au monde plus tristement ridicule ?

Croirait-on que des centaines, que dis-je ? des milliers de singes sont hébergés, religieusement entretenus et vénérés, dans les abords et dans l'enceinte d'un temple rouge, construit spécialement pour les descendants du dieu *Hanuman* ? On voit déjà aux alentours du temple une multitude de singes qui grimpent sur les toits, sautent dans les rues et folichonnent sur les bords d'un bassin. Mais c'est bien pis dans l'intérieur de leur domaine. Ici l'effet produit sur tous les sens est absolument répulsif; les ménageries les plus sales paraîtraient propres en comparaison de ce séjour vénéré, où se donnent libre carrière toutes les fantaisies de ces divinités dépourvues de l'éducation domestique la plus élémentaire. Je n'insisterai pas, mais je citerai comme bouquet de cette visite le mot suivant. Il nous a été dit par un des guides du temple, chargé par nous de faire accourir les singes en leur distribuant les sucreries d'usage.

Un gros vilain chimpanzé nous fixait furieusement en grognant au pied d'un arbre sacré où les dames de sa race ont coutume de s'établir pour donner le jour à leur progéniture. Comme il nous adressait sa plus atroce grimace, le guide, nous le montrant, dit avec le plus grand sérieux : « *Look, sir, he is praying for you!* » (Regardez, monsieur, voilà qu'il prie pour vous!)....

Pour les Hindous, le Gange est un aimant mystérieux qui les attire de tous les coins de leur vaste pays. Contempler ses eaux est un culte; s'y baigner, une adoration; mourir sur ses bords, la certitude de la félicité éternelle. Mais tout cela coûte, et les bataillons de brahmines veillent sans relâche.

Si l'on veut voir le fleuve sous son aspect le plus curieux, il faut longer ses rives dès le lever du soleil et pendant les heures matinales qui suivent. En s'installant sur des bateaux à plates-formes qui montent et redescendent le courant, on défile devant le panorama le plus étonnant qu'il soit possible d'imaginer. Aucun pinceau, assurément, ne pourrait le rendre en couleurs assez vives, et l'imagination la plus puissante resterait au-dessous de la vérité, en cherchant à se le représenter.

D'un côté s'étend une vaste plaine qui se perd à l'horizon. De l'autre les eaux du Gange baignent sur une longueur de plusieurs kilomètres une succession de terrasses, d'escaliers, de plates-formes et de balcons, qui soutiennent les bases massives et les hauts pans de murs de majestueux édifices, de riches palais et de pagodes aux dômes sculptés, hérissés de mâts et d'étendards. Sur les pentes, sur les marches, grouillent au bord de l'eau des êtres humains jeunes et vieux, vêtus d'étoffes multicolores qui brillent au soleil levant et se reflètent dans les eaux. Les types les plus variés se retrouvent là, et présentent un singulier mélange de teints clairs et foncés. A côté de pauvres vieilles, véritables squelettes ambulants recouverts de draperies grisâtres, des jeunes femmes et des jeunes filles étonnent par leurs manières si gracieuses et si chastes, que les regards les plus curieux ne sauraient les trouver en défaut de décorum. Enfin, de corpulents brahmines dont les innombrables comptoirs surgissent partout sous de grands parasols, semblables à des champignons monstrueux, se livrent, parmi toute cette foule, à leurs ablutions. La ficelle héréditaire en sautoir sur leur poitrine basanée, ils gesticulent et marmottent continuellement des prières. L'agglomération est telle partout, que même en avant des derniers degrés de granit et de marbre on aperçoit des radeaux et des espèces de perchoirs en bambou, où de nombreux fervents à moitié vêtus attendent leur tour de plongeon. L'animation est gaie, bruyante et même criarde.

Comme elle contraste avec d'autres spectacles qui apparaissent tout à coup, au détour d'une anse ou d'un escarpement. Là, sous des nuages d'épaisse fumée, s'allument des bûchers qui consument lentement des dépouilles humaines. A côté gît quelque long et mince paquet, ficelé dans une toile brunâtre et lié à une perche : c'est un pauvre cadavre dont il ne restera bientôt plus que de la poussière noire, qu'emportera le courant du Gange. Cette fin de l'homme au milieu d'une foule d'indifférents qui rient et qu crient, a quelque chose de saisissant et de bizarre tout à la fois....

BÉNARÈS. — LES BORDS DU GANGE.
Photographie de MM. Bourne et Shepherd, à Calcutta.

Tous les jours à Bénarès c'est le même spectacle. Des milliers d'Hindous se baignent, brûlent leurs morts et se livrent aux diverses pratiques d'une religion grossière, sous les yeux étonnés de l'Européen qui passe, au bord d'une eau qui lave et nettoie tout, hormis les péchés que leur superstition croit de bonne foi y laisser.

Notre voyage de Bénarès à Calcutta dura vingt-deux heures
Pendant ce trajet le caractère du paysage et du climat se transformait rapidement; tandis qu'à Bénarès la végétation était encore semblable à celle de Delhi, Agra, Lucknow, au fur et à mesure que nous descendions le fleuve, nous voyions apparaître des palmiers en quantité toujours plus grande. Les débordements des eaux et de nombreux marais mettaient dans la campagne, partout cultivée avec soin, une note riante que nous retrouvions pour la première fois depuis Goa. De jolies routes rouges coupaient des plaines verdoyantes, des bois de bananiers et de palmiers envahis par des feuillages épais. La température devint aussi de plus en plus douce.
Nous nous en sommes surtout aperçus en débarquant à Calcutta. A six heures du matin, malgré des traces de pluie, l'air était lourd et tiède, et il était facile de pressentir que la journée serait très chaude. Le train s'arrêta sur la rive droite du Hougly, près d'un grand pont qui traverse le large fleuve, encombré à cet endroit de mâts et de cordages à peine visibles à travers un brouillard de vapeurs grises. Ce pont conduit de Howrah à Calcutta proprement dit. Sur notre parcours jusqu'au Great Eastern Hotel, nos regards se sont arrêtés à chaque pas sur des indices de la civilisation moderne la plus perfectionnée : tramways, grands magasins, hautes constructions, squares, va-et-vient de gens affairés, comme dans nos villes d'Europe....

Doyle's Hotel, Darjiling, 24 février.

Au Great Eastern, grande maison qui jouit d'une réputation assez peu justifiée, il y avait une telle affluence de voyageurs, qu'il nous a été impossible de nous y caser à quatre. Aussi avons-nous été obligés de nous séparer. Tandis que Louis et Charles sont restés à l'hôtel, Édouard et moi avons pris pension dans le *boarding-house* de Mrs Walters, Russell Street, n° 9.

A Calcutta les maisons de ce genre abondent et sont très recherchées. Les appartements y sont même retenus d'avance ongtemps avant les débuts de la saison, qui dure de décembre à mars. Russell Street est située au centre du quartier fashionable; ses maisons à portiques de colonnes, ses jardins ont fort bonne tournure. Vu de près cependant, l'ensemble perd de son effet, car les plâtres s'émiettent, et de grandes plaques d'humidité noire courent sur les murs.

De Russell Street au centre de Calcutta il faut compter dix minutes en voiture, à travers une immense plaine verte appelée Maïdan. Croisée de longues routes aux carrefours ornés de statues équestres, limitée d'un côté par le Hougly, de l'autre par Chaoringhi Road (avenue imposante que bordent des maisons de style italien), cette plaine du Maïdan couvre une superficie si énorme qu'elle contient le Fort-William, plusieurs casernes, deux champs de courses, un polo-ground, un cricket-ground et les Eden Gardens, le rendez-vous du monde élégant. A son extrémité nord, elle touche au parc privé qui encadre, de ses massifs de palmiers et de ses pelouses de velours, les façades de Government House, vaste construction peinte en rose orangé, qui ressemble autant à Buckingham Palace qu'au château de

Wilhelmshœhe, par ses couronnements de balustres, ses escaliers et sa coupole centrale.

Government House se trouve au milieu le plus vivant de Calcutta. Tout à côté sont les artères et les places principales : la grande rue, le *Piccadilly* d'ici, où sont groupés près du Great-Eastern les magasins luxueux, le quartier des bureaux et des banques, les somptueux bâtiments nouveaux de la poste, du télégraphe, etc. Sur le macadam et les trottoirs, le mélange de la foule est typique : on voit des marchands ambulants qui offrent mille brimborions à prix fort minimes, des équipages de haut style, et de méchants garis, des dames en courses et des messieurs affublés de chapeaux hauts de forme, des bourgeois et des employés bengalis, vêtus de mousseline transparente, et marchant nu-tête sous de larges ombrelles.

Partout domine le cachet de grande ville, de capitale toute moderne, si spécial à Calcutta. Les indigènes eux-mêmes ont des allures indépendantes et semblent plus que rompus aux idées nouvelles; l'anglais est couramment parlé par tous; la vie devient facile et commode par la réunion, dans un centre restreint, des lieux d'affaires, de promenades et de plaisirs....

Pour la première fois depuis notre départ, nous avons vécu du matin au soir comme en Europe, engagés par les devoirs du monde et liés à toutes les obligations de toilette; aussi notre temps s'est-il écoulé avec une rapidité prodigieuse en visites et en courses chez les grands fournisseurs spécialement recommandés, que nos trousseaux endommagés nous obligeaient à fréquenter.

La saison tirant fortement à sa fin, nous avons profité seulement d'une partie de nos lettres d'introduction, désireux de voir surtout M. B..., chef de la maison J. K. et C°; lord W. Beresford, le secrétaire militaire du vice-roi, et sir Ashley Eden, le lieutenant-gouverneur du Bengale.

Ce dernier nous envoya une série d'invitations, entre autres pour une soirée musicale et une matinée à sa résidence de Belvédère. La soirée musicale eut lieu à la suite d'un grand dîner donné en l'honneur du Vice-roi, le marquis de Ripon. Ce fut forcément très ennuyeux, et le concert se termina de bonne heure, à cause du vice-roi et de lady Ripon, qui se retirèrent trois quarts d'heure après la fin du dîner. La seconde réunion fut soi-disant une *garden-party* musicale, à laquelle tout Calcutta assista. Des amateurs jouèrent et chantèrent, parmi eux votre serviteur; mais, en présence de cette assemblée froide et cérémonieuse qui remplissait les salons, aussi recueillie que s'il s'était agi d'écouter un sermon, il eût été cent fois plus agréable de se promener sur les belles pelouses du magnifique parc de Belvédère.

Lord Beresford a été très charmant. Sportsman enthousiaste, il est venu nous prendre plusieurs fois en mail pour nous conduire à des parties de polo, de paper-hunts ou au défilé aristocratique des Eden Gardens, brillamment éclairés à la lumière électrique.

L'autre jour, il nous invita à déjeuner au palais et nous fit visiter les écuries du vice-roi, dont il est le grand écuyer. Nous avons vu là des chevaux superbes, des *walers* (chevaux d'Australie) qui servent de carrossiers, des arabes ou indiens pour la selle et le polo. Parmi ces derniers, il y avait de vrais petits bijoux, solides, résistants et élégants au possible. On croirait à peine que, la plupart du temps, ces merveilleuses bêtes se trouvent chez les agriculteurs indigènes, et s'obtiennent à des prix ridiculement minimes. Un de ces poneys, le plus joli, n'avait coûté que 70 roupies, c'est-à-dire environ 160 francs.

Par lord Beresford encore, nous avons été conviés le 20 à un grand dîner, suivi d'une soirée au palais, la dernière réception de la saison. A huit heures cinq, nous montions le grand escalier du palais, au haut duquel un officier indigène des gardes du corps, coiffé d'un turban rouge, était posté immobile, et nous pénétrions dans la salle où se trouve un petit trône insignifiant. Un aide de camp en frac noir à boutons d'or et revers bleu ciel, auquel nos noms étaient absolument inconnus, vint au-devant de nous, nous donna la main et nous dit: « *How do you do ?* » en regardant le plafond !... Tous les autres convives furent reçus de la même façon. A huit heures et demie, après trois formidables coups de gong, qui retentirent dans le palais tout entier, on vit au mouvement de l'assemblée que lord et lady Ripon allaient enfin faire leur entrée.

Nous nous attendions, malgré tout, à quelque chose d'un tant soit peu solennel, et pour le moins à un défilé bien ordonné. Mais ce fut tout ce qu'il y a de plus ordinaire et de plus plat : le vice-roi, petit et trapu, reconnaissable seulement à son grand cordon bleu, se faufilant à travers un groupe de dames, apparut tout à coup à la porte de la salle à manger, tirant après lui sa compagne, tandis que la marquise de Ripon le suivait de loin au bras de son cavalier. A la table de soixante-dix-sept couverts, aucune place n'était assignée aux invités; de sorte que, sans lord Beresford, nous n'aurions pas su où nous mettre. Grâce à lui cependant, grâce aussi à lord Durham, que nous avons retrouvé avec grand plaisir, et à un aide de camp un peu moins empesé que les autres, nous avons passé une très agréable soirée, au milieu de beaucoup d'invités qui paraissaient royalement s'ennuyer. Le dîner fut bon et le coup d'œil général fort intéressant. Chaque convive avait derrière son fauteuil un serviteur enturbanné, vêtu d'une robe écarlate à galons d'or; devant lui, un plat d'argent aux armes d'Angleterre et un menu imprimé à Paris. Toute l'assistance se leva quand le vice-roi porta le toast d'usage : « *The Queen!* »; puis on gagna les appartements du second étage, où eut lieu le bal.

Depuis cette dernière réception, la saison ne bat plus que d'une aile, et tous les *governmental people* vont songer à leur prochaine transmigration vers un séjour plus frais. De tous les résidents aux Indes, ils sont certainement les plus favorisés, et ne voient le pays que par ses meilleurs côtés. N'habitant les capitales de présidence qu'aux époques agréables de l'année, pendant les mois d'hiver, ils jouissent le reste du temps d'un climat délicieux dans les stations de montagnes. C'est ainsi que, de mars à octobre, le vice-roi s'installe avec toute sa cour à Simla, où le télégraphe lui apprend le résultat du Derby quelques minutes après que la course est courue à Epsom. De même, les lieutenants-gouverneurs du Bengale, de Bombay et de Madras établissent leurs résidences respectives à Darjiling, dans l'Himalaya, à Punah et dans les Nilgherries.

Les négociants, les particuliers suivent le mouvement autant que cela leur devient possible. Ceux de Calcutta rayonnent aux alentours, comme à Shamnagar où M. B..., notre ami, possède un joli bungalow au milieu de bois de bambous. De ces villégiatures de banlieue, les hommes d'affaires regagnent leurs bureaux en chemin de fer, ensevelis dans les plis de l'*East India Gazette*, tout comme les *business-men*, aux prises avec le *Times*, voyagent entre Richmond et Londres. De Calcutta, les familles se transportent de préférence à Darjiling, qui devient de plus en plus le sanitarium de la capitale.

C'est là que nous sommes nous-mêmes depuis hier, en attendant le départ du *Navarino*, le steamer de la *British India C°*, qui nous emmènera le 4 mars à Ceylan et Colombo. Les vapeurs des messageries sont tellement recherchés par les Anglais eux-mêmes, que nous n'avons pu trouver de places pour aucun des prochains départs. Notre caravane est remise au complet par l'adjonction de deux nouveaux serviteurs. Charles a pris à son service un jeune *halfcast*[1] de Bénarès, et j'ai engagé moi-même,

---

1. On donne à tous les métis le terme général de *halfcast*, qui peut se traduire par « demi-sang ».

à des conditions beaucoup plus raisonnables que celles de Bombay, un brave et vieux Madrassi chrétien, nommé Andrew.

A bord du *Navarino*, 6 mars.

Le voyage de Calcutta à Darjiling s'accomplit en vingt-sept heures. On part à une heure et demie de l'après-midi, pour arriver le soir au bord du Gange ; là on quitte le train et l'on monte sur un steamer pour traverser en biais le fleuve, et dîner à 'aise pendant le passage, qui dure trois quarts d'heure. Puis on reprend le chemin de fer pour toute une nuit (sur une très mauvaise voie cahotante), et l'on arrive à six heures du matin à Siliguri, la tête de ligne au pied des contreforts de l'Himalaya. Siliguri ne se trouve qu'à une faible élévation au-dessus du niveau de la mer ; Darjiling au contraire est situé à 7000 pieds. Il y a donc une hauteur considérable à parcourir. Récemment encore il fallait plusieurs jours pour y arriver ; on y montait à cheval ou en voiture ; à présent fonctionne un tramway à locomotive qui franchit la distance en huit heures. La voie a environ un mètre de largeur, et les convois comprennent quatre ou cinq wagons ouverts sur les côtés. Après avoir pris un léger déjeuner au buffet de la gare, on monte dans le petit train formé à côté du grand qu'on vient de quitter, et le trajet commence à toute vapeur.

La ligne suit la route des voitures et traverse d'abord, sur une longueur de douze milles, la région malsaine des plaines du Teraï ; puis elle s'élève sur une montée qui devient de plus en plus ardue, au milieu d'un charmant paysage de bois et de forêts d'où l'on découvre de superbes échappées sur le lointain. Le petit train serpente là au travers d'arbres magnifiques, échelonnés sur des pentes que recouvre une végétation luxuriante. Parmi l'épais fouillis de lianes entrelacées se dégagent des milliers de fougères arborescentes, si hautes qu'elles passeraient presque pour des palmiers.

A Kursiong, un lunch est préparé pour les voyageurs, qui se trouvent ici à 4600 pieds, au centre du *tea-district* (la région des plantations de thé), dans une des stations les plus importantes du Sikkim [1].

A partir de Kursiong, l'air devient beaucoup plus frais; la route, de plus en plus accidentée, surplombe déjà de bien haut les plaines et s'engage dans un terrain rocheux où la végétation se fait rare. Le train file avec une vitesse surprenante, malgré la montée rapide et la hardiesse des courbes longeant à pic de hauts remblais, dont le pied se perd à des profondeurs vertigineuses.

A chaque brusque détour, le sifflet retentit formidable, et pour cause, car la voie est encombrée de chariots et de caravanes. Rien de comique comme la terreur des pauvres bêtes frôlées par le train; les bœufs se fourvoient la tête dans les jambes, les chevaux se cabrent et pirouettent, et donnent fort à faire à leurs conducteurs, qui pourtant, dès l'approche de la locomotive, essayent de les calmer en leur tournant la tête du côté opposé. Quelquefois le chauffeur se fait un malin plaisir de siffler plus fort que d'habitude, et les petits poneys entraînent alors sur les crêtes leurs maîtres sikkimois, qui risquent fort d'être précipités à quelques centaines de mètres plus bas.

Mais ceux-ci sont de bonnes natures, et semblent prendre tout en riant.

---

[1]. L'ancien royaume de Sikkim a été partagé en 1857 en deux moitiés: l'une appartient à l'Angleterre et se limite un peu au nord de Darjiling; l'autre est restée au rajah indépendant et se trouve enclavée entre le Sikkim anglais et le Thibet.

DARJILING.

En débarquant à Darjiling, on se sent transporté dans un milieu tout nouveau : on est en plein élément mongol, entouré de types aux pommettes saillantes, aux yeux peu ouverts, au nez épaté, habillés de vêtements chauds, aux couleurs sombres. Des bandes joyeuses de petites filles et de petits garçons robustes, mais affreusement sales, stationnent à la gare et chargent sur leur dos les bagages qu'ils emportent sans sourciller, en les retenant au moyen d'une lanière qui prend son point d'appui sur la tête.

Nous nous sommes logés dans un cottage qui forme dépendance de l'hôtel principal, Doyle's. C'est une petite maison composée d'un rez-de-chaussée à fleur de terre et d'un étage de mansardes, sous un toit élevé et très pointu. Adossée d'un côté à la montagne, elle a sur le devant une terrasse qui commande une jolie vue sur tout Darjiling et les mamelons, encerclés de cimes plus hautes, qui le portent.

On est là bien loin de l'atmosphère amollissante de la capitale. Mais aussi, quelle solitude ! A cette époque de l'année, tous les hôtels et les cottages particuliers sont fermés, et de rares visiteurs viennent seuls pendant quelques jours pour guetter au travers des nuages et des brouillards le panorama célèbre, sur le groupe géant du *Kinchinjunga* et des quatre pics qui entourent ce colosse de 28 000 pieds (le point le plus élevé du globe, après le mont Everest).

Pour voir ces cimes fantastiques de l'Himalaya, nous nous sommes postés à six heures et demie du matin sur un point élevé, à côté de l'hôtel. A nos pieds se creusait une profonde vallée ; les flancs opposés disparaissaient dans une masse grisâtre de brumes, confondues dans le ciel avec des nuages plus clairs, qui erraient comme de gigantesques flocons sur toute l'étendue de l'horizon. Subitement, le soleil se leva, entouré de vapeurs, et bientôt des lueurs rouges percèrent en face de nous comme des traînées de feu, se dessinant d'une hauteur immense, en pointes anguleuses.... C'étaient bien des sommets neigeux, mais il fallait un effort d'intelligence pour le comprendre. On aurait cru plutôt à une trombe d'un nouveau genre, sans toutefois discerner si c'était la terre qui s'élançait vers le ciel, ou le ciel qui tombait vers la terre. A chaque instant de nouveaux pics émergeaient de la masse vaporeuse jusqu'à ce qu'une large chaîne apparût, nageant pour ainsi dire dans les airs au-dessus du rempart de montagnes noires qui semblait les séparer de notre monde.

C'était véritablement une vision féerique, sublime, poignante comme tout ce qui est surnaturel, réalisant les luttes du chaos et de la création, telles que Doré les a symbolisées pour sa *Bible* et son *Paradis perdu*. Mais ce ne fut aussi qu'une vision, car, quelques minutes plus tard, le soleil brillait de tout son éclat, et les nues s'étaient refermées en épais rideau sur ces neiges éternelles......

Celui qui s'arrête à Darjiling doit voir encore deux curiosités de la région : le grand marché du dimanche et le temple bouddhique de *Bhoutea Bousti*. Il est situé au delà d'un village des environs, où les femmes travaillent sur le seuil des portes, à côté d'individus à mines goguenardes et de chiens agressifs.

Devant le temple s'élèvent de grands mâts ornés de drapeaux et de longues bandes de toile, couvertes de caractères imprimés. Extérieurement le temple ressemble tout à fait à une maison de paysan. A l'entrée, un *lama* (prêtre) et un gamin, accroupis à terre, marmottent des prières qu'ils lisent sur de gros parchemins. Au fond du sanctuaire reposent sur une espèce d'autel, devant des idoles, des offrandes de sucreries, de graines et de victuailles qui répandent une odeur nauséabonde.

Mais le détail le plus curieux du culte est l'installation mécanique des moulins à prières. Ils sont composés d'un grand cylindre qui monte jusqu'au plafond et d'une série d'autres cylindres plus petits posés sur des rayons. Ils sont tous remplis à l'intérieur de bandes enroulées, sur lesquelles sont écrites des prières. Sur la demande des visiteurs, une vieille femme tire une corde et met en mouvement tous les cylindres, qui tournent sur eux-mêmes, au tintement de petites cloches. Du reste chaque bouddhiste du pays possède chez lui un moulin à prières portatif, quelque chose qui ressemble à une crécelle, avec le bruit en moins. C'est un cylindre monté sur un manche en bois, et auquel un poids pendant à une chaînette imprime le mouvement de rotation. Le manche en main, le fidèle tourne, et voilà la prière faite !

J'ai acheté à des indigènes une de ces ingénieuses machines ainsi que d'autres bibelots. Pour un bon prix ils cèdent sans aucune difficulté leurs propres ustensiles.

Le marché dominical fournit de bonnes occasions pour les acquisitions de ce genre, car de tous les alentours, même des pays éloignés du Népal, du Bhoutan et du Thibet, des familles entières s'y rendent par bandes. Vers le milieu de la journée l'animation atteint son plus haut degré, et l'on a de la peine à circuler à travers une foule qui cause, rit, crie et s'amuse à cœur joie. On retrouve là encore un mélange des types les plus divers et les plus extraordinaires, les uns aux cheveux noirs et épars, les autres à la tête presque rasée, d'autres portant la longue natte des Chinois. Les femmes sont couvertes de parures : boucles d'oreilles, diadèmes et colliers dans lesquels la turquoise brute joue le plus grand rôle.

On dirait même que cette pierre existe ici à l'état de caillou, à voir les indigènes des deux sexes s'en couvrir littéralement. Avec leurs colliers de turquoises entremêlées de grains rouges et supportant de gros médaillons ronds ou carrés, les femmes portent aussi des chaînes auxquelles sont suspendues leurs économies : des roupies d'or ou d'argent. C'est ainsi que chacune promène sa petite fortune avec elle.

Impossible, par exemple, de voir des gens plus malpropres et plus répugnants que ces montagnards vêtus de haillons graisseux. On est tenté de croire au dicton d'après lequel leur corps ne serait mis en contact avec l'eau qu'aux trois époques marquantes de la naissance, du mariage et de la mort. Les femmes augmentent leur laideur habituelle en barbouillant de goudron leur large figure, ce qui est tout bonnement hideux. D'après certains, elles le feraient pour se garantir des coups de soleil. D'après d'autres, pour mieux protéger leur vertu... Mais que peut signifier ce mot dans un pays où la polyandrie est à l'ordre du jour?

Nous sommes restés à Darjiling trois journées entières, encouragés à prolonger notre séjour par la présence d'aimables Italiens, le sénateur Mantegazza de Florence et deux jeunes gens de ses amis, qui chassent et se promènent tandis qu'il fait des études photographiques et scientifiques. Avec eux nous avons fait de bonnes tournées autour de Darjiling, le long d'excellentes routes à balustrades qui commandent de superbes points de vue, et jusque dans les profondeurs de la vallée de la Runjit, qui forme la limite entre les deux Sikkim.

A l'agréable chaleur du soleil pendant le jour succédaient des nuits très froides ; aussi plusieurs lourdes couvertures devenaient-elles nécessaires à l'entretien de notre calorique. Mon vieil Andrew gelait si bien le premier soir, que j'ai dû lui donner quelques pièces de ma garde-robe.

Le jour du bazar, le temps était superbe. Un orage formidable qui éclata la veille au-dessus de nos têtes avec accompagnement de terribles coups de tonnerre, de grêle et de neige, avait entièrement purifié l'atmosphère. L'air était tellement limpide que la chaîne du Kinchinjunga, si mystérieuse naguère, brillait sans le moindre voile. Les pics éternellement blancs semblaient écraser de leur majestueuse grandeur la nature prosternée à leurs pieds.....

Le 27, au matin de notre départ, un épais brouillard régnait de nouveau ; aussi notre rapide descente ne manqua-t-elle pas d'un certain charme imprévu. Annoncés chez M. S..., un ami de M. B... et l'un des plus grands planteurs de thé du district, nous avons quitté le tramway à Kursiong et suivi de là, pendant une heure et demie de marche, un sentier abrupt qui nous conduisit, à travers des bois de bambous et des *tea-gardens*, jusqu'au bungalow de M. S..., à 2000 pieds au-dessus de la mer. La maison est petite mais confortable : tout autour s'étendent des champs de thé sur des pentes raides, au delà desquelles on aperçoit les plaines qui mènent vers Calcutta. M. S... vit ici avec plusieurs jeunes gens qui l'aident dans la surveillance du Selim Tea Estate. Ils nous ont fait visiter les bâtiments d'exploitation et une partie des plantations.

A cette époque de l'année, les nouvelles feuilles, d'un vert tendre, éclosent sur de petits arbustes touffus qui ressemblent beaucoup à l'azalée, et qui sont symétriquement plantés en longues rangées. Tous les ans on les taille à la même hauteur, c'est-à-dire à 40 ou 50 centimètres. Les nouvelles pousses, cueillies au printemps, sont séchées légèrement, puis roulées en petites boules qu'on laisse fermenter. Ensuite on les sèche de nouveau en les faisant griller au-dessus de feux de charbon. Enfin on les trie suivant leurs dimensions, les petites feuilles donnant le meilleur thé, et les plus grandes le moins parfumé.

Dans le Sikkim les plantations de thé ont pris une grande extension, et l'on s'attend à un développement plus considérable encore, car les planteurs anglais comptent rivaliser avec les Chinois et même les dépasser, si faire se peut. Il est de fait que le thé indien est excellent ; aux Indes on n'en boit pas d'autre. En Europe nous ne pouvons pas le juger à sa juste valeur, parce qu'il est toujours mélangé avec du thé chinois, qui lui enlève son arome particulier...

Pour reprendre le tramway à la dernière station avant Siliguri, nous avons parcouru à cheval pendant deux heures des plantations de thé sans fin. Elles s'étendaient comme de vastes pelouses dans un parc, parmi de grands arbres. Derrière nous, les montagnes avec leur feuillage couleur d'automne se teintaient de bleu et de gris, au fur et à mesure que nous avancions....
Le lendemain après midi nous étions rentrés à Calcutta. Son atmosphère d'étuve nous parut plus fatigante encore après les froides journées de l'Himalaya, et nous avons eu hâte de nous embarquer.

Depuis le 4 nous voguons dans le golfe du Bengale, sur une mer aussi calme que bleue. La sortie du Hougly a été longue et ennuyeuse, la marée nous ayant forcés de rester pendant plus de douze heures à la même place. Nous n'avons gagné la mer proprement dite que trente-quatre heures après le départ de Calcutta. Au sortir de la capitale, le fleuve et ses rives boisées rappellent beaucoup la Tamise aux environs de Londres ; peu à peu ses eaux jaunâtres s'élargissent, et pendant longtemps on ne voit qu'un filet de côte verdâtre, enfin plus rien.

Le sentiment de voguer en pleine mer est redevenu pour nous une sensation presque nouvelle, après notre long séjour sur la terre ferme. Mais avec la brise rafraîchissante qui nous caresse, c'est une jouissance et un délassement exquis. Nous sommes surtout heureux à la pensée d'être délivrés des longs voyages en chemin de fer.....

A bord du *Navarino*, 12 mars.

Le 8, nous abordions à Madras pour un arrêt de quarante-huit heures, dans le fac-similé de port dont la digue fut à moitié détruite il y a quelques années par un ouragan.

La côte, qui s'étend toute droite, est battue par les vagues avec une telle force qu'il est assez malaisé de gagner terre. Des Madrassis, ornés pour tout vêtement d'une ceinture de couleur, aident les passagers à descendre dans de profondes barques où l'on enfonce jusqu'au cou, et la traversée commence aux sons de refrains bizarres, hurlés par la bande noire des rameurs. Tout cela est si étrange à première vue, qu'on pourrait se croire sur quelque pirogue conduite par des sauvages de l'Océanie.

En approchant du rivage, les vagues balancent vigoureusement canots et passagers et les jettent sur un banc de sable mouvant, où ils restent habilement accrochés quand le truc, très difficile à attraper, a bien réussi. Mais là surgissent de nouveaux embarras, car on est encore à une bonne distance de terre. Il faut se hisser au moyen d'une savante gymnastique sur le rebord basculant de la barque, puis se laisser empoigner par deux moricauds qui vous emportent dans l'éclaboussement des lames jusque sur le sable sec de la plage. Là seulement on est sauvé.

Madras n'offre pas grand'chose en fait de distractions et de curiosités. C'est une ville toute plate, tracée en voies larges et droites, mais dépourvue de monuments intéressants.

La chaleur y était si intense qu'en marchant nous sentions le sol nous brûler les pieds à travers nos chaussures. En dehors du jardin public, dans la ménagerie duquel bâillait un tigre magnifique, nous avons parcouru avec intérêt les bazars, assez surpris de la quantité d'étalages de viande de boucherie que nous y avons rencontrés. Dans le nord des Indes, où les indigènes ne mangent pas de viande, on n'en voit jamais ; mais à Madras il y a un assez grand nombre de prosélytes chrétiens, et ceux-ci consomment toute sorte de nourriture. C'est peut-être même le principal avantage qu'ils trouvent à nos croyances !

Les Madrassis sont noirs, d'un noir d'ébène qui fait ressortir d'autant mieux le blanc de leurs vêtements. Leurs turbans sont de couleur sombre et enroulés d'une façon très ample. Tandis que beaucoup d'hommes ont aux oreilles de faux brillants montés en boutons, les femmes du peuple portent dans les lobes, largement percés à cet effet, des ronds de métal gros comme des sous.

Ces types, de même que ceux de Bombay, sont moins agréables que ceux du Nord ; mais les Hindous en général, même ceux des basses classes, — je puis faire cette remarque à ce propos, — n'ont jamais l'aspect vulgaire du peuple en Occident. Ce qui frappe chez tous, c'est une élégance naturelle de formes et de mouvements. Quant à l'élément féminin, chacun sait combien il est difficile à juger. Non seulement on n'est pas mis en contact avec lui, mais toute investigation à son égard est considérée comme une insulte.

Les passants comme nous ne peuvent apprécier le caractère général des natifs que sous un côté peu favorable de fainéantise et de cupidité. Il est facile aussi de s'apercevoir que leur apathie naturelle, jointe à un besoin impérieux d'obéissance, les dispose aisément à accepter le joug d'un dominateur quelconque. Cet esprit de servilité est si inné chez l'Hindou, qu'il écrase du dédain le plus parfait le maître non impérieux qui ne sait pas commander.

Quant aux Anglais, leur prestige est partout énorme, et ils le maintiennent à l'aide d'une habile politique qui protège à

MADRAS.

dessein toutes les habitudes, institutions et croyances indigènes.

En choisissant des photographies chez un excellent photographe anglais qui nous a montré des vues superbes du midi des Indes, nous avons vivement regretté de ne pas traverser toute la pointe méridionale du continent, si riche en monuments et en coloris purement hindou, sans mélange mahométan. Nous aurions désiré aussi jeter en passant un coup d'œil sur Pondichéry, mais le *Navarino* ne s'y arrêtait pas.

Maintenant nous approchons de Ceylan, l'ancien Lanka des Hindous, royaume indépendant de 543 avant Jésus-Christ jusqu'en 1798; depuis lors, première colonie de la couronne d'Angleterre. Les beautés de l'île nous dédommageront des monotonies de l'Hindoustan....

II

CEYLAN, COCHINCHINE

Kandy, 17 mars.

En arrivant à Colombo, on voit de curieuses barques indigènes entourer le steamer. Très étroites et légères, elles sont équilibrées par un système de perches reliées à une poutre qui leur sert de contrepoids. Les Cinghalais qui les conduisent semblent bien étranges à première vue. Si ce n'étaient les barbes de quelques-uns, on les prendrait pour des femmes, grâce à leurs jupes collantes, leurs jaquettes serrées et leurs longs cheveux, relevés sur le front, noués en chignon au-dessus de la nuque et couronnés par des peignes d'écaille en demi-cercles.

Au lieu de descendre à l'hôtel le plus connu des voyageurs, le Grand Oriental, nous nous sommes installés au Galle Face Hotel. Il est situé en dehors de la ville proprement dite, sur le bord de la mer, au delà d'une belle route, la *Beach*, qui court entre la plage et une vaste pelouse verte. Un petit bois de palmiers l'entoure et le sépare des vagues, qui viennent se briser tout près avec un bruit assourdissant.

L'emplacement est tout à fait original, car du côté de la mer il n'y a aucune clôture, et de la véranda à colonnes blanches, où chaque voyageur accapare un de ces grands fauteuils américains si commodes pour les siestes, on contemple à travers les troncs des palmiers l'horizon sans limite de l'Océan. L'hôtel est assez bien tenu ; les repas sont bons et servis par des boys cinghalais à de petites tables séparées. Les chambres seules paraissent primitives, par leur organisation plus rudimentaire encore que celles de Bombay. On dirait autant de petits *boxes*, séparés les uns des autres par des cloisons de bois de 2^m,50 de hauteur et s'arrêtant toutes bien au-dessous du plafond.

Notre première visite fut pour la banque de Madras (correspondante du Comptoir d'Escompte), où les sommes prélevées sur nos lettres de crédit nous furent payées en papier-monnaie de roupies[1]. Nous y avons trouvé de nombreuses lettres, accumulées depuis plusieurs semaines, et des paquets de *Figaro*, le tout fort bienvenu. D'autres visites à MM. V... et C° et A... et C° nous ont conduits dans des maisons et des bureaux très simples d'installation, quand on les compare aux *offices* luxueux de Bombay et de Calcutta, mais où les chefs nous reçurent avec beaucoup plus de civilité. M. A... nous invita tout de suite à dîner au club, et MM. V... et C° nous menèrent à leur factorerie de café, pour nous initier à la manipulation de ce grain précieux, dont l'exportation est la plus importante de la colonie.

Vous savez sans doute que les grains de café se trouvent deux par deux dans un petit fruit rond à pulpe molle et sucrée ; c'est aux plantations mêmes qu'on les sépare de cette première enveloppe. A leur arrivée à la factorerie ils sont répandus sur de grands carrés dallés au milieu d'une vaste cour ; là ils sèchent ; après quoi ils sont débarrassés d'une seconde enveloppe, plus dure, qui recouvre chaque grain.

Je ne parlerai pas des manipulations diverses par lesquelles ils passent à cet effet ; le travail le plus long et celui qui occupe le plus de monde est le triage final. Il est fait par des centaines

---

1. A Ceylan, la roupie se subdivise, non pas en 16 annas comme aux Indes, mais en 100 cents.

de femmes et d'enfants qui examinent chaque grain de café, parmi les millions qui leur passent ainsi par les mains. Ce travail abonde en scènes de famille amusantes, dues à la présence souvent superflue et déplacée de nourrissons et de bambins nombreux. Suivant une habitude salubre sans doute, mais assez dégoûtante, tout ce monde mâche des feuilles de bétel et se livre à des crachements tellement répétés, que des taches et des traînées d'une couleur rouge-brune couvrent tous les murs jusqu'à hauteur d'appui.

Une curiosité moderne de Colombo est son musée. Construit en 1877, il contient une collection fort complète de curiosités animales, végétales, etc., supérieurement classée. Ce musée se trouve dans le *Cinamon Garden*, une création peu réussie, jusqu'à présent du moins, car son état actuel pâlit en regard du moindre coin de végétation naturelle. Au moment de notre visite, la *police band* y jouait une série de morceaux bien choisis. Le programme portait la restriction suivante et fort caractéristique : « La musique jouera si le temps le permet », détail qui vous prouve qu'à Ceylan le ciel est moins invariablement bleu dans cette saison. L'après-midi surtout, de lourds nuages cachent souvent le soleil.

La distance qui sépare Cinamon Garden de la ville abonde en spectacles pittoresques. On suit de larges avenues au sol rouge et dur, taillées dans les bois de palmiers, de bananiers, et sur le bord desquelles alternent des cabanes brunes et des bungalows blancs, disséminés dans les feuillages. Elle est jolie au possible l'opposition entre la couleur sombre du sol, le vert brillant des arbres et le velours des gazons et des mousses, qui envahissent tout dans ce pays humide par excellence.

Ce qui frappe chez les indigènes, c'est leur air gai et éveillé, leur disposition à la plaisanterie et leur expression presque provocante d'éternelle satisfaction. Comme à Darjiling, elle contraste singulièrement avec la nonchalante gravité des Hindous.

Je parle spécialement des Cinghalais qui sont les habitants originaires de l'île, et qui se chiffrent à près de 1 900 000. Ce sont eux qui portent le costume décrit précédemment. Ils le rendent plus bizarre encore par des adjonctions de pantalons sous les jupes à carreaux, de chapeaux tyroliens sur les chignons à peigne, sans compter diverses fantaisies de barbes, etc. Leurs femmes semblent dédaigner l'écaille pour elles-mêmes et mettent de simples caracos blancs sur leurs jupes de couleur.

Bien différents de cette population sont les Tamils, que l'on rencontre étroitement mélangés avec elle. Disciples du brahmanisme, tandis que les Cinghalais le sont du bouddhisme, les Tamils avaient à l'origine leur siège principal dans le nord de l'île; mais maintenant ils sont répandus un peu partout et forment un contingent d'environ 600 000, soit un quart de la population totale. Meilleurs travailleurs que les Cinghalais, ils sont même exclusivement employés comme koulis pour les plantations. Au milieu du mélange général, on les distingue facilement par la couleur foncée de leur peau, leurs turbans et les draperies indiennes de leurs femmes.

Il y a forcément une différence fondamentale entre les deux langues cinghalaise et tamile; par cela même, elles sont toutes deux courantes et usitées chez chacune des races. Mais, dans l'embarras du choix, les Anglais n'en parlent aucune, et de cette façon Tamils et Cinghalais se mettent au niveau moderne en apprenant l'anglais. Aussi toutes conversations entre maîtres et domestiques, patrons et employés, clients et marchands, se font-elles dans la langue des colonisateurs.

Cette circonstance constitue une amélioration particulièrement agréable pour le voyageur qui vient des Indes, où il est indispensable de savoir au moins quelques mots d'hindoustani, ou d'avoir un interprète à son service. Elle témoigne aussi du degré avancé de la colonisation à Ceylan et donne dès l'abord au visiteur une preuve frappante de son degré de développement[1].

Dès le lendemain de notre arrivée, nos places étaient retenues pour Singapour sur le *Djemnah*, grand vapeur des Messageries, attendu à Colombo le 25 ou le 26. Nous pouvions donc disposer d'une dizaine de jours pour circuler un peu dans l'intérieur et commencer par l'excursion obligatoire à Kandy, l'ancienne capitale de l'île. La gare de départ est très jolie; les wagons sont bien aérés et remarquables par leur confort. Pour la première fois, nous trouvons des porteurs en uniforme qui s'occupent de nos bagages. Aux Indes, c'est chose inconnue et l'on y devient toujours plus ou moins victime, soit du manque absolu, soit de la trop grande abondance des koulis mercenaires.

Au fur et à mesure que le train s'éloigne de Colombo, le charme du paysage augmente, et de minute en minute on voit prendre corps de plus en plus nettement ces rêves de végétation idéale que l'idée de Ceylan éveille dans tous les esprits. Peu à peu apparaissent des collines bleutées au pied desquelles se déroulent des rizières submergées; des plaines vertes où paissent des troupeaux; des bois de cocotiers et de palmiers, qui marient leurs feuillages luisants aux branches de grands arbres vigoureux. Répandues de tous côtés, des lianes épaisses enchaînent cette verdure superbe dans un fouillis inextricable. Des travailleurs donnent à ces tableaux une joyeuse animation, et l'atmosphère d'azur légèrement voilée qui enveloppe toute cette nature lui communique un charme et une douceur de tons indicibles.

Les nombreuses stations sont toutes charmantes; on y trouve quantité d'attrayantes corbeilles remplies de noix de coco, de

---

1. Le christianisme a fait beaucoup d'adeptes à Ceylan, en particulier les missions catholiques. On évalue à un dixième le nombre des chrétiens, tandis qu'aux Indes ils comptent à peine un quarantième!

bananes, d'ananas parfumés, etc. Appuyés aux fenêtres du wagon, nous ne nous lassions pas de regarder et d'admirer. A chaque instant, des échappées nouvelles sur des bois de plus en plus verts, des montagnes plus bleues et plus hautes, provoquaient des exclamations de plaisir, tandis qu'apparaissaient de vrais coins de paradis, à y peindre Adam et Ève entourés de tous les animaux de la création!

Quel ravissant voyage que ces quelques heures d'un trajet sans fatigue, sans poussière, à travers la nature la plus admirablement épanouie qu'il soit possible de contempler!

Désireux de chasser un peu et de voir de près et à l'aise, loin de la civilisation, un bout de cette contrée féerique, nous nous sommes arrêtés aux deux tiers du voyage à une toute petite station appelée Rambukkana. Vous vous demanderez sans doute où nous nous sommes installés dans un endroit aussi primitif? Eh bien, par les soins du gouvernement anglais, on trouve partout dans Ceylan ce qu'il faut pour résoudre facilement cette question. Dans les localités importantes, comme dans celles qui le sont moins, on a établi des *rest-houses*, le pendant des dak-bungalows indiens. Ces petits cottages en bois et briques, couverts de chaume ou de tuiles, contiennent deux chambres à coucher, une salle à manger, un cabinet de bain, etc., tout le nécessaire enfin pour plusieurs voyageurs, même au nombre de quatre comme nous, avec autant de domestiques.

Le rest-house de Rambukkana était niché sur la pente d'une colline boisée, de l'autre côté de la ligne du chemin de fer. Sous la véranda, plusieurs grands fauteuils nous tendaient les bras, et un vieux majordome cinghalais, dont la belle barbe grise tombait sur sa poitrine nue, se mit à notre disposition.

En attendant les préparatifs d'un festin improvisé, nous partîmes pour une promenade de découverte dans les bois des alentours. Il était cinq heures du soir; l'air était délicieux. Nous traversâmes d'abord une haute futaie de bananiers, à l'entrée de laquelle se trouvaient quelques cabanes. Au bord d'un puits, plusieurs mères étaient occupées à doucher des marmots ; elles leur versaient des seaux d'eau fraîche sur la tête et frictionnaient avec soin leurs petits membres bruns. Les bébés avaient l'air parfaitement heureux. Puis, nous suivîmes un étroit sentier, tout semé de pervenches claires, qui serpentait parmi des palmiers de toute espèce, ou longeait tantôt des espaces vides, préparés pour des plantations, tantôt des haies odorantes et des rizières enclavées dans les bois. Des chants d'oiseaux retentissaient dans l'air embaumé ; tout souriait autour de nous, et la nature semblait murmurer des promesses d'éternel printemps.

En rentrant, nous nous mîmes à table ; le vieux Cinghalais avait fait merveille, grâce à notre contingent de provisions, auquel il avait ajouté les siennes. Après tant de dîners de cérémonies, de quel bon sans-gêne avons-nous joui là dans nos simples costumes de paejamahs. Malgré les fenêtres ouvertes toutes grandes, les moustiques ne nous incommodèrent pas ; pourtant, nous les entendions bourdonner par myriades dans le calme de la nuit, accompagnant en sourdine des cris étranges que des indigènes lançaient aux échos.....

Une journée entière se passa encore dans cette charmante retraite. Les chasseurs firent dès l'aube une expédition, qui dura jusqu'au tiffin. Ils revinrent ruisselants de sueur, rouges comme des coqs, et ne rapportant qu'une douzaine de volatiles. Ils étaient enchantés cependant d'avoir peut-être perdu quelque parcelle de l'embonpoint amassé au cours de l'existence oisive et indolente de la dernière quinzaine. Le lendemain de notre arrivée à Rambukkana, nous reprenions le train pour Kandy, après avoir découvert sous une de nos malles un serpent endormi ! Mais nous n'avons pas laissé le temps de se réveiller à cet hôte désagréable, le seul que nous ayons vu jusqu'à présent.

Presque aussitôt après Rambukkana commence la montée ardue qui a donné à cette voie ferrée sa célébrité pittoresque. Elle longe des flancs rocheux, passe tantôt sous un tunnel étroit, tantôt sur des proéminences de granit, tandis que sur la droite un panorama étendu de pentes et de cimes captive la vue.

Malgré tout ce qu'en dit l'opinion anglaise, j'avoue que nous avons de beaucoup préféré les paysages purement tropicaux de la vallée à ces hauteurs où l'on a sabré la végétation naturelle pour faire place aux plantations industrielles. Je ne sais, en effet, rien de plus prosaïque que ces flancs de collines, autrefois luxuriants, sur lesquels sont alignés à présent, autour de troncs d'arbres calcinés, les arbustes à café, à coca ou à cinchona. Comme les plantations ne s'établissent que là où se trouvent des bois ou des forêts, avant tout il faut détruire pour créer. Cette destruction se fait même d'une manière assez singulière. Après avoir sapé les broussailles, ce qui n'est pas un mince ouvrage, on coupe les branches des arbres, mais on n'abat jamais les troncs. Le bois est si abondant qu'on ne saurait qu'en faire ; on met le feu aux arbres pour les détruire, et ils brûlent jusqu'à un mètre environ au-dessus du sol, jonchant la terre de cendres noires qui, avec le temps et l'humidité, se convertissent en excellent engrais.

En approchant de Kandy, les collines se resserrent et l'on descend dans une gare bien proprette, où attend la wagonnette du Queen's Hotel, munie de cette séduisante inscription : *Carriage free*. Ah ! si dans Queen's Hotel tout était aussi bon marché que son omnibus, les voyageurs et les planteurs ne s'en plaindraient pas ! Le fait est qu'on les exploite tout comme dans une ville d'eaux.

Kandy, du reste, donne presque l'impression d'une station balnéaire, avec ses rues droites et bien tenues, ses nombreuses maisons à l'européenne, ses promenades munies de bancs, son lac, ses collines marquées de points de vue obligatoires. Il ne manque que le kiosque à musique et le.... monde élégant, car les planteurs qui prennent rendez-vous ici ne peuvent, en général, avoir la moindre prétention à cet adjectif.

En tout cas Kandy est joli, très joli même, bien qu'au-dessous de la réputation que lui font les Anglais. Son grand avantage consiste dans une température douce et presque uniforme toute l'année, suffisamment chaude le jour pour rendre fatigantes de longues marches, mais toujours fraîche la nuit.

Kandy, 23 mars.

Notre projet primitif d'aller jusque dans les montagnes à Nuwara-Eliya, le sanitarium de Ceylan, ne put être exécuté. Après une active correspondance télégraphique avec le propriétaire de la diligence qui part de la station de Gampola et qui est indispensable pour le voyage, il fallut renoncer à l'excursion. Impossible d'obtenir des places dans le délai voulu. Nous nous en sommes consolés pour deux raisons : 1° l'absence du gouverneur, que nous devions aller voir ; 2° la certitude que les environs de Nuwara-Eliya sont moins beaux que ceux de Kandy.

Kandy est donc resté notre quartier général pour toute une semaine. Nous avons commencé par y visiter le temple bouddhique et le jardin botanique.

Le temple en question, fameux entre tous ceux de Ceylan, qui est le pays classique du bouddhisme, n'est séparé de l'hôtel que par une pelouse. Ses grosses murailles grises lui donnent extérieurement l'air d'une forteresse; son large fossé d'enceinte, sur les crêtes duquel piaillent des paons en se pavanant majestueusement, ajoute encore à l'illusion. Le sanctuaire contient une dent de Bouddha, que d'ailleurs on ne montre pas. En sortant du temple, nous vîmes un bonze, la tête rasée et drapé à la romaine dans une toge jaune, installé sur le terre-plein d'une enceinte d'en face, d'où il haranguait des indigènes groupés sur la voie. Il s'arrêta au beau milieu de son sermon pour nous adresser un très prosaïque : « *Good evening!* »

Le jardin botanique se trouve à Peradeniya, à une demi-heure de voiture de Kandy, du côté de Colombo ; mais les deux localités n'en paraissent faire qu'une, tant sont nombreuses les maisonnettes cinghalaises qui bordent la route. Devant les habitations gambadent de ravissants enfants aux yeux superbes, portant presque tous, pour seul vêtement, des chaînes de verroterie autour du cou et des anneaux de métal blanc aux poignets et aux chevilles.

Une rangée de ficus magnifiques, hauts comme les plus grands platanes, se dressent à l'entrée du jardin comme les sentinelles de ce conservatoire végétal. Leurs racines blanchâtres serpentent enroulées jusqu'à 10 ou 12 mètres autour des troncs. Intérieurement, le jardin prend les proportions et l'aspect d'un vaste parc verdoyant, où les fleurs apparaissent seulement sur les arbustes des taillis. Des étiquettes soigneusement apposées indiquent partout les noms et la provenance des sujets. Le docteur Trymen nous fit lui-même les honneurs de son domaine, nous montrant les innombrables variétés d'orchidées, les arbres odorants et précieux, les plantations de muscadiers, de girofliers, de caféiers de Libéria, etc.; nous faisant admirer surtout les variétés de bambous. Leurs tiges montent quelquefois jusqu'à 30 mètres, poussant pour ainsi dire à vue d'œil, et se recourbent gracieusement à leur sommet comme autant de lignes de pêche au-dessus de la masse serrée de leurs feuilles effilées.

D'autres charmants buts de promenades à Kandy même sont le *Lady Horton's walk* et le jardin de Government House, où l'on voit un ficus merveilleux et plusieurs de ces palmiers bizarres appelés palmiers des voyageurs, qui étalent sur un même plan leurs feuilles en forme d'éventail. Il y a encore le tour du lac, que l'on peut faire à pied en trois quarts d'heure. De beaux palmiers placés sur les bords forment cadres à de jolies échappées. A la fin de l'après-midi, on rencontre là tout ce que Kandy possède en fait d'équipages.

La nature est si belle ici que vraiment on ne se lasse pas de l'admirer, malgré les fatigues d'une ascension ardue comme celle que nous avons faite à Hantané-Peak l'autre jour. Arrivés en haut de la montagne, sous l'ombre de quelques caféiers, nous étions dans un tel état de transpiration, que nous dûmes nous couvrir, malgré les rayons ardents du soleil de midi. En redescendant, un planteur qui nous avait renseignés sur notre chemin nous engagea à nous reposer sous la véranda de son bungalow. C'était un homme fort aimable et bien élevé, chose assez rare à Ceylan, où toutes sortes de personnages viennent chercher occupation et fortune. Il nous présenta à sa femme et nous fit boire de l'excellent thé du pays, en nous donnant d'intéressants détails sur la colonisation de l'île.

Dans ces parages-ci, la culture du thé prend de l'extension, et celle de la cinchona va au-devant d'un avenir florissant. Toutes deux peuvent se faire jusqu'à des hauteurs considérables : 7000 pieds; tandis que les plantations de café ne sauraient aller au delà de 2000 pieds, et que le riz et les fruits de palmiers ne dépassent pas une élévation de 1500 pieds au-dessus du niveau de la mer. Un huitième de l'île est consacré à la culture en général; les riz et les céréales couvrent une superficie double de celle qu'occupent les palmiers, les cocotiers, etc., et presque triple de celle du café, de la cannelle, etc.

La plus jolie excursion que nous ayons faite a été sans contredit celle de Galagedera (les natifs prononcent *Galaguéderrrra*, avec un formidable roulement d'*r*). L'endroit est situé à une dizaine de kilomètres de Kandy. Tandis que sur le chemin, des bandes de petits garçons et de petites filles s'éparpillaient au sortir des écoles avec des livres et des cahiers sous les bras, le gardien du rest-house de Galagedera témoignait, par une complète ignorance de l'anglais, que sa jeunesse n'avait pas été soumise aux mêmes travaux intellectuels. Ce fut un bambin de huit ans qui nous servit d'interprète pour commander le dîner et les koulis nécessaires à une petite partie de chasse. Il mit un tel sérieux à remplir ses fonctions, que nous ne pouvions nous empêcher de rire. En parlant avec nous, sa voix avait des sons de flûte, mais, en s'adressant à ses ignares compatriotes, elle prenait des intonations de commandement fort divertissantes.

Avant de faire les préparatifs de départ pour Colombo, je note encore un spectacle bien curieux, vu hier dans une station des environs, où serpente une large rivière. C'était la réception d'un nouvel agent gouvernemental anglais; une députation indigène l'attendait sous un arc de triomphe en bambous, construit à l'entrée d'un grand pont. Toutes les cabanes des alentours étaient décorées de festons et de drapeaux. Le cortège, formé à la gare toute proche et précédé d'une horde de gamins, défila prétentieusement. En tête un orchestre de fifres et de tambourins faisait une musique épouvantable; puis venaient des danseurs peinturlurés, gambadant comme des énergumènes en liesse de commande; plus loin, une troupe de quinze grands éléphants décorés et harnachés; enfin, le phaéton du fonction-

RIVIÈRE AUX ENVIRONS DE KANDY.
Photographie de l'auteur.

naire anglais, conduit par le triomphateur lui-même, en redingote noire et « gibus gris » !

Au moment de son apparition la joie publique ne connut plus de bornes; il y eut des fusées et des pétards, à la grande frayeur des chevaux, une *address* bien sentie, un bouquet pour Madame et des salves de hourras, au bruit desquels le cortège reprit sa marche lente vers Kandy.

J'allais oublier la queue du cortège ! la partie la plus originale : toute une défilade de voitures tapissières, remplies de nobles cinghalais, des *Kandian chiefs*, engoncés dans leurs costumes d'apparat. Cet assemblage de manches à gigot à triples bouffants, arrêtés aux coudes, de collerettes gigantesques, de jabots festonnés, de larges chapeaux plats sur des têtes à favoris et à lunettes, était d'un effet du plus haut comique...

A bord du *Djemnah*, 2 avril.

Notre journée du 26 mars s'est passée tout entière dans l'attente du bateau des Messageries. Comme il ne devait rester que deux ou trois heures en rade, force nous fut de le guetter. Dès le matin, nos trente-cinq gros et petits colis de bagages étaient empilés sur un char à bœufs. Nous passions notre temps à conclure sous la véranda de l'hôtel des marchés surprenants avec les colporteurs de boîtes de bois de santal, de morceaux d'écaille, etc., tout en sirotant des *lime-juices*, ce rafraîchissant breuvage extrait de petits citrons verts, tout ronds. A sept heures du soir seulement le *Djemnah* fut annoncé; mais il resta très loin en mer, à une demi-heure de la côte, et ce fut à travers l'obscurité de la baie que nous rejoignîmes sa longue silhouette noire.

La société de notre bateau se trouve très mélangée, ainsi que c'est généralement le cas sur les bateaux des Messageries. Tandis que sur les steamers anglais les places sont, pour ainsi dire, exclusivement accaparées par des Anglais, qui imposent de cette façon leurs habitudes, leurs idées, leurs règles de toilette, etc., ici, par contre, on est en contact avec les éléments les moins homogènes. Les passagers de deuxième classe ont accès sur le pont de première; et l'on voit quelquefois des voyageurs de troisième s'y faufiler le soir. Les heures incommodes des repas simplifient pour beaucoup de monde la question de décorum, de sorte que chacun fait plus ou moins à sa guise et s'arrange comme il l'entend.

Parmi le nombre limité des passagers, il y a des Anglais et des Allemands à destination de Chine, plusieurs Russes, une smala d'Espagnols allant à Manille, des Américains, cinq jésuites flamands, trois sœurs de charité, enfin *quelques* Français.

Pour nous qui montions à Colombo seulement, il a été facile de constater que tous ces personnages hétérogènes n'avaient pas réussi à former de trait d'union, et que depuis Marseille les petites coteries suivent leurs cours. C'est tout juste si le jeu de palet, pendant le jour, et si la musique, durant les longues soirées à la belle étoile, ont rapproché un peu les hôtes du navire.

Cependant, sous le rapport de la vie, tout est pour le mieux; les cabines sont très bonnes, la cuisine est parfaite et très variée. Notre premier repas, servi à la française, par des maîtres d'hôtel français, à une table où tout nous apportait de France les nouvelles les plus fraîches (elles n'avaient *que* trois semaines), nous fit même une impression toute bizarre, au lendemain de nos habitudes anglo-indiennes. Nous nous trouvions comme au réveil d'un songe ; et pour ma part j'arrivai à m'étonner de voir dans ce milieu le turban blanc, la face et les mollets noirs de mon vieil Andrew, que le personnel prend tantôt pour un Turc, tantôt pour un nègre ou un mamelouk !

Deux incidents survenus à l'heure du dîner seront probablement les seuls événements de cette traversée, d'ailleurs bien calme et favorisée par le temps le plus idéal.

L'autre jour nous allions nous mettre à table quand une jonque chinoise, l'unique embarcation que nous ayons vue depuis Ceylan, s'arrêta à quelques centaines de mètres de nous. Le capitaine, perdu au travers de l'Océan, nous envoya demander son chemin. Cette situation parut tellement étrange, sinon mystérieuse, que tous les dîneurs envahirent le pont, laissant en bas les garçons avec leurs plats dans les mains. Il faut, en mer, moins que cela pour surexciter vivement les esprits ! Après de longs pourparlers, la jonque fut reliée à l'arrière par un gros câble ; on plaça un homme de garde pour la surveiller, et le *Djemnah* se mit en devoir de la remorquer, au grand mécontentement universel, car on marchait alors d'un vrai train d'escargot. Mais c'était plaisir de voir comme, malgré notre lenteur de locomotion, nos Chinois dansaient dans leur coquille.

Le lendemain matin, toutefois, le gros câble pendait mélancoliquement à l'arrière ; la barque avait disparu, on ne sait quand ni comment, reprenant sa course solitaire avant le lever du soleil...

Ce jour-là, nous avons côtoyé de bonne heure les îles groupées à l'entrée du détroit de Malacca ; depuis, la mer, majestueusement calme, nous a semblé plus belle que jamais sous le dôme azuré du ciel.

Quant au second incident, peu s'en est fallu qu'il ne tournât au tragique. C'était hier. Vers cinq heures, alors que paisiblement nous attaquions les hors-d'œuvre, nouvel émoi ; au-dessus de nous, sur le pont, des pas précipités, des paroles entrecoupées, des clameurs de : « Arrêtez! arrêtez! » On sent que la machine rebrousse, les dames deviennent blanches comme la nappe ; chacun se regarde effaré. En un clin d'œil on est en haut, et tandis que de toutes les issues afflue du monde affolé, de bouche en bouche circule ce cri : « Un homme à la mer! »

En effet, sur un point de cette immensité des eaux, chacun peut apercevoir déjà bien loin une tête qui cherche à se maintenir au-dessus des vagues. L'émotion est poignante. On se demande qui est l'infortuné? Est-ce un passager ou un matelot? Comment a-t-il pu tomber à la mer? Sait-il nager? Lui a-t-on jeté une ceinture de sauvetage? Va-t-il être attaqué par les requins? Toutes ces questions se croisent, tandis que les femmes agitent des mouchoirs, et que les hommes donnent des avis inutiles. Pendant ce temps le malheureux s'éloigne de plus en plus....

Bientôt on apprend que c'est un matelot ; l'officier en second descend dans un canot, mais la manœuvre marche trop vite, et le canot s'emplit d'eau. Alors on s'impatiente ; cela finira-t-il donc mal?

Heureusement non, car le commandant prend le parti le plus sûr : il fait virer de bord notre immense navire, et le *Djemnah* lui-même, décrivant une vaste courbe, s'avance à la recherche du matelot. Celui-ci est encore loin, mais plus on approche, mieux on voit qu'il se maintient sur une bouée qu'on lui a lancée. A 250 mètres environ, le canot va à sa rencontre; l'infortuné quitte la bouée sur laquelle il s'était couché à plat ventre, et agite avec transport son bonnet bleu! Le voilà sauvé! Quel soulagement! Respirant librement, nous attendons encore de le voir enjamber la balustrade, après quoi nous allons prosaïquement terminer un repas si dramatiquement interrompu pendant tout près d'une heure!...

Depuis ce matin, 2 avril, nous sommes en vue de terre. Elle

nous apparaît à gauche, tantôt comme un mince ruban, tantôt sous forme de montagnes hardiment découpées. Après une superbe traversée de six jours et demi, pendant lesquels nous avons vogué comme sur un lac d'indigo, nous entrons au port de Singapour, à travers une succession d'îlots verdoyants, qui ne laissent entre eux que la largeur d'un fleuve. Nous voici à deux pas de l'équateur : il y a 31 degrés centigrades, et un peu de brise.

L'agent des postes demande les lettres, et je termine à la hâte....

✦

A bord du Nam-Vian, 8 avril.

Ayant accosté à *Borneo Wharf*, tout contre un quai de poutres et de planches, le *Djemnah* se trouvait à côté du *Yang-tsé*, qui arrivait de Chine et devait partir le lendemain pour la France, et de l'*Emyrne*, petit vapeur destiné au service exclusif entre Singapour et Batavia. C'est de ce bateau que nous voulions nous servir pour aller à Java. Apprenant toutefois qu'il ne se mettrait pas en route avant trois jours, deux d'entre nous allèrent à terre en vue de retenir des chambres, ce qui n'est pas toujours facile au moment de la rencontre de plusieurs bateaux.

Entre-temps nous assistions, Louis et moi, au débarquement des passagers et au chargement du charbon, fait par des koulis chinois. Le quai tout entier offrait l'aspect d'une immense fourmilière formée par des centaines de fils du Céleste-Empire, au torse légèrement cuivré, musclés comme des hercules, qui trottinaient des hangars jusqu'au navire, chargés de corbeilles équilibrées en balance au moyen de solides bambous.

Leur besogne terminée, ils se divisaient par petits groupes pour prendre leur repas. Accroupis en cercle autour d'une gamelle principale contenant du riz, et de coupes plus petites garnies de poissons et de légumes, ils puisaient tour à tour dans le plat commun pour remplir leurs tasses individuelles. Mettant ensuite le bord de la tasse entre leurs lèvres, et tenant d'une main les petites baguettes à manger, ils poussaient avec la plus grande vitesse le riz sous leurs dents, pinçant ici un morceau de poisson, là un haricot ou une feuille de salade. La ration avalée, ils versaient de l'eau ou du thé léger dans le résidu, absorbaient ce brouet, et recommençaient le manège jusqu'à extinction d'appétit.

Tandis que ces Chinois, les premiers des milliers avec lesquels nous serons aux prises bientôt, nous régalaient de l'âcre odeur de leur cuisine, quelques plongeurs malais rééditaient les représentations d'Aden.

Après avoir battu tous les hôtels de Singapour, nos émissaires revinrent bredouilles. Dans la ville, qui est à quatre milles du port, il n'y avait pas une seule chambre disponible. En même temps nous apprenions que le choléra continuait de sévir à Java, à la suite de la terrible épidémie de l'hiver, et que pendant le dernier voyage de l'*Emyrne* il y avait même eu à bord deux cas parmi les Européens. Vu ces circonstances peu engageantes, nous avons vite conclu qu'il vaudrait mieux continuer avec le *Djemnah* jusqu'à Saïgon, quitte à revenir à Singapour dans quinze jours, si d'ici là les renseignements sur Java étaient meilleurs. D'un commun accord cette importante décision fut prise, et nous sommes allés rejoindre à terre d'autres compagnons de route. Un gari à persiennes nous conduisit à l'hôtel de l'Europe par une route interminable et par les larges rues du quartier chinois, où toutes les boutiques sont éclairées de grosses lanternes de papier et estampillées d'affiches à hiéroglyphes crochus.

Tard dans la nuit, nous sommes retournés au bateau, traînés dans une douzaine de ces petits véhicules que nous trouverons partout dans les ports de Chine et surtout au Japon. Je veux parler des *jin-riki-shas*, ces fauteuils montés sur deux roues, munis de brancards, que des coureurs tirent au trot. Voyez-vous la file joyeuse et illuminée, les courses, les luttes de vitesse et les paris qui s'engagent tout le long du grand chemin noir ?...

Le *Djemnah* partit avec de nouveaux passagers : entre autres un jeune Parisien, M. G. K..., qui fait comme nous le tour du monde. Un ami anglais l'accompagne.

C'est avec ces nouvelles connaissances qu'après deux jours de mer nous débarquons en Cochinchine. Saïgon, comme il est facile de le constater sur les cartes, se trouve à une certaine distance de la côte, soit à trois heures de navigation de la rivière, depuis le cap Saint-Jacques. C'est là que passe le câble communiquant avec la Chine, et que le pilote monte sur les navires. Une fois engagé dans la rivière, un des bras du grand Mé-Kong aux eaux jaunâtres (le Nil de la Cochinchine), on perd vite de vue les collines du promontoire, et bientôt on ne voit plus que des broussailles submergées et d'interminables champs de riz. La rivière fait des zigzags comme la Seine aux environs de Paris, de sorte qu'en approchant de Saïgon on aperçoit tantôt à droite, tantôt à gauche, la tour carrée de la cathédrale, qui semble être le seul point élevé au milieu d'une plaine uniforme. Dans le port, d'un aspect bien tranquille, on se quitte et l'on se retrouve avec de grandes exclamations et de chaudes embrassades. Nous gagnons terre dans des *sampans*, les canots indigènes conduits par des bateliers annamites. Les premiers types de cette race ne sont pas faits pour nous charmer. Ce sont de petits hommes nerveux, à l'expression mauvaise, hachant quelques locutions françaises avec une voix désagréable et gutturale, en découvrant des dents noircies par le bétel. Leur accoutrement n'a rien de pittoresque, la coiffure en particulier, qui consiste en un mouchoir rouge ou vert, négligemment noué autour d'un petit chignon, et qui pend comme une loque sur les oreilles et sur la nuque.

« Tiens, le joli quai! les jolis arbres! des victorias! des maisons à balcons! un café! » nous écrions-nous en mettant pied à terre; tout y est, mais on dirait Chatou!... Impossible en effet de trouver à pareille distance de France une impression plus française.

Nous nous logeons à l'hôtel de l'Univers, une maison à deux étages, située dans la première rue qui coupe à angle droit la grande artère de Saïgon, la rue Catinat, dont le nom se lit sur un écusson bleu à lettres blanches. La maison nous était recommandée pour sa cuisine, dont la réputation est maintenue par le sieur Olivier, ancien chef du gouverneur. Ce qu'il y a de meilleur là, c'est en effet la cuisine. Le reste rappelle un petit hôtel de province; les chambres sont tendues de papier; leurs murs sont ornés de lithographies coloriées, qui représentent les réjouissances de Mabille ou des allégories sentimentales du temps de Louis-Philippe. Si le confort des pièces est supérieur à celui des hôtelleries indiennes, l'article « bain » laisse par contre tout à désirer. Les locaux réservés à cet effet sont aussi primitifs que mal tenus. Le personnel chinois aurait besoin aussi de quelques réformes, car les *boys* à queue tressée sont de désagréables individus, très maussades, et la plupart du temps ne répondent même pas aux appels des voyageurs....

Profitant de l'offre obligeante de deux messieurs du *Djemnah,* nous sommes partis avec eux le lendemain matin de bonne heure pour Cholen, ville très importante à quelques kilomètres de Saïgon. C'est le grand marché de riz de la contrée, et les Chinois, qui y sont très nombreux, y tiennent tout le commerce. Les poneys des victorias filent comme le vent, mais par exemple par une bien laide route, aussi affreuse que paraît l'être tout le pays. La poussière du sol est d'un rouge brique prononcé et donne aux arbrisseaux et aux haies qui bordent notre chemin une teinte étrange. A droite de la route s'étend une plaine, la plaine des tombeaux, et sur la limite extrême passe le nouveau tramway qui relie Saïgon à Cholen.

Le but principal de notre course était une visite à un personnage annamite, M. Do Hu Phuong, adjoint au conseil municipal de la ville. Vu l'heure un peu matinale (sept heures et demie), M. Phuong nous reçoit en négligé. Il a tout à fait le type annamite. Très fier d'avoir été à Paris, il baragouine un peu de français; mais comme il bégaye considérablement, nous avons du mal à le comprendre. En tout cas il est en très bons termes avec l'un de nos compagnons et paraît enchanté de nous faire les honneurs de sa maison. Il nous montre les objets multiples de ses collections, armes, meubles chinois et tonkinois, porcelaines, etc., ainsi que la pièce spécialement réservée au culte des ancêtres de sa famille, où trône un autel orné de banderoles et de brûle-parfums.

Il nous offre cognac, vermout et tabac caporal! nous prouvant que certaines habitudes françaises l'emportent dans son intérieur sur les usages de son pays. Ah! si elles pouvaient embellir un tant soit peu Mme Phuong, son épouse, la mère de ses neuf enfants, dont plusieurs entre-bâillent timidement les portes pour nous voir! Vous ne pouvez vous représenter la laideur de cette Annamite, sa bouche barbouillée de chaux et de bétel, gouffre béant et noir. Madame fait le tour de la compagnie pour nous gratifier de petites fleurs jaunes, en ébauchant d'effrayants sourires!

M. Phuong nous montre encore son jardin, où, suivant le goût très répandu en Orient, il élève toutes sortes d'animaux : des crocodiles, des cerfs, des oiseaux, etc.; puis il nous mène à la principale pagode chinoise de Cholen. C'est un grand temple très luxueux, assez neuf, orné sur toutes les coutures de sculptures brillamment coloriées, de décorations de faïence et de statues grimaçantes.

Rentrés à Saïgon, nous déjeunons et suivons l'exemple de tous les Saïgonnais, en nous livrant à la sieste journalière jusqu'à deux heures. Boutiques et bureaux, fermés depuis onze heures, ne rouvrent qu'à ce moment. Les fins d'après-midi deviennent agréables, et c'est alors que les rues reprennent de l'animation.

Le voyageur a rapidement inspecté les curiosités locales : la cathédrale, beau monument en briques et pierres; le palais du gouverneur, long édifice tout neuf, imposant sans doute pour les imaginations indigènes, mais qui ressemble trop, à notre avis, à un casino de ville d'eaux; le jardin botanique et zoologique, le Château d'eau, le fort et les casernes. Ces casernes, très aérées, garnies de vérandas en fer jusqu'aux étages supérieurs, sont parfaitement comprises. Mais nos soldats d'infanterie de marine font peine à voir. Dire que par cette chaleur tropicale ils sont obligés de porter chemise à faux col, cravate noire, et vareuse en drap assez épais pour affronter les gelées de l'Himalaya! Ceux qui montent la garde ont l'ordonnance dans le sac!... Pourquoi ne pas s'inspirer de l'organisation anglaise aux Indes, à Ceylan, au lieu de laisser subsister de pareils errements?....

Que dirai-je encore de Saïgon? En résumé la ville, par son état de propreté parfaite, par le tracé correct de ses rues, qui se coupent à angle droit, et sont munies de trottoirs, de bouches d'égout, de bornes-fontaines, d'arbres symétriquement plantés, nous paraît mieux administrée que n'importe quelle ville que nous ayons vue jusqu'ici. J'ajoute que ces améliorations récentes ont un grand mérite en regard de l'état précaire d'il y a vingt ans, et tendent à faire oublier la faute commise en négligeant de créer la capitale au cap Saint-Jacques.

La population compte un contingent de 1300 Français, des Malais et des Tamiles, mais surtout d'actifs et industrieux Chinois qui, en présence de la paresse et de l'apathie des Annamites, ont accaparé le petit commerce et les petites industries ; ils se sont faits tailleurs, blanchisseurs, menuisiers et cordonniers, centralisant en un mot tous les métiers nécessaires aux besoins des Européens et même des indigènes.

Quand on a passé quarante-huit heures à Saïgon, on n'a plus de temps à y perdre. Aussi nous sommes-nous embarqués le 7, à onze heures du soir, sur ce bateau-ci, le *Nam-Vian*, petit vapeur de la Compagnie des messageries de Cochinchine, qui fait le service régulier entre Saïgon et Pnom-Penh, la capitale du Cambodge. Seuls passagers blancs, chacun de nous occupe une cabine de quatre ou six couchettes, où l'on doit se trouver bien serré quand on y est au complet.

Mais que de Chinois! encore des tresses et toujours des tresses! Combien de milliers de mètres en avons-nous déjà vus? Sur le *Nam-Vian*, ils ont tout encombré. On n'est sauvé de leur voisinage que sur le pont supérieur, et encore y viendraient-ils, si on les laissait faire. Quant au pont des cabines, et au passage sur lequel donnent nos petites fenêtres, ils y promènent leurs nattes, y étalent leurs paniers, leur vaisselle et leurs pipes d'opium! Ils dorment, mangent, jacassent à deux pas de nous! Et ces pipes, en fument-ils! On en est écœuré. Et cependant il est impossible d'y remédier. Si le capitaine voulait prohiber aux Célestiaux leur culte pour l'opium, la Compagnie perdrait la plupart de ses passagers, et nous, *raræ aves*, nous ne vaudrions pas le sacrifice....

Le trajet de Saïgon à Pnom-Penh dure environ vingt-sept heures. Il faut descendre la rivière, prendre la mer au cap Saint-Jacques, et remonter un autre bras du Mé-Kong. En route on fait arrêt à Mytho, Vinh-Long, etc., pour débarquer ou prendre les marchandises des Annamites et des Chinois. Sur les quais proprets et plantés d'arbres, on voit les bâtiments d'inspection et d'occupation militaire, sur lesquels flotte le drapeau tricolore. Quant au pays, il reste plat partout....

Saïgon, 13 avril.

Arrivés devant Pnom-Penh dans la nuit du dimanche de Pâques, nous nous réveillons après le départ de nos Chinois, pendant que le bateau, assez éloigné de la côte, est en plein travail de déchargement et de rechargement. La nappe du fleuve est si large qu'elle se confond presque avec l'horizon. La ville apparaît à gauche comme une vaste agglomération de huttes brunes bâties sur pilotis, dans la masse desquelles pointent çà et là les toits élevés de palais et de pagodes, ainsi que le phare superbe mais bien superflu, qui fut suggéré à l'initiative du roi pour la plus grande gloire de son règne et surtout le plus grand profit des entrepreneurs.

Gardant notre demeure à bord, puisque la capitale du Cambodge ne possède pas d'hôtel, nous allons à terre, au Protectorat français, faire une visite matinale au protecteur, chez qui habite en ce moment le gouverneur de la Cochinchine, M. Le Myre de Villers. La maison est une jolie construction blanche aux escaliers ornés de potiches de Chine. Elle est bâtie sur le bord d'une chaussée qui traverse la partie française de la ville et dans laquelle se trouvent le télégraphe, la ferme d'opium, les agences de navigation, etc.

Le gouverneur nous reçoit sur la présentation de nos cartes et veut bien nous inviter tous les quatre à dîner pour le même jour. En attendant, il n'y a qu'une chose à faire : la sieste à bord. Mais quelle sieste! A l'ombre, sur le pont, et vêtus du plus léger costume possible, nous sommes en nage! Dans l'air, pas le moindre souffle de brise, mais par contre une épouvantable puanteur de poissons secs qu'on entasse dans le bateau, et dont le chargement doit durer deux jours et deux nuits.

Ces poissons viennent par millions du grand lac du Cambodge. Il paraît même qu'à l'époque de la pêche c'est un spectacle des plus curieux que de voir à la surface du lac les agglomérations de sampans qui forment par leurs masses compactes une infinité de villages flottants. C'est ce même lac qu'il s'agit de traverser pour aborder à la côte de Siam, et pousser jusqu'aux mystérieuses ruines d'Angkor, la ville fameuse dont on n'a pu retracer l'histoire ni l'origine. La nécessité d'abandonner l'idée de ce voyage, qui est le seul vrai « clou » d'un séjour en Cochinchine, est un grand crève-cœur pour nous; mais, avec le bas niveau actuel des eaux, l'expédition serait difficile, et tout le monde, le gouverneur en tête, nous l'a déconseillée.

Quand on a passé la plus grande partie d'une journée accablante presque en déshabillé, et qu'il s'agit, alors que le soleil brûle encore, d'endosser l'habit noir et de mettre la cravate blanche pour faire un trajet d'une demi-heure dans une chaloupe graisseuse, vous admettrez que l'honneur de dîner à la table d'un gouverneur paraisse lourd à porter.

Gênés dans cette tenue d'apparat, nous pestions en route contre nos modes, si absurdes dans les pays chauds, et aussi contre la malechance qui, par exception, nous mit en retard. Par deux fois, la chaloupe resta accrochée dans les sables, au point de nous ôter l'espoir de démarrer. Aussi fallait-il voir, au Protectorat, les figures consternées de l'entourage, témoignant plus que celle du maître lui-même, de son inévitable mécontentement. Ce dîner forcément cérémonieux nous a valu cependant, pour le lundi de Pâques, une audience chez Norodom Ier, roi du Cambodge. Sa Majesté reçoit en général volontiers les étrangers, mais pour le quart d'heure elle passait pour assez maussade (peut-être se trouve-t-elle *trop* protégée?).

Au rendez-vous pris au Protectorat, nous retrouvons K... et son compagnon, arrivés la veille par un vapeur de la nouvelle ligne Rueff qui faisait son voyage d'essai. Nos absurdes costumes de cérémonie nous mettent en grande hilarité, car nos amis en particulier sont accoutrés de la façon la plus amusante; ils portent pantalon blanc, habit noir, chapeau-casque, et tiennent en main des « en-tout-cas ».

Le protecteur et son interprète nous conduisent en voiture au palais, et nous traversons ainsi tout Pnom-Penh. Au delà de la rue française s'ouvre une large chaussée de boutiques annamites et chinoises; puis viennent de misérables huttes cambodgiennes. Les types du pays ne rappellent en rien ceux de la race voisine; très fortement bâtis, ils ont de gros traits, et portent les cheveux courts derrière, mais hérissés en touffe sur le milieu de la tête. Les femmes se coiffent presque comme les hommes; et comme ils n'ont tous, en fait de vêtements, qu'un pagne autour des hanches, il n'est pas facile de distinguer par ce moyen les différentes classes de la population. En route, nous croisons plusieurs Cambodgiens, filant en modestes caleçons sur des poneys nains; il paraît que ce sont des princes, fils ou cousins du roi!

Les trottoirs se suivent jusqu'au palais, ainsi que des lanternes sur piédestaux. A l'entrée s'élève sur colonnes un pavillon à toiture retroussée. Mais, une fois l'enceinte passée, on ne voit plus que des bâtiments d'aspect très ordinaire, et des hangars remplis d'esclaves fainéants. Dans les coins et tournants surgissent des Vénus en bronze de pacotille, supportant des candélabres, autant de sauvetages de l'Exposition de 1867, comme la petite maison européenne où le roi donne audience. C'est un pavillon en fer surmonté d'une horloge et flanqué d'annexes en pierre. Devant les grilles se tiennent maladroitement deux Cambodgiens costumés en sentinelles modernes; accoutrés d'uniformes bleus et de képis rouges, posés de travers, ils présentent les armes avec une nonchalante dignité. Le perron franchi, nous nous trouvons dans une sorte de vestibule converti en salon. Les portes en glaces sont chiffrées de grands N et de la couronne impériale. De gros sièges lourds, dorés, une table centrale dorée, et un colossal buffet doré aussi, dissimulant l'escalier, composent l'ameublement tapageur de cette pièce.

Après quelques minutes d'attente, un formidable bruit de crachement annonce l'approche du souverain. Son entrée n'est pas majestueuse, son air non plus. Figurez-vous un tout petit homme mince, presque diaphane, en culotte courte, bas bleu foncé et souliers vernis, en veste blanche surchargée de chaînes et de pendeloques, et portant comme couvre-chef une petite casquette de groom anglais, ornée du flot de rubans habituel, et d'une lourde agrafe en diamants. Norodom se présente seul, nous donne à tous la main en souriant béatement, puis s'assied au bord de la table en face de nous. Il est suivi d'une de ses nombreuses femmes, une Cambodgienne drapée d'une étoffe jaune, très avenante de formes, sinon de visage, qui dépose devant le roi un coffret et un crachoir d'or, puis disparaît.

Arrive ensuite l'interprète; il s'approche en se traînant à quatre pattes et reste accroupi ainsi à nos pieds. Édouard prend la parole au nom de tous, et le voilà lancé dans un imbroglio de phrases superbes. Il ne va pas jusqu'à exclamer comme le ferait un fils de l'Orient : « Nous, vers de terre ! nous, cheveux ! nous, poussière de tes doigts de pied, nous rendons hommage au maître du monde ! » Mais ce qu'il dit est suffisamment ronflant, et agrémenté à profusion du titre de « *Majesté — Majesté — Majesté* » que Norodom comprend mieux que tout autre, et qui chatouille agréablement ses tympans.

Vous voyez le tableau : l'interprète tout tremblant, traduisant en murmures craintifs des compliments de haute fantaisie; le roi souriant et saisissant à chaque instant son bocal d'or, pour y projeter son auguste salive; le protecteur de plus en plus inquiet, et nous-mêmes, l'orateur en tête, nous mordant les lèvres jusqu'au sang pour conserver notre sérieux. Mais Sa Majesté paraît enchantée du speech; elle ouvre une boîte enrichie de diamants, prend un cigare et nous offre des cigarettes roulées au palais, dans des feuilles de nénuphar. Son amabilité va même jusqu'à nous passer l'allumette flamboyante, mise en feu sur une autre boîte en or et diamants; puis elle veut savoir nos noms, nos diverses nationalités. Un secrétaire apporte à quatre pattes encre et papier et un porte-plume étincelant d'or et de pierres fines; à tour de rôle nous traçons nos parafes les plus élégants.

Ainsi se déroule cette audience d'un quart d'heure, très curieuse vraiment, à défaut de spectacles plus orientaux que Norodom Ier ne paraît pas disposé à donner pour le moment. De nouvelles poignées de main nous congédient, et nous regagnons le Protectorat, puis le *Nam-Vian*, prêt à partir pour Saïgon....

J'ai écrit cette lettre à l'hôtel de l'Univers, où nous sommes rentrés hier. Nous y avons trouvé une dépêche de Batavia nous engageant à faire le voyage de Java sans crainte. Le premier vapeur des Messageries, le *Natal*, passera ce soir et nous le prendrons pour retourner vers Singapour. La chaleur est épouvantable, atroce aujourd'hui surtout, car le thermomètre marque 35 degrés à l'ombre. Nous n'avons même pas le courage de nous habiller, et je termine pendant une sieste prolongée....

Singapour, 17 avril.

A vrai dire, nous avons quitté Saïgon sans regrets. Pourquoi? Je ne le sais trop. Était-ce à cause de la laideur du pays, à cause de son climat fatigant, ou à cause de l'antipathie qu'éveillent les indigènes? C'était peut-être pour toutes ces raisons à la fois.

Ce qui nous a déplu aussi, il faut bien le dire, c'est le manque d'union parmi nos compatriotes. Il semble que les passions politiques, les rivalités de partis soient aussi vivaces à Saïgon que dans les centres les plus batailleurs de notre belle France. Mais ce qui nous a le plus choqués, c'est le sans-gêne avec lequel on parle devant des étrangers, quelle que soit leur nationalité, des affaires du gouvernement, critiquant ceci et raillant cela. Quand on a constaté *de visu* le degré de solidarité qui unit si étroitement tous les Anglais aux Indes, solidarité qui les porte à jeter un voile jaloux sur leurs faiblesses ou à les dissimuler soigneusement, on ne peut que s'étonner en voyant qu'un esprit si différent et si mesquin anime nos compatriotes en Cochinchine.

Saïgon frappe par son manque d'animation. On sent que ce n'est point un centre vivant, et il est facile de s'apercevoir que la colonisation y est incomplète, que les entreprises sérieuses restent à l'état de projet ; qu'enfin les capitaux nécessaires font défaut. Quand donc l'indifférence générale pour tout ce qui touche aux questions coloniales, l'horreur de l'expatriation seront-elles vaincues chez nous par les preuves déjà acquises de ce qu'il est possible d'obtenir dans un pays tel que l'Indo-Chine? Certes, il n'est que temps d'agir, car déjà les maisons de commerce des négociants anglais et allemands, sans parler des Chinois, gagnent de jour en jour du terrain, et ont dès à présent entre les mains une grande partie des affaires.

Comment se fait-il qu'en présence de résuitats si minimes on puisse fonder sur l'avenir du Tonkin des espérances aussi grandioses ?...

Enfin, comme dernière remarque, il paraît évident, pour quiconque a visité d'autres colonies orientales et en a tant soit peu observé les rouages administratifs, que notre gouvernement est mille fois trop condescendant envers les indigènes. On a pour eux des égards inutiles, dangereux même, et c'est la conséquence d'idées humanitaires vraiment exagérées. Nous avons donné aux Annamites, c'est-à-dire à un peuple incapable de les comprendre, des droits civils et politiques beaucoup trop grands; l'abus qui en résulte se traduit jusque dans la vie ordinaire et dans les rapports journaliers, par une attitude presque impertinente de la part de l'électeur indigène, auprès duquel le dominateur a déjà beaucoup trop perdu de son prestige!

Les races asiatiques ne sont certainement pas encore en état de jouir des privilèges de notre grande révolution.

Quant aux relations sociales de la vie à Saïgon, nous n'avons pas eu l'occasion d'en juger; je crois cependant pouvoir dire qu'elles doivent être peu développées, par suite du très petit nombre de femmes qui composent l'élément sociable.

Sur le *Natal* nous avons trouvé, à côté du trio exceptionnellement agréable formé par le commandant, le commissaire et le docteur (pianiste de remarquable talent), une société de passagers tout à fait charmants. Presque tous Anglais ou Français des mieux placés en Chine et se connaissant parfaitement entre eux, ils retournaient en Europe animés d'un entrain et d'une gaieté des plus communicatifs. Il y avait le premier interprète de la légation de France à Pékin et sa femme, le consul d'Angleterre à

Fou-Tcheou et sa femme; lady Hart, dont le mari, sir Robert Hart, est le tout-puissant directeur des Douanes du Céleste-Empire, etc.

Mis tout de suite en rapport avec les membres de ce groupe sympathique, qui nous gratifièrent aussitôt du surnom collectif des « quatre frères », nous avons passé sur ce bateau des Messageries deux journées si agréables que nous en souhaiterions beaucoup de semblables dans nos traversées à venir. Ce que nous avons récolté de cartes et de lettres d'introduction pour la Chine et le Japon est incroyable. On eût dit que chacun tenait à faire de son mieux pour nous assurer un bon accueil dans les endroits et chez les amis que nous devions être, de tous les passagers, les premiers à revoir. Lady Hart a été particulièrement gracieuse à notre égard, promettant de nous annoncer à son beau-frère à Shanghaï, ainsi qu'à son mari, pour lequel nous possédons déjà des lettres de Paris.

En débarquant à Singapour, nous étions en si bons termes d'amitié avec tous nos compagnons, que nous quittions le *Natal* à regret. Et puis, ils avaient l'air si heureux de regagner l'Europe, que cela nous faisait presque envie à nous aussi...

III

JAVA

Buitenzorg, 24 avril.

Après un arrêt à Singapour, facilité cette fois par un télégramme de Saïgon qui nous y assura un logis, l'*Emyrne* nous emmena vers Java le 18 avril.

Nous nous étions déjà embarqués la veille au soir, mais sans pouvoir trouver à bord le sommeil désiré. Toute la nuit fut tapageuse, le tumulte étant occasionné en partie par trois Hollandais qui venaient de s'apercevoir que leurs koulis chinois avaient jugé bon de décamper avec une valise remplie de papiers et de valeurs. Nous n'étions qu'une dizaine de passagers, tous fort serrés dans les cabines exiguës et l'étroit salon de ce petit paquebot. Aucun personnage intéressant à mentionner, sinon un jeune couple anglais fort élégant, appartenant à la meilleure aristocratie, et naviguant vers les solitudes du *bush* australien. Ce ménage devait retrouver à Batavia le navire sur lequel avait été chargé à Londres un ameublement complet. La mer fut tout à fait calme comme elle l'est généralement dans ces parages. De clairs nuages cachant le soleil et une brise excellente nous épargnèrent une chaleur trop excessive. Le premier jour, vers six heures, nous passions la Ligne en prenant notre bonne part des plaisanteries d'usage. On nous montra le petit îlot touffu que traverse l'équateur, et, l'instant d'après, nous étions sur l'autre hémisphère.

Le 20 au matin nous arrivions devant Batavia. La côte, enveloppée de nuages, s'étendait devant nous, toute droite. On nous chargea, hommes et bagages, sur un tout petit vapeur, qui en vingt minutes nous porta à l'entrée d'un canal, dont les encaissements de maçonnerie se prolongent assez loin dans la mer. En remontant ce canal jusqu'à la douane, nous croisions à tout instant de grandes barques malaises, bizarrement peinturlurées de dessins fantastiques, et le long de la côte nous voyions çà et là des pêcheurs, debout dans l'eau jusqu'à la ceinture et jetant leurs filets.

Un bien triste bâtiment, par exemple, que la douane ! C'est un grand hangar fermé par trois pans de murs, sans tables ni quais, où grouillent des koulis malais autour de quelques employés blonds en uniforme. Après le groupement très difficultueux de nos colis éparpillés dans le désordre général, nous passions sans ennuis les formalités de la visite, un de nos compagnons de l'*Emyrne* étant intervenu en notre faveur. Ensuite, nous filions en *karren* (les fiacres d'ici) vers le Batavia nouveau par la route qui traverse le Batavia ancien, délaissé maintenant à cause des miasmes dangereux des marais qui l'entourent, et réservé exclusivement aux bureaux et aux entrepôts.

Dans cette vieille ville, on se croirait transporté en Hollande, tant les maisons, bâties il y a deux siècles et demi, rappellent les constructions hollandaises de la même époque, avec leurs fenêtres à petits carreaux, leurs toits en tuiles, leurs portes à rinceaux sculptés. L'illusion est complétée par d'autres constructions plus importantes, telles qu'un arc de triomphe flanqué de statues et le monument de la poste, qui élève son clocheton sous le ciel bleu de l'équateur.

Mais bientôt la scène change et, après avoir passé devant des installations chinoises [1], l'arrivant débouche sur le quai d'un canal bordé de maisons gaiement encadrées d'une luxuriante verdure; c'est la ville moderne : *Meester Cornelis*. Là, au bord du canal, sur l'avenue déjà nommée, *Molenvliet*, longée par un assez primitif tramway, est situé l'hôtel des Indes, devenu notre quartier général.

Cet hôtel est sans contredit d'une organisation curieuse. Beaucoup plus vaste que les autres hôtels de Batavia, il occupe deux côtés et le fond d'un grand carré, au centre duquel se trouve un pavillon de bain, caché dans des massifs. Il n'y a ni clôture ni porte à ce grand carré qui est une sorte de place publique, sur laquelle donnent directement et de plain-pied les chambres des bâtiments en ailes. La maison du fond est ombragée de hauts arbres et reliée aux ailes par des passages couverts. Elle contient une grande salle à manger pour les tables d'hôte, et une vaste véranda dallée où sont alignées, le plus correctement du monde, trois rangées de fauteuils à bascule, soigneusement garnis d'appui-tête au crochet. C'est là qu'avant les repas viennent se prélasser une cinquantaine de Hollandais plus ou moins ventrus, savourant leur bitter et leur genièvre. Dans les chambres, on trouve une certaine recherche d'ameublement qui prouve la surveillance d'une ménagère du nord. Il y a des gravures aux murs, de grands canapés de style allemand, d'énormes lits à moustiquaires blancs relevés en rideaux, et enfin, comme complément inédit, au beau milieu du matelas, une sorte de traversin de crin, recouvert de toile. Cet objet, compagnon de nuit indispensable à tout Hollandais, trouve sa place entre les jambes du dormeur, dont il a mission de rafraîchir les extrémités inférieures.

Quel surprenant ustensile! Il n'est guère plus commode, à notre avis, que le personnel indigène : ces *spadas* vêtus de blanc,

---

1. Il n'y a pas moins de 200 000 Célestiaux répandus dans Java.

ornés de deux mouchoirs de couleur, l'un sur la tête et l'autre autour des hanches, auxquels la vieille civilisation néerlandaise n'a pas voulu inculquer encore la moindre notion de sa langue.

Tout près de l'hôtel se trouve le club principal, la « Harmonie », bâtiment à toit mansardé Louis XV, dont les salles claires et les terrasses, remplies de petites tables de consommation et de lourdes suspensions à gaz, rappellent bien les locaux analogues de la mère patrie! Un peu plus loin on rencontre les principaux magasins, isolés dans des maisons libres, qui portent souvent des inscriptions françaises.

Dans tous les sens, jusqu'aux pelouses immenses du *Waterloo* et du *Konings-Plain*, s'étendent non pas les rues, mais les superbes avenues du Batavia moderne. Bordées d'arbres magnifiques qui se rejoignent au-dessus d'elles en dômes élevés, elles courent le long de bornes enchaînées, et de beaux jardins au fond desquels on entrevoit de blanches villas, encadrées de feuillages, aux teintes les plus variées. Çà et là sur les talus des canaux parallèles aux avenues, des indigènes se baignent et font sécher au soleil leurs vêtements bariolés.

Mais un calme général règne partout, et les Hollandais ne le troublent pas durant la journée. Vaquant à leurs affaires ou faisant la sieste, ils ne paraissent dehors qu'à la fin de l'après-midi, vers quatre ou cinq heures, quand recommence le mouvement général. C'est alors que circulent sous les ombrages, à l'étonnement du nouveau débarqué, de grands landaus, conduits par des cochers sans chaussures, en veste rouge et chapeau haut de forme galonné d'or, tandis qu'à l'arrière siègent des saïs munis de chasse-mouches. A l'intérieur trônent de dignes dames et de graves messieurs, tous invariablement privés de couvre-chefs. Plus bizarres encore semblent les promeneurs-piétons, qui vont et viennent également décoiffés, avec une canne pour tout apanage!

Les visites ne se font aussi qu'à partir de ce moment, personne

MAISON HOLLANDAISE DE BATAVIA.
Photographie de M. D. Charnay.

n'étant présentable plus tôt. Selon les exigences hollandaises, la tenue nécessaire, pour tout individu qui se respecte, se compose alors d'un pantalon blanc, d'une redingote noire, d'une cravate noire et de gants blancs... Un peu province et cérémonieux !

Je vous prie de croire que nous ne nous sommes pas néerlandisés à ce point pour aller, le jour même de notre arrivée, offrir nos hommages et remettre notre lettre d'introduction à *Den Hoch Edle Heer Doktor Levysohn Norman, Rath van Indie*, un des cinq membres du Conseil colonial et, partant, une importante personnalité.

La nuit est déjà tombée quand nous descendons de voiture devant la villa étincelante de lumières; nous sommes cependant les premiers arrivés à la réception hebdomadaire de M. et Mme L.... Ils nous souhaitent la bienvenue en excellent français, sous la charmante véranda dallée de marbre, décorée de vases et de plantes, qui s'étend devant leur habitation, et ouvre, par des portes à deux battants, sur les salons éclairés. Bientôt arrivent d'autres visiteurs; on nous nomme consciencieusement à toutes les personnes présentes, puis chacun prend un fauteuil à bascule. En quelques instants tous les sièges occupés sont en mouvement; c'est une oscillation à donner le mal de mer. Le spectacle paraît tellement extraordinaire que nous avons toutes les peines du monde à rester sérieux, obligés, malgré l'intimité de ces balancements, à des sourires de cérémonie et à une conversation guindée pour commencer. « Alors, monsieur, vous êtes donc arrivé ce matin? » dit madame d'une voix un peu chantante, en prenant un élan avec la pointe des pieds. « Et combien de temps voulez-vous rester *sur* Java? » demande monsieur, les genoux en l'air, tandis que plusieurs demoiselles conversent en hollandais avec leurs voisins, la tête tantôt plus haut, tantôt plus bas que celles de leurs interlocuteurs qui suivent le mouvement général.

Des roulements de voitures, l'arrivée d'autres visiteurs mettent heureusement un terme à ce petit manège familier. Quel bonheur, pensons-nous, qu'il n'y ait pas assez de fauteuils pour toute la compagnie! Au bout d'une demi-heure, la réception bat son plein; la société de Batavia est réunie; on cause debout, les hommes dans la tenue réglementaire décrite plus haut, les dames nu-tête, en robes de soie légèrement ouvertes. On parle de la réussite d'une importante vente de charité, et des nombreux amusements en perspective. Des spadas circulent, offrant sherry, madère et eau glacée.

M. L... nous ayant demandé de rester à dîner avec une dizaine de ses amis, nous acceptons avec empressement. A table, la conversation s'engage, en notre honneur, exclusivement en français, que tout le monde parle ici avec une facilité et une pureté d'accent auxquelles ne semblent pas devoir aisément se prêter les duretés de la prononciation hollandaise. Pour la première fois depuis longtemps, nous nous mêlons à des causeries intéressantes; on discute voyages, curiosités locales, nouvelles d'Europe, pièces de théâtre, publications parisiennes, etc. Après dîner, nous entendons de très bonne musique, autre jouissance d'autant plus appréciée que les Indes anglaises nous ont bien sevrés à cet égard! Un officier et une très charmante baronne S.... jouent dans la perfection, à quatre mains, un choix nouveau de morceaux hongrois, et une demoiselle chante avec beaucoup d'ampleur plusieurs airs de grand opéra. Les bons musiciens et les virtuoses de talent abondent à Batavia.

Divers festivals se préparaient pour les semaines suivantes : un bal au palais du gouverneur, un grand concert, une représentation de charité au théâtre, donnée par les gens du monde, qui, entre autres pièces, devaient jouer en français : *Le chapeau d'un horloger* et *Mon Isménie*. Mais il nous a fallu renoncer à ces réunions, pour commencer nos pérégrinations à l'intérieur. Nous n'avons donc pu juger de « l'élégance? » des dames dans les grandes occasions; en tout cas nous connaissons suffisamment leur négligé de la journée. Jusqu'à la fin de l'après-midi, moment où elles arborent les robes européennes, ces dames ont presque toutes l'air d'être occupées à faire leur lessive. Pieds nus dans des mules ou babouches, elles portent une pièce d'étoffe javanaise à grands ramages bigarrés (le *sarong* des femmes indigènes) attachée en jupe très serrée, un caraco blanc appelé *kabaya*, et généralement les cheveux flottants sur le cou. Sauf la jupe, qui a de la couleur locale, ce costume a un aspect d'assez vulgaire nonchalance. Disgracieux par lui-même, il aurait besoin, pour devenir tant soit peu agréable à l'œil, d'être rehaussé par l'élégance naturelle qui distingue la Parisienne.

Mais, puisque les visites ne sont pas autorisées avant la fin de l'après-midi, d'où vient, direz-vous, que vous soyez si bien renseignés sur cet accoutrement intime? Voici : c'est que si les femmes ne reçoivent pas ainsi, elles ne redoutent nullement de se montrer le matin de loin ou de près, soit en voiture découverte, accomplissant quelque course pressée, soit mollement étendues dans les vérandas des maisons, jouant de la babouche comme des sultanes. Leur tenue négligée est même tellement reçue qu'elle est admise dans les lieux publics, comme aux tables d'hôte de midi et demi.

D'après ces petits détails généraux, vous jugerez que la vie hollandaise d'ici ne manque pas de sans-gêne, et vous vous imaginerez qu'il doit faire atrocement chaud pour motiver un pareil laisser-aller. Eh bien! depuis Calcutta, Madras, Colombo, Saïgon, nous n'avons certainement nulle part moins souffert de la chaleur qu'ici, et cependant les pankas, objets indispensables aux Indes anglaises, sont chose inusitée, pour ne pas dire inconnue à Java; de plus, le gaz brûle le soir à profusion dans la plupart des maisons. Enfin, si nous visitons Java au meilleur moment (à l'époque où la saison sèche s'installe après la tiédeur des pluies), la différence de température ne doit pas être tellement appréciable, puisque tout le monde se livre même maintenant au maximum du confortable.

On peut donc sans crainte accuser les Hollandais de nonchalance, quand on compare leur existence au genre de vie des Anglais dans leurs colonies. Se figurerait-on en effet une rigide Anglaise drapée d'un sarong jusqu'à cinq heures du soir? ou un *sporting Englishman* costumé publiquement en camisole et pantalon rose? Les enfants d'Albion abusent peut-être bien à tort et à travers des robes à traînes et des faux-cols de fer-blanc, mais cet excès de décorum vaut peut-être mieux encore que l'excès contraire.

Ah! vraiment, nous n'avons que trop vu de chevelures désordonnées, frôlant les nappes et les assiettes, pour nous réconcilier avec un négligé pareil!...

Pour les quelques semaines que nous passerons à Java, nous venons d'établir un plan de voyage d'après lequel nous verrons en trois excursions distinctes : 1° la partie ouest de l'île, au sud de Batavia; 2° les provinces centrales, en prenant Samarang comme point de départ; 3° la partie ouest, en partant de Soerabaya. Une ligne de vapeurs, la *Nederlandsch Indie Stoomboot Maatschappy*, qui a son point de départ à Batavia, nous conduira vers ces deux ports.

En ce moment, nous sommes à Buitenzorg (prononcez Boitenzorg), autrement dit Sans-Souci, le petit Versailles de Java, où réside habituellement le Gouverneur général des Indes Néerlandaises. C'est ici que viennent au plus tôt, par un trajet d'une heure et demie en chemin de fer, les voyageurs débarqués à Batavia et désireux de respirer un air meilleur, au pied des montagnes volcaniques, le Gedeh et le Salak. Nous avons trouvé d'excellentes chambres à l'hôtel Bellevue, qui, à l'encontre de la

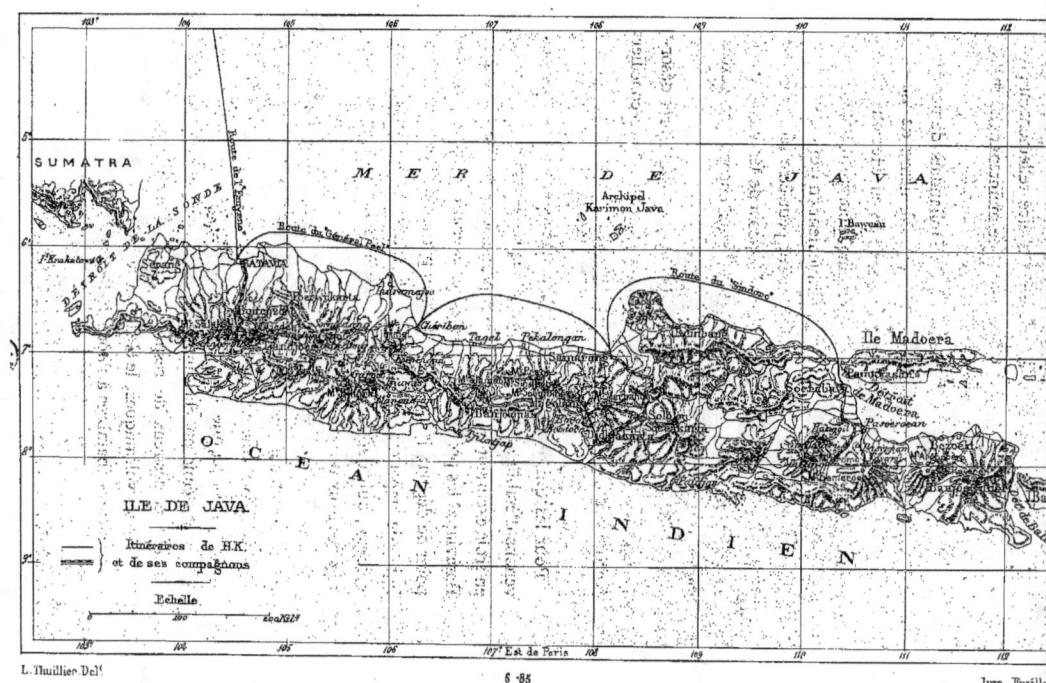

plupart de ses homonymes, justifie bien sa dénomination. Une de ses façades, longée d'une terrasse, commande un panorama superbe de plaines et de montagnes. En bas, on entrevoit le lit d'une rivière jaunâtre encaissée dans des bois de palmiers; plus loin, les silhouettes bleues de volcans éteints, et au delà de cette chaîne montagneuse, un horizon de pics plus élevés, se découpant sur le ciel.

Notre premier soin fut de solliciter une audience auprès du gouverneur. Très grand, à barbe courte taillée à l'américaine, M. F. S' Jacob parle le français avec une rare perfection. Il nous reçut de la façon la plus bienveillante, et nous promit non seulement les passeports nécessaires aux excursions dans l'intérieur, mais aussi des lettres spéciales pour les résidents et assistants-résidents (préfets et sous-préfets) des provinces[1].

Entre cette audience et le dîner au palais, nous avons eu le temps de nous familiariser avec les coins et recoins de ce charmant Sans-Souci tropical. La situation de la petite ville est extrêmement jolie et son aspect général demi-campagnard. Des villas sont groupées le long d'avenues magnifiques, plus ombragées encore que celles de Batavia, et bordant le grand jardin botanique qui passe pour être le plus complet du monde. Il est immense, rempli d'arbres admirables, sillonné de chemins bien entretenus, et pourvu de points de repos, de bancs, de kiosques. Cependant il a surtout le cachet d'une vaste pépinière, où les plantes sont rangées par catégories, et réparties par districts de palmiers, d'orchidées, etc. Dans la clôture d'ensemble sont enclavés le parc privé et le palais du gouverneur, bâtiment style Empire, n'ayant qu'un rez-de-chaussée.

Dans un quartier adjacent se trouve le *kampong* chinois, petite ville commerçante encombrée et peu propre. Plus loin, dans

---

1. L'île de Java se compose de 22 provinces.

des parties plus pittoresques, au milieu de bois touffus, sont cachées de jolies cases indigènes, dont les parois sont en bambou et recouvertes de nattes tressées. De tous côtés apparaissent devant les habitations ou sur les chaussées des koulis chargés du balancier qui supporte à chaque extrémité de lourds fardeaux très adroitement superposés. Ce sont tantôt de gigantesques bottes d'herbe fraîche maintenues dans des triangles de bambou, tantôt des corbeilles rondes remplies de volailles remuantes, ou bien encore des charges de ces fruits savoureux, tant vantés à tout nouvel arrivant, tels que les *manggistans, doerians, ananas, pisangs,* fruits excellents sans doute, mais qui n'égalent pas la finesse et le parfum de la plupart de nos fruits d'Europe.

Hier matin, à six heures et demie, nous galopions en voiture à quatre chevaux vers Katta-Batoe, une source renommée des environs, aménagée en piscine ; la taxe d'entrée y est prélevée par un caissier chinois. La campagne nous apparut charmante, avec ses rizières coupées de petits bois et ses lointains de montagnes. Sur la route, il y avait un va-et-vient considérable, peu de chariots, mais grand nombre de ces porteurs trottinant avec leurs charges. Beaucoup d'entre eux semblaient les trouver bien lourdes. Quand nous passions, ils se prosternaient tous sur le bord du chemin, laissant leurs fardeaux toucher terre et abaissant leurs grands chapeaux jaunes ou rouges en forme de boucliers.

Nous croyions tout d'abord qu'ils s'accroupissaient ainsi pour se reposer, mais comme ces prosternations se répétaient continuellement, nous avons compris qu'elles s'adressaient bien à nous Européens, et qu'elles étaient dues à notre fringant équipage. Pour la première et sans doute la dernière fois de notre vie, nous passions comme des souverains devant une population respectueusement inclinée !...

Mais rassurez-vous, notre modestie ne sera plus mise à pareille épreuve ; car, information prise, nous savons à quoi nous en tenir sur ce semblant d'antique humilité javanaise qu'on ne rencontre qu'ici. Elle est entretenue par le Hollandais sur les plantations duquel nous passions, et qui exige des indigènes, paraît-il, le culte des anciennes traditions. Ailleurs, un souffle d'esprit moderne a déjà vaincu des coutumes surannées.

Munis d'une carte du gouverneur pour le docteur B..., nous avons visité aussi le nouvel établissement d'aliénés aménagé d'après les derniers perfectionnements européens pour recevoir plus de 500 malades des deux sexes.

Puis nous avons parcouru, à côté, le jardin et la ménagerie du docteur Tyseman. L'ancien directeur du jardin botanique a organisé autour de sa retraite un véritable parc d'acclimatation des plus intéressants. En dehors du contingent habituel de cerfs, faisans, coqs des bois, pintades, pécaris, perroquets et colombes que l'on voit ici chez tant de particuliers amateurs d'animaux, M. Tyseman possède une remarquable collection de singes. Les plus beaux sont trois orangs-outangs et deux singes à nez. L'air grotesque de ces derniers me paraît difficile à décrire, à moins de faire des comparaisons par trop blessantes pour l'espèce humaine en général, et certains individus en particulier. Ah ! quels nez ! des nez gros et longs comme de grosses poires, ajustés au-dessous de petits yeux vifs et clignotants.

En contemplant ces spécimens de la race quadrumane, il était difficile de ne point établir de rapprochements entre eux et les *orangs* malais (*orang* signifie *homme*) qui peuplent l'ouest de Java. Ce sont les mêmes tailles très longues, les mêmes jambes courtes, les mêmes membres extraordinairement vigoureux et musclés. Quelle ressemblance aussi dans ces têtes larges, ces pommettes saillantes, ces nez épatés, ces yeux brillants et tout petits ! Darwin, assurément, aurait trouvé ici un vaste champ d'études à exploiter.....

A bord du *General Peel*, 1ᵉʳ mai.

Le jour où je terminais ma dernière épître, nous dînions au Palais. A notre entrée dans le grand salon blanc, simplement garni de rideaux de mousseline, le lieutenant de service et le lieutenant-colonel aide de camp nous présentèrent tout de suite aux convives, une quinzaine environ. Quand parut le gouverneur, il fit très gracieusement le tour de l'assemblée, adressant un mot aimable à chacun.

Le dîner eut lieu dans la grande salle des fêtes, à colonnes et dôme, brillamment éclairée et résonnant des sons d'une musique militaire. Il fut servi par des spadas coiffés de turbans-mouchoirs d'un brun-jaune; ils avaient des gants blancs et marchaient nu-pieds. Parmi les dames se trouvait une jeune personne d'une vingtaine d'années, tout récemment encore institutrice dans la famille du résident de Buitenzorg, et à ce moment fiancée de ce même résident, père d'une grande jeune fille qui se trouvait un peu plus loin. La dame d'honneur, ma voisine de table, ne manqua pas de me faire remarquer la similitude d'âge de la jeune fille et de sa future belle-mère, et elle ajouta, en souriant malicieusement, que les institutrices font toujours « prime » aux colonies.

Même dans ce milieu officiel, les bouffées de cigare, suivant l'habitude généralement admise, étaient tolérées sur la terrasse et dans le salon, en présence des dames et du gouverneur. Ce dernier se retira à dix heures et demie, et nous nous éclipsions ensuite, fort satisfaits de l'accueil très bienveillant qui nous avait été fait.

Le lendemain, nous nous mettions en route pour notre première expédition, une tournée aux alentours des volcans; elle nous conduisit en quatre jours aux étapes de Soekaboemi, Tjandjoer et Sindanglaya. Jusqu'à Soekaboemi (prononcez *ou* tous les *oe*) la ligne de chemin de fer est terminée. Au delà, elle reste en construction; elle doit traverser un jour l'île dans toute sa longueur et couper horizontalement les lignes verticales qui fonctionnent déjà depuis longtemps, en partant de Samarang et de Soerabaya.

Entre Buitenzorg et Soekaboemi, on passe par la belle vallée qui sépare le Salak du Gedeh; au delà il faut continuer en karren, véhicules fort incommodes, attelés de trois chevaux et où l'on ne tient que deux. Sur tout le parcours, la route est tout à fait jolie, gaie et animée; elle traverse cette belle province du Préanger, la plus fertile de Java. Ce ne sont que plaines verdoyantes et riches cultures, bien différentes des rizières restreintes de Ceylan; elles ressemblent plutôt à de vastes pâturages normands et s'étendent jusqu'au pied des montagnes vertes et boisées qui bornent l'horizon. Des cotonniers jalonnés à distances égales servent de poteaux télégraphiques. De loin en loin surgissent des hangars couvrant la route en travers; sous leurs toits pointus recouverts de tuiles rouges, et supportés par des piliers peints en blanc, les porteurs fatigués et de petits marchands de victuailles trouvent un abri momentané. Assis là au repos, ou avançant sur la route au pas accéléré, les nombreux colporteurs indigènes et chinois sont chargés de mille menus objets modernes, et vendent en particulier des allumettes suédoises, très appréciées par les Javanais.

Les hameaux et les villages se suivent de près, avec leurs huttes de bambou uniformément brunes, clôturées de haies au milieu desquelles s'élèvent de petites arches d'entrée. Les toits sont de chaume, et les façades généralement ouvertes. Elles semblent autant d'étalages où le passant achète à bon marché des provisions de bouche, des fruits et des légumes. De tous les coins sortent des enfants nus, espiègles et craintifs à la fois, fuyant à l'approche des étrangers, pour se cramponner au sarong maternel. A les voir si jolis de membres et de visage, on ne soupçonne guère qu'un jour ils seront laids comme leurs père et mère.

Le nombre de femmes chargées de nourrissons est incroyable; elles les portent sur la cuisse en les soutenant par une écharpe solidement attachée, qui sert en même temps de vêtement à ces petits paquets vivants. Il arrive fréquemment que des enfants paraissant avoir de deux à trois ans et qui courent gaiement sur la chaussée, se réfugient dans l'écharpe vide et réclament avec insistance un rafraîchissement qui n'est plus de leur âge. Les mois de nourrice comptent double ici! Mais quelle mine ont les malheureuses mères! elles sont hideuses dès le premier rejeton. Tout le monde mâche du bétel et fume sans relâche, hommes, femmes et même certains bambins. Combien de mères n'avons-nous pas déjà vues nonchalamment adossées à leurs cabanes et aspirant une cigarette du bout de leurs lèvres noircies, tout en allaitant leur dernier-né!

A Tjandjoer, à 1800 pieds au-dessus du niveau de la mer, il y a une assez bonne case-auberge, préférable à celle de Soekaboemi et tenue par un Hollandais qui parle un peu allemand. Sindanglaya est situé à 3000 pieds; c'est le sanitarium des provinces occidentales; on y envoie les gens convalescents, les anémiques, les fiévreux. Il y a là un grand hôtel-établissement qui comprend une spacieuse maison à balcons de bois, puis de petits chalets détachés dans un jardin où des familles peuvent s'installer pour toute une saison. Le gouvernement subventionne l'établissement pour les militaires qu'il y envoie. Les sous-officiers et soldats occupent de grands bâtiments-casernes adjacents, et peuvent y trouver place jusqu'à concurrence de deux cents environ. Nous en avons rencontré plusieurs le soir, sur la route, le long des cabanes indigènes, vêtus de longues capotes et coiffés de hauts képis. Ils saluaient tous fort poliment, mais que leurs mines pâles, émaciées, faisaient peine à voir !

A cette époque de l'année, défavorable au séjour de Sindanglaya, l'hôtel était presque vide. Le temps, peu engageant, demeurait couvert, brumeux ou pluvieux. Toutefois, nous sommes restés là-haut une journée et demie, l'hôtelier nous ayant promis des merveilles d'une chasse aux paons et aux sangliers ; cette expédition finalement n'aboutit à rien, par la faute des rabatteurs, aussi peu intelligents que maladroits...

Le 29, nous rentrions tout d'une traite à Buitenzorg en quatre heures de voiture. Ce fut le trajet le plus attrayant de cette excursion ; une montée très ardue nous mena à 4500 pieds d'élévation, au passage d'un col de montagne. Là nous avons joui d'une vue magnifique sur les plaines du Préanger, que nous venions de traverser pendant trois jours, et sur le sommet du Gedeh, dont nous apercevions à droite le cratère. De là une merveilleuse forêt tropicale nous tint compagnie pendant la descente ; des fougères arborescentes émergeaient de tous côtés au-dessus des broussailles et sous les dômes d'arbres vigoureux.

Après un rapide déjeuner, nous reprenions le train pour Batavia, afin d'y coucher et de nous embarquer le lendemain dimanche, à la première heure, sur le steamer le *General Peel*, à destination de Samarang.

Quelle bizarre compagnie que celle qui prit la mer avec nous ! Des Hollandaises endimanchées, des Hollandais avec l'éternel cigare à la bouche, des soldats d'infanterie en déplacement, déménageant chacun avec sa « brune illégitime » et un mobilier compliqué de menus objets, quel singulier mélange de supérieurs et d'inférieurs, d'Européens et d'Asiatiques, unis les uns aux autres par les liens de cette bonhomie spéciale aux gens du Nord !

Quelle singulière existence aussi que celle du bord! Pendant ce voyage de deux jours je puis l'étudier en détail, et sans me déranger, persuadé du reste qu'elle résume toutes les habitudes en vogue sur la terre ferme. De six heures à neuf heures on sert un premier déjeuner à l'anglaise; à dix heures, une collation de bouillon; à midi et demi, la *rijstafel*, ou repas de riz; à quatre heures, le thé; enfin à sept heures et demie, le dîner.

Cette nomenclature gastronomique fait sans doute fort bon effet sur le papier, mais il faut expérimenter soi-même de quelle triste façon elle est mise en pratique! La rijstafel, par exemple, est le comble de l'impossible! C'est le repas de résistance de la journée et, comme l'indique son nom, le riz (bouilli au naturel) en compose le principal service. Chacun en prend largement dans une profonde assiette à potage; puis des spadas défilent en procession, offrant par douzaines des ragoûts, des salades, des caris, des volailles déchiquetées, de petits légumes pimentés, etc. Le Hollandais se sert de chacun de ces plats en établissant sur sa provision de riz, ou au besoin sur une assiette supplémentaire, une empilade bariolée dont il fait un affreux amalgame, à coups de fourchette et de cuiller. On devinera le tableau du mélange et de l'absorption, car cela dure! Je viens d'observer un grave monsieur bien apathique qui a mis, montre en main, vingt minutes pour vider son assiette!

En le contemplant, lui et ses mains graisseuses, j'ai compris une fois pour toutes pourquoi ici certain bol se trouve dès le début du repas à proximité de chaque couvert.

Un beefsteak ou une autre viande noire, des fruits, etc., jouent le rôle de dessert à la rijstafel javanaise, pareille tous les trois cent soixante-cinq jours de l'année, et la même partout, sur les bateaux comme dans les hôtels et les maisons particulières.

Le côté désagréable du repas est rendu plus sensible par le fait que les aliments sont froids ou à peu près. Exprès? direz-vous. Du tout, mais simplement par négligence. Malgré deux cent quatre-vingts ans de domination européenne, les cuisines sont restées des modèles de simplicité. Quand le premier coup de cloche a retenti, les domestiques empilent sur la table depuis A jusqu'à Z tous les plats du repas tout entier, qui sont là à refroidir en attendant le deuxième appel. Quand on arrive affamé, la dernière parcelle de chaleur s'est exhalée des mets exposés! Au dîner, c'est encore pis, parce que, depuis le moment où le potage a fait son entrée, les viandes rôties bâillent dépecées à côté des volailles écartelées.

Et ne pensez pas que le public hollandais juge nécessaire de faire la moindre réclamation! Il respecte beaucoup trop la tradition, qui pour lui fait loi; puis il craint de bousculer les malheureux Javanais déjà si persécutés! et peut-être n'attache-t-il en réalité aucune importance à « ces petites choses ». Mais si cette digression vulgaire, dont je vous fais mille excuses, vous paraît superflue, il n'en est pas moins positif que, malgré une habitude acquise à happer le peu de mets appétissants qui passent sous nos yeux, nous avons déjà diminué tous les quatre d'un bon poids. Votre serviteur se trouve particulièrement dans une situation précaire, en proie à de petits accès de fièvre intermittente et un dérangement complet de ses facultés digestives...

Aussitôt la rijstafel terminée, nos Hollandais, vêtus jusque-là d'une façon à peu près convenable, se livrent à un déshabillé général; et bientôt, sur le pont et dans le salon, on ne voit plus que camisoles blanches, culottes et jupes à ramages, et chevelures défaites. La sieste a commencé; elle est bien nécessaire du reste après de pareils engloutissements de nourriture empâtée. A l'heure du thé seulement les dormeurs se réveillent et traînent jusqu'à l'heure du dîner, que précèdent le bain, la toilette et la dégustation des inévitables liqueurs nationales.

Tout cela est réglé comme du papier à musique; fort heureusement l'aménagement matériel de notre bateau vaut mieux que l'existence offerte aux passagers. Nous apprenons d'ailleurs que c'est un bâtiment anglais, comme tous ceux de cette compagnie.

La première journée du voyage s'est écoulée sans que nous ayons vu terre, mais ce matin nous avons fait escale à Chéribon, dont le volcan, enveloppé de brumes, nous reporta vers Naples et le Vésuve. Depuis ce moment nous restons en vue du rivage ; le spectacle est ravissant. Partout la côte surgit en montagnes bleues, séparées de la mer par une ligne de végétation bien fraîche. De nombreuses barques, aux voiles déployées comme des ailes, le calme et la limpidité des eaux, nous donnent l'illusion d'un lac majestueux sur lequel nous voguons paisiblement.....

A bord du *Sindoro*, 9 mai.

A Samarang, un canal s'ouvre comme à Batavia sur la mer et conduit jusqu'à la douane, à un quart d'heure de laquelle est situé l'hôtel Pavillon, vaste maison blanche parfaitement aménagée. Nous ne nous sommes arrêtés là que pour déjeuner, le train devant partir bientôt pour Soerakarta, autrement dit Solo.

Le trajet dura cinq heures, par un pays assez plat, qui se déroule en vastes champs parsemés de guérites en bambou, où se postent les gardiens des récoltes. A Soerakarta on nous case à l'hôtel Scholten, au fond d'une cour entièrement entourée de vérandas de bois, et traversée au milieu par un passage couvert formant salle à manger.

Soerakarta et Djokjakarta, sa voisine, sont toutes deux les capitales des résidences de mêmes noms, auxquelles est réservée l'appellation exclusive de *Vorstenlanden* (pays princiers). Restes de l'ancien royaume de Mataram, elles représentent les territoires des seuls princes (soi-disant) indépendants qui personnifient encore l'autorité indigène au sein des populations purement javanaises. Ces deux souverains sont le *Soesoehoenan*, ou Empereur de Solo, et le Sultan de Djokjakarta, ou Djokja.

A tous deux les Hollandais ont assuré les revenus de leurs provinces et ceux des locations faites aux colons. Ils leur offrent même une pension comme gage d'amitié réciproque. Mais avant tout ils leur laissent à tel point le prestige extérieur de la domination, avec ses pompes et ses coutumes asiatiques, que pour les indigènes les souverains sont tout. Toutefois, leur rôle réel se borne uniquement à se préoccuper d'eux-mêmes dans leurs *kratons* (palais), car en réalité ils ne sont pas autre chose que des marionnettes fonctionnant au gré des résidents et de leurs « affectueux » conseils. Ces derniers ont l'honneur de faire parvenir à Leurs Altesses toutes les lettres, de peur qu'il ne s'en égare, et c'est une garde hollandaise qui a l'extrême avantage de surveiller les portes des palais. De plus, dans chacune des capitales, un fort et une garnison hollandaise protègent les augustes personnalités régnantes.

Quoi de plus habile et de plus diplomatique que ces égards respectueux qui entourent les représentants du pouvoir ! En les choyant ainsi, ne peut-on pas d'autant mieux les exploiter au besoin ?

Du reste, le jeu réussit à merveille. Pour s'en convaincre, il suffit de voir les Javanais, fils de l'antique race indigène, se pavaner fiers et dignes sous les majestueux ombrages de leurs capitales, au cœur de leur vieux pays ! Serrés dans de longs fourreaux bigarrés, portant des vestes ajustées à haut col, et les cheveux emprisonnés dans un mouchoir collant qui dessine un petit chignon sur la nuque, avec leurs *kriss* à poignées recourbées passés dans la ceinture en travers de leur dos, souples et sveltes, d'une élégance suprême et dédaigneuse, ils passent d'un air aussi fier et hautain que si les pâles commerçants occidentaux n'avaient jamais posé le pied sur leur territoire.

Notre grand objectif en venant dans des centres aussi originaux était de voir les kratons princiers et, si possible, les souverains eux-mêmes. Nous avons été assez heureux pour réussir dans les deux capitales.

A Solo, le lendemain de notre arrivée, 3 mai, le résident nous fit mander que l'empereur nous recevrait en audience le 6 mai à huit heures du soir. Devant retourner le 7 à Samarang pour nous embarquer vers Soerabaya, il nous restait trois jours pour visiter Djokja et les ruines fameuses de Boro-Boedoer ; aussi partîmes-nous tout de suite pour Djokja. On y arrive en deux heures et demie de chemin de fer. La ville est beaucoup plus jolie que Solo et contient plus de maisons européennes. Deux avenues particulièrement belles forment un carrefour de berceaux merveilleux ; à l'angle de l'un d'eux se trouvent, entre autres, l'hôtel Tjandjong-Tirto et tout près la Résidence. C'est une large maison à colonnes imposantes ; elle s'élève au milieu d'un jardin idéalement beau, dont les *warringings* colosses abritent une collection de divinités, protégées par des parasols et découvertes dans cette partie de Java, qui est si fertile en vestiges bouddhiques.

La ville indigène proprement dite est comme éparpillée dans les bois de bambous, le long de petits chemins taillés dans la verdure. Les huttes avec leurs fermetures rustiques ressemblent à des enclos de jardins zoologiques. C'est drôle et joli à la fois. Les enfants pullulent sur les voies, dans les portes entre-bâillées, absolument nus, et affligés pour la plupart de ces plaies à la tête qui sont si fréquentes ici. Les femmes, vêtues de bleu foncé, paraissent plus hideuses encore qu'ailleurs, et les boules de tabac qu'elles chiquent comme les hommes sous la lèvre inférieure, ne contribuent pas à leur embellissement.

Au cours de notre promenade de découvertes, nous débouchâmes sur une place carrée, occupée au centre par deux arbres taillés en forme d'orangers monstrueux. C'était la cour précédant le kraton. Sous une grande halle ouverte, une trentaine d'importants personnages, nus jusqu'à la ceinture, étaient assis par terre et occupés à tirer à l'arc dans une cible ou espèce de rouleau sans consistance, suspendu de haut en bas à une corde entre deux poteaux, au milieu de la place. Chaque prince (le sultan était parmi eux, ainsi que nous l'avons su plus tard) avait sa flèche de couleur spéciale et son ramasseur. Tous tiraient ensemble, et chaque fois que partait la grêle de projectiles, on entendait les cris des ramasseurs se mêlant aux sons plaintifs des gongs, destinés à célébrer les exploits des tireurs.

Ce tir doit être hérissé de difficultés, car dans l'espace d'une demi-heure nous n'avons vu que deux flèches entièrement victorieuses, l'une fichée au centre même du rouleau mobile et l'autre dans la pomme qui le couronnait.

Au moment de notre départ pour les ruines hindoues, le résident, qui, quelques heures auparavant, n'avait semblé nullement désireux de nous présenter au souverain, nous fit savoir que le sultan nous accueillerait le lendemain soir à six heures. Il s'agissait donc de ne pas manquer l'audience; toutefois il s'en fallut de peu, car l'expédition devint presque un second Ellora.

Au commencement, ça ne marchait pas trop mal et nous pensions pouvoir arriver au but dans les quatre heures réglementaires. Notre lourde voiture, véhicule de forme antique, attelé de six chevaux (mais quels chevaux! de pauvres petites bêtes hautes comme des veaux!), filait assez rapidement, grâce aux hurlements du cocher et des deux saïs qui criaient à tue-tête : « *Harrda, harrda, brr, brr!!..* » en faisant un vacarme épouvantable.

Les saïs quittent tour à tour le siège de derrière, et courent à toutes jambes, pieds nus, sur les cailloux, vociférant et jouant du fouet; on eût dit un équipage de fous ou de révolutionnaires; jamais nous n'avons été conduits de pareille façon! Bientôt, cependant, le ciel s'obscurcit et les premières grosses gouttes d'une de ces bonnes pluies javanaises tombent lourdement. Déjà au premier relais il faut abaisser, sous le grand hangar, toutes les toiles cirées de la voiture afin de nous garantir un peu du déluge. Les chevaux de rechange sont plus mauvais que les premiers. C'est en vain que le nouveau cocher et les nouveaux saïs s'époumonent à leur tour; nos coursiers n'avancent qu'avec peine! Au deuxième relais on met un bœuf à la remorque, mais le bœuf, comme bien vous pensez, n'accélère pas la marche. Furieux, nous finissons par crier avec les autres « harrda! harrda! brr! » et nous cassons même nos cannes sur les échines des pauvres haridelles qui n'en peuvent mais....

C'est ainsi que nous continuons notre triste route pendant plusieurs heures, avec la pluie et les hurlements de nos automédons pour unique divertissement. Cependant la nuit noire est venue, les chemins se détrempent de plus en plus; le cocher nous accroche à la balustrade d'un pont de bois et risque fort de nous faire rouler au fond de l'eau; puis nous arrivons devant une autre rivière sans pont, et qu'il s'agit de traverser en bac. Mais les eaux ont monté, le courant est trop rapide et les bateliers refusent catégoriquement de nous prendre. Que faire? nous ne parlons pas un mot de javanais, et nos indigènes, suivant leur habitude, ne savent pas une syllabe de hollandais! Finalement notre cocher comprend que nous voulons à tout prix

EQUIPAGE JAVANAIS.
Photographie de l'auteur.

rebrousser chemin, et chercher un refuge à Magelang, la ville la plus proche.

De ce côté-là au moins il n'y a plus de rivière, et à dix heures du soir nous nous arrêtons triomphalement devant l'hôtel hollandais. Il est tellement bondé que nous sommes contraints de nous loger tous les quatre dans une même petite chambre. Heureux sommes-nous encore de l'avoir trouvée, car sept heures de carrosse et de vociférations javanaises, c'en était assez pour une journée !

Le lendemain, le temps était aussi beau qu'il avait été affreux la veille. Les rues de Magelang regorgeaient de monde indigène et de Chinois, rassemblés pour le jour du marché. Sur la route, une fraîche brise de printemps nous caressait le visage, et le soleil perçait de ses rayons dorés les épais feuillages des arbres, éclairant gaiement chevaux et piétons en marche pour la ville. Au bout d'une heure et demie de trajet, nous étions au pied du célèbre monument hindou.

Construit au neuvième siècle, le Boro-Boedoer a une hauteur de près de quarante mètres et une centaine de mètres de diamètre. Vu de loin, on le prendrait pour un immense amoncellement de pierres effondrées dans lequel seraient plantées des statues. Situé au faîte d'un petit monticule, il s'élève en pyramide à base carrée ayant sept étages de galeries découvertes, jusqu'à une coupole en partie détruite. Quatre escaliers, partant du milieu de chaque façade, montent jusqu'au sommet. Ce colossal trophée à ciel ouvert, sans voûtes, sans compartiments intérieurs et sans portes, est littéralement couvert de sculptures. Ses parois, ses couloirs sont autant de bas-reliefs finement travaillés détaillant l'histoire de tout un peuple, de ses mœurs et de sa religion. Ce ne sont que scènes multiples et compliquées, emblèmes de paix, d'agriculture et de commerce, sujets guerriers avec batailles et cortèges triomphants, souverains trônant et populations prosternées, divinités vénérées et fervents en prière.

On parcourt ces galeries comme on feuillette le livre d'or d'une grande époque disparue dans la nuit des temps. De tous côtés se voient, dans l'épaisseur des murailles, des statues de grandeur humaine représentant Bouddha trônant les jambes croisées et souriant béatement au passant étonné. Quatre cents de ces statues subsistent encore aujourd'hui; sur l'avant-dernière plate-forme seule, on peut en compter soixante-douze enfermées dans des niches de pierre arrondies, avec grillages à jour.

A deux pas du monument, au bout d'une superbe allée bordée de divinités et de monstres sculptés, à demi cachés dans des taillis émaillés de larges fleurs rouges, se trouve l'auberge-abri du gouvernement. C'est une maison bien primitive, faite en minces parois de bambou, et placée sous la garde d'un militaire pensionné. On nous y avait attendus la veille au soir. Qu'il eût été délicieux de saluer le lever du soleil dans cette solitude!...

Notre rentrée à Djokja s'effectua sans encombre. En route, nous avons rencontré une noce javanaise. Au milieu d'un cortège d'hommes en toilette étriquée, l'arme nationale au bas des reins, la mariée s'avançait dans un palanquin. Elle était parée de vêtements aux riches couleurs, et avait la figure empâtée d'une couche de safran! Derrière elle venait à cheval le marié, brillant et fringant, mais barbouillé de safran jusqu'à la ceinture! Comme nous passions vite, ce ne fut qu'une vision. A peine étions-nous à l'hôtel Tjandjong-Tirto et habillés pour l'audience, que le lieutenant K..., chef de la garde du sultan, venait nous prendre dans deux voitures à poneys isabelle et cochers en robe carmin, pour nous conduire au kraton.

Sans pouvoir nous attendre à une réception brillante, nous espérions toutefois trouver une petite mise en scène suffisamment colorée pour satisfaire notre curiosité avide de splendeurs asiatiques. Mais, au lieu de ce que notre imagination avait rêvé, voici un mur sombre, une entrée pauvre, une cour noire et une seconde porte sombre devant laquelle dorment étendus quelques serviteurs à demi nus, faiblement éclairés par la lueur vacillante d'une méchante lampe; puis nous traversons une autre cour où nous apercevons à gauche les piliers du *pendoppo* (la salle des fêtes), et à droite, comme seul point lumineux de l'ensemble, le pavillon du sultan.

Nous faisons le tour d'un énorme paravent de verre, placé en face de la porte, et nous voyons aussitôt Hamongkoe Boewono II, en costume indigène des plus simples et sans le moindre bijou. Il nous donne la main en réponse à nos salutations. Décidément nous eussions préféré un peu moins de cette avenante intimité! On s'assied et le lieutenant des gardes, en sa qualité de Hollandais impassible, transmet nos compliments avec beaucoup de lenteur. Le sultan nous sourit, et nous lui sourions aussi le plus bêtement du monde.

Pendant ce temps le prince héritier (âgé de vingt ans environ), accroupi aux pieds de son père, nous contemple avec de grands yeux curieux, attentif au moindre signe de son souverain, qui lui parle d'un ton sévère, et devant lequel il ne peut rien dire ni faire sans porter à son front ses mains jointes en prière. Il ne répond que par monosyllabes, répétant sans cesse la même parole de soumission, et rampe sur le sol pour changer de place.

Ces marques caractéristiques de l'adoration aveugle et du respect superstitieux de ce jeune prince, le premier d'entre les sujets du sultan et lui-même sultan présomptif, nous donnent bien l'idée exacte du culte absolu qu'inspire encore ici le souverain demi-dieu. Quel spectacle étrange pour nous, modestes Européens, assis là dans de majestueux fauteuils, que de voir ramper devant nous ce fils de race royale, antique et fière, que suivrait servilement un peuple entier, si ce peuple se laissait fanatiser encore. N'était-ce pas bizarre aussi de voir ce futur souverain nous suivre timidement pour nous faire les honneurs du pendoppo et recueillir nos poignées de main avec un plaisir évident?

Avant l'inspection de la salle des fêtes, assez difficile à admirer vu l'obscurité générale, mais dans laquelle nous remarquons cependant les plafonds de bois sculptés rehaussés de dorures, des serviteurs viennent offrir du thé. Ils le présentent au sultan et au lieutenant sur un service en argent aux armes de Hollande, sur lequel est gravée cette devise bien ironique pour le pauvre souverain : « Je maintiendrai » (quoi? mon obéissance?)..... On apporte pour notre usage de la porcelaine moins royale. Fort jovial et très bien disposé, Hamongkoe Boewono nous fait voir encore les portraits de sa famille et celui de son père, auquel il a succédé en 1877. Sur quoi, il nous laisse prendre congé au bout d'une audience d'une heure qui paraît avoir beaucoup fatigué M. K... Le lieutenant est en effet si peu en état de nous comprendre dorénavant que nous ne cherchons pas à l'empêcher d'aller allumer un nouveau manille sur la terrasse de la « Harmonie » de l'endroit.

Nous avons joui d'un long repos le lendemain avant de reprendre le train qui nous ramena à Solo à une heure.

Véritablement nous marchions à la vapeur, d'après un programme des plus précis. Pour l'après-midi, il s'agissait d'une excursion de plusieurs heures à la sucrerie d'un autre prince javanais, Mangkoe-Negoro, d'une visite au résident et de la réception impériale. Le lendemain, nous avions en vue l'inspection du palais de Mangkoe-Negoro et le voyage de retour à Samarang.

A peine sortis de wagon, nous roulions de nouveau en voiture à quatre chevaux sur de mauvais chemins entrecoupés de rivières jusqu'à la sucrerie en question, où M. F..., le directeur, nous accueillit avec beaucoup d'empressement. L'usine ne fonctionnait pas, mais nous avons vu avec grand intérêt les machines perfectionnées venues d'Angleterre et de Berlin. M. F... nous expliqua que la coupe des cannes à sucre commence en juin et qu'elle est suivie de la fermentation des tiges, etc. L'année dernière, le rendement en sucre raffiné a été de 32 000 piculs, soit environ 2 millions de kilogrammes. Pour produire cette quantité, il a fallu un poids primitif total de 320 000 piculs de cannes. Quand vous saurez qu'à part cette usine le prince Mangkoe-Negoro en possède d'autres, vous ne serez peut-être pas surpris d'apprendre que cet heureux mortel réalise annuellement des revenus de plus de 2 millions de florins.

De race non moins ancienne que le Soesoehoenan, ce prince possède aussi des États, enclavés dans l'empire, et il entretient même une petite armée à uniformes hollandais. Rival déclaré de l'empereur et spécialement protégé par les Hollandais, qui alimentent volontiers ces jalousies, Mangkoe-Negoro est le chef actuel d'une famille aux idées larges et modernisées, puissante par ses biens personnels et industriels.

Sans prendre le temps de dîner, ne sachant du reste aucunement ce que le résident ferait de nous avant ou après l'audience, nous nous présentions à sept heures et demie à l'hôtel préfectoral. Le résident nous attendait en grande tenue sous les colonnes de la véranda, en compagnie de son épouse, une dame majestueuse qui se balançait sur un fauteuil. Elle s'appelait Gertrude. Nous causâmes en français jusqu'au moment où le résident, un peu annihilé par sa moitié, lui dit : « *Gertrudche, ik geloof dat wij moeten vertrekken*[1] »; sur quoi « Gertrudche » donna les ordres pour les équipages. Est-ce joli : *vertrekken!* c'est l'infinitif du verbe partir; *vertrekt, vertrokken,* en sont les harmonieux participes! On les lit à tout instant dans les gazettes. Pour qui sait

---

[1]. Je crois qu'il nous faut partir.

un peu d'allemand, ces mots incroyables ont l'air de signifier tout autre chose.

J'eus l'honneur de monter avec le résident dans son vaste coupé. Je le sondai pour savoir s'il pensait que nous verrions des bayadères; mais comme M. M... est un peu sourd, qu'il avait l'air de regretter beaucoup son souper, et qu'il ne voulait pas se compromettre, il m'enleva tout bonnement mon doux espoir.

Pour arriver au kraton, nous traversons une immense esplanade, ornée d'arbres taillés comme ceux de Djokja, puis nous franchissons plusieurs enceintes. La porte est assez bien éclairée; des hommes de garde sont sous les armes; il y a quelques esclaves demi-nus de plus que chez Hamongkoe-Boewono. Décidément, cela s'annonce mieux! Notre satisfaction augmente dès que nous mettons pied dans la cour intérieure, car nous voyons le pendoppo brillamment éclairé, et un murmure de voix humaines nous annonce que les assistants sont aussi nombreux que les luminaires. Notre entrée est aussi triomphale que grotesque! Représentez-vous le résident, grand et puissant personnage coiffé d'un haut claque, se dandinant sous le parasol doré, insigne de sa dignité, que son porteur attitré tient au-dessus de lui, à bras tendu; autour de cet astre, notre constellation; puis tout à coup l'éclat formidable de la fanfare impériale hurlant l'hymne hollandais! Que n'ai-je fait encore un croquis de cette scène burlesque : oh! ce bon parasol planant au milieu de la nuit, sous le ciel étoilé!

Au centre d'une partie surélevée du pendoppo, nous apercevons l'empereur. Le résident s'approche, sans parasol désormais, et nous présente, tandis que nous nous confondons en profondes salutations. Puis l'empereur et le résident s'asseyent sur un canapé tout doré, et nous prenons place sur des chaises alignées.

Pakoe Boewono Sinopati Ingologo Ngabdoe R' rahman Sojidin Panoto Gomo IX s'est fait beau et sa cour l'a imité. Il porte un sarong très serré de couleur foncée, une jaquette ajustée en soie jaune d'or à dessins de petites fleurs et garnie de boutons en diamants. Un turban bleu foncé, plaquant sur la tête, dessine une pointe sur son front et soutient une aigrette de fleurs en diamants. Un kriss superbe orné de brillants est accroché à son dos.

L'empereur est petit, fluet; à sa physionomie plutôt dure et revêche, on devine que son commerce ne doit pas toujours être facile. Entre lui et nous est accroupi le *kronprinz*, qui paraît avoir quinze ans. Son visage très clair de peau, aux traits fins comme celui d'une femme, se découpe en profil régulier. L'empereur cause; il entame le sujet « famille » et annonce au résident la naissance d'un nouveau rejeton, le cinquante-sixième! Puis il appelle auprès de lui une demi-douzaine de ses enfants présents à l'audience, de petits bonshommes qu'il gratifie du terme affectueux de *tchou-tchous* et qui se traînent jusqu'au prince héritier pour s'accroupir derrière ce dernier. Suivant la règle établie pour le costume de cour, qui donne au souverain et à son héritier seuls le droit d'être vêtus entièrement, ces petits princes ne portent qu'un sarong retenu par une ceinture, et des kriss aussi longs que la moitié de leurs corps. Ils ont le buste nu, des fleurs dans les cheveux, et des diamants aux doigts et au cou.

Sur une ligne parallèle à la nôtre, nous remarquons enfin une longue rangée de princes plus âgés et tous très parés; ce sont des fils ou parents de l'empereur; ils usent avidement des consommations qui sont offertes ici comme chez le sultan, et que servent des gardes en uniforme hollandais, ayant assez la mine d'agents de police. Certain vin blanc leur plaît tout particulièrement, et ils nous prouvent par leurs libations abondantes que les Javanais, quoique musulmans, absorbent volontiers les liquides alcoolisés. Ils ne dédaignent pas non plus les cigares qu'on nous apporte dans une belle boîte à musique en or, remontée pour jouer la valse de « Madame Angot ». A Java on fume continuellement, chez les particuliers comme chez les sultans! Hollandais et Javanais sont autant de cheminées ambulantes, plus ou moins parfumées!

Promenant plus loin nos regards, en face de nous nous apercevons deux mamelouks géants, peints en rouge et bleu et supportant des torchères. Au delà, sur les confins des colonnades, qui tranchent sur un fond sombre, nous entrevoyons les poitrines nues d'une troupe d'hommes, de femmes et d'enfants, le ban et l'arrière-ban de la cour impériale, massés derrière une multitude d'instruments de musique. A l'attitude de cette foule, à l'air guilleret de l'empereur, nous devinons qu'il se prépare quelque chose et nous sentons renaître notre espoir de contempler les bayadères impériales.

Notre attente en effet n'est pas trompée et nous pouvons nous dire très favorisés. Aussi sommes-nous tentés de serrer avec transport la main de cet aimable soesoehoenan, par-dessus le ventre arrondi du résident, quand, sur un signal donné, s'ouvre derrière l'empereur une porte communiquant avec les appartements de ses femmes! Elle livre passage à neuf bayadères qui, les yeux baissés, s'avancent mélancoliquement, à la suite les unes des autres, jusqu'au bord de la plate-forme, descendent lentement les marches et se rangent en triangle en face de l'empereur. Puis elles s'asseyent sur les dalles de marbre, en contournant leurs traînes dans un pli gracieux, et portent plusieurs fois leurs mains jointes à leurs fronts. En même temps commence la musique de l'orchestre, le *gamelang*, musique dont il m'est impossible d'exprimer la plénitude et la variété de sons. C'est une étonnante symphonie d'accords justes et de notes discordantes, de miaulements de violes, de coups de tam-tam et de chœurs chantés, qui traînent comme des litanies. Il n'y a ni mélodie ni charivari accentué, mais un mélange de l'un et de l'autre, et, comme accompagnement continu, un bourdonnement de cuivres qui tintent comme des cloches funèbres ou éclatent en joyeux carillons.

Le ballet est inauguré par la première bayadère. Son costume est semblable à celui des huit autres : elle porte un sarong à raies brunes et jaunes, dont la traîne part du devant de la ceinture ; un corsage sombre serrant la taille jusqu'au-dessous des bras et laissant les épaules nues ; sur la poitrine, une plaque de métal retenue par des colliers ; au front, un large diadème doré allant rejoindre le chignon orné de fleurs, sur lequel s'élève une plume bleu ciel, recourbée en avant. Longtemps elle tournoie seule, glissant doucement à travers les autres avec des poses nonchalantes, des courbes de bras très étudiées ; puis ses compagnes se lèvent et exécutent les mêmes mouvements avec une précision minutieuse et un ensemble parfait, sans jamais paraître se regarder entre elles.

Le tableau est si joli, si gracieux, que pour ma part je me complais à l'isoler des objets environnants qui gâtent cet aperçu de pur coloris asiatique. Faisant un paravent de ma main, j'écarte la collection de lampes à pétrole, les affreux mamelouks de plâtre, l'enfilade de nos habits noirs, les uniformes guindés de la garde, et il me reste un petit point charmant : le sol de marbre brillant sur lequel glissent les neuf bayadères avec les ondoiements de leurs traînes, sous les frémissements de leurs panaches et le scintillement de leurs pierreries..... C'est à se croire sultan soi-même !

Mais (où n'y a-t-il pas de mais ?) ces danses mimées, qui exercent tout d'abord sur le spectateur un charme magique, deviennent terriblement monotones pour peu qu'elles durent. Pendant trois quarts d'heure pleins, ce sont les mêmes poses et les mêmes balancements cent fois répétés !!! Dans notre for intérieur, nous bâillons un peu, tandis que l'empereur, qui suit le ballet avec le plus vif intérêt, braque son lorgnon à deux branches tantôt sur les bayadères, tantôt sur nos humbles personnes, dont il examine les traits avec une curieuse persistance.

Quand les neuf danseuses ont terminé leurs évolutions, une autre danse recommence et dure une demi-heure. Cette fois, c'est une bayadère seule, agrémentée d'ailes dans le dos, qui mime et chante sur un rythme langoureux des vocalises nasillardes et peu variées. Pendant cet intermède l'empereur se fait apporter une viole du gamelang, ravissant instrument en ivoire sculpté, long d'un mètre et garni de deux cordes en cuivre. Avec un air d'amusante componction, il se met à en jouer lui-même et en tire une traînée de sons plaintifs qui ajoutent au tintamarre de l'orchestre autant de grincements nouveaux.

Mais le dernier mot n'est pas dit, car, la danse finie, viennent encore deux diminutifs de princes, habillés comme les tchoutchous et qui, pendant une nouvelle demi-heure, se livrent à une gymnastique si contorsionnée qu'ils en ont l'air tout exténués, les pauvres enfants! L'empereur rayonnant nous fait savoir que ce sont encore de ses fils; que dans le grand ballet il y avait des princesses ses filles; et que l'impératrice a dessiné elle-même tous les costumes!...

Nous comprenons tout juste son message, car le résident, complètement éteint, rêvant de « Gertrudche » et de son souper, ne dit plus mot; son désespoir devient presque intéressant quand le soesoehoenan, s'accrochant à son bras, l'emmène pour faire avec nous le tour des salles, aux piliers soigneusement recouverts d'enveloppes en toile, et nous montrer l'installation du gamelang. Un pareil orchestre vaut bien un examen détaillé! A voir ces instruments extraordinaires, on dirait autant de soupières, de casseroles et de chaudrons rangés en batteries symétriques dans des cadres et des montures de bois peints en rouge et or. Au cours de cette promenade, Édouard n'a pas de chance, ou plutôt il en a trop! Comme l'empereur s'avance, son crachoir en or à la main, Édouard veut l'en débarrasser et remettre la coupe à une suivante. Horreur! il manque de lâcher le précieux objet en sentant son pouce en contact avec un crachat impérial maladroitement accroché sur le bord! *Shocking!!!*

C'est le dernier incident de cette longue audience qui a duré « trois heures » ! L'empereur regagne sa plate-forme, et nous partons après avoir courbé nos échines un nombre de fois incalculable et serré la main à tous les princes de l'auguste famille. Nos pauvres estomacs crient famine, mais le résident ne paraît pas s'en douter. Déjà à moitié endormi, il écoute à peine nos remerciements et disparaît dans les profondeurs de sa voiture. A l'hôtel Scholten, tout est déjà fermé et barricadé; mais à force d'insistance nous finissons par obtenir un poulet froid, que nous dévorons à belles dents. Et voilà tout dit sur la fête chez le soesoehoenan! Que ma narration vous soit légère!...

A bord du *Sindoro*, 17 mai.

Les menus faits abondent dans nos tournées javanaises.

Le lendemain de l'audience chez l'empereur, nous nous rendions le matin au palais de Mangkoe-Negoro. C'est sans contredit le plus riche et le plus beau des trois palais princiers. En l'absence du prince, nous avons été accueillis avec une parfaite courtoisie par plusieurs de ses officiers, tous en costume national, et portant de très beaux kriss: c'étaient le commandant des légions Porjo Dimoprod; le major Gondo Sijworo et le capitaine de cavalerie Randoji Noto. Ils nous firent les honneurs des casernes et des écuries voisines du palais. Tout y est tenu dans la perfection : chevaux, armes, selleries, harnachements. C'est un plaisir que de voir comment est menée la petite armée du prince, composée de deux escadrons de cavalerie, d'un régiment d'infanterie et d'une batterie d'artillerie.

Nous avons vivement regretté de ne pouvoir être présentés au prince lui-même, car il reçoit les Européens avec beaucoup de plaisir et leur offre toujours des divertissements agréables. Je ne serais pas étonné que ce fût par suite de l'absence de Mangkoe-Negoro que l'empereur, sûr de son succès et de l'effet de sa mise en scène, nous eût offert le spectacle des bayadères, auquel le résident lui-même était loin de s'attendre....

Toutes les curiosités de Solo épuisées, nous nous trouvions prêts à prendre le train pour Samarang, le dernier de la journée et le seul qui nous permît de rejoindre à temps notre steamer.

Nous voici à la gare, mais les bagages font défaut. Disparition complète de la voiture à bœufs et des domestiques expédiés de l'hôtel depuis deux heures. Le train siffle et part. Quel parti prendre? Abandonner le voyage de Soerabaya et rester huit jours de plus à Solo, après avoir pris congé de tout le monde? Décidément non!

Après rapide réflexion, nous prenons la grande résolution de commander un train express spécial. Je dis « grande » parce que dans cet excellent pays de Java un train spécial, bien que prévu par les règlements, est toute une affaire, et une affaire chère : 570 florins, c'est-à-dire *douze cents francs*, pour un trajet de quelques heures ! Mais il n'y a pas à balancer, et nous prenons gaiement la chose, tranquillisés enfin par l'arrivée de nos bagages et de nos serviteurs tout penauds ! Comment s'étaient-ils égarés pendant trois grandes heures? Vous ne le saurez pas plus que nous : toujours est-il que nos domestiques ne pouvant s'entendre avec l'automédon du char à bœufs, doté de l'intelligence qui distingue cette classe de cochers en général, nos bagages étaient allés faire une promenade d'agrément dans une direction tout opposée à celle de la gare.

Après différents télégrammes administratifs, notre fameux train est prêt à quatre heures et demie. Il se compose d'une locomotive toute neuve, d'un fourgon, d'un wagon de deuxième et d'un wagon de première classe, et nous filons vers Samarang en moitié moins de temps que par les trains ordinaires. Notre trajet, qui fournirait matière à toute une odyssée, a fait assez de bruit dans Java! Il ne faut ici pas plus que cela pour mettre les populations en émoi, car jamais les trains ne vont de nuit, et les indigènes profitent de cette circonstance pour s'octroyer le monopole des rails, afin d'étendre dessus leur linge et d'y circuler librement.

Avec une locomotive neuve et des homicides en perspective, vous voyez la situation! La rumeur publique nous a taxés de casse-cous et d'extravagants. C'était le moins qu'elle pût faire. Cependant nous n'avons causé la mort de personne, et s'il y a eu du linge à raccommoder, on n'en a rien su. Le plus drôle de l'affaire était de voir les foules ameutées dans les gares sur notre passage. On se pressait pour apercevoir la lanterne rouge de la locomotive, et devant notre coupé pour nous contempler nous-mêmes. On nous offrait des fruits et des verres d'eau. A la dernière halte même, l'industrieux buffetier chinois avait dressé une appétissante table de quatre couverts, mais le pauvre homme en fut pour ses frais d'installation. Si l'on nous a pris pour des personnages, on a dû joindre mon brave Andrew dans le nombre, à moins de le tenir, lui, pour le plus important. Son haut turban, inconnu dans ces parages, et son air vénérable le désignaient tout spécialement à l'attention des curieux.

Deux jours après notre mémorable aventure, les journaux en

parlaient à qui mieux mieux. J'ai coupé l'article de l'un d'eux ; il est intitulé : *En dure grobak*, ce qui veut dire « un camion dispendieux ». On nous cite comme de simples voyageurs ; mais ailleurs on nous a fait passer pour Anglais. Pouvait-il y avoir d'autres gens au monde pour inventer pareille excentricité ? Du reste, nous avons déjà assumé toutes sortes de qualités et de nationalités. Et nos noms, nos pauvres noms ! les écorche-t-on ! tantôt ce sont : *De Heeren Barchand*, *Henler*, *E. H. Kroffet* et *H. Kraffts ;* tantôt : *de vier Heeren Krafft ;* ou bien encore (et c'est le plus joli) : « *Vertrokken te Batavia, de Heer Bronchard met dree kinderen....* »

En débarquant le 9 mai à Soerabaya, nous trouvions, dans la longue avenue parallèle au canal et dans les rues excessivement animées de la ville, des types nouveaux et fort intéressants, c'est-à-dire, au lieu des fiers et raides Javanais, des éléments mitigés de race madouraise : beaucoup de Chinois aussi et des quantités d'individus à mines de prêtres musulmans, vêtus de longs caftans et coiffés de turbans arabes. Ce sont, en grande partie, des indigènes retour de la Mecque, et jouissant aux yeux de leurs compatriotes d'un immense prestige et de nombreux privilèges.

A la gare, grande animation encore : ce sont des femmes ornées de fleurs parfumées, comme dans les centres religieux de l'Hindoustan ; des enfants habillés de vêtements criards et la figure entièrement badigeonnée d'une couche de blanc, qui leur donne de petits airs drôles de clowns enfarinés ; des matrones voilées, revenant du lointain pèlerinage ; d'autres femmes coiffées de linges bleu foncé comme certaines paysannes russes. Tout ce monde s'engouffra dans un train qui nous mena avec une vitesse d'escargot jusqu'à Malang, la tête de ligne.

Nous y avons trouvé un très bon hôtel et une atmosphère assez fraîche, mais si humide que le contenu de nos bagages moisissait à plaisir en quelques heures. Aux environs de Malang, on peut faire deux excursions recommandables, à Singosari et au Wendit. Dans le premier endroit on voit de curieux vestiges hindous. Ils paraissent d'autant plus pittoresques qu'ils sont perdus dans des bois de palmiers et sur des pelouses, aux carrefours de voies publiques. Deux grands blocs de quatre mètres de haut, formés en poussahs grimaçants, attirent spécialement les regards. Le Wendit est un joli lac entouré de bois; les Hollandais y ont installé un excellent bain fermé à eau courante.

Le 11, nous remontions en chemin de fer sur la ligne de Soerabaya, pour débrancher à mi-route et prendre la direction de Pasoeroean et du Bromo, le volcan actif dont nous voulions faire l'ascension. A la bifurcation, nous nous trouvions dans le même compartiment que le résident de Soerabaya, que nous avions vu l'avant-veille. Si je vous en parle, c'est à cause de madame la résidente, qui, figurez-vous, voyageait nu-tête, en robe noire, sans la moindre dentelle ou le moindre fichu, avec des gants et un éventail pour tout attirail. Quoique née à Java, et n'ayant jamais encore fait la traversée d'Europe, elle parlait le français parfaitement. Son mari fut le seul, parmi ses confrères, qui nous offrit un semblant d'hospitalité, en réponse à l'allusion de *gastfrijheit* faite par le gouverneur général dans sa lettre circulaire. Encore n'était-ce pas très engageant, vu que l'état de sa résidence en réparation lui fournissait les regrets de ne pouvoir nous recevoir chez lui, ainsi qu'il l'eût désiré?...

A Pasoeroean, nous laissions à l'hôtel de la Marine nos principaux bagages avec Andrew et Henderson, et nous nous mettions en route pour l'expédition du Bromo qui devait nous prendre trois jours, aller et retour compris. Tosari est l'endroit habité le plus voisin du célèbre volcan. Pour y parvenir il faut faire une heure et demie de voiture jusqu'au village appelé Paserpan, et monter de là pendant trois heures à dos de poneys, très mal harnachés avec des brides en cordages et des selles couvertes de vieux tapis. Partis du bord de la mer par un beau soleil, nous avions à effectuer une montée de plus de 5000 pieds jusqu'à Tosari seulement.

Le temps resta d'abord favorable, pendant que nous gravissions une route bordée d'arbres et de rizières; mais au fur et à mesure que nous avancions, le ciel se couvrit rapidement de nuages, et il se produisit un de ces changements subits qui surviennent fréquemment à Java. Une fois arrivés dans les régions des fougères et des caféiers, la tombée du brouillard commença, fine d'abord, mais se transformant bientôt en pluie épaisse. Dès lors il ne fallut plus songer à exiger de nos petits chevaux autre chose que la plus paisible allure, car la montée devenait d'un escarpement terrible, et nos poneys n'avançaient qu'en s'accrochant à des échelons qui facilitaient l'ascension tout en retardant la marche. Ne nous voyant plus les uns les autres, nous prîmes le parti de nous abandonner à nos montures et de nous croiser les bras en nous laissant philosophiquement tremper jusqu'aux os. Ce fut un trajet aussi lugubre que périlleux jusqu'aux cabanes et au petit hôtel de Tosari, perdus dans l'épais brouillard.

Là-haut nous nous déshabillâmes en un clin d'œil et, drapés à l'antique dans de chaudes couvertures, nous nous fîmes apporter des réconfortants, thé, rhum, etc., que nous savourions avec délices autour d'un billard et d'un harmonium de Paris fort bienvenus dans cet hôtel isolé. Nos huit jambes et nos huit bras s'attaquèrent surtout au dernier, chacun de nous se livrant à son tour à des combinaisons ultrafantaisistes de hautbois, cor anglais, trémolo-flûte, voix céleste, etc. Combien mieux que les rideaux moustiquaires, les couvertures de laine firent-elles notre affaire cette nuit-là, dans nos chambres à fleur de terre, recouvertes d'une légère toiture, bien mince abri entre le brouillard et nous.

Le lendemain matin, grâce à Dieu, le temps était clair. Montés sur des poneys frais, et munis des provisions de bouche nécessaires, nous nous mettions en route avec le fils de notre hôtelière, un jeune Hollandais né à Java, et adorant son île par-dessus tout au monde. Les montagnes que nous côtoyions étaient presque entièrement dénudées, excepté dans certains endroits servant de pâturages au bétail. Après deux heures de pas, nous nous trouvions sur une crête, formant passage et col, à une élévation de 7320 pieds. Devant nous s'étendait une large plaine de sable, située presque verticalement au-dessous de nous, et au delà apparaissaient des cimes moins hautes, d'où partait un grondement sourd et saccadé. Nous étions sur la crête même de l'ancien cratère du colossal Bromo, converti maintenant en désert. En face, tonnait et fumait le nouveau volcan.

La descente et la traversée de la plaine du *Dasar* durent à elles seules près d'une heure ; la première, malgré ses sinuosités, est tellement raide qu'il faut quitter les montures et les mener par la bride jusque dans la plaine. Ici la marche est sonore comme si le sol, miné partout, était sur le point de s'effondrer sous les pieds. A la distance d'un quart d'heure du cratère, un petit abri suffit à peine pour couvrir quelques chevaux. La végétation est pour ainsi dire nulle. Des pentes grisâtres, striées de blanc et de noir, descendent du bord de l'arête, à laquelle conduit une échelle très inclinée de 230 marches, garnie d'une balustrade.

Au fur et à mesure que l'on monte, les grondements s'accentuent, pareils au bruit d'un train infernal, et des nuées noires s'élèvent en gros tourbillons, remplissant l'air d'une forte odeur de soufre et de poudre mélangés. On accomplit cette ascension avec l'anxieuse expectative d'un spectacle remuant ; mais, une fois arrivé au dernier degré de l'échelle, devant le banc hospitalier qui attend le voyageur, l'illusion s'évanouit. Ce n'est donc que cela ? Un cône d'un quart de kilomètre de pourtour, creusé à 50 mètres de la crête, et laissant apercevoir dans le fond une petite flaque d'eau et des rochers au travers desquels s'échappent quelques jets de fumée, de bien maigre apparence vraiment pour former dans le ciel ces vapeurs sombres, qui s'y roulent lourdement....

Au bas de la descente nous déjeunions de bon appétit, à l'ombre de quelques misérables touffes d'herbes, et nous faisions accepter sans difficultés aux koulis qui nous accompagnaient les restes d'un repas impur que des Hindous eussent rejeté avec horreur. Autre pays, autres mœurs. A Tosari, un brouillard épais dura de nouveau jusqu'au lendemain, mais cela n'empêcha pas la matrone de l'auberge de circuler en sarong et en camisole, tout comme si elle eût grillé sous le soleil de Batavia. Elle avait sans doute de chauds dessous ?...

En regagnant Pasoeroean et le bord de la mer, le temps s'éclaircit, et nous permit de faire la promenade la plus charmante possible à travers les bois où la pluie nous avait si malmenés l'avant-veille. La végétation était admirablement belle : à l'ombre des hauts arbres se penchaient mille fougères géantes, et sur le versant des monts, au delà de gorges profondes, s'échelonnaient dans un contraste ravissant de lumière et d'ombre les superbes touffes vertes d'épaisses forêts. Nous n'avions rien vu d'aussi grandiose que ce spectacle ; il était rendu plus parfait encore par l'éclatante lumière qui se répandait sur la plaine de Pasoeroean, sur l'Océan et les rives de Madoera, l'île voisine. Notre rentrée en voiture fut simplement idéale ; une fin d'après-midi de notre mois de mai dans un cadre tropical! Dans les villages, dans les faubourgs populeux, sous les magnifiques ombrages, au seuil des habitations rustiques, partout en un mot régnait l'animation si caractéristique de Java, avec ses troupes d'enfants joueurs, ses petites caravanes commerçantes, ses volatiles effrayés, fuyant à l'approche des voitures et des cavaliers.

Sous le portique de l'hôtel de la Marine, nous retrouvions le 13 mai, à cinq heures du soir, cigare à la bouche, pieds nus, étendu en déshabillé de couleurs tendres sur un long fauteuil, le même monsieur que nous y avions laissé le 11 mai à dix heures du matin, dans le même costume et la même attitude. Voilà, assurément, un personnage d'humeur peu changeante!...

Pour finir la journée, nous sommes allés voir une naine javanaise, exhibée sous le contrôle d'un impresario chinois. Haute comme une botte, cette malheureuse était assise à terre sur un tapis, mais on ne voyait pas ses jambes tant elles étaient courtes. Sa grosse tête, parée de fleurs, faisait idiotement le tour des spectateurs, tandis que son petit bout de bras, long comme un canif, agitait convulsivement un gros éventail. Une danseuse populaire égayait la représentation par des cris et des mouvements exagérés. Hélas! elle ne ressemblait guère aux bayadères de Solo, et l'empereur ne l'eût pas regardée longtemps à travers son lorgnon. Mais les marmots, les femmes et les hommes de l'assemblée, correctement parqués par sexe, paraissaient très enchantés.

Le lendemain était un dimanche, et nous avons profité d'une superbe matinée pour nous rendre en voiture à un endroit très connu, appelé Blau-Water en hollandais. C'est un bain dans le genre du Wendit. Des constructions, des terrasses et des vérandas s'élèvent au fond d'un bois séculaire, qui s'éclaircit d'un côté sur des plaines de riz; de l'autre il s'étend en hautes futaies, aux pieds desquelles reposent des fragments de divinités hindoues.

En nous approchant des longues racines tortueuses qui serpentent à terre, nous voyons une foule de gamins bruns nous suivre en poussant de petits cris sauvages. Aussitôt accourent à notre grande surprise, de tous les côtés à la fois, du haut des arbres, du fond des fourrés, une multitude de singes gris clair, évoqués dans ce décor féerique comme les nonnes de *Robert*. Le ballet lui-même ne fait pas défaut, car, à la vue de bananes et de grains de maïs, la congrégation des singes commence une série de sauts, de gambades, de courses et de batailles des plus extraordinaires. Les mères-singes sont les plus divertissantes, à cause du curieux manège qu'elles pratiquent avec leurs petits nourrissons noirs; après les avoir déposés à terre pour saisir leur part du festin, subitement et au moindre danger de querelle elles les empoignent prestement pour les emporter dans leur fuite, suspendus à leurs mamelles.

La piscine, longue de 30 mètres et large de 40, est remplie d'une eau de couleur bleu-indigo foncé, à reflets verdâtres. Quel bain délicieux nous prenons là dans ce coin ensoleillé! Le gardien nous sert ensuite une petite collation de café et de fritures de bananes, fort acceptable, que nous sommes en train de goûter en costume biblique, les reins ceints d'un linge blanc, quand apparaît tout à coup sur la terrasse un essaim de dames hollandaises venant pour un bain dominical. Notre premier mouvement est de chercher quelque trou pour nous y fourrer, mais, comme les dames ne paraissent pas le moins du monde choquées de notre simple accoutrement, nous nous conformons une fois de plus aux coutumes de céans. D'ailleurs les nymphes néerlandaises n'attendent pas que nous ayons disparu pour descendre toutes ensemble sur un radeau, les plus jeunes comme les plus âgées, et commencer leur navigation dans le bassin. S'il m'était resté une seule plaque dans ma boîte à clichés, j'aurais pu faire là un petit tableau unique en son genre et fort gai, je vous assure!

Le soir même de notre rentrée à Soerabaya, l'affiche du théâtre annonçait *Hernani*. Avant de passer la soirée à l'Opéra, nous avons fait un tour au jardin de « Société », où la musique donnait un concert. Il n'y avait que des familles hollandaises, qui se promenaient et causaient. Nos chapeaux, les seuls parmi les centaines d'auditeurs, créèrent la plus amusante sensation. Des bandes de *meisjes* (jeunes filles) tournoyaient, bras dessus, bras dessous, jabotant et étouffant de petits rires, tandis que les *jongens* (jeunes gens) faisaient de belles rangées noires et blanches sur les chaises. A la porte du jardin se tenait en faction le porte-parasol du résident avec son grand instrument doré. A côté de cette foule européenne, cet emblème asiatique avait l'air si bouffon!

Hernani fut beaucoup mieux chanté que nous ne l'aurions cru; le ténor et la prima-donna auraient même été acclamés dans certaines villes de province de ma connaissance. Comme tous les autres artistes, ils font partie de la troupe italienne du signor Cagli, qui voyage depuis deux ans en Australie et aux Indes. Avantageusement connue dans ces parages, elle monte en ce moment *Aïda*, avec grande pompe et force réclame!

Depuis quarante-huit heures nous sommes de nouveau sur le *Sindoro* et en route pour Batavia, où nous nous embarquerons le 22 pour Singapour. Pendant ce dernier trajet le long de la côte javanaise, nous avons de nouveau abordé à Samarang, où un orage effrayant éclata au-dessus de nos têtes durant la nuit que nous passâmes à l'hôtel. Une grande foule présida au départ de notre vapeur; il y avait des officiers en grand uniforme, accompagnant des camarades; un bataillon de commerçants chinois, défilant avec force poignées de main et au son d'une musique, devant un jeune Européen s'embarquant pour Marseille; puis le résident et deux *régents* coiffés d'une sorte de casquette de jockey, découpée par derrière pour laisser apparaître le petit chignon javanais et le nœud du mouchoir de couleur.

Puisque je parle de régents, je dois mentionner que ces personnages indigènes sont les premières marionnettes au service de la Hollande dans toutes les provinces autres que celles des « Vorstenlanden ». C'est avec eux exclusivement qu'ont affaire les résidents et les assistants-résidents. La mission des régents, chefs apparents de chaque province, consiste donc à s'entendre avec tous les chefs subordonnés, selon leur ordre hiérarchique, et qui sont tous des Javanais, jusqu'aux *wedanas* des plus petits villages. Pour le peuple donc, l'autorité visible et palpable, l'autorité parlant et ordonnant reste indigène, tandis que l'unique désir de cette même autorité est de satisfaire les gouvernants réels qui ont le monopole des places et des fonctions administratives.

Le système est d'autant plus curieux qu'il remplit depuis sa création un double but politique et commercial. Comme, à l'encontre de ce qui se passe dans d'autres colonies, l'initiative individuelle n'existe pas ou à peine, — excepté dans les États de Solo et de Djokja, et dans les concessions faites à des colons durant la domination passagère du gouvernement anglais au commencement du siècle, — c'est l'État lui-même qui exploite la production et revend les denrées au commerce d'exportation. Les indigènes donnent leur travail en guise d'impôts, ce qui permet d'obtenir la main-d'œuvre à bas prix et de réaliser les bénéfices énormes qui font de la colonie hollandaise une précieuse vache à lait.

Cet état de choses a fait naître cependant un courant de réaction qui amènera avec le temps des modifications très progressistes, sinon radicales....

A bord de l'*Iraouaddy*, 31 mai.

A Batavia, Charles s'installa chez le frère d'une de ses parentes, le capitaine M..., et nous profitâmes du jeudi pour faire à M. Levysohn notre visite de digestion du dîner auquel nous avions été conviés trois semaines auparavant. M. Levysohn eut l'obligeance de nous inviter pour la rijstafel du dimanche suivant et nous proposa de nous montrer le musée, dont il a été un des organisateurs.

Ce musée est très intéressant : il contient une bibliothèque, une galerie de sculptures hindoues, une collection très étudiée d'objets ethnographiques se rapportant aux diverses peuplades de Célèbes, de Sumatra, des Moluques, de Bornéo, etc., de tout cet archipel hollandais, cinquante fois grand comme la Hollande elle-même. Il contient aussi un très curieux cabinet d'objets précieux où sont conservés des trophées d'armes, des kriss d'or et d'argent, surchargés de pierreries ; le tout composant un magnifique trésor d'art javanais. Ce cabinet est protégé par des grillages en fer, mais il est bien mieux préservé encore de toute tendance de vol par... devinez quoi? une espèce de poupée enfermée dans une petite niche près de la porte. C'est une antique divinité très crainte et respectée. Bien malins les Hollandais!...

Nous étions douze chez M. Levysohn. Madame apparut en sarong rouge et jaune, et en jaquette de mousseline sur un corsage décolleté. Quant au repas, c'était bien la vieille rijstafel de notre connaissance, mais chaude et agrémentée de plats européens. Bénie soit-elle, car elle racheta pour nous bien des mauvais souvenirs!

Le 22 mai, huit heures du matin, l'*Emyrne* quitta la rade de

Batavia, bondé de passagers. Les cabines avaient été retenues plusieurs semaines d'avance. Il y avait beaucoup de Hollandais à bord, mais là au moins on pouvait se défendre de leurs manies. C'est même ce qui arriva dès le premier déjeuner. Comme deux « heeren » étaient entrés au salon en fumaillant et déposaient leurs bouts de cigares entre eux et leurs voisins de table, quittes à les rallumer après, le maître d'hôtel ne fit ni une ni deux : il empoigna dédaigneusement les tronçons économiques, en disant avec autorité : « On déjeune ici maintenant, messieurs, on ne fume pas! » La Hollande empocha le compliment aussi tranquillement qu'elle se l'était attiré.

Je ne cite ces petits détails que pour donner une idée de tant d'habitudes spéciales prises par les Hollandais dans un pays où leur apathie naturelle se décuple sous l'action amollissante du climat. En effet, la recherche presque ridicule de tant de petits conforts, en même temps que l'oubli de beaucoup d'autres plus sérieux et plus utiles, donne une tournure spéciale à l'organisation de la vie journalière, de même que les rapports de blancs à indigènes se présentent là sous un jour tout différent de ce qui se voit ailleurs.

Quand on compare Java avec d'autres colonies, on reste surtout frappé de la façon dont les Hollandais ont cherché à utiliser les services des indigènes en évitant de travailler à leur transformation civile ou morale. Bénéficiant d'une sollicitude paternelle et amicale qui, en écartant systématiquement les mesures sévères, favorise avant tout le mélange des races, les habitants de Java, malgré deux cent cinquante ans de contact avec des Européens, sont donc restés Malais et Javanais comme ci-devant. Après tout ils n'en sont peut-être que plus heureux! En tout cas ils ne donnent pas de préoccupation à ceux qui les dominent. Et Java résout ce problème si difficile qui consiste à être pour le pays exploiteur une source de vastes revenus!...

SINGAPOUR.

Pour le voyageur qui, comme nous, ne séjourne que peu de semaines, à la meilleure époque, alors que tout y est frais et verdoyant, Java est le type d'un pays admirablement cultivé jusque dans ses moindres recoins. La production y est riche, abondante et rivalise avec la magnificence du paysage. De plus toutes les beautés naturelles de l'île sont mises à la portée de chacun par des voies de communication faciles et par les commodités des hôtels, dont tous les propriétaires comprennent l'anglais, l'allemand ou le français...

Singapour, où se coudoient toutes les populations de l'Orient, nous apparut cette fois dans tout son aspect de caravansérail universel. Après le paisible Java où le fanatisme est mort, où les idées exclusives semblent endormies, où tout revêt une teinte adoucie, on retrouve à Singapour, au croisement de tant de voies maritimes, des contrastes incessants qui culminent dans les oppositions fournies par les éléments indiens et chinois. Les uns, au nombre de 20 000, avec leurs coiffures voyantes, leur peau noire et leurs regards voilés, représentent ici tout le vif et pittoresque coloris de l'Hindoustan, tandis que les autres (les plus nombreux puisqu'ils se chiffrent à 90 000) donnent l'avant-goût de l'universelle monotonie de leur pays, avec leurs vêtements uniformément disgracieux et les nattes tressées de blanc et de rouge qui pendent derrière leurs malignes et intelligentes physionomies.

S'il nous reste encore à connaître la Chine même, que nous connaissons déjà bien ses industrieux enfants! ces « rongeurs » de l'Orient, répandus et progressant partout où leur présence est tolérée. Satisfaits des moindres bénéfices, vivant parcimonieusement, tous ces Célestiaux qui quittent si facilement leur empire débordant d'habitants, transplantent fidèlement leurs coutumes et leurs traditions à Calcutta comme à Maurice, à

Saïgon comme à Batavia, pour travailler sans relâche jusqu'au jour tant attendu où leur situation leur permettra d'aller retrouver les pénates abandonnés. Les unions même qu'ils contractent avec les femmes des pays envahis (car les femmes chinoises ne quittent jamais leur patrie) ne les empêchent pas d'instituer à leur foyer le culte vénéré des ancêtres et d'élever leur progéniture tout comme si elle était issue du plus pur sang chinois. A Singapour, par exemple, on voit par milliers de ces bambins aux types mélangés, mais vêtus dès leur première enfance selon la mode de leurs pères, et portant déjà sur leur occiput le rudiment de la tresse future.

Bon nombre de Célestiaux sont parvenus loin de chez eux à des positions exceptionnelles. Témoin le très connu et richissime Wampoa, dont la demeure et le jardin à Singapour comptent parmi les curiosités principales de la ville. On y trouve quantité d'objets d'art et de luxe, ainsi qu'une collection surprenante d'arbrisseaux, rangés le long de plates-bandes rectilignes et taillés en toutes sortes de formes de plantes, d'édifices, de vaisseaux, de personnages ou d'animaux.

Pouvant profiter enfin d'un arrêt prolongé dans le grand port, siège gouvernemental des colonies anglaises des Straits Settlements, nous avons visité ce jardin et nous avons parcouru la ville en général. Elle s'allonge jusqu'à une distance de plusieurs milles sur la côte de la petite île du même nom. Près de la mer, au sud, est situé le quartier des affaires, au milieu duquel vient d'être construit un club magnifique. Non loin de là se trouvent les administrations gouvernementales, le palais de justice, la cathédrale de Saint-Andrew, etc. Les habitations des résidents européens rayonnent dans un cercle étendu et demi-campagnard, où abondent beaux arbres et jardins. Les équipages et les toilettes des Européens qui circulent dans les allées du superbe parc public, viennent transporter à deux pas de Java toutes les habitudes de la vie anglaise, si différentes de celles qui règnent là-bas.

Le 27 à la première heure, l'*Iraouaddy*, autre grand vapeur français, nous a pris à bord. Henderson et Andrew sont venus nous faire leurs adieux, car c'est là que nous nous sommes séparés d'eux pour les laisser s'embarquer, quelques jours plus tard, sur un vapeur allant à Calcutta par voie de Rangoun et de Birmanie. Le boy de Charles l'eût volontiers suivi plus loin, mais mon vieux Hindou qui commençait à se trouver, à son âge, bien loin de sa masure et de sa famille, parut enchanté de retourner dans ses foyers. Du reste, il n'aurait pu me servir avantageusement dans les centres nouveaux que nous allons traverser.

L'*Iraouaddy* vient de nous déposer à Saïgon pendant vingt-quatre heures, et nous longeons à présent les côtes montagneuses de l'Annam, espérant arriver à Hongkong dans deux jours. Notre société à bord n'a rien de bien attrayant, pas plus que notre commandant. Je garderai même longtemps en mémoire l'aménité du commissaire, un monsieur auquel j'apportais cependant tous les meilleurs compliments d'un de ses amis de Singapour. J'entrai en rapport avec lui à l'heure du premier déjeuner, et à l'instant même où j'enjambais le banc pour prendre ma place :

« Monsieur, avez-vous une chemise ? » me dit-il. « Comment, une chemise ? » Je ne comprenais pas. « Parfaitement, monsieur, une chemise ! Je ne vois pas la vôtre, et comme le commandant tient absolument à voir les chemises de ses passagers, il faut que vous en mettiez une si vous n'en avez pas, ou que vous me montriez le col et les manchettes de celle que vous portez »....

La leçon était assez singulière ; pour la première fois depuis que nous portons nos vestons blancs des Indes, admis jusqu'à présent sur les vapeurs des Messageries comme ailleurs, l'un de nous tombait sous l'inculpation de tenue négligée. Ne désirant pas discuter avec des autorités aussi administrativement arbitraires, j'allai me munir du faux-col et des manchettes « d'ordonnance ». Mais j'en laissai là les relations ébauchées avec elles, car j'aurais pu tout au plus leur montrer à l'autre bout de la table certains personnages qui, fidèles à la consigne (et c'était l'essentiel), paraissaient vouloir garder indéfiniment le même linge, et avaient soin de le laisser voir.....

IV.

CHINE

Hongkong, 12 juin.

L'arrivée à Hongkong est excessivement pittoresque. On longe pendant plusieurs heures des îlots rocheux, aux côtes très découpées, et l'on contourne presque la moitié de l'île anglaise avant d'entrer dans Victoria Harbour, qui est un des plus magnifiques ports du monde. Il se ferme comme un énorme lac, encerclé de montagnes, baignant les majestueux quais de granit de Victoria, la nouvelle cité européenne, qui s'élève en amphithéâtre sur les pentes des collines de droite. Au bas se reflètent dans la mer les silhouettes de maisons à terrasses et à arcades; plus haut, sur le fond verdoyant des arbres et des broussailles, se détachent des tours claires et des villas disséminées, qui s'échelonnent jusqu'au tiers de la hauteur de Victoria Peak, dont le *flagstaff* annonce l'approche des navires. Ce premier aspect de la ville est gai au possible.

Les paquebots s'arrêtent au milieu du port, en face d'une tour carrée, la *clock-tower*, et sont entourés aussitôt d'une flottille de petits sampans en bois verni tout reluisant, que mettent en déroute les divers *steam-launches* qui abordent pour recevoir des amis et emporter au plus vite les nombreux sacs de la malle. Chacun de ces sampans constitue à lui seul une petite habitation distincte, domicile successif de plusieurs générations qui y naissent, s'y marient, y vivent et y meurent.

Tous les membres de ces familles se livrent à la manœuvre, les femmes tout d'abord, de fortes gaillardes solidement bâties et souvent chargées d'un nourrisson ficelé sur leur dos. Elles associent ce dernier-né à leurs moindres mouvements sans même paraître avoir souci de leur fragile fardeau. Elles empoignent vigoureusement caisses et paquets, et rament debout en s'aidant de grands coups de reins, qui balancent de la plus piteuse façon le pauvre marmot, sans toutefois paraître troubler son sommeil ou sa bonne humeur. Ce que c'est pourtant que l'éducation! Voilà des enfants qui n'auront jamais mal aux nerfs!

A terre, grâce à de grands policemen, de cette belle et virile légion formée de Sikhs du nord des Indes, on est débarrassé des innombrables koulis qui vous assaillent, et, après quelques pas, sans avoir eu à subir la moindre formalité de douane, puisque Hongkong est un port franc, on se trouve dans Queen's Road. C'est une rue de Rivoli en miniature, qui court parallèlement aux quais et concentre, le long de ses magasins européens ou chinois, le mouvement principal de la ville. Ses arcades régulières font penser à certaines piazzas d'Italie. Des rues ou ruelles transversales la coupent çà et là, ouvrant de jolies échappées sur le port et les bateaux, ou sur des pentes raides, taillées en gradins. Des marchands de fleurs offrent à chaque pas de jolis bouquets et de gros boutons de magnolias odorants; des jin-riki-shas passent au trot de leurs traîneurs, au milieu du va-et-vient moins rapide de palanquins et de chaises à porteurs, véhicules particulièrement usités dans cette ville, où les montées et les descentes alternent constamment. Tout ce mouvement, toute cette animation paraissent d'autant plus considérables que la voie est assez resserrée.

A droite, Queen's Road débouche dans un quartier plus spécialement occupé par des boutiques chinoises; à gauche, au delà du luxueux hôtel de ville, grand bâtiment à corniches et chapiteaux Louis XIV, et au delà de belles pelouses où l'infanterie anglaise manœuvre en uniformes éblouissants de blancheur, elle se prolonge sur un parcours de plusieurs kilomètres, sous de beaux ombrages et toujours admirablement propre.

En parcourant cette grande artère, on admire ce cachet tout spécial de luxe imposant et de splendeur solide et vénérable que les Anglais savent imprimer à toutes leurs créations, même les plus lointaines. Ici, du reste, ils ont fait merveilles, car dans cette île de vingt-sept milles de pourtour, devenue colonie de la couronne en 1841, ils ont érigé sur un terrain des plus ingrats une cité superbe, remplie de monuments remarquables, et devenue maintenant, après avoir passé pour extrêmement insalubre, un des endroits les plus sains de la même latitude [1].

Le meilleur hôtel est le Hongkong Hotel, situé dans Queen's Road, tout près de la tour déjà mentionnée et des clubs anglais et allemand. Le premier est une sorte de bourse et de rendez-vous international; le second réunit une société très huppée et fort exclusive. L'hôtel, massif bâtiment de pierre fort agréable à voir après les constructions de même genre, toujours très malmenées par le climat des Indes, est administré par des Parsis. Leurs chapeaux pointus ne laissent pas que de surprendre dans ce milieu si différent de leur lieu d'origine. L'installation intérieure est confortable. Les chambres sont munies de cheminées pour les soirées d'hiver et donnent, à chaque étage, sur des vérandas à portiques en pierres. Mais Hongkong Hotel jouit surtout d'une bonne réputation pour son dîner, le meilleur de la ville. Il est intelligemment servi à des tables séparées par des

---

1. Calcutta et Hongkong sont situés sur le même degré environ.

boys, fraîchement vêtus de blouses blanches et qui font parade de belles tresses noires soigneusement nattées.

Le premier soir, après notre débarquement, nous avons fait table commune avec trois de nos compagnons de l'*Iraouaddy*, M. et Mme S... et leur sœur. M. S... est un jeune officier aux *Scots Greys* qui, suivant l'avis très en vogue des médecins anglais, a entrepris un long voyage en mer pour se remettre d'un rhumatisme articulaire. N'ayant que quelques mois de congé, il est allé d'une traite à Singapour et de là à Bornéo chez le rajah Brook, un de ses parents, personnage fort connu qui règne en souverain sur des territoires achetés par lui à un sultan indigène. Il va continuer avec ses compagnes jusqu'à Shanghaï sur l'*Iraouaddy*, et après quelques semaines utilisées à voir le Japon, « *to do Japan* », il reprendra le chemin du retour.

Le lieutenant s'était mis en *evening dress*, et les dames avaient arboré des robes transparentes très élégantes ; cela parce que, après dîner, nous sommes allés au cirque, tout comme aux samedis des Champs-Élysées !...

La troupe Chiarini nous était déjà bien connue dès Calcutta, où nous l'avions vue à l'œuvre au Maïdan ; mais ici c'était chose spécialement amusante que de juger de la joie des milliers de Chinois qui assistaient à la représentation. La vaste tente qui entourait l'arène était littéralement bondée de spectateurs indigènes, tous très enthousiasmés, acclamant les écuyères au saut de leurs banderoles et les clowns enfarinés. Dans un coin du cirque on voyait, rassemblées sur le même point, une centaine de femmes chinoises engoncées dans de rigides vêtements de lustrine noire et paraissant très empruntées sous leurs coiffures tirées en ailes de papillon. Croirait-on qu'elles étaient séparées des messieurs de leur race parce que, mêlées au reste des curieux, elles n'auraient jamais réussi à se caser ? Le Chinois, décidément, n'est pas né galant !

Vu le nombre de l'assistance, vous devinerez l'encombrement des chaises à porteurs et des jin-riki-shas à la sortie ! Le retour fut une vraie cavalcade carnavalesque d'hommes au trot, subitement arrêtés par longues files, et repartant en course folle, au grand plaisir de nos dames anglaises qui en étaient à leur premier essai de ces véhicules.

Les gens bien placés de Hongkong, moins pressés que de vulgaires touristes, ne vont pas autrement qu'en palanquin à quatre porteurs, coiffés de monstrueux chapeaux de bambou et revêtus de livrées. Quand ces chaises circulent le soir, ornées de lanternes de couleur, elles font de très jolis cortèges....

Ayant lié connaissance avec les personnes que nous désirions voir, nous nous sommes arrangés pour aller à Canton le 6 juin.

Le trajet de Hongkong à Canton dure sept heures. On sort des îles par des chenaux assez étroits afin de gagner un bout de pleine mer et entrer par le *Bocca Tigris* (les Dardanelles chinoises) dans la rivière de Canton. Les bateaux sont excellents et munis de cabines et de salons certainement bien mieux aménagés que ceux des grands vapeurs des Messageries ou de la Compagnie P. and O.

Un détail inédit surprend toutefois le voyageur confiant qui met le pied sur l'un de ces *river-steamers;* c'est un porte-armes placé à l'endroit le plus apparent du salon et tout hérissé de fusils, de sabres et de pistolets menaçants, agrémenté d'étiquettes portant le mot *loaded* (chargé). Quand on s'embarque dans le Hongkong civilisé, la vue de cette artillerie flottante étonne, mais il suffit de jeter un coup d'œil sur l'entrepont où grouillent des centaines de Célestiaux et d'écouter le récit des attaques et des massacres opérés par les pirates de la rivière, — ou même par quelques-uns de leurs confrères déguisés en paisibles passagers, — pour approuver pleinement ces munitions défensives. Même depuis 1870, certaines années ont eu à enregistrer des événements dramatiques, assassinats de capitaines et de voyageurs, pillages de bateaux, etc., si bien que maintenant les Chinois restent invariablement parqués, avec leurs fauteuils de joncs, derrière de solides grillages au bout de longs et étroits couloirs, où sont postés des surveillants attentifs.

On aborde à Canton après avoir traversé un vrai dédale de jonques et de sampans, massés en agglomérations brunâtres et formant comme une ville aquatique à deux pas de l'autre. Pour le coup, on se sent là bien en Chine, en présence de cette ville immense d'un million et demi d'habitants, plate et uniforme, au milieu de laquelle percent comme seuls points culminants les tours gothiques de la cathédrale des missions françaises. Tout près du débarcadère se trouve un hôtel, l'unique du genre. Mais cette maison, bâtie sur pilotis, jouit d'une si triste réputation que, pour l'éviter, tout visiteur venant à Canton se munit de quelque lettre d'introduction auprès d'un des négociants européens de la concession de Sha-mine. Ceux-ci sont toujours très obligeants à l'égard des étrangers.

Sha-mine est un îlot artificiel, établi de 1859 à 1862 à grands frais (325 000 dollars) sur un affreux banc de boue, où venaient s'entasser des ordures de toutes sortes. L'Angleterre et la France ont payé ce pouce de territoire et ses aménagements, l'une pour quatre cinquièmes, l'autre pour un cinquième, et se sont partagé le terrain proportionnellement. Vous étonnerai-je en vous disant que, tandis que la portion anglaise de l'îlot est utilisée et couverte de constructions, la nôtre, quatre fois moins grande, continue à se présenter sous forme de terrain vague entièrement abandonné?....

A Sha-mine l'Europe tient à rester chez elle comme sur les vapeurs de la rivière. Deux ponts seulement relient la petite concession au continent. Ils sont fermés par des grilles et gardés

CANTON. — COMMUNS D'UNE HABITATION EUROPÉENNE.
Photographie de l'auteur.

par des policemen indigènes qui interdisent l'accès à tout le monde, sauf aux domestiques des maisons européennes. Celles-ci, au nombre d'une trentaine environ, gaies et jolies, sont élevées dans de petits jardins et bordent une longue avenue centrale, toute gazonnée, que coupent à angle droit quelques courtes rues transversales. Une église anglaise et deux clubs internationaux complètent le nombre des bâtiments. Un quai ombragé fait le tour de l'île ; il donne, du côté de Canton, sur un océan de barques où barbotent des familles innombrables, de l'autre, sur le large fleuve et les bords plats des rives opposées. C'est la seule promenade pédestre offerte aux habitants de la concession.

Accueillis de la façon la plus cordiale par les représentants de MM. C. et C° et S. et C° de Hongkong, qui nous reçurent deux par deux dans leurs maisons hospitalières, nous avons passé quatre nuits sous leurs toits. Mais, malgré tout le confort de leurs habitations, l'impression que nous a laissée l'îlot est imprégnée d'une monotonie mélancolique. On s'y croirait dans une cage !

Presque tout notre temps a été employé à circuler dans la ville chinoise. Partant le matin pour rentrer à Sha-mine à l'heure du tiffin, et sortant de nouveau jusqu'au moment du dîner, nous avons consacré deux jours à visiter les endroits curieux, et deux autres à courir les boutiques et à faire quantité d'achats. Nous étions guidés par un Français établi commissionnaire à Hong-kong qui nous avait rejoints à Canton pour nous piloter.

Comment maintenant dépeindre ce Canton tant de fois décrit, la ville chinoise par excellence et qui dispense de visiter toutes les autres, Pékin excepté ? Que l'on se figure, dans un entourage de vastes faubourgs, une enceinte de 8 à 10 kilomètres de pourtour, avec gros murs hauts de trente pieds et large de vingt, percés de sombres portes bardées de fer et impitoyablement fermées à la nuit tombante ; puis, au milieu de cela, un amas de maisons à toits uniformes, amas traversé, coupé, sillonné par d'innombrables labyrinthes de ruelles, si étroites pour la plupart que deux palanquins ont de la peine à s'y rencontrer sans se heurter. Ces ruelles sont fermées en haut, à 5 ou 6 mètres au-dessus du sol, par des toiles ou des treillages, et bordées par des boutiques ouvertes en étalages de toute espèce.

La vie bruyante et le mouvement qui règnent dans ces artères industrieuses sont surprenants au plus haut point, et de nos palanquins nous avons été témoins, pendant nos premières courses, de scènes vraiment nouvelles et bizarres. Comme tous les personnages de quelque qualité, nous circulions en effet en chaises à porteurs. Nos hommes criaient gare plusieurs fois par minute, risquant fort (à nos yeux du moins) de se jeter à tout instant par terre sur les dalles humides et glissantes, cognant par ici un homme chargé de lourds fardeaux, heurtant par là l'immense chapeau de bambou de quelque autre passant, ou bousculant les mendiants plus ou moins aveugles qui se tenaient en file les uns derrière les autres, en faisant une affreuse musique de tam-tam et d'épinette. Singulier cortège vraiment que celui de notre procession passant dans l'imbroglio de ces ruelles et de ces boutiques, tournant à droite ou à gauche de la façon la plus imprévue, et suivant un itinéraire tellement enchevêtré que le dernier d'entre nous, séparé des autres et resté à la merci de ses conducteurs, eût été dans l'impossibilité absolue de se retrouver au milieu d'un pareil dédale!...

Contemplant du haut de nos véhicules une infinité d'industries diverses, parquées par quartiers, nous défilions successivement devant des étalages de poissons, devant des cordonneries, devant des boutiques de jade, de bibelots et de soieries, devant des magasins de meubles, des boucheries, où pendaient exposés des cochons de lait, des rats et des chats desséchés, ou bien encore devant des débits de grains, de riz, etc., etc. Partout des yeux curieux et impertinemment ironiques nous dévisageaient au passage, et nous contemplions à notre tour, dans ces boutiques plus ou moins propres selon le commerce qu'elles représentaient, les corps gras et à demi vêtus des patrons en pourparlers d'affaires, tandis qu'à côté d'eux travaillaient sans relâche d'infatigables ouvriers non moins déshabillés.

Quels curieux tableaux de genre dans ces maisons éclairées par la lumière tamisée qui tombe du haut de la ruelle et qui vient frapper de vifs reflets sur des fonds sombres tous ces Célestiaux jouant de l'éventail au cours de leur ouvrage, ou gesticulant autour de la table centrale et du repas commun !

Chaque fois que nos chaises s'arrêtaient et s'alignaient en file de 25 à 30 mètres, une foule compacte nous entourait bientôt, s'égayant de nos conversations et des moindres détails de nos accoutrements, et accueillant du reste nos plaisanteries d'aussi bonne grâce que nous acceptions les siennes. « *Tchin! Tchin!* » (bonjour !) Nous entrions, regardions tout ce qui était à voir et commencions les marchandages, assis dans les traditionnels fauteuils de bois noir, symétriquement rangés le long des murs, à côté de petits guéridons à plaques de marbre, ou de tables carrées placées au pied de banderoles, et portant des brûle-parfums garnis de petits bâtons fumants. Puis, ayant dit pour adieu un nouveau « Tchin! Tchin! » nous poursuivions notre chemin après avoir obtenu seulement un bien mince rabais de nos rusés et tenaces marchands.

Dans ce labyrinthe général, il y a naturellement aussi des espaces moins resserrés, des endroits où l'air pénètre, où il est possible d'apercevoir quelques arbres. Mais ce sont des oasis au milieu d'un chaos; et quand, comme nous, on a pratiqué l'ensemble pendant plusieurs journées consécutives, on garde surtout l'impression du chaos et le souvenir des ruelles tortueuses, des écriteaux de couleurs avec leurs inscriptions crochues qui flottent au gré du vent, de la foule mouvante, des odeurs nauséabondes qui se dégagent de tous côtés, et des porteurs au dos ruisselant de sueur ou de pluie.....

En fait de curiosités, j'avoue que nous n'avons visité que l'essentiel, car les distances sont colossales et les trajets en palanquin vraiment bien fatigants, à cause du continuel balancement que produit la marche trottée des koulis. Nous avons vu, en résumé, le temple des Cinq Cents Génies ou *Wa-Lam-Tsz*; la pagode des Fleurs, un octogone de neuf étages construit au sixième siècle; la pagode dite des Horreurs, les prisons, etc. Ces monuments et quelques autres encore sont de ceux qu'aucun visiteur ne peut manquer d'inspecter.

Le temple des Cinq Cents Génies est un des plus riches de la ville ; les Chinois de grande fortune y dépensent des sommes considérables quand, pour certaines cérémonies, ils font appel à ses idoles. D'horribles divinités grimaçantes, brandissant des objets fantastiques, ornent le pavillon d'entrée. A l'intérieur s'étend une longue salle où sont rangés, dans un ordre de désolante symétrie, les cinq cents statues de bois doré qui ont donné au temple le nom qu'il porte. Elles sont très curieuses par les détails de leurs sculptures et les allusions faites par certaines d'entre elles aux génies de différentes nations européennes. Ainsi le magot qui représente l'Angleterre porte sur sa tête, d'expression toute chinoise, un front chauve et des cheveux ramenés sur les oreilles ! Le reste est à l'avenant.

A la pagode des Horreurs, le temple le plus fréquenté par tous les Cantonais, on voit autour d'une cour dégoûtante, dans une douzaine de renfoncements carrés, des scènes de tortures représentées par des figures de bois réduites au tiers de la grandeur naturelle. Dans ces hideux groupements, qui rappellent les mauvais panoramas de nos foires, se déroulent tous les châtiments de l'enfer bouddhique : ce sont des pêcheurs décapités ou bouillant dans de l'huile, des criminels sciés et roués, ou subissant quelque autre peine éternelle devant quantité de petites baguettes fumantes, placées là par les parents des malheureux suppliciés, dans l'espoir d'obtenir ainsi pour eux quelque allègement à leurs tortures. Ce temple est surtout remarquable par une saleté repoussante et par le vilain monde qui s'y rend : fervents malpropres et industriels en quête d'affaires, pâtissiers, petits banquiers de jeux de hasard, diseurs de bonne aventure, etc.

Édouard tenta fortune auprès de l'un de ces derniers, mais, après de longues et mystérieuses préparations, il apprit seulement qu'il possédait de belles dents, de jolis yeux, et qu'un jour il serait gratifié de quatre fils. Il va sans dire que dans ce pays où l'abondance du sexe faible est considérée comme une calamité, le devin n'aurait jamais osé lui souhaiter des filles !

Tout près de la pagode aux Horreurs, bien nommée vraiment, se trouve une des prisons ; et quelle prison ! Pas de murs extérieurs, ni de portes à verrous, mais, au bout de quelques infectes ruelles, une suite de clôtures et de cages de bambou avec un préau où se promènent des prisonniers qui traînent de grosses chaînes à leurs pieds. Vêtus de guenilles et couverts de plaies, le crâne garni de cheveux poussant en brosse, vu l'absence du rasoir régulier, ils riaient tous assez cyniquement et nous montraient sans vergogne, sur leurs jambes et leurs bras, des traces de tortures que nombre d'entre eux allaient certainement affronter de nouveau. On décapite ici tant de monde, et généralement pour si peu, que tous ces malheureux nous semblèrent autant de condamnés attendant seulement la prochaine série d'exécutions.

Non loin de ce lugubre endroit est situé notre consulat, isolé comme le consulat d'Angleterre au fin fond de la ville et à une heure de palanquin de Sha-mine. Ces *yamen*, c'est ainsi qu'on appelle toutes les demeures de quelque importance, sont des conquêtes de la guerre terminée en 1861. Je ne sais si les pavillons respectifs plantés là en plein élément chinois en imposent aux Célestiaux, toujours est-il qu'il est peu agréable et peu commode pour des nationaux de s'adresser à des autorités aussi éloignées. Les Anglais l'ont si bien compris qu'ils ont établi, dans la concession européenne où sont tous les autres consulats, une succursale de leurs bureaux. Quand en ferons-nous donc autant? Le terrain ne manque pas, tant s'en faut.

Une tristesse mortelle règne dans ce parc sauvage enfermé de murs, dans cette mince et humide maison de bois, où nous avons trouvé notre consul entouré d'une quinzaine de chiens de toutes tailles; ce sont les meilleurs compagnons de sa solitude. Du sommet de l'habitation on jouit d'une vue assez vaste sur Canton; mais le panorama le plus étendu s'aperçoit du haut de la Pagode aux cinq étages, tour bâtie sur les murs d'enceinte et qui domine un monticule au nord de la ville. De là on découvre la grande cité tout entière, baignée à l'est par la rivière, dont on voit les méandres; bornée au sud-ouest par des rangées de montagnes, et au nord par une vaste plaine semée de villages. Derrière les murailles de la ville, garnies de vieille artillerie bien rouillée, une infinité de tombes sont accrochées sur les vallonnements. Les guides ne manquent pas de montrer aussi, sur le bord du fleuve, l'ancien emplacement de la célèbre factorerie établie en 1684 par les agents de la Compagnie des Indes, et détruite par les Chinois au cours des longues hostilités que leur arrogante duplicité avait provoquées.

Pendant toutes nos pérégrinations à travers la ville chinoise, nous n'avons rencontré qu'un seul Européen et, en dehors d'un poney conduit en laisse, trois ou quatre petits chevaux qui faisaient partie de l'escorte d'un mandarin dont le cortège nous bloqua un jour fort longtemps dans une des voies les plus resserrées. Une autre fois, pareil retard nous fit quitter la ville presque à la tombée de la nuit. A ce moment toutes les ruelles s'étaient vidées peu à peu; les grandes devantures étaient fermées hermétiquement avec de hautes planches, et l'on ne voyait plus que des pans de murailles noircis auxquels étaient accrochées des lanternes de couleur, éclairant quelque brusque tournant ou un seuil de boutique resté entr'ouvert.

En passant alors dans la cité, morne et silencieuse, nous nous demandions ce qu'était devenue cette population chinoise si bruyante et affairée peu d'heures auparavant. Volontiers nous lui eussions souhaité une bonne promenade en plein air, loin de ses tièdes toitures. Mais elle n'y songe même pas. Parquée dans la vaste enceinte, qu'elle ne franchit qu'en donnant aux gardiens de bonnes paroles, elle cherche sa principale satisfaction et son repos sur ses nattes, en compagnie de la pipe d'opium, reprenant ensuite son labeur fiévreux, et menant ainsi jour après jour la même existence chétive et monotone.

Pendant nos soirées du moins, notre vie à Canton redevenait (fort à point, du reste) tout à fait européenne. Les amis de nos hôtes nous invitaient tour à tour, de sorte que nous « tiffinions » et dînions à droite et à gauche, toujours en nombreuse société. Un soir, après un de ces dîners en ville, à deux pas de nos demeures (dîners offerts sans cérémonie, acceptés de même et auxquels nous nous rendions dans les costumes blancs généralement adoptés), on nous emmena en barque aux fameux « bateaux de fleurs ».

Ces endroits de réjouissances indigènes tant vantés sont des pontons amarrés côte à côte au milieu de la rivière, et formant là comme autant de petites îles juxtaposées. Les lueurs voilées de lanternes innombrables, et des grincements d'instruments criards saluent les visiteurs à leur arrivée. Quant aux fleurs proprement dites, il n'y en a point. En cherchant bien cependant on finit par en découvrir par petits paquets dans les chevelures à plusieurs raies et ultra-mastiquées des demoiselles chinoises, aux joues placardées de carmin, et revêtues de robes aussi raides que du fer-blanc. Ce sont là sans doute les « fleurs » qui font le charme des bateaux. Peu attrayantes, selon nous, elles font partie du menu des festins chinois et ont pour mission spéciale d'égayer les convives, tant par leurs conversations choisies que par les sons de l'horrible musique dont elles possèdent le secret. C'est dans les salons établis sur chaque ponton, salons fort élégants et garnis avec recherche de meubles aux massives sculptures, d'ornementations bariolées et de luminaires nombreux, qu'ont lieu ces interminables repas qui coûtent aux consommateurs un argent fou ; ils commencent à la nuit et finissent au matin.

Les festoyeurs reçurent notre bande envahissante sans apparente mauvaise humeur. Leurs yeux et leur estomac satisfaits, ils souriaient même à nos questions, souvent indiscrètes, et inspectaient curieusement, par-dessus les gros verres de leurs immenses lunettes rondes (que bon nombre de Chinois considèrent comme le nec-plus-ultra de l'élégance), nos petits pince-nez à bord invisible qui faisaient fureur parmi eux.

Les bateaux à fleurs sont assurément une des curiosités de Canton, et les dames européennes ne manquent pas de leur faire, à ce titre, une visite. Mais, comme tant de choses embellies par les récits enthousiastes des voyageurs à imagination vive, ces bateaux ne tiennent pas les promesses d'enchantement de leur nom poétique.....

A bord du *Sindh,* 20 juin.

En rentrant de Canton le 11, nous apprîmes que le prochain bateau des Messageries ne partirait pas pour Shanghaï avant le 17 ou le 18. Ce retard nous laissait donc encore une semaine entière à passer à Hongkong.

Nous ne l'aurions pas regretté le moins du monde en toute autre saison ; mais il pleuvait presque continuellement, et l'air, humide et lourd, n'était pas rafraîchi par la brise, que les montagnes de l'île empêchaient de pénétrer dans le port. Ne pouvant entreprendre toutes les jolies promenades qui abondent à Hongkong, nous avons été assez mondains, dînant en ville et assistant au théâtre aux représentations de *Roméo et Juliette,* d'*Othello,* etc., que donnait une troupe anglaise avec deux étoiles masculine et féminine, Herr Bandmann, un Allemand, et Miss Beaudet, une petite Américaine née à Tours !

Ce M. Bandmann, fort connu en Angleterre et en Amérique, a le grand mérite de jouer en anglais les héros de Shakespeare, et cela d'une manière assez parfaite pour qu'il soit difficile de reconnaître sa nationalité. Il se trouvait à Calcutta peu de temps après nous, et se prépare maintenant à partir pour l'Australie. La saison aux Indes a été très bonne, mais ici les choses vont autrement. Les Européens de Hongkong, qui ne sont pas en congé momentané, habitent des villas sur les hauteurs de Victoria Peak, et trouvent le théâtre trop chaud. Quant aux Chinois, on ne saurait leur demander de s'intéresser au sort d'Ophélie ou de Desdémone, puisqu'ils ne comprendraient pas un traître mot du dialogue, fût-il parlé dans l'anglais le plus coulant.

Croirait-on en effet que les Européens n'ont pu réagir ici contre les caprices des indigènes, et qu'ils ont dû subir la tyrannie d'un épouvantable patois, moitié anglais, moitié chinois, auquel tout nouvel arrivant ne comprend pas grand'chose. Ce baragouin, connu sous le nom de *pidgin*, est un langage absolument grotesque ; pour le parler, il faut ajouter des terminaisons en *i* à toutes les syllabes, et farcir les phrases de mots typiques tels que *sabi, maski,* et autres semblables qui signifient à la fois « sais-tu ? n'est-ce pas ? eh ! là-bas ! » ou bien « *all right*, naturellement, jamais de la vie ! allez au diable ! » etc.

Quand un Chinois s'engage dans une conversation de ce genre, il prête déjà pas mal au ridicule ; mais l'Occidental qui cause avec lui devient absolument drolatique. Un maître dira, par exemple, à son domestique : « *Boy! sabi? you tchop-tchop go look see to room, and tchop-tchop fetchi my book top side*[1] », et le boy répondra gravement : « *Maski, no have got, no have seen in loom, no can bilingi*[2] ! » Vous notez qu'il dit *loom* pour *room* et *bilingi* pour *bring*. Pourquoi ? Parce que pour tout l'or du monde il ne pourrait prononcer l'*r*. Les Orientaux savent cependant si bien le faire rouler en général !

Cette infirmité de palais est si réelle que l'*r* n'existe dans aucun mot chinois, qu'aucun Européen ne conserve intacte la prononciation de son nom, et qu'une foule de gens sont obligés d'adopter des noms fantaisistes ou d'accepter ceux que les Célestiaux leur donnent en les estropiant. Même les noms les moins incompatibles avec la prononciation chinoise sont invariablement défigurés et impitoyablement décomposés en autant de syllabes distinctes que l'exigent les caractères chinois correspondant à ces mêmes syllabes. Ainsi en Chine sommes-nous devenus : *Ka-la-fou-to*, de même que certains Anglais de Hongkong, MM. Morris et Ray, s'appellent *Mo-li-tsz̄-lé*. Et les rues anglaises sont à ce

1. Boy ! va vite dans ma chambre chercher mon livre.
2. Je ne l'ai pas trouvé.

point enchinoisées, que sur les écriteaux, au-dessous de Rozario Street ou de St Francis Lane, par exemple, on lit en lettres chinoises : *Lo-sa-li-Kaï* et *Shing-fat-làn-sz̧-Hong*. On ne peut que regretter que les Chinois, nés intelligents et ayant par excellence l'esprit d'imitation, soient dans l'impossibilité de s'assimiler davantage la langue anglaise, qui est actuellement la langue la plus répandue dans le monde entier, et que les influences combinées de l'Angleterre et de l'Amérique rendent partout si familière.

Puisque je cite l'Amérique, je ne puis manquer à cette occasion de constater combien à Hongkong son voisinage se fait sentir, dans mille détails insignifiants en apparence, mais qui n'en ont pas moins de l'importance. Le port héberge foule de navires américains; l'arrivée ou le départ de l'*American Mail*, qui fait d'ici le service direct avec San Francisco par Yokohama, prend une importance égale à l'arrivée ou au départ des malles anglaises ou françaises: sur les tables des hôtels, des clubs, les journaux américains se lisent en aussi grand nombre que les autres. Par le fait, Hongkong se trouve plus près de la grande ville californienne que de Marseille, et à égale distance environ de New-York, de Paris et de Londres. Hongkong est donc relié des deux côtés aux grands foyers de civilisation qui lui envoient directement le rayonnement des idées et des inventions les plus nouvelles. C'est la porte qui se ferme sur l'Est des Indes et qui s'ouvre sur les horizons *yankees*, en deçà du vaste mais direct trait d'union du Pacifique.

Une autre influence, toute commerciale par exemple, dispute aux autres la préséance à Hongkong : c'est celle des nombreuses et prospères maisons allemandes qui tiennent une grande partie des affaires en leurs mains. Partout largement représenté dans les ports d'Orient, et partout systématiquement séparé de l'élément anglais, le camp allemand de Hongkong semble plus compact et plus tranché qu'ailleurs. Son accroissement de puissance a amené là une recrudescence de rivalités.

Combien est déchue, au contraire, l'ancienne influence des Portugais de Macao, le premier port chinois ouvert dès le seizième siècle au commerce européen! Après avoir occupé par sa situation au sud de la Chine la position florissante que vient de prendre Hongkong, Macao, fortement atteint par l'établissement du port anglais, a dès lors inauguré une ère de décadence que rien n'a pu enrayer. La colonie se maintient cependant sans coûter à la mère patrie. Sa population de plus de 100 000 Chinois consomme de l'opium en proportion, et se livre avec frénésie aux jeux de hasard, dont l'affermage constitue un contingent d'impôts considérables pour le budget. Macao vit donc actuellement aux dépens des deux grandes passions populaires de la Chine. C'est le Monaco de l'Extrême-Orient, le Monaco qui attire de tous côtés d'avides Célestiaux, rapidement dépouillés parfois des gains qu'un travail long et pénible dans de lointains pays leur avait procurés.

Nous avons passé deux jours à Macao. La ville a une situation charmante: elle donne d'un côté sur la mer, de l'autre sur une baie arrondie. Au milieu, des collines couronnées de fortifications surgissent avec de nombreuses tours d'églises. Mais ses rues ont un aspect de morne tranquillité, et elles montent ou descendent sans cesse entre de hautes murailles parcimonieusement percées de fenêtres à épais grillages.

La grande curiosité de Macao est la grotte du Camoëns, où le noble Portugais passe pour avoir composé pendant son triste temps d'exil son patriotique poème des *Lusiades*. Un buste du poète et des dalles couvertes d'inscriptions ornent les rochers qui représentent la grotte en question. Elle est située sur une hauteur, au fond d'un grand jardin assez mal entretenu par le propriétaire de céans, un des commerçants portugais les plus éprouvés par les revers de la colonie.

Dans la ville, les ruines abondent; ce sont de sinistres souvenirs du typhon dévastateur qui détruisit en 1874 une partie de Macao et des quartiers entiers de Canton. A Macao on trouve en particulier des traces de son passage dans les débris des grands monuments, tels que l'église de Saint-Paul, dont il ne reste que les portiques de façade, trônant à demi écroulés sur le haut d'un majestueux escalier de cent marches.

Le sieur Hinki, propriétaire du petit hôtel fort convenable de Macao, nous indiqua la meilleure des maisons de jeux, dans la rue spéciale où elles sont toutes réunies et facilement reconnaissables aux lampions qui les décorent. Au-dessus de la porte d'entrée, un transparent porte l'enseigne suivante : « X. and C°, *Gambling House* »; on monte au premier étage dans une petite pièce, où siège un grave banquier devant une table carrée. A l'un des côtés est assis le compteur; c'est la main de ce dernier qui décide du sort des joueurs.

Ne croyez pas qu'on se serve de cartes. Voici comment se passent les choses : Au milieu de la table se trouve une petite plaque de métal de 20 centimètres carrés. Les enjeux se mettent sur les côtés 1, 2, 3, 4 de cette plaque, ou bien aussi en face de ses angles. Tandis que se font les mises, le compteur puise au hasard, dans un amoncellement de petites rondelles de cuivre percées d'un trou central, une grosse poignée qu'il place devant lui et qu'il recouvre d'une soucoupe de métal. Quand il lève la soucoupe, les enjeux doivent être terminés. Il saisit alors une baguette, et de sa longue main effilée, étroite et osseuse comme celles de tous ses compatriotes, et d'un air impassible, il se met à ramener sur le côté les petites rondelles, quatre par quatre à la fois, jusqu'à épuisement de la poignée. Au bout de ce travail de simple arithmétique, il reste soit quatre, soit trois, soit deux, soit une de ces rondelles, et leur nombre décide du côté gagnant de la plaque centrale.

On voit combien paraît simple et innocent ce jeu de *fan-tan* chinois. Il s'y perd cependant des sommes considérables. Quant au gagnant, il retrouve trois fois sa mise, moins un droit de 7 pour 100 déduit pour les frais de l'entreprise.

Nous avons quitté Macao le 15 par un temps très couvert. La même nuit une très forte tempête se déchaîna sur Hongkong, et des pluies torrentielles lui succédèrent le lendemain. Nous dînions le 16 chez notre ami M. H..., et nous fîmes chez lui la connaissance du jeune baron de Wrangel, nommé secrétaire de la légation de Russie à Pékin. Tout juste arrivé par les Messageries, il se joindra à notre groupe pour gagner la capitale du Céleste-Empire.

Le lendemain (ce fut notre dernière journée passée à Hongkong), le temps s'embellit suffisamment pour nous permettre de faire l'ascension tant souhaitée de Victoria Peak. L'atmosphère étant assez lourde, nous eûmes la nonchalance, parfaitement admise du reste, de nous faire porter jusque là-haut dans des palanquins à quatre koulis chacun. 1900 pieds à grimper par un chemin des plus raides, c'était un dur travail pour ces malheureux! En route, la fantaisie me prit de faire un cliché de mes compagnons et de nos seize porteurs ; mais ne voilà-t-il pas qu'au moment où je disposais mon inoffensif appareil, tous nos Chinois se sauvèrent avec un ensemble parfait, déclarant catégoriquement qu'ils ne se laisseraient pas photographier! Nos meilleures paroles agrémentées de promesses et de récompenses, notre colère ensuite et finalement l'intervention d'un policeman ne purent triompher de leur résistance.

Cependant je tenais à mon idée, moi aussi, et à force de persévérance je réussis à en emmener deux sur seize, en les tirant bon gré mal gré, et en les obligeant à rester en place devant mon objectif. En un clin d'œil leur affaire fut faite. Bénies soient les plaques sèches! sans elles, nos Chinois récalcitrants avaient encore le dessus, car l'un d'eux s'était promptement couvert la tête d'un linge, tandis que l'autre se balançait impertinemment.

Depuis, j'ai appris que leur obstination était dans ce cas une question d'amour-propre ou de superstition. Certains nous ont dit que ces koulis ont en horreur l'idée de passer à la postérité sous les vêtements méprisables de porteurs de palanquins, et d'être reconnus par leurs futurs enfants ou petits-enfants, devenus riches négociants ou mandarins. D'autres nous ont assuré que le Chinois croit hâter sa fin quand il laisse faire son portrait, ce qui ne doit jamais être qu'une opération posthume. Pour ma part je crois plutôt à la puissance du second motif, car dans ce pays, où le travail et l'intelligence arrivent à se frayer un chemin victorieux dans toutes les carrières, le souvenir des ancêtres n'est jamais une honte, mais toujours l'objet d'une vénération religieuse dont nous autres Occidentaux ne pouvons guère nous faire une idée. Elle devrait bien nous servir d'exemple cependant!

Quoi qu'il en soit des motifs qui inspiraient nos koulis, dès que mon appareil fut démonté, ils se remirent à la tâche comme si rien ne s'était passé et continuèrent avec le même entrain qu'auparavant leur métier de bêtes de somme. Notre ascension fut charmante, car la vue devenait de plus en plus belle au fur et à mesure que nous avancions en gravissant les sentiers rougeâtres, bordés par des buissons bas et isolés. De la pointe extrême, la ville nous apparut comme un damier de constructions et de touffes en miniature, avec les carrés verdoyants de son admirable jardin public, de son cimetière idéalement beau et de son champ de courses. Le port semblait si petit qu'il avait l'air d'un bassin sur lequel les gros navires étaient posés comme autant de grosses mouches noires. Au delà de la baie se déroulaient les côtes jaunâtres du continent et de la péninsule de Kaoloun ; de l'autre côté du Peak, immédiatement à nos pieds, les versants arides et déserts, baignés par la mer, nous donnaient une image de ce qu'était Hongkong il y a quarante ans à peine.

Le *Sindh* est parti avant-hier 18 à midi ; demain il sera à Shanghaï, après une traversée de deux jours et demi seulement. Jusqu'au bout il aura maintenu la rapidité de son allure première. Ayant quitté Marseille le 14 mai, il arrivera le 21 juin au terme de son voyage après trente-huit jours, et avec une avance de quatre fois vingt-quatre heures sur la durée réglementaire du trajet.

C'est le dernier bateau des Messageries dont nous aurons à nous servir, puisqu'à l'avenir nous naviguerons sur des steamers anglais ou américains. Au moment de lui faire nos adieux, je tiens à exprimer toute la satisfaction patriotique que nous a procurée notre compagnie nationale jusque dans ces lointains parages, et, de concert avec ses nombreux partisans de toutes nationalités, je rends hommage à sa suprématie absolue sur ses rivales. Dans cette partie de l'Extrême-Orient où jusqu'à présent, hélas ! et malgré tous les sacrifices de nos guerres, les avantages réels obtenus par la France ont été si minimes qu'ils ne sont rien à côté des progrès réalisés par d'autres nations, la Compagnie des Messageries du moins remplit la mission méritoire de représenter efficacement notre cher pays.....

Shanghaï, 24 juin.

Shanghaï, ainsi qu'on le sait, n'est pas un port de mer. La ville est bâtie au confluent du Houang-Po et de la petite rivière de Wou-Sung, qui se jettent ensemble dans l'embouchure du Yang-tsé-Kiang. Vu le peu de profondeur de l'eau à la barre de Wou-Sung, les grands navires y sont régulièrement détenus. Même après des arrêts de plusieurs heures, nécessaires pour attendre la marée, passagers et bagages sont chargés à l'entrée de la rivière sur un petit bateau spécial qui les conduit plus rapidement à destination.

Le pays est aussi plat et monotone qu'en Cochinchine, et tout ce qu'on voit en approchant de la ville se borne à une vaste forêt de mâts. Une fois près d'aborder, on distingue à droite sur la rive, le long des quais, séparées par des ponts et des canaux, les trois concessions distinctes : américaine, anglaise et française, dont se compose le Shanghaï moderne. Nous avons débarqué en France, à deux pas de l'administration des postes et de la rue Montauban, filant ensuite en jin-riki-sha vers l'Astor House Hotel qui est placé sur le territoire américain, au bout du grand *Bund* anglais, boulevard magnifique parallèle à la rivière.

Le Shanghaï nouveau date de 1843 ; il fut fondé par les Anglais, qui choisirent l'emplacement de leur *settlement* à deux kilomètres au nord de la vieille ville, dont les murs bâtis au seizième siècle sont contemporains des invasions japonaises. Depuis, les Français s'établirent entre le settlement anglais et la ville chinoise, tandis que les Américains installèrent leur concession au delà des deux autres, dans un district appelé Hong-Kiou. Les terrains ainsi occupés appartiennent nominalement à l'empereur de Chine, mais ils sont loués à perpétuité et leur taxe se paye annuellement au gouvernement. Leur valeur a augmenté rapidement dans des proportions inouïes, tant à cause de l'ouverture du Yang-Tsé et des ports du Nord en 1861, qu'en raison des deux attaques des rebelles Taï-Pings, qui, en 1853 et en 1860, poussèrent dans les concessions étrangères plusieurs centaines de mille réfugiés. La ville fut sauvée alors par les prouesses des résidents et par la vaillance de l'armée « toujours victorieuse » de Gordon.

Depuis lors Shanghaï put se développer à l'aise et devenir en vingt ans la ville actuelle et la grande métropole commerciale qui centralise plus de la moitié de toutes les importations et exportations de la Chine. Sa population se chiffre environ à 150 000 Chinois et 2500 étrangers. Ces derniers, pour maintenir l'ordre parmi leurs nombreux hôtes, n'ont que la quantité minime mais suffisante de 250 hommes de police, plus 200 hommes de *Volunteer Defence Force*, la propriété en Chine n'étant nulle part mieux gardée qu'ici.

De même que dans tous les ports ouverts, les étrangers sont placés en matière judiciaire sous le contrôle immédiat de leurs consuls respectifs. Les concessions se gouvernent elles-mêmes au moyen de conseils municipaux. Celle des Anglais, qui à eux seuls représentent plus de la moitié du chiffre des résidents en général, est non seulement la plus importante, mais aussi la plus belle. Son Bund, siège des grandes banques et des plus importantes maisons de commerce, est garni de vrais palais, depuis l'extrémité où se trouve le consulat jusqu'à celle où a été élevé le vaste club, dont la construction passe pour avoir coûté 120 000 taëls[1], c'est-à-dire 750 000 francs. Ici, sous la véranda,

---

1. Le taël d'argent, qui est courant à Shanghaï, équivaut à 5 shillings environ. Mais il n'existe qu'en lingots ou en billets de 5 taëls émis par les banques. Les petites transactions se font en dollars américains et en monnaie de cuivre. On se

ou devant le *bar* à l'américaine, tous les petits, moyens et grands seigneurs de Shanghaï se rencontrent régulièrement avant les heures [des repas, et, suivant l'usage consacré, aux prises avec les consommations les plus capiteuses.

Tandis que la partie centrale de la ville tend de plus en plus à se peupler d'habitations chinoises (d'un excellent rapport pour les propriétaires de terrains), il se forme à l'ouest, au delà du champ de courses, un nouveau quartier demi-campagnard composé de villas et de chalets entourés de jardins. Gouverné suivant le bon plaisir des étrangers, le Shanghaï moderne a donc un aspect tout spécial, autant par son cachet européen que par l'allure demi-civilisée des Chinois qui ici sont, pour la majeure partie, des négociants faisant de bonnes affaires et gagnant chaque jour du terrain.

Aussi voit-on sur les voies publiques peu de notes purement chinoises en dehors de la couleur bleue qui domine dans les vêtements de toile foncée du peuple, comme sur les longues robes de foulard ou de soie claire que portent les Célestiaux plus cossus, circulant à l'ombre du petit éventail qu'ils tiennent au-dessus de leurs fronts rasés. Notons cependant un véhicule dont nous faisons la connaissance *de visu* seulement. C'est une sorte de brouette à haute roue, de chaque côté de laquelle s'asseyent hommes et femmes et qu'un kouli pousse en avant à l'aide d'une courroie appuyée sur sa nuque.

A Hongkong les voitures européennes sont rares, mais ici les équipages les mieux stylés abondent. Ils font même partie du train de maison des nombreuses demi-mondaines américaines qu'attirent et entretiennent, sur un fort grand pied vraiment, des fortunes rapidement faites et somptueusement dépensées dans un

---

sert beaucoup aussi, comme dans tout l'Orient européanisé, du système des *chits*, reconnaissances provisoires qui se règlent plus tard et en bloc par les souscrivants ou leurs banquiers.

courant de plaisirs aussi luxueux que raffinés. Dans ce *Paris* de l'Extrême-Orient, les soirées, les dîners et les bals se succèdent sans interruption pendant l'hiver; et sur ces distractions mondaines se greffe un plaisir tout spécial, celui des chasses merveilleuses que l'on entreprend par bandes joyeuses le long de la rivière au moyen de *house-boats* parfaitement aménagés. Pendant ces parties cynégétiques, qui durent parfois des semaines entières, ont lieu des hécatombes invraisemblables de faisans.

A cette époque de l'année, toujours fort chaude, la vie extérieure est calme. Dans l'après-midi seulement, les équipages circulent sur l'une des routes mises à leur disposition, soit du côté de Wou-Sung, soit de préférence dans la direction de Sikawey, le célèbre observatoire-école des Pères Jésuites. On va jusqu'à la source de *Bubbling Well* et au delà, ou bien on s'arrête au nouveau *Country Club*, charmant rendez-vous de la société élégante et sportive. En route, beaucoup de richards chinois croisent les promeneurs étrangers. Ils passent fièrement assis dans des landaus ou des victorias, en compagnie de quelques beautés de leur race, outrageusement enfarinées.

Mais quel cadre bizarre que celui de la campagne que traversent ces routes! Des champs verts remplis de petits tertres gazonnés, dans ou sur lesquels sont placés des cercueils! Ceux-ci sont souvent si apparents, qu'ils laissent voir leurs parois et leurs planches déjà disjointes par le temps. Ces inhumations primitives et disséminées, que personne ne saurait abolir et à cause desquelles il paraît impossible de jamais établir de lignes ferrées en Chine, seraient-elles pour quelque chose dans l'état de salubrité moyenne de Shanghaï? Cela est assez probable.

Nos relations se sont bornées à quelques soirées passées avec des amis, en particulier chez M. James Hart, commissaire des douanes à Shanghaï et frère cadet de sir Robert Hart. Ce dernier vient de nous écrire une lettre très engageante, par laquelle il nous invite à l'aller trouver à Pékin au plus tôt. Demain donc, nous nous mettrons en route pour la capitale, mais non sans avoir goûté un de ces fameux dîners chinois renommés pour la composition extraordinaire de leurs menus.

C'était hier. Un de nos amis anglais et son associé avaient chargé de l'organisation de la petite fête leurs « compradores » ou caissiers, hommes de confiance de leur maison. Comme ce festin restera sans doute le seul du genre auquel nous aurons pris part, permettez-moi de vous le servir en détail. Ces messieurs avaient fort bien arrangé les choses. Dans un des restaurants les plus célèbres de la ville, où dînaient ce soir-là de nombreux Chinois en quête de plaisirs, un salon spécial nous avait été réservé. C'était une petite pièce sans fenêtres, donnant sur une cour par une de ces larges baies découpées à jour, si recherchées dans la décoration des appartements chinois. Plusieurs lanternes de bois noir éclairaient les parois sombres; le long des murs étaient placés de longs canapés-fumoirs, flanqués de fauteuils et de petits guéridons. Au centre se trouvait une table rectangulaire étroite et, tout autour, des sièges sculptés, garnis de coussins rouges tout plats. Les couverts étaient marqués pour chacun des neuf convives par des tasses et des soucoupes très petites et une paire de baguettes d'ivoire (fortement usées, par exemple). Au milieu et régulièrement disposés, beaucoup de petits plats remplis de choses froides : crevettes, fritures, minces tranches de porc frais et de jambon, etc., etc.

La déglutition de ces hors-d'œuvre nous amusa énormément. Vous vous représentez aisément la somme d'efforts infructueux tentés pour manger à l'aide des pincettes nationales ; vous voyez les morceaux manqués ou perdus en chemin, et la gaieté des deux compradores témoins de notre maladresse. Au fond, nous éprouvions tous quelque méfiance à l'égard du menu qui nous attendait, et nous nous promettions de faire plus tard un souper substantiel. Je dois dire cependant que nos amis anglais avaient additionné le festin chinois des seules choses capables de nous aider à l'avaler : le pain et le champagne !

Nos appréhensions, je l'avoue, n'étaient pas toutes fondées, car nous avons pu goûter de tout, et nous avons même trouvé certains mets fort passables. Nous eûmes de la soupe aux nids d'hirondelle, un ragoût d'ailerons de requin, un potage aux œufs de pigeon, une compote de graines de lotus, de la biche de mer rôtie, etc., etc., en tout une douzaine de plats variés, des meilleurs et des plus raffinés au goût des Chinois. Plusieurs de ces plats, servis sur une table européenne, auraient certainement été considérés partout comme très mangeables. Ici, ils paraissaient moins désirables, à cause de la façon dont les présentaient les domestiques mi-vêtus, et surtout à cause de l'odeur de graisse qui les accompagnait invariablement.

Le dîner, rendu très joyeux par les libations et les *speeches* de nos Chinois en robe azurée, fut encore égayé par la présence de plusieurs nymphes qui vinrent pincer de la guitare. Accompagnées de suivantes qui portaient pour chacune la pipe et l'instrument de musique, ces dames firent leur apparition en marchant péniblement sur leurs petits pieds tordus, chaussés de souliers tout pointus, longs comme une demi-main[1]. Elles portaient des robes richement brodées et avaient des coiffures très compliquées de bandeaux collants, de placards de perles et de gros dahlias piqués au-dessus des oreilles. La moins laide d'entre elles avait des ongles tellement longs et fragiles aux deux derniers doigts de la main gauche, que, dès qu'elle avait fini sa petite chanson, elle les recouvrait de fourreaux d'argent, longs de huit à dix centimètres.

---

1. Il va sans dire que les femmes du peuple qui travaillent ne s'estropient pas les pieds. C'est seulement aux femmes de qualité que ce luxe est imposé.

A les voir remplir leurs devoirs professionnels avec tant de sérieux et de mouvements automatiques, on les eût prises pour des poupées de cire. Quant à leur musique, je la déclare franchement abominable; les miaulements les plus affreux qui nous aient écorché les oreilles aux Indes et à Java étaient harmonieux, comparés à ces litanies aigres et affectées, faites pour donner la chair de poule...

Le dîner fini, nous nous rendîmes au théâtre chinois voisin, grande salle disposée comme un café chantant d'Europe et bourrée de consommateurs et de fumeurs. Là, au beau milieu du parterre encombré, une nouvelle table réservée nous attendait, chargée d'amandes, de raisins, etc. Ne me demandez pas cependant de vous rendre compte de la pièce; on eût dit une folle mascarade de saltimbanques, habillés comme des diables, hurlant et se bataillant aux sons de grosses caisses et de tam-tams infernaux. Pour tout fond de décor, il y avait un orchestre furibond et des tas d'enfants, courant selon leur bon plaisir de la scène au couloir enfumé où se grimaient les acteurs dans un pêle-mêle de costumes indescriptible. A un moment donné, nous cherchâmes nos amis chinois, mais ceux-ci, fortement ébranlés par une trop forte consommation de champagne, s'étaient prudemment éclipsés. Leur eau-de-vie de riz, le *samchou*, ne nous eût sans doute guère mieux réussi!

Sur le Pei-Ho, 28 juin.

Je clos cette épître à bord du *Sin-Nan-Zing*, petit steamer anglais sur lequel nous voguons depuis le 25, avec quatre autres passagers, tout ce que le bateau peut tenir. En remontant le golfe de Pe-Tchi-Li, il a fait très frais et les nuits ont été presque froides. Le 27, nous avons fait halte à Tchi-Fou, le Trouville de Shanghaï, où la femme de notre capitaine allait s'installer avec ses enfants. Ce matin, nous étions arrivés à l'entrée du Pei-Ho et arrêtés pendant six heures à la barre de Takou. On a déchargé une partie de la cargaison pour nous laisser moins de tirant d'eau, puis nous avons remonté la rivière en passant devant les forts de funeste mémoire et le bourg de Takou, vaste agglomération de huttes en terre jaunâtre. Les eaux sont jaunes aussi, et la campagne, plate comme un désert, est de même nuance.

Au milieu de ce paysage dépourvu de gaieté, le Pei-Ho serpente avec des détours tels, qu'un steamer qui nous précède nous apparaît tantôt à droite, tantôt à gauche, et qu'il semble marcher en pleine terre. Devant chaque village, des bandes innombrables de gamins nus se livrent à toutes sortes d'ébats dans l'eau, guettant de loin les vagues que nous formons et qui vont battre avec fracas les anses de la rive. Décidément, la population ne décroît pas en Chine, et ce n'est pas ici qu'il doit y avoir à sauvegarder la vie de petits Chinois intéressants !

Nous voici devant Tien-Tsin....

Pékin, 6 juillet.

Retenus une journée à Tien-Tsin par les démarches d'usage auprès de nos consulats respectifs, dans le but d'obtenir les sauf-conduits exigés pour le voyage de Pékin (ce sont des feuilles grandes comme un journal et couvertes de chiffres rouges et noirs), nous nous sommes reposés au Globe Hotel, pour nous mettre à l'abri des quais poussiéreux, encombrés de ballots, de koulis, d'échoppes volantes, de loueurs d'ânes et de poneys, etc. La grande question était de nous décider pour l'un des trois moyens de transport mis à notre disposition, le bateau, le cheval ou la carriole. Les avis les plus divers nous étaient donnés à ce sujet, et, pour mettre le comble à notre indécision, trois amis qui nous avaient précédés par ici nous laissaient par lettres chacun une recommandation spéciale et différente sur l'excellence du moyen dont il avait essayé.

Qui ne sait encore ce que signifie d'aller de Tien-Tsin à Pékin admettra que les hésitations soient permises, car, pour accomplir un trajet relativement court (110 kilomètres), le voyage a une triste réputation. Si l'on prend des bateaux, il faut s'attendre à rester en route quatre ou cinq jours à la merci du vent ou du courant du Pei-Ho et à être aveuglé par la réverbération du soleil sur l'eau. Si l'on choisit le cheval, il faut accepter de rôtir aux trois quarts et, en plus, de manger beaucoup de poussière ; enfin, si l'on se décide pour la carriole, on jouit des deux agréments précités et d'un complément inévitable de contusions. En résumé, les bateaux sont les plus usités, parce que, malgré la lenteur de leur marche en aval, on peut encore s'y installer assez commodément. Les dames et, dans la saison d'été, presque tout le monde les adoptent généralement. Toutefois, comme notre bande grillait d'envie de franchir en seize heures une distance au sujet de laquelle de nombreux paris ont déjà été faits et gagnés, nous avons opté pour le cheval, en faisant organiser un relais à mi-chemin.

Le 29 juin, sept carrioles à deux mules, chargées chacune de bagages et des provisions ainsi que de la réserve de monnaies de cuivre [1], nous devancent dès midi sous la surveillance de Will. Nous suivons nous-mêmes, peu avant le coucher du soleil,

---

1. Ce sont des rondelles serrées en rouleaux ; il en faut 1200 pour faire la valeur d'un dollar.

montés sur sept poneys et accompagnés de Wrangel, d'un *mafou* (palefrenier chinois) et d'un boy engagé à Tien-Tsin. Tout guillerets, nous cheminons au pas pendant trois quarts d'heure à travers d'interminables ruelles étroites, plus sales encore que celles de Canton, criblées de trous et d'ornières, bondées d'enfants nus, d'ânes et de mules. Puis nous entrons dans la campagne aride et uniforme; la lune se lève et nous trottons au milieu de tourbillons de poussière aveuglants, tantôt sur de mauvais chemins de traverse, tantôt sur des tronçons de route tout aussi impraticables. Déshabitués du cheval depuis plusieurs mois, au bout de cinq heures de pareil exercice nous sommes déjà éreintés. Nos gosiers sont desséchés, et certaines parties de nos personnes deviennent de plus en plus endolories. Avec peine nous arrivons au relais.

Ho-Chi-Wou! tel est le nom de cet endroit de délivrance où nos montures, plus vaillantes que leurs cavaliers, nous déposent à trois heures du matin. Littéralement brisés de fatigue, nous nous affaissons sur des chaises bancales, devant le hangar d'une auberge infecte, au beau milieu de nos véhicules dételés et des mules qui errent à l'aventure. Torturés par la soif, nous nous jetons sur les bouteilles de notre panier, et nous ingurgitons une telle quantité de liquide, qu'elle nous eût paru effrayante en toute autre situation. Puis, vaincus par un irrésistible sommeil, nous nous endormons dans des réduits pareils à de sales prisons, étendus tout bottés sur des plates-formes de briques, transformées en couchettes au moyen de paquets de paille et de couvertures.

Deux d'entre nous avaient bien eu la prétention de continuer droit sur Pékin! Mais quand nous nous réveillons de notre sommeil de plomb, tourmentés par des nuées d'horribles mouches, le soleil est haut dans le ciel et notre arrivée dans la capitale retardée de vingt-quatre heures! Le tiffin nous rend des forces, et vers le soir nous nous remettons en route. Dans l'impossibilité

Halte de Ho-Chi-Wou. — Chariots et mules.
Photographie de l'auteur.

absolue de remonter en selle, W... et moi, tout en sachant à quels instruments de torture nous nous vouons, nous partons en avant, assis sur une pile de sacs, chacun dans une des carrioles. Celles-ci ressemblent à des boîtes montées sur deux roues si hautes et si monstrueuses qu'on les prendrait pour des vestiges de l'époque mérovingienne. Vous jugerez, d'après la massive structure de ces roues, de la nature des chemins auxquels elles doivent résister; vous devinerez également ce que deviennent les membres moulus du voyageur appelé, à son tour, à résister aux soubresauts d'un véhicule aussi barbare ! Je crois vraiment qu'il n'existe pas de mot assez énergique pour définir nos agacements et nos tortures. Impitoyablement cahotés par d'incessantes secousses, nous sommes obligés de changer de position toutes les dix minutes ; tantôt nous sommes au fond de la boîte, et à chaque tour de roue nos pauvres têtes attrapent des coups aux parois de bois ; tantôt nous nous asseyons sur l'un des brancards, les jambes croisées ou ballantes, côte à côte avec le mafou puant, et à deux doigts de l'animal de derrière, dont la queue vient à tout instant nous fouetter la figure. Pendant ce temps, la mule de devant, qui tire directement la voiture au moyen de deux cordes attachées en brancards, se livre à des sauts extravagants, monte sur les talus et broute des feuilles de maïs. A chaque nouveau cahot, une envie folle nous prend de massacrer mules et cochers !...

Ce n'est qu'après dix-huit heures de supplice que le 1er juillet nous arrivons dans la matinée devant les murailles de Pékin. Par une large voûte taillée dans un mur énorme, surmonté d'un bâtiment à pignons retroussés, qui plane là-haut comme une caserne aérienne, nous pénétrons dans la *ville chinoise* proprement dite, en passant sur des dallages de pierres monstrueuses, cent fois plus redoutables encore que les sables défoncés de la route. Dorénavant ce sont des coups de massue qui nous assaillent, et nous nous demandons si nous sortirons entiers d'une pareille épreuve.

Aux rues ainsi pavées et aux espaces déserts de la ville chinoise succède la ligne de hautes murailles de la *ville tartare*, imposante comme les enceintes de Ninive ou de Babylone. Nous franchissons une première voûte, puis une seconde plus sombre et plus immense, au milieu d'un encombrement indescriptible de chariots, de marchands et de piétons qui ne se rangent pas le moins du monde pour faciliter notre marche. Ensuite nous enfilons une rue où voltige une épaisse poussière noire. C'est là que se trouvent les légations et le petit Hôtel de France ; c'est là qu'enfin nous mettons pied à terre en poussant de profonds soupirs de soulagement....

Nous étions à ce moment d'une malpropreté telle, que jamais nous n'aurions osé nous présenter chez sir Robert Hart avant transformation complète. Quand nous prîmes le chemin des *Customs* voisines, nous étions redevenus des personnages convenables, et sir Robert dut être tout surpris de nous voir en tenue aussi correcte, tout prêts à nous joindre à son tiffin de midi. Il nous reçut avec une bienveillance sans pareille, et nous assigna lui-même nos appartements respectifs, composés pour chacun de nous d'un petit salon, d'une chambre à coucher et d'un cabinet de toilette. C'est dire que grâce à ce bien-être matériel nos courbatures se sont rapidement dissipées.

Mais nous jouissons surtout du commerce journalier que nous avons avec notre hôte, et de la faveur d'être reçus chez lui. Créé *Knight* par la Reine, sir Robert, qui approche de la cinquantaine, est de taille moyenne et assez chauve ; il porte toute sa barbe. Plus timide que froid, c'est un homme des plus affables et des plus intéressants. Sa conversation, toujours captivante dans l'intimité qu'il nous accorde, est très souvent amusante. Du reste vous pensez si, depuis trente ans qu'il vit en Chine, il connaît à fond les Chinois, leur pays et leur langue, qu'il parle mieux que personne. Sir Robert ne se donne de liberté qu'aux moments des repas et le matin de bonne heure pour jouer un peu de violoncelle, son instrument favori. Le reste du temps, il travaille constamment dans son cabinet particulier, où il reçoit à tour de rôle ses secrétaires et sous-secrétaires, dont les bureaux sont à deux pas. Avec une ardeur des plus opiniâtres, il dirige tous les détails de la colossale administration dont il est le chef absolu dans le sens le plus étendu du mot. De sa table, où afflue journellement par courrier spécial de Tien-Tsin la correspondance des vingt-cinq ports ouverts au commerce avec l'étranger, il donne tous les ordres généraux, de même qu'il décide de l'avancement de son vaste personnel, recruté parmi toutes les nations de l'Europe. Comme Inspecteur Général, personnellement responsable, il prélève une somme annuelle de plusieurs millions pour les frais de son administration, qui est organisée et gouvernée selon son inspiration et ses vues, et il verse entre les mains du gouvernement chinois le rendement énorme qu'une direction européenne aussi intègre et consciencieuse peut seule lui assurer.

Dès notre arrivée, sir Robert poussa l'amabilité jusqu'à s'excuser de ne pouvoir s'occuper de nous autant qu'il le voudrait, nous priant de nous considérer chez lui comme *at home*, et nous annonçant que tous les jours un de ces Messieurs de la direction centrale nous accompagnerait pour nous faire visiter les curiosités de Pékin. Nous trouvant ici au moment le plus accablant de l'année, nous avons dû nous organiser de façon à sortir de bonne heure, afin d'être à l'abri de nos persiennes de dix heures du matin à quatre heures de l'après-midi. C'est ainsi

---

1. Pékin correspond comme climat à New-York; le froid et les chaleurs y sont tous deux extrêmes, mais l'un et l'autre des plus secs et fort sains.

que dès l'aube nous partons à cheval sur nos poneys de Tien-Tsin que nous avons gardés, en compagnie de M. Bredon, le beau-frère de sir Robert, ou de M. Piry, un compatriote aussi aimable qu'érudit.

Notre premier but a été la plate-forme des murs de la ville. Ici la surprise est vraiment grande, quand du haut de cette promenade de pierre on domine, non pas l'amas de toits grisâtres que l'on s'attend à voir, mais un immense parc vert dans lequel percent les faîtes vernissés de yamens seigneuriaux et les arêtes jaunes des palais impériaux. Au nord et au nord-ouest s'étendent les montagnes au delà desquelles serpente la Grande Muraille.

Tel apparaît donc le *Peiking* actuel, de 1 300 000 habitants, l'ancien Tchi dont l'origine remonte jusqu'en 1121 avant J.-C. Détruit en 221; redevenu capitale des Tartares Kitan en 936 après J.-C.; capturé par Gengis Khan en 1215, puis délaissé par les empereurs indigènes qui succédèrent aux Mongols, il redevint sous Yung-Lo, troisième empereur de la dynastie des Ming, la résidence du fils du Ciel. En 1644, quand les Mandchous prirent la capitale, supplantant les Ming vaincus, la partie nord de la ville fut abandonnée à l'armée victorieuse, et devint ce qu'elle s'appelle encore à présent : la ville tartare, placée au-dessus de la ville dite chinoise, comme un carré sur un oblong. Les murailles de la première sont les plus fortes ; elles mesurent une hauteur de douze à quinze mètres sur une profondeur presque égale. Leurs portes ont des noms dans le genre de ceux-ci : Porte de la Victoire obtenue; Porte de la Paix et du Repos; Porte de la Juste Loi. Trois fois grande comme la ville chinoise, la ville tartare contient la ville impériale, qui elle-même renferme la ville interdite, c'est-à-dire l'enceinte des demeures souveraines.

Cependant, ces distinctions générales sont actuellement d'une valeur purement nominale par rapport aux deux races d'autrefois, très séparées mais fondues maintenant dans un mélange presque complet. Pour le voyageur, tous les habitants de Pékin semblent faits sur le même moule. Seules les petites rues commerçantes de la ville chinoise représentent la Chine industrielle de Canton, à côté de la Chine aristocratique de la ville tartare, qui assista aux luttes des dynasties rivales, et qui à présent s'achemine de plus en plus vers la ruine et la décadence.

Ah! décadence est bien le mot qu'il faut employer pour peindre l'impression produite sur celui qui parcourt dans tous les sens les artères de Pékin. Nulle part, absolument nulle part il ne voit le moindre entretien, la moindre restauration, pas plus sur les bâtiments et dans les temples que sur les voies publiques, pires encore que les routes de la campagne, à cause du trafic constant qui les creuse et des ordures que les maisons y déversent. Les temples et les pagodes en particulier sont de véritables emblèmes de dévastation et de misère. Leur architecture, belle sans doute en son jeune temps, mais à présent en ruine, provoque autant de pitié que d'ennui. Sous ces portiques retroussés, dans ces vastes salles, on voit la même pourriture rongeant partout les ornements de bois sculptés ; on trouve des peintures mornes et éteintes, des portes branlantes, des seuils défoncés envahis par les mauvaises herbes. Les toits de tuiles vernissées paraissent seuls avoir défié le temps et les mauvais traitements des hommes.

Partout on est livré à la cupidité des prêtres ou des gardiens, pour lesquels une grasse transaction est toujours une condition *sine qua non*. Par malheur ce tribut varie selon leur fantaisie, et, comme ils sont aussi rapaces que féroces, il faut bien passer sous leurs fourches caudines, à moins de renoncer d'emblée à la partie. On est même parfois tenté de le faire quand cette partie semble à moitié gagnée, car il ne s'agit pas alors de marchander avec un bonze isolé, mais avec six ou sept de ces affreux individus qui vous arrêtent à chaque nouvelle porte et vous tirent par vos vêtements avec des gestes de désespérés. Encore faut-il accepter ces privautés sans se fâcher, sous peine de refaire en ces endroits solitaires l'expérience de certains Européens roués de coups par les bonzes et par la foule moqueuse faufilée dans les enceintes.

Bienheureux donc celui qui peut tout voir sans être trop pressuré ! Nous en savons quelque chose depuis notre visite au grand temple des Lamas, où habitent un millier de prêtres sous la direction d'un *gagen* ou « Bouddha vivant ». Nous avions déjà fait des présents à une demi-douzaine de ces prêtres et vu deux beaux lions de bronze ainsi qu'un superbe brûle-parfum, quand il fallut rebrousser chemin et renoncer à contempler l'attraction principale de l'endroit, une divinité monstre haute de vingt mètres. Malgré les offres les plus séduisantes il fut impossible de dénicher le personnage chargé de la garde de cette dernière porte.

L'expédition la plus curieuse de ce genre que nous ayons faite a été celle du *Temple du Ciel*. Or ce temple du Ciel, le *sanctum sanctorum* de la Chine, est pour cette raison l'endroit le plus inaccessible. Il est très rare de pouvoir y pénétrer pour de l'argent ; aussi prend-on généralement le parti de sauter par-dessus le mur d'enceinte. Cela se fait couramment, même par des dames, si elles sont entreprenantes.

Nous y allions avec les intentions les plus déterminées. Mais tout d'abord la chance ne nous favorisa pas. Au moment de déboucher devant la porte de la seconde enceinte, un chien donna l'éveil, et le gardien se barricada énergiquement. Force nous fut de recourir aux moyens belliqueux. A cet effet nous fîmes le tour de la muraille, dans l'espoir de trouver la brèche hospitalière ; mais elle avait été fraîchement murée, et un arbre voisin, vieille connaissance de notre cicerone, était coupé. Il n'y avait aucune autre brèche dans le pourtour, que nous longeâmes pendant une demi-heure entière, au pas de nos chevaux.

Vous voyez quel petit monde forme à elle seule cette seconde enceinte, élevée dans un parc rempli de pins et d'arbres forestiers. Sous leurs ombrages paissent de grands taureaux noirs, réservés aux sacrifices de l'empereur. Enceinte et parc sont eux-mêmes enclavés dans la ville chinoise, comme un bois solitaire dans une cité poudreuse.

L'endroit est tellement calme que rien ne nous empêcha de prendre notre temps pour vaincre les scrupules des gardiens. Après de nombreuses ambassades du mafou, nous réussissions enfin à conclure un mémorable traité, d'après lequel nous nous engagions à payer la somme de dix dollars (cinquante francs), à la condition que dans cette somme seraient compris tous les cadeaux à la troupe des gardiens présents, ou embusqués derrière les portes qu'il nous restait à franchir. Cinquante francs ! C'est un joli pourboire, mais le temple du Ciel le vaut bien. Tout le monde trouve que nous en sommes quittes à bon marché.

Le plan d'après lequel cet édifice fut construit est grandiose. A l'état primitif, tous les détails en étaient certainement magnifiques : le marbre blanc des marches et des terrasses, le bleu luisant des tuiles vernies, ainsi que les sculptures des bois naturels. Les deux principaux monuments sont l'autel couvert et l'autel découvert; la toiture du premier est supportée par des corps d'arbre de quinze mètres de haut, mâts superbes, droits comme des I gigantesques. Le second est une terrasse ronde soutenue par des escaliers aux balustrades de marbre. De tous côtés sont répandus à profusion des arbres en grosses touffes; en présence de la solitude du lieu, on devine la majesté des cérémonies qui s'y sont déroulées.

C'est ici que l'empereur doit se rendre à deux époques de l'année, au solstice d'hiver et au solstice d'été, afin de demander au Ciel une bénédiction pour tout l'empire et une récolte prospère. Il rend alors hommage au « Maître Suprême » d'après les rites du culte qui perpétue l'antique adoration monothéiste qui dominait en Chine avant le rationalisme de Confucius et les pratiques superstitieuses et polythéistes du bouddhisme. Cette simple conception religieuse a subsisté sans variation jusqu'à nos jours. Dans le temple qui la consacre, aucune idole n'a trouvé place, et les holocaustes de taureaux entiers y rappellent encore les anciennes traditions des religions occidentales, entre autres celles des Grecs et des Hébreux.

J'emprunte à une fort intéressante brochure anglaise les détails suivants sur les cérémonies : « Le 21 décembre, l'empereur vient au temple dans un palanquin de soie jaune porté par trente-deux hommes. Après avoir offert de l'encens au Ciel et à ses ancêtres, il se rend au Palais de l'Abstinence, où il se prive d'aliments et de sommeil jusqu'au lendemain matin. Sept quarts d'heure avant le lever du soleil, il revêt les robes sacerdotales et s'avance vers le grand autel, sur lequel a été dressée une tente. Au moment où il s'agenouille, le feu du sacrifice est allumé et la musique résonne. Après différentes génuflexions, faites pour brûler de l'encens, offrir des présents et écouter une prière lue à haute voix par un officier, il reçoit enfin la *coupe de bonheur* et la *chair de félicité*.

A cet instant, pour ce souverain absolu, il n'existe dans l'univers que le Ciel et la Chine; et lui, le fils du Ciel, a bien la conviction d'être le seul trait d'union entre les deux. Il en est aussi persuadé que son peuple, qui pourtant ne l'a jamais aperçu et ne le verra jamais. Quand, à l'aurore, il retourne à la ville interdite, les rues sont déblayées et désertes. Malheur à quiconque oserait lever les yeux sur l'empereur demi-dieu qui passe!....

Il ne faut pas croire cependant que ce sanctuaire par excellence ait le privilège d'être entretenu avec plus de soin que les autres. La ruine règne ici comme partout ailleurs. Peut-être faut-il en chercher le motif dans le fait que depuis longtemps aucun sacrifice n'a été consommé dans ces lieux. L'empereur actuel, le neuvième de la dynastie des Ta-Tsing (pureté sublime), a succédé en 1875 à Toung-Chi, décédé assez subitement à dix-huit ans, sans laisser d'héritier et sans avoir désigné de successeur. A ce moment et à la suite d'intrigues de palais, l'Impératrice-mère, régente pendant le règne de Toung-Chi, adopta le tout jeune enfant de son beau-frère, le prince Tchoun (un des neuf fils de l'empereur Tao-Kouang) et inaugura une nouvelle régence, dont le prince Koung (autre beau-frère de la souveraine) est l'intime et puissant conseiller. Cette histoire de succession, assez embrouillée, a été rendue lugubre par la mort de la jeune veuve de Toung-Chi, qui périt presque aussitôt, de chagrin, ont dit les uns; par raison politique, ont prétendu tout bas ceux qui croyaient à sa prochaine maternité. Mystère insondable comme tous ceux tramés derrière les hauts murs de la ville interdite!...

Cette ville secrète, appelée King-Tching, prohibée même aux ambassadeurs et à sir Robert Hart, nous ne la voyons qu'en longeant les fossés qui l'entourent et qui sont couverts d'une luxuriante végétation de lotus aux fleurs roses, s'épanouissant au-dessus de leurs feuilles claires. Un grand lac occupe un de ses côtés et se prolonge même au delà. Un large pont de marbre en ruines le traverse, et conduit à un parc ainsi qu'à la « Montagne de Charbon », colline artificielle couverte de pagodes et de pavillons. Créée il y a plusieurs siècles, elle passe pour être un amoncellement de combustible destiné à servir en cas de siège.

Telle est sa légende; mais l'histoire raconte que Tsoung-Ching, le dernier empereur Ming, s'y pendit à l'approche des hordes mandchoues qui envahirent sa capitale. Tout près de là se trouve un pavillon devenu célèbre par l'audience unique accordée par un Fils du Ciel aux représentants des puissances étrangères. Le souverain était Toung-Chi, et l'entrevue eut lieu en 1873.

La ville dite impériale qui enclave la ville interdite est accessible à tout le monde, mais elle n'est guère plus soignée que le reste de ce Pékin malpropre. On y trouve un peu moins de boutiques et de marchés publics, et par contre de larges voies majestueusement tracées et de vastes enclos qui cachent des arbres et des toits recourbés. Mais ces voies sont aussi mauvaises que toutes les autres, et il serait impossible d'y circuler autrement qu'à cheval. De chaque côté, des boutiques semblables à des tréteaux de foire étalent des échafaudages de perches, où pendent des écriteaux et des enseignes; sur les bas-côtés comme sur le milieu de la chaussée se meut la foule, stationnant principalement devant les échoppes volantes. Ici ce sont des barbiers installés en plein vent; là, des stations de carrioles et de mules. Au milieu de la rue défilent des cortèges de mandarins en litières, suivis et précédés de gardes à cheval à plumet rouge[1]; des enfants nus passent à côté de porcs qui grognent et dont les brusques évolutions arrêtent à chaque instant voitures et cavaliers.

Dans notre rue, dite de la douane, nous contemplons du reste journellement la quintessence des horreurs de la capitale. Ici, sur une longueur de quatre à cinq cents mètres, depuis le coin de l'ambassade de France jusqu'au seuil de la maison de sir Robert Hart, ce ne sont que restaurants misérables, où graillonnent continuellement des fritures, où pendent des quartiers de graisse blanchâtre, dévorés par les mouches au-dessus de la tête de koulis grossiers, qui sirotent leur thé. Des brancards de chariots barrent le chemin, à côté de bêtes vicieuses qui ne demandent qu'à ruer sur les passants. Sur les seuils de briques des maisons apparaît tantôt quelque femme, bizarrement ornée de

---

1. On voit ces cortèges sortir de la ville interdite dès cinq heures du matin, alors que les audiences impériales ont déjà eu lieu.

Pékin. — La rue des Douanes.
Photographie de l'auteur.

cette queue raide qui se projette à vingt-cinq ou trente centimètres au delà de sa nuque; tantôt, le squelette d'un vieillard usé par l'opium, à la poitrine rentrée, aux côtes saillantes et aux jambes grêles comme des bâtons, étendu alourdi sur un grabat ou rêvant au bord du chemin.

Ajoutez à ce tableau une marmaille dégoûtante, comme passée au charbon à force de s'être roulée à terre ; des chiens endormis au milieu de la voie et des cochons vautrés dans des mares stagnantes; puis, voltigeant partout, des tourbillons de poussière noirâtre : et vous pourrez avoir une idée de ce qu'est en particulier ce bout de Pékin, et de ce que peut être en général la capitale du Céleste-Empire.

Quand on songe que ni un ministre quelconque, ni un inspecteur général des douanes impériales, ne sauraient parvenir à changer un iota à un pareil état de choses, même devant leurs demeures personnelles, on comprend quel chemin incommensurable il reste à parcourir aux Chinois pour triompher de leurs routines et de leurs préjugés.

Pékin, 13 juillet.

Rentré d'une expédition de cinq jours que nous venons de faire à la Grande Muraille, aux tombeaux des Ming et aux ruines du Palais d'été, j'en parlerai en détail, parce que cette excursion ne compte pas encore parmi celles qu'entreprennent tous les *globe trotters*. Ce n'est pas qu'elle soit périlleuse le moins du monde ou même difficile ; mais il faut venir à Pékin pour la faire, et Pékin est un peu hors de l'itinéraire vulgaire. Les résidents de Shanghaï eux-mêmes trouvent fort ennuyeux de s'y rendre; et sur cent d'entre eux on en compterait à peine un seul qui, au cours d'un séjour prolongé en Chine, se soit donné la peine de remonter le golfe de Pe-Tchi-Li et de traverser la mer Jaune.

Notre itinéraire était fixé exactement d'après les indications de sir Robert. Pour l'accomplir, nous avions engagé comme guide, destiné à nous protéger contre les arrogances indigènes, un Chinois chrétien du nom de Barthélemy. Il a été sur le point de devenir missionnaire, et parle un langage que je qualifierais volontiers de *pidgin* français. A lui était confiée la direction de notre personnel, composé de Will, du boy chinois (remplissant les fonctions de cuisinier) et de deux mafous. Il avait de plus la conduite de cinq poneys et des quatre carrioles, bourrées de matelas, d'oreillers, de 60 kilos de glace et de provisions de toutes sortes.

Qu'il me soit permis d'en dresser rapidement la liste; elle a été composée par le propriétaire de l'hôtel de France, un compatriote échoué à Pékin, qui tient un *store* auquel puisent tous les résidents. Nous emportions donc : 4 poulets rôtis, un jambon, 10 conserves de potage et d'extrait de Liebig, 24 boîtes de bœuf à la mode, de veau aux petits pois, de ragoût de mouton, de perdreaux et de foies gras; 6 boîtes de sardines, d'escargots bordelaise et de caviar russe; 10 boîtes de haricots verts et de beurre, 8 de chocolat au lait; des biscuits et des confitures; du sucre, du thé, du café moulu; 2 livres de fromage, 10 de pommes de terre et 15 de pain; puis 18 bouteilles de bordeaux, 8 de vin du Rhin, 6 de champagne, 2 de cognac, 24 de soda et d'apollinaris. Enfin nous avions comme matériel : des bougies, des allumettes, des serviettes, des assiettes, des verres, des plats, des couverts, des casseroles, un fourneau et de la literie!!! Ouf! quelle nomenclature! et quel déménagement pour cinq jours de voyage! Vous pouvez deviner d'après cela ce que sont les hôtelleries indigènes, et voir en même temps de quelle manière on supplée à tout ce qui leur manque!

Nous partîmes le 7 au matin pour Nan-Kaou, village situé, à six heures de cheval, à l'entrée de la passe de même nom. Pour ce trajet, il est d'usage de s'arrêter à Sha-Ho, bourg où l'on déjeune et où l'on se repose dans une cour d'auberge semblable à celle de Ho-Chi-Wou. Jusque-là le pays est aussi laid que du côté de Tien-Tsin ; mais au delà il devient plus cultivé : de nombreux villages se détachent au milieu de champs verts et de frais bosquets ; les maisons ressemblent de loin à nos fermes de Champagne. Les approches de Nan-Kaou redeviennent plus arides et le village lui-même est perché sur une éminence rocheuse.

De Nan-Kaou à la Grande Muraille, aller et retour, il faut une journée entière. L'excursion est très fatigante parce qu'on la fait à dos d'ânes et au pas, tant la route est pierreuse. Quatre heures d'âne pour aller et quatre pour revenir, cela compte! Quand je dis ânes, je devrais dire ânons, car ce sont de petites bêtes qui portent sur le dos un sac très dur en guise de selle, et dans la bouche un bout de corde au lieu de bride ; les semblants d'étriers passent par-dessus le sac, mais n'y sont pas fixés, de sorte que si le cavalier a le malheur de s'appuyer plus d'un côté que de l'autre, il met tout de suite pied à terre et roule sous le ventre de sa monture. Le chemin est tellement mauvais qu'il n'y a pas avantage à marcher, car on se couperait les pieds sur les cailloux. On se demande comment résistent ceux des petits gamins âniers qui suivent en criant : *Ta-ta-ta-ta !* Ils marchent cependant nu-pieds !...

La passe est une vallée très encaissée dans laquelle serpente un lit de torrent, presque à sec à cette époque de l'année, mais fort périlleux au moment des pluies, qui noient quelquefois des caravanes entières. Sur les flancs des rochers brunâtres il y a peu de végétation, et les villages que l'on traverse paraissent avoir été submergés par un déluge de cailloux et de pierres. Nous croisons souvent de petits chevaux, mais surtout de belles et grandes mules grises, ainsi que beaucoup de troupeaux de moutons. En hiver, paraît-il, le passage continu de ces animaux et des chameaux chargés de thé pour Kiachta forme un long défilé sur toute la longueur de cette passe qui est la grande route commerciale de la Mongolie.

A mi-chemin, à Chu-Young-Kouan, on voit une arche voûtée du quatorzième siècle et, sur les hauteurs, les premiers serpentements de la Grande Muraille.

Le but de l'excursion est la porte de Pa-Ta-Ling, située à 2000 pieds au-dessus du niveau de la mer. C'est un des endroits les plus favorables pour voir la Muraille. Une sorte de cour de forteresse la précède, contenant une maison de gardien écroulée et deux arbres. A droite et à gauche, les épais remparts, larges de six à sept mètres, montent vers les crêtes et forment comme une promenade garnie de rebords crénelés. Des tours carrées posées à cheval de distance en distance dominent les plaines qui s'ouvrent au delà. L'aspect de cette parcelle relativement moderne (les abords de Pa-Ta-Ling datent du quinzième siècle) d'une œuvre gigantesque, créée deux cents ans avant Jésus-Christ, sur une longueur de 2500 kilomètres, est fort imposant; on dirait un reptile monstrueux rampant sur des vallonnements arides, disparaissant et reparaissant tour à tour dans les profondeurs et sur les cimes.

Bien des gens rompus par la fatigue de la route prétendent que « le jeu ne vaut pas la chandelle »; il y a néanmoins une certaine satisfaction d'amour-propre à retourner vers Nan-Kaou en emportant de cette fameuse Grande Muraille un morceau de brique grisâtre, comme celui que je vous montrerai un jour!

BARTHÉLEMY ET LES TROIS ANIERS.
Photographie de l'auteur.

Le 9 juillet, au lendemain de notre promenade à dos d'ânons, nous étions cruellement courbatus, d'autant plus que nous avions passé une très mauvaise nuit. Dans l'impossibilité de réussir à dormir sur les plates-formes murées[1], grouillantes de cousins et d'autres insectes plus redoutés, nous avions été obligés, pour échapper à leurs morsures, de transporter matelas et couvertures sur le seuil de l'affreux réduit, la « chambre d'honneur » de l'auberge. On ne saurait se figurer combien sont épouvantables ces hôtelleries; le plus horrible serait d'être contraint de s'y nourrir à la chinoise!....

Le programme de la journée devait nous conduire, le long des montagnes, à la plaine des tombeaux et nous ramener pour la nuit à Sha-Ho. Nous avions expédié directement à ce dernier endroit Will et les carrioles, gardant deux ânes chargés des provisions nécessaires jusqu'au soir. Comme il avait plu la nuit (la première pluie depuis plusieurs mois), la poussière était abattue et la campagne avait pris un aspect de fraîcheur inattendu. Néanmoins le sentier était assez mauvais pour nous obliger à rester au pas.

Barthélemy, qui fait un bien piteux cavalier, en était enchanté. L'avant-veille, nous lui avions occasionné des peurs bleues en forçant son poney mongolien à prendre le grand galop et en le poursuivant à coups de baguette. Jamais je n'oublierai le spectacle de cette course : le poney à tournure d'ourson avec sa queue démesurée et sa tête rênée à outrance; Barthélemy, les jambes ployées sous sa grande robe blanche flottante, tenant nerveusement bâton et éventail à l'ombre d'un immense chapeau de paille : un chapeau inénarrable! d'un mètre cinquante de pourtour, lié avec des rubans bleu ciel sous son menton dodu, battant l'air de ses larges bords souples et planant comme une

---

1. Elles sont bâties comme des fourneaux: en hiver on les chauffe, et c'est alors surtout que se réveillent toutes les bêtes qui les peuplent.

auréole au-dessus de la figure charnue de celui que nous avons baptisé le « bon père ».

Nous a-t-il fait rire ce bon père avec ses histoires incongrues, ses explications embrouillées, mélangées de « la-la-la-la-la », son air imperturbable et sa mine fûtée ! Jamais il n'entendait au premier coup, sans doute pour mieux méditer sa réponse. « Barthélemy, disait l'un de nous, combien de *lis* jusqu'à Nan-Kaou ? » Pas de réponse. « Eh ! là-bas, Bar-thé-lemy ? » même question sur un diapason plus élevé. Toujours pas de réponse ; mais le chapeau auréole continuait à danser au-dessus de la queue de l'ourson. Enfin, d'une voix de tonnerre : « Bar-thé-le-my, êtes-vous donc sourd ? » Et alors nous voyions se retourner sa grosse face qui nous disait un « hein ? » avec un calme, une innocence, une naïveté tels, que nous ne savions plus s'il fallait nous fâcher ou éclater de rire.

Mais quand il riait, d'un gloussement de moine engraissé, il mettait le comble à notre joie.... Je l'ai bien souvent comparé au Père Gorenflot de la *Dame de Montsoreau*.

Sur ce, revenons aux Ming.

Treize de ces empereurs ont leur mausolée individuel à Shi-San-Ling (les deux premiers souverains de la dynastie étant enterrés à Nanking, le dernier aux environs de Pékin). Le monument le plus important est la sépulture de l'empereur Young-Lo, qui régna de 1403 à 1424. Il est placé à peu près au centre du demi-cercle formé par les montagnes qui entourent la plaine.

Au delà d'une chaussée pavée, une première cour, puis un hall ouvert et une seconde cour, plantée de chênes et de pins, précèdent en ligne droite le grand hall central qui est érigé sur une terrasse de marbre blanc, à laquelle aboutissent des escaliers garnis de fines balustrades. Là les piliers sont plus beaux encore que ceux du temple du Ciel ; on prétend qu'ils ont été apportés du Yunnan et de la Birmanie. Au nombre de 32, ils ont 4 mètres de pourtour et 12 de hauteur. Simplement rabotés et lissés, ils sont exposés à l'air depuis quatre siècles et paraissent aussi secs que s'ils avaient été placés là d'hier.

Ce hall grandiose contient un autel avec brûle-parfums, flambeaux et vases à fleurs. On le traverse pour descendre dans une troisième cour boisée, et l'on se trouve alors en présence de la tombe même, espèce de tumulus couvert d'arbres, qui a une circonférence d'un demi-kilomètre. Un pavillon est adossé à ce tertre; il est creusé d'une voûte centrale, qui monte en pente vers un pan de mur scellé, devant lequel est un double escalier, conduisant à une terrasse supérieure. Là s'élève un monolithe de marbre rose portant pour unique inscription le nom posthume[1] de Young-Lo : « *Tcheng Tsouwen-Houang-Ti* », c'est-à-dire : le parfait ancêtre et littéraire empereur.

Cette sépulture grandiose est d'une sublime simplicité.

La route que nous avons suivie pour gagner Sha-Ho est celle que doit prendre celui qui désire connaître dans toute sa grandeur l'impression produite par une vue étendue de la plaine. C'est la route directe de Pékin. Quand on la parcourt à rebours, on chevauche d'abord sur de larges pavés, puis en pleine campagne et à travers les lits pierreux de torrents desséchés, au-dessus desquels sont suspendus des ponts de marbre écroulés. En haut d'un petit tertre, un portail de marbre à trois arches ouvre sur l'avenue dite des Animaux, avenue fameuse de près d'un kilomètre de long, et que bordent de chaque côté des statues de granit gris deux fois plus grandes que nature. Espacées à une trentaine de mètres les unes des autres, ces statues représentent des guerriers, des prêtres, des chevaux, des éléphants, des chameaux, des unicornes et des lions; les mêmes animaux sont placés par paires couchés et debout.

---

[1]. Durant son règne, le souverain de la Chine n'a que faire d'un nom, puisqu'il est l'*Empereur*. C'est à sa mort qu'on le nomme pour la postérité.

Les vrais chevaux qui passent ont souvent peur de cette haie de pierres, et surtout la nuit par le clair de lune. Mais nos poneys de Tien-Tsin devaient connaître par cœur leurs confrères séculaires, car ils allèrent fort tranquillement flairer eurs naseaux immobiles.

A la suite de cette étrange avenue vient un haut pavillon qui abrite un monolithe posé sur une énorme tortue; quatre piliers surmontés d'escogriffes entourent symétriquement le bâtiment. Enfin, après avoir traversé un autre lit de rivière, on arrive sur un nouveau tertre, que domine une arche à quintuple ouverture, faite en fin marbre blanc. Elle est longue de 30 mètres et date de 1541. C'est le véritable portail d'entrée de la plaine des tombeaux. De là jusqu'au mausolée de Young-Lo il y a bien une distance de 4 kilomètres. Bien que je connusse en détail tout ce que nous venions de laisser derrière nous de curieux et d'intéressant, l'impression que j'ai ressentie à cet endroit est une de celles qui, avec les souvenirs du Taj d'Agra, resteront toujours gravées dans ma mémoire. Placé au pied du portail, je regardai avec émotion et recueillement ces arches blanches qui coupaient le ciel bleu, l'enfilade des pavillons et des animaux de granit, et, détachés sur un fond d'arbres et de montagnes, les faîtes retroussés des treize palais funèbres, qui trônaient au milieu de leurs parcs dans la majestueuse solitude de cette nécropole unique au monde!

Après avoir traversé la petite ville de Tchang-Ping-Tchaou, qui par ses hautes murailles ressemble à une forteresse, nous rentrions dans Sha-Ho, à l'auberge qui nous avait déjà reçus deux jours auparavant.

Tout le pays que nous avons parcouru entre ces deux étapes est fort intéressant. Les villages sont petits; les paysans, à l'air paisible et bienveillant, se reposent devant leurs maisons, où ils ont des installations de bancs et de tables comme celles des

Mausolée de Young-Lo. — Portail d'entrée.
Photographie de l'auteur.

auberges d'Allemagne. Des corbeilles remplies de prunes, de pêches, d'abricots et de mirabelles sont disposées devant les portes, et le passant y puise moyennant quelque rondelle de cuivre prise dans sa sacoche. De loin des rassemblements se forment pour voir défiler les « diables rouges », mais les femmes se sauvent à notre approche, et les enfants courent à toutes jambes. Relativement propres, — puisqu'ici un sable jaune remplace la poussière noire de Pékin, — ces marmots, souvent jolis de figure, sont bien drôles avec leurs crânes rasés, sur lesquels se dressent en l'air deux toupets liés en petites tresses avec des fils rouges! Ils sont vêtus d'une sorte de bavette qui descend jusqu'aux genoux, en enveloppant leurs jambes, et qui ressemble à une moitié de sac.

J'en aurais bien volontiers photographié quelques-uns, mais il ne fallait pas y songer, car les parents, persuadés que je causerais ainsi la mort de leur progéniture, m'auraient fait quelque mauvais parti.

Le 10 juillet, nous nous rapprochâmes de Pékin en établissant notre quartier général à Haï-Tien, assez gros bourg situé à portée immédiate des palais impériaux. Nous nous sommes logés là au temple de Lou-Pal-Miaou, qui sert à notre ministre pour ses déplacements de chasse. Le bonze gardien nous installa à côté du sanctuaire, dans deux pièces ornées de papiers de tenture qui témoignaient du passage de la légation. Là, à l'ombre d'un grand noyer qui nous abritait à l'heure des repas, nous nous sentions au moins « chez nous ».

Rayonnant vers les divers monuments détruits par les alliés en 1860, nous sommes allés d'abord à Yu-Shuan-Shan, la « colline de la fontaine de jade ». En haut se trouvent deux pagodes, dont l'une est tout à fait en ruine. Ses vestiges de marbre rappellent encore sa beauté passée; mais elle est surtout curieuse à cause des grottes qui sont creusées dessous et dans le granit desquelles sont taillés des Bouddhas semblables aux Bouddhas indiens. Au pied de la pagode, on voit à rebours le panorama des murailles de Pékin ; à droite et en arrière s'étend la chaîne montagneuse sur laquelle sont éparpillés les vieux temples; en avant sont les parcs des palais détruits, et à l'horizon, perdus dans la brume, les murs et les tours de la capitale.

Wan-Shou-Shan et Yuen-Ming-Yuen sont les domaines qui concentrèrent toutes les gloires artistiques de la Chine et les plus riches trésors d'un grand peuple, saccagés en quelques jours par nos armées « civilisées ». Je sais bien qu'il s'était agi, après une trahison infâme, d'infliger à l'empire la leçon la plus propre à vaincre son orgueil; mais cette leçon, qui ressemble plutôt à un acte de vandalisme, n'a attiré sur les Occidentaux que la haine et le mépris des vaincus, sans rien diminuer de leur arrogance.

Wan-Shou-Shan, c'est la « colline des dix mille siècles! » Couverte de pagodes, elle domine un grand lac envahi par des lotus et entouré d'une massive balustrade de marbre. Une avenue longe cette balustrade et conduit au pied d'une suite de terrasses gigantesques faites en blocs carrés, qui montent par des escaliers à double évolution jusqu'à la dernière pagode, dont la toiture est de tuiles vernissées vertes et jaunes. C'est, avec l'arche de marbre qui la précède, le seul monument à peu près intact au milieu des ruines générales, où le pied ne heurte que débris de pierres et de marbres, socles fendus et monolithes crevassés, pagodes, kiosques et pavillons effondrés.

Mais Yuen-Ming-Yuen offre un spectacle plus triste encore. C'est le « jardin rond et superbe » qui renfermait les célèbres Palais d'été, la « pupille des yeux des empereurs ». Là règne la plus complète désolation! C'est un immense champ de ruines, dont la vue est d'autant plus navrante que ces débris sont les vestiges du meilleur art rocaille d'Europe, exécuté en Chine par des mains habiles et incendié par les descendants mêmes de ceux qui l'ont créé. Ces palais furent bâtis sous l'empereur Kien-Loung (contemporain de Louis XV), à l'époque où les Jésuites étaient omnipotents à la cour de Pékin, et si près de christianiser entièrement la Chine, sans les intrigues romaines qui les perdirent. Leurs plans et leurs dessins ont créé dans ce coin de l'Extrême-Orient un ensemble de jardins, de labyrinthes, de cascades, de pavillons et de châteaux dont l'aspect a été à la fois magnifique et charmant. Ce fut Versailles et Trianon, avec cette différence que les pierres de taille et les briques y étaient remplacées par des faïences fouillées en festons, en rinceaux et en guirlandes, qui tranchaient en reliefs tendres, colorés de jaune, de bleu, de rose, sur les parois sculptées de marbres brillants.

Maintenant tout gît pêle-mêle autour de quelques pans de murs restés debout, qui encadrent portes et fenêtres, perrons et balustres. On foule aux pieds des colonnes de marbre cassées, des morceaux de faïences délicates envahis par les herbes et les ronces, sous lesquelles restent peut-être encore enfouies bien des richesses à jamais cachées!

Au milieu de ce chaos artistique, qui perpétue le souvenir de la domination européenne dans un empire redevenu plus asiatique et plus exclusif que jamais, le gouvernement n'a pas cherché et ne cherchera à rien sauver. Tout est abandonné et livré à la rapacité des gardiens, qui s'attaquent en première ligne aux beaux arbres du domaine, déjà réduits à un nombre des plus restreints. De tous côtés on aperçoit des chantiers de sciage et de débit, établis sur le bord des pièces d'eau et sur les vallonnements dégarnis, tristes et boueux comme des champs d'exploitation....

Grâce à Barthélemy, qui a déjà souvent distribué des cadeaux à cet endroit, nous avons pu pénétrer et circuler sans ennuis dans Yuen-Ming-Yuen. Nous devons nous en féliciter, car la place, absolument interdite depuis 1874, est férocement gardée. On n'y entre et l'on n'en sort que par des trous percés au bas des murs, trous certainement pratiqués par les gardiens pour leur usage personnel.

On nous dit que cet exemple de déprédation est en petit l'image de tout ce qui se passe dans les administrations du Céleste-Empire. Jugez sans plus de commentaires !...

Le 11 juillet, nous devions nous rendre à quelques lieues de Haï-Tien, dans le grand parc de chasse impérial de Hsiang-Shan, et voir dans les montagnes deux temples curieux, Wo-Fo-Ssu, et Pi-Yun-Ssu ; mais il plut tellement fort que les chemins eussent été impraticables. Nous rentrâmes donc directement à Pékin, en lançant nos poneys au grand trot sur la large chaussée impériale. En moins d'une heure, nous étions devant les portes de la ville, mouillés et crottés comme si nous avions fait un trajet de plusieurs jours ! Mais aussi quelles éclaboussures quand les chevaux tapaient des pieds dans les interstices des dalles de pierre ! Et sous les voûtes mêmes, dans les rues de la ville, quels courants de rivières boueuses, quels lacs d'eau noire, dans lesquels nos montures enfonçaient jusqu'aux genoux !

Entrés une première fois à Pékin dans des nuages de poussière, nous y arrivions maintenant sous un vrai déluge. Les rues étaient désertes, les boutiques fermées. Et cependant cela ne paraissait pas encore grand'chose aux Pékinois. Ils sont habitués à pis que cela, puisque des gens se noient sous les portes mêmes de la ville, quand les torrents formés par les pluies sont si impétueux et les trous si profonds que des charrettes renversées avec leurs occupants ne peuvent être sorties de là. Les malheureux sont ainsi vite asphyxiés entre les étroites parois de leurs véhicules. On cite volontiers l'aventure arrivée à un membre

CHINE

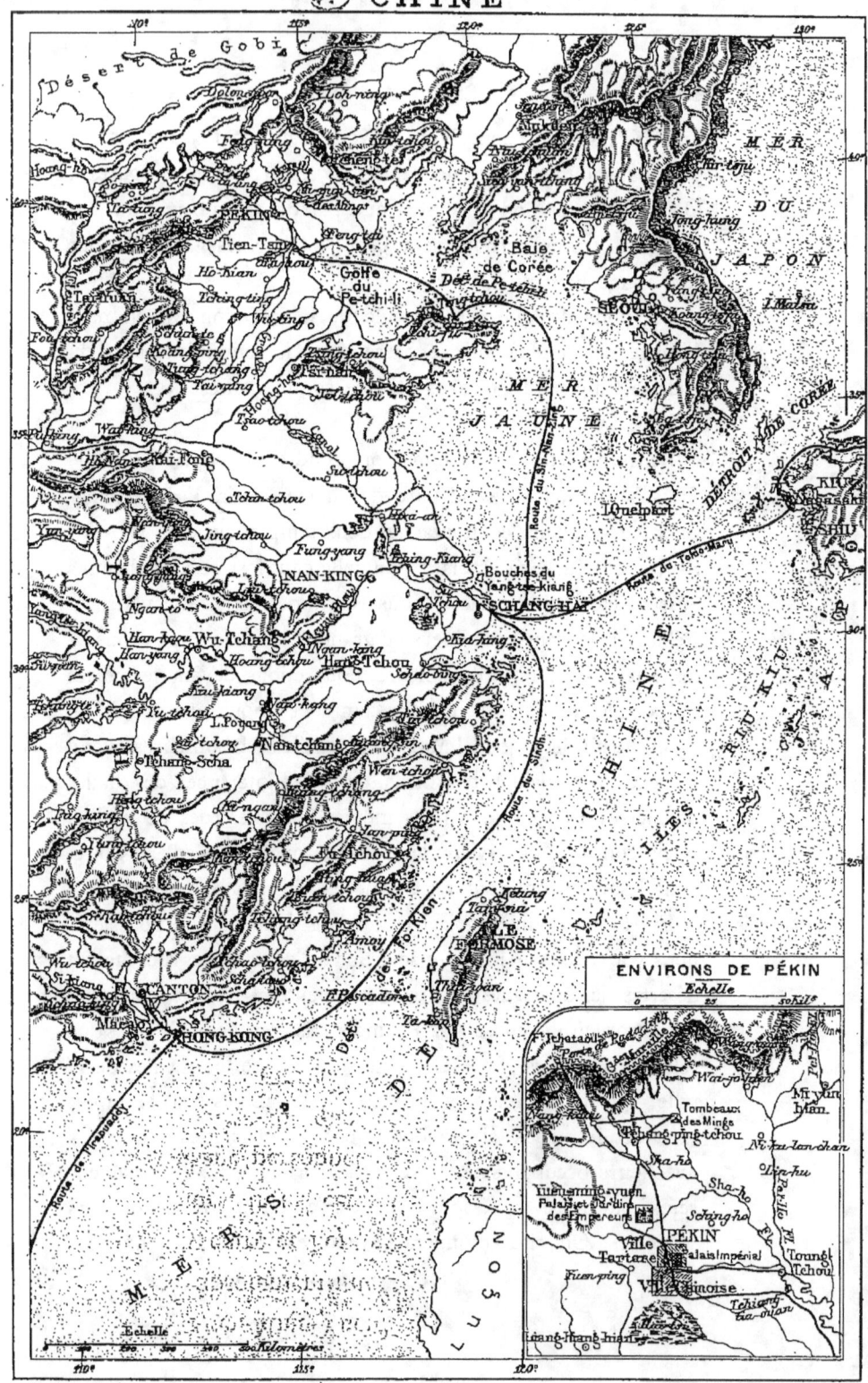

du corps diplomatique qui, tombé dans un de ces marécages improvisés, ne put se sauver qu'à la nage.

Jolie ville que Pékin!!

Pékin, 20 juillet.

Je ne mentionnerai pas toutes les curiosités de la capitale que nous avons vues depuis notre retour. Je citerai seulement : l'Observatoire et ses magnifiques instruments de bronze, dont les grands dragons ciselés sont d'un travail merveilleux ; le Collège des examens, avec ses huit mille petites cases d'un mètre carré, où autant de candidats, venus de tous les points de la Chine pour briguer les distinctions littéraires, restent séquestrés trois jours et trois nuits ; le temple de Houang-Ssu et son monument de marbre érigé par Kien-Loung ; la cathédrale des Missions françaises, le Peï-Tang, où les Pères circulent en costumes chinois, etc.

Pour décrire tout cela en détail, je n'en finirais pas. Du reste, il est temps que je vous conduise un peu dans l'intérieur des retraites civilisées où l'on vient renaître après tant de spectacles par trop chinois!

Chez sir Robert, l'installation est simple mais très confortable. La maison, construite sur rez-de-chaussée en forme d'H, a été terminée il y a quelques années. Elle est éclairée au gaz, grâce à une usine spécialement bâtie pour les douanes, et dont la création faillit causer une émeute. Quand la grande cheminée commença à fonctionner, le bruit courut parmi la population que cet instrument inconnu était destiné à « rôtir » les enfants!... La vie est fort calme aux douanes; dans le jardin le bruit de la rue parvient à peine, et pendant la nuit le silence est si complet que nous avons été quelquefois réveillés en sursaut par le petit battement des bois que frappent l'un contre l'autre les gardiens de ronde, personnages de fondation dans cette partie de l'Orient. Sir Robert quitte peu sa maison; quelquefois il fait à pied des visites, ou bien va converser avec le prince Koung au Tsoung-Li-Yamen, le ministère des affaires étrangères. Quand le soir il sort avec nous pour se rendre à quelque invitation, nous circulons en carrioles perfectionnées. Leur forme est pareille à celles que vous connaissez, mais elles sont rembourrées de coussins de soie et traînées par des mules au pas. Malgré l'absence de lady Hart il a conservé ses *garden parties* hebdomadaires du mercredi. Le « Tout Pékin » européen s'y donne rendez-vous : légations et personnel, secrétaires des douanes, professeurs universitaires, missionnaires, médecins étudiants des ambassades d'Angleterre et de Russie.

La colonie actuelle se chiffre à une centaine de personnes, témoin le bal costumé donné par lady Hart l'hiver dernier, et auquel soixante-dix personnes soupèrent assises. Mais à cette époque-ci de l'année le cercle est bien rétréci. Beaucoup de familles s'installent sur les collines dans des temples loués aux bonzes. Tous les ministres, sauf le nôtre, ont une résidence fixe de ce genre.

Malgré les défections qui jettent en ce moment une ombre sur les relations habituelles, nous sommes en rapports suivis avec le cercle diplomatique, grâce à l'accueil charmant que nous ont fait M. et Mme Bourée. Il ne se passe plus maintenant de jour que nous n'allions à la légation française.

La légation est située, ainsi que je l'ai déjà dit, à cinq minutes de l'habitation de sir Robert. C'est un ancien *fou*, c'est-à-dire le palais d'un prince du sang. Tous les bâtiments y sont donc de style chinois, en particulier le grand vestibule ouvert, à grosses colonnes rouges et à panneaux bariolés de bleu et de vert. Ce vestibule sépare deux cours plantées d'arbustes, mais qui manquent de gaieté, à cause de leurs murs grisâtres. A droite et à gauche de la première se trouvent les habitations du chancelier et de l'interprète. Autour de la seconde sont les appartements du ministre. Le secrétaire, le vicomte de Semallé, habite une petite maison séparée, placée dans la partie gauche du grand jardin, monastique comme tous ces jardins de fous chinois.

Avant l'arrivée de M. Bourée, la légation était dans un fort piteux état. Depuis lors, tout a été remanié sous l'ingénieuse initiative du ministre. Ayant eu le courage d'emporter à pareille distance, et malgré les risques de transport, ses meilleurs tableaux et ses plus jolis objets d'art; collectionnant ici à bonne source une foule de bibelots précieux et d'étoffes rares, M. Bourée a créé dans ce yamen délaissé une suite de pièces d'un style aussi élégant que moderne. Quand on se trouve dans ce beau salon aux tentures sombres et aux lambris brun et or, où des étagères chargées de porcelaines de valeur sont accrochées au-dessous de toiles de maîtres, et quand, appuyé sur les coussins d'une ottomane couverte de broderies anciennes, on est sous le charme de la conversation vive et spirituelle de Mme Bourée, on oublie Pékin, ses rues ignobles, ses horreurs publiques, et on se croit dans quelque charmant salon parisien.

Que d'agréables moments nous avons déjà passés là, le soir surtout, pendant les réceptions régulières qui sont les rendez-vous préférés de tous! Plusieurs fois aussi nous avons dîné chez le ministre, conviés en particulier au grand dîner officiel de vingt-quatre couverts donné le 14 juillet, anniversaire de la fête nationale; dîner exquis, supérieurement combiné par le chef chinois de la légation[1]. Étaient présents trois ambassadeurs et sir Robert Hart, ainsi que les résidents français de Pékin. Sir Thomas Wade, en sa qualité de doyen du corps diplomatique, porta en anglais un toast au président de la République et à la prospérité de la France. Hommes et femmes étaient debout pendant cet instant solennel. M. Bourée répondit en français, remerciant en son nom et au nom de tous les Français présents, et proposa la santé de Sa Majesté la Reine, ainsi que des souverains amis ou alliés de la République Française.

Bon nombre de personnes vinrent à la soirée qui suivit. On illumina le jardin et l'on tira un brillant feu d'artifice, que dérangea bien un peu le temps pluvieux. Puis, au son d'un piano, on dansa sous les colonnes du grand vestibule brillamment éclairé. Les organisateurs chinois révélèrent ce soir-là leur infirmité nationale : avec un ensemble parfait ils avaient mis sur tous les transparents les lettres L. F. au lieu de R. F. On en a bien ri !

De tous les aimables habitants de la légation, nous voyons le plus M. de Semallé, que passionnent ici le bibelot et la photographie, deux sujets sur lesquels nous avons pu vite nous entendre. Depuis son arrivée il a déjà réuni une magnifique collection d'objets d'art, et il rapportera un jour en France les séries de clichés les plus complètes qui aient été jamais faites à Pékin, soit de ses monuments, soit de ses environs. Guidés par son expérience, nous nous sommes lancés ici dans des achats considérables, et plusieurs fois tous les jours nous allons chez lui pour d'interminables rendez-vous avec des marchands de toutes sortes. Ceux-ci envahissent les abords de la maison par escouades de vingt, trente ou quarante, attendant là des journées entières, et souvent ne nous vendant rien du tout. Notre ami met une com-

[1]. Les Chinois ont un talent extraordinaire pour faire la cuisine européenne.

plaisance inouïe à conclure pour nous les marchés les plus compliqués. Aussi emporterons-nous des pièces exceptionnelles : fourrures précieuses, bronzes et cloisonnés anciens, porcelaines des bonnes époques, soieries de provenance impériale, etc., bien des choses, en un mot, qu'il n'est possible de voir et de se procurer qu'à Pékin même, où ne pénètrent pas encore trop de commerçants dévaliseurs qui gâtent les prix....

Stimulés par les satisfactions artistiques que nous trouvons ici et par les tendances spéciales qui règnent dans ce milieu choisi d'Européens, — unis bien plus qu'ailleurs par un besoin de rapprochement, dans un centre ennemi de leurs idées communes, — nous sommes enchantés d'un séjour qui s'écoule aussi agréablement. Dans deux jours cependant nous partirons....

Astor House Hotel, Shanghaï, 9 août.

Le 22 juillet nous avons fait nos adieux à tous nos amis de Pékin et à sir Robert Hart, notre bienveillant amphitryon, pour reprendre la route de Tien-Tsin, sous la conduite d'un guide anglais nommé Moore. Le « bon père » nous avait présenté un compte tellement farci du *squeeze* chinois, que les cartes de la partie engagée avec lui s'en sont brouillées du coup.

Moore, pauvre diable qui végète à Pékin avec une épouse chinoise et de nombreux enfants, n'avait pas été à Tien-Tsin depuis dix ans! Il était donc on ne peut plus heureux de la bonne fortune que nous lui offrions. Il nous précéda jusqu'à Toung-Tchaou, ville située sur le Pei-Ho à 13 milles de Pékin, nous attendant là avec quatre bateaux pour descendre la rivière. A peu près certains d'accomplir le trajet en quarante-huit heures, nous n'avions pas hésité à choisir ce moyen de transport.

Ce voyage, pour lequel il avait encore été nécessaire de prendre literie et provisions, marcha rapidement. Absence de vent contraire, haut niveau des eaux, entrain des bateliers qui travaillaient dur en perspective d'un « extra », tout nous favorisa. Deux par deux nous étions casés dans les deux premiers bateaux[1]; le troisième servait de salle à manger, et le dernier était réservé à la cuisine et à notre suite. Pendant la journée nous lisions et fumions, avançant peu à peu vers le but, au cours d'une existence de « farniente » très supportable. Partis un samedi soir de Toung-Tchaou, nous entrions à Tien-Tsin le lundi après-midi. Alors seulement nous avons pu nous rendre compte de l'immensité de cette ville de 900 000 âmes, en longeant pendant près de deux heures ses rivages populeux et encombrés d'embarcations. Plus nous avancions, plus la masse des bateaux devenait compacte; finalement un étroit chenal nous permit seul de passer sur une largeur de deux ou trois sampans.

Le steamer pour Shanghaï ne partant que plusieurs jours après notre arrivée, force nous fut de prendre quartier au Globe Hotel. Ce séjour imprévu devint fort agréable, grâce à nos relations fréquentes avec la petite colonie européenne. Au commissariat des douanes, comme aux consulats d'Allemagne, d'Angleterre et de France, on nous invita souvent. Nous avons circulé le moins possible dans les rues si peu tentantes de la ville indigène. De tous côtés cependant, nous étions poursuivis par la mélancolique silhouette de ce qui fut jadis la cathédrale française, carcasse béante rappelant une époque de haines et de

---

1. Ces bateaux, faits sur le modèle des sampans, sont divisés en trois compartiments; dans le réduit du milieu, qui peut se clore par des portes à vitres, le plancher surélevé sert de couche.

représailles que les habitants ne me sembleraient pas éloignés de faire revenir à la première occasion....

Le 4 août, nous rentrions à Shanghaï. La traversée fut fort mauvaise, et pendant deux jours notre petit bateau lutta vaillamment contre la tempête que nous envoyait un typhon faisant rage au sud. Notre capitaine crut bien un instant ne pouvoir échapper au typhon même, et Dieu sait ce qui serait arrivé!...

Ici c'est une reprise de la vie la plus complètement européenne et une suite interminable d'invitations. Quand on rentre à Shanghaï après l'isolement et le calme de Pékin, les quais animés, les maisons luxueuses en imposent, comme à un campagnard les magasins brillants d'un boulevard illuminé. Mais on s'y refait vite, et l'on compatit bientôt avec les inévitables ennuis de reclusion auxquels ne peuvent se soustraire, en hiver, tous ceux que bloquent au nord de la mer Jaune les glaces infranchissables du golfe de Pe-Tchi-Li. Nos plaisirs de Shanghaï sont alimentés ici par les représentations de la troupe Chiarini que nous retrouvons partout. Mais après-demain nous échapperons, et pour de bon cette fois, aux gymnastes, femmes-canons et autres, car nous nous embarquerons pour ce pays promis, le Japon, sur le *Tokio-Maru*, de la compagnie japonaise *Mitsu-Bishi*.

Quelque intéressantes qu'aient été nos pérégrinations en Chine, et quelque convaincus que nous soyons de la supériorité et de l'activité individuelles des Célestiaux sur les peuples voisins, je dois dire que nous quitterons sans regrets cette nation extraordinaire qui, au dire de certains, dominera peut-être un jour le monde, avec les Russes et les Américains!?... Pour résumer l'impression que nous laissent pays et habitants, j'écrirai ce seul mot : « antipathie »; antipathie peu raisonnée sans doute, mais instinctive à coup sûr....

V

JAPON

Yokohama, 25 août.

Deux jours après notre départ de Shanghaï, et après une traversée assez désagréable (les bateaux de la *Mitsu-Bishi* sont à roues et tremblent continuellement), le *Tokio-Maru* fit escale à Nagasaki.

En touchant aux vertes rives de l'Empire du Soleil-Levant, nous eûmes comme premiers aperçus : une jolie baie bien fermée par des collines couvertes d'une fraîche végétation; de petites maisons de bois brunâtres à toits plats, et quelques bungalows blancs; sur l'eau, des barques indigènes conduites par de vigoureux rameurs vêtus comme l'Apollon du Belvédère, avec supplément d'un pagne autour des reins; à terre, des personnages moins classiques, mais pittoresquement drapés dans les plis amples de la houppelande nationale, le *kimono*.

Le steamer ne resta que quelques heures dans le port, et nous reprîmes bientôt la mer. Au soir nous étions de nouveau à proximité de terre, et nous voyions scintiller tout autour de nous des centaines de petites lumières qui donnaient l'illusion d'une grande ville illuminée. Ce n'étaient cependant que des canots de pêcheurs, posés sur la surface des vagues comme des lucioles et en aussi grand nombre, semblait-il, que les étoiles qui étincelaient au ciel. Tandis que nous les admirions sans réserve, notre capitaine, un prosaïque Américain, les déclarait fort *troublesome* parce qu'elles gênaient sa marche, et qu'il risquait de couper en plein dans leur masse mouvante.

Le lendemain, à la première heure, nous jetions l'ancre dans le détroit de Shimo-no-Séki, qui sépare la pointe nord de Kiu-Shiu de l'extrémité ouest de Ni-hon et livre entrée dans la célèbre mer intérieure, cet immense lac bleu parsemé d'îles pittoresques. Tout le monde était sur pied pour jouir du spectacle ravissant que donnait la perspective des hauteurs boisées de pins, caressées par les premiers rayons du soleil.

M. Inoüyé, ministre des affaires étrangères, se joignit là au nombre des passagers. Il retournait à Tokio, après être venu á Shimo-no-Séki à l'occasion des événements de Corée : révolution, changement de souverain, massacre de Japonais établis là-bas, autant de faits graves qui posent l'éventualité d'une guerre, de l'armement du Japon, de l'intervention sourde de la Chine, etc. Comme une foule de Japonais accompagnaient le ministre au bateau, nous avons été témoins d'une série de politesses japonaises, les plus obséquieuses sans doute qui soient au monde.

Ce fut une étonnante succession de courbettes innombrables. Tous les Japonais se pliaient chacun à plusieurs reprises, courbant la tête jusqu'à terre, descendant et remontant leurs mains sur leurs genoux en sifflant d'une façon bizarre, et en prodiguant des sourires stéréotypés ! Obligés de rendre autant de salutations qu'on leur en offrait, le pauvre ministre et les personnes de sa suite ne cessaient de se courber et de se frotter les jambes. Ils paraissaient tous d'autant plus extraordinaires qu'ils étaient habillés à l'européenne, car le cérémonial asiatique ne cadre guère avec le veston gris, le faux-col pointu, le pince-nez et les lunettes. Nous nous sommes amusés surtout de l'air digne du petit Inoüyé, bonhomme de sept ans, en complet bleu et coiffé d'une grande casquette blanche de forme militaire prussienne, qui lui tombait sur la nuque. Grave comme s'il eût été lui-même ministre, il répondait aux courbettes officielles sans même trahir la satisfaction qu'il devait en éprouver.

J'avoue que les salutations m'intéressaient uniquement; à défaut d'autre mérite, elles avaient du moins celui de la nouveauté. Mais le costume, notre vilain costume mal porté par des Orientaux au teint basané, aux traits étranges, quelle déception pour un amateur de couleur locale!

Le temps ne nous favorisa malheureusement pas à travers la mer intérieure; car, tandis que nous avancions sur une nappe d'eau bien lisse, en zigzag dans un dédale d'îlots, la pluie tombait fine et serrée, enveloppant de brume des rives abruptes, des hameaux de pêcheurs, des baies étroites qui disparaissaient subitement derrière quelque pointe rocheuse....

Le 15 août nous arrivions devant la concession étrangère de Kobé pour un arrêt de trente-six heures. Le settlement, appuyé à de hautes collines, rappelle assez certains endroits des bords du Rhin par ses villas et les pavillons qui flottent sur les mâts des divers consulats établis le long de son bund propret. Les rues sont larges et bien tenues, mais elles manquent tout à fait d'animation et contrastent fort avec les artères populeuses de Hiogo, la ville japonaise voisine. Nous les avons parcourues les unes et les autres, passant devant la poste, le télégraphe, la gare et autres installations nouvelles du Japon progressiste, qui rendent les services que les Chinois refusent encore systématiquement de reconnaître.

Au Japon le pays est partout sillonné de lignes télégraphiques, et plusieurs réseaux de chemins de fer fonctionnent déjà depuis quelques années, principalement entre Kobé et Kioto par

Ozaka, et entre Yokohama et Tokio. En Chine, le gouvernement s'est empressé d'acheter, pour la détruire, la petite voie ferrée créée en 1876 entre Shanghaï et Wou-sung, et n'a pu se décider à autoriser l'établissement du fil qui relierait sa capitale au reste de l'univers. Quel volume d'antithèses ne pourrait-on pas écrire sur ces deux peuples voisins si différents!...

Aux environs immédiats de Kobé, une promenade charmante attire voyageurs et indigènes : ce sont les cascades de Nunobiki-no-Taki. On s'y fait traîner en *jin-riki-sha* jusqu'à un endroit où la montée s'engage dans un ravin étroit, conduisant, entre de hautes parois de rocs entremêlés de broussailles et de pins, dans des renfoncements ombreux. Les cascades tombent en deux chutes; la supérieure mesure une vingtaine de mètres. Toute la montée est jonchée de points de repos, de ponts, de cabanes rustiques où des servantes guettent le passant pour l'engager à s'arrêter et à se rafraîchir.

Quand nous approchâmes du sommet du dernier de ces petits débits de thé, appelés *tcha-ya*, deux donzelles vinrent de loin à notre rencontre. Faisant mille gestes, mille manières insinuantes et drôlettes, elles nous prirent même par la main, comme pour nous guider et nous souhaiter la bienvenue dans ce joli coin de leur pays. Elles nous firent asseoir sur des nattes, versèrent dans de petites tasses de porcelaine un thé peu coloré mais très parfumé, et nous comblèrent de soins et d'attentions, riant gaiement et montrant leurs jolies dents blanches. Ces filles du peuple, prévenantes sans affectation, gracieuses sans effort, nous parurent si gentilles qu'en les comparant avec les types de même classe de notre Europe nous dûmes bien reconnaître que la comparaison était entièrement à leur avantage.

Tout en sirotant notre breuvage désaltérant et en croquant des bonbons sucrés en compagnie de ces petites personnes amusantes, — les premières femmes qui nous servaient depuis dix mois passés dans diverses contrées d'Orient, — nous ne pouvions nous lasser d'admirer l'adorable paysage qui nous entourait. Rivages d'un vert tendre, nappe d'eau azurée dans laquelle se miraient de nombreuses voiles blanches, collines lointaines inondées de soleil, et tout près de nous des pins odorants qui formaient dômes au-dessus de nos têtes : tout cela composait un charmant panorama qui contrastait singulièrement avec les déserts de la Chine.

Nous rêvions là-haut, livres et albums en mains, quand arriva subitement une troupe de Japonaises en quête d'un bain froid. Rien de drôle comme leur installation sur les nattes de paille, l'arrangement des plateaux, le déballage de leurs pipettes, longues comme des porte-plumes terminés par des demi-dés à coudre. Après avoir quitté leurs costumes et revêtu de grands peignoirs clairs, elles se dénouèrent réciproquement leurs coiffures élaborées, en jonchant le sol de leurs épingles et de leurs faux crépons. On avait bien établi entre elles et nous un semblant de barrière au moyen d'un paravent ; mais ces demoiselles ne s'inquiétèrent pas autrement de notre voisinage, pas plus qu'elles ne s'effarouchèrent à la vue des Japonais en costume d'Adam qui allèrent prendre avec elles leurs ébats dans l'écume de la cascade.

Ne vous voilez pas la face comme d'austères Anglais qui se scandalisent dès qu'ils voient des gens assez bien élevés pour se passer des barrières que nos usages ont rendues nécessaires ! Étonnez-vous plutôt avec nous du décorum qui présidait à cette réunion originale où hommes, femmes et enfants se divertissaient sans éclats de voix, comme sans plaisanterie malsonnante, en s'ébattant sous la douche bienfaisante ou en se livrant à des minuties de toilette dont nous ne revenions pas. Nous connaissions cependant la réputation de propreté des Japonais, les gens qui sont peut-être au monde les plus grands amis de l'eau.

Quelle satisfaction j'aurais éprouvée à tenir en ce moment un Chinois par sa tresse et à le plonger dans les flots du Nunobiki-no-Taki !

J'allais oublier de mentionner que les baigneurs mâles étaient pour la plupart des coureurs, dont les jin-riki-sha stationnaient au bas des cascades. Pense-t-on que nos cochers de fiacre ou nos charretiers soient plus ou moins civilisés que ces pauvres koulis ?...

Le 18, nous avons vu se terminer notre traversée en abordant à Yokohama. Grand nombre de voyageurs quittent généralement le bateau à Kobé, et se rendent de là par terre dans l'est ; ils prennent l'une des deux grandes voies connues entre toutes, le Tokaïdo et le Nakasendo, c'est-à-dire la route de la *Mer de l'Est*, et la route des *Montagnes centrales*, qui relient Kioto, l'ancienne capitale, à Tokio [1], la nouvelle.

Notre intention est de parcourir ces deux routes en partant de Yokohama.

Nous sommes descendus au Grand-Hôtel, maison tenue par des Français, et placée sur le bund. Je m'empresse de rendre hommage à l'excellence de cet hôtel, le meilleur sans contredit de tous ceux qui existent en Orient. La cuisine, dirigée par des chefs français et indigènes en calotte traditionnelle, y est parfaite ; les repas sont prestement servis par des boys en vêtements serrés bleu foncé ; enfin (chose qui prouve ici d'emblée que le climat est tempéré), les salles, les chambres sont garnies de tapis, de rideaux, en un mot d'un mobilier européen soigné, que d'autres latitudes moins privilégiées ne respecteraient pas.

Yokohama, on le sait, est la grande porte d'entrée et de sortie du Japon, et le point central du mouvement commercial

---

1. Tokio n'est autre que l'ancien Yédo.

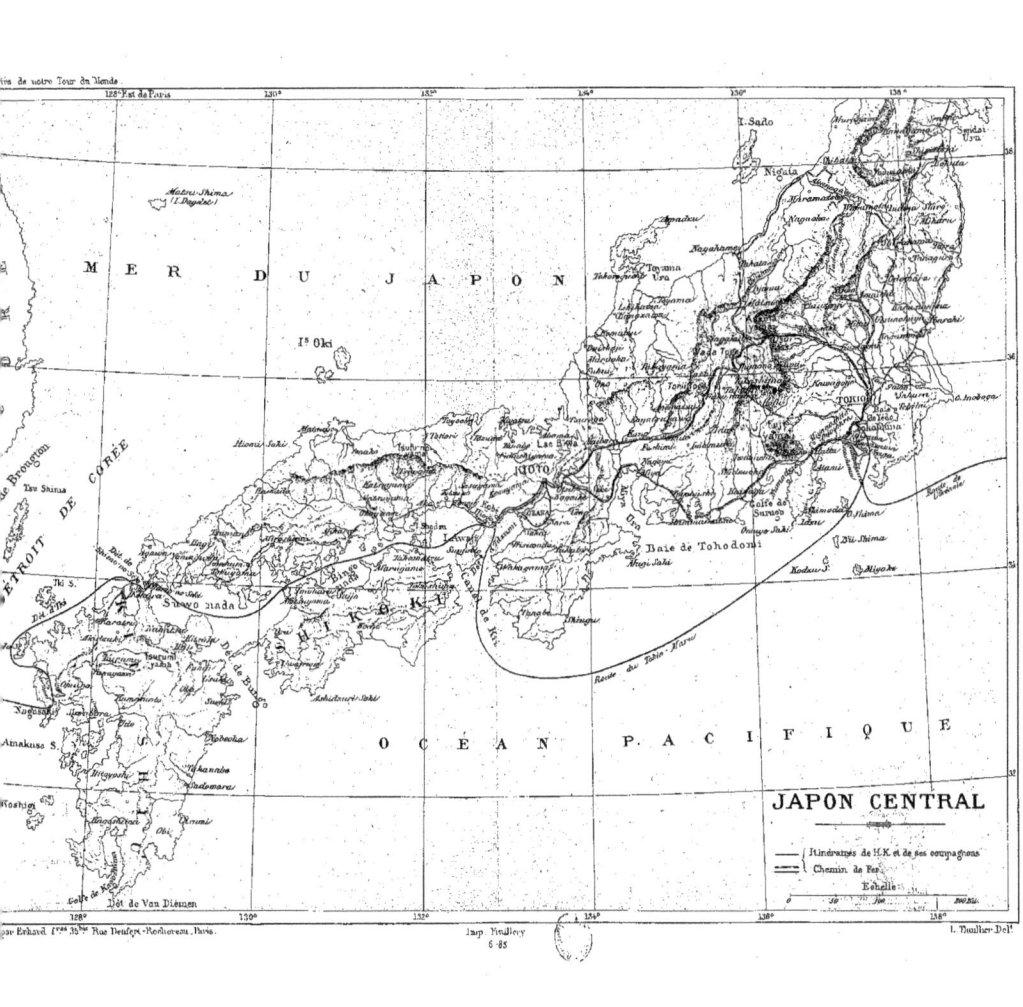

avec l'étranger. Parmi les divers services maritimes qui desservent Yokohama, on compte surtout ceux des compagnies de la *Pacific Mail* et de l'*Oriental and Occidental*, réunies en une seule administration pour le service de Hongkong à San Francisco, puis un embranchement des Messageries maritimes greffé sur Hongkong. La ville actuelle, qui contient environ 65 000 Japonais et 4000 étrangers dont 2000 Chinois, a été fondée il y a vingt-cinq ans, sur l'emplacement d'un pauvre village de pêcheurs. Le settlement fut alors établi pour plus de sécurité (et c'était nécessaire) sur une langue de terre isolée par la mer et par divers canaux; rapidement sur la terre ferme se sont groupées depuis, tout autour, les maisons de la ville japonaise, dont le nombre va sans cesse en augmentant. Entre les deux éléments, étranger et indigène, le gouvernement a érigé ses bâtiments de douane, de préfecture, etc.

Quand on arrive de Shanghaï, la cité des palais, le settlement avec ses maisons basses et simples fait l'effet d'une petite ville de province; on comprend alors l'origine du terme de *village* donné un peu ironiquement à Yokohama par les grands seigneurs de la métropole voisine. Mais le *Bluff* rachète la monotonie et le calme de la ville par le charme de ses allées et de ses cottages. Ce Bluff est une suite de hauteurs boisées qui dominent le settlement, la mer et un bout de campagne. C'est ici, sur des terrains loués au gouvernement, que les résidents de Yokohama ont transporté leurs pénates. Ils habitent de jolies maisons entourées de jardins et numérotées comme toutes les constructions de la concession, qui se trouve convertie par cette émigration en « city » et reste réservée aux bureaux, aux magasins et aux dépôts.

C'est ici aussi que nous habitons nous-mêmes depuis deux jours. A même d'exécuter un petit projet caressé depuis de longs mois, et que nous avaient conseillé grand nombre d'amis, nous avons loué le n° 60, maison appartenant à un vieux résident hollandais. Par un heureux hasard, elle se trouvait inoccupée à notre arrivée.

Désireux de faire de notre nouvelle demeure le point de départ de toutes nos tournées et excursions futures, nous nous y sommes installés de la façon la plus confortable. En quarante-huit heures un entrepreneur anglais de la concession nous l'a meublée du haut en bas, et nous a fourni les objets les plus futiles comme ceux qui nous sont de première nécessité, depuis les ustentiles de cuisine jusqu'aux gravures décoratives. Will restera gardien de notre propriété, tandis que nous voyagerons avec un guide engagé hier. Il s'appelle Ito et parle parfaitement l'anglais. Nous possédons aussi passeports et papier-monnaie, deux choses indispensables pour qui veut aller au delà de l'espace restreint auquel les étrangers sont confinés autour des concessions, sur un rayon de dix *ri*, soit 35 kilomètres environ.

Nulle part en dehors de ces limites, ils n'ont le droit de résider ni même de circuler. Les passeports, spéciaux et minutieusement détaillés, s'obtiennent par l'entremise des légations, sans la moindre difficulté je dois dire; mais ils sont scrupuleusement vérifiés en chemin par la police départementale, et annulés dans le plus petit cas de transgression. On nous raconte que, tout récemment encore, un voyageur allemand l'apprit à ses dépens. Dévoyé de son itinéraire, il fut arrêté, et impitoyablement reconduit par les fonctionnaires à son point de départ.

Le papier-monnaie nous encombrera moins que les rouleaux de sapèques chinoises. Mais il a son inconvénient aussi, car il est soumis aux fluctuations constantes que la Bourse japonaise de Yokohama lui fait subir. Je m'explique : tandis que le dollar mexicain (il se négocie à 4 fr. 75 à peu près) reste la valeur monétaire dont se servent les étrangers dans leurs relations extérieures et sur leurs concessions pour toutes transactions passées entre eux, le *yen*[1] est la valeur en titre du Japon. Il est répandu, avec toutes ses subdivisions, sous forme de billets appelés *kin-satsu*, et sert non seulement de monnaie courante aux Japonais, mais s'emploie aussi pour toutes transactions entre Japonais et étrangers. Si la coexistence de ces deux types de monnaie a des inconvénients considérables, c'est parce que la spéculation joue sur le yen comme sur une valeur quelconque, et qu'elle amène les variations les plus inattendues, du jour au lendemain et même du matin au soir. Dans l'espace de quelques mois on peut voir le dollar se négocier avec des écarts énormes.

C'est vous dire que les dollars prélevés dans nos banques, sur nos lettres de crédit, nous rapportent chez les changeurs chinois ou japonais de Yokohama des liasses de billets dont la contre-valeur est absolument capricieuse.

Après-demain nous partirons. Nous n'attendons plus qu'une petite caravane de jin-riki-sha qu'Ito s'est assurée par contrat régulier pour toute la durée de notre voyage, qui sera de près de six semaines sur une étendue de plus de 1000 kilomètres. Charles ne pourra partir avec nous. Il souffre d'une attaque de fièvre prise à Shanghaï et qui l'a assez affaibli ; il est obligé de se soigner sérieusement, mais il espère nous rejoindre à Kobé, où nous nous retrouverons d'ici à trois semaines.

Nagoya, 4 septembre.

Depuis que nous sommes en route, nous jouissons chaque jour davantage de notre vie nomade dans l'intérieur. Je ne sais

---

1. 100 sen font 1 yen.

si, d'après ce que je vous en dirai, vous pourrez vous la figurer dans le cadre original qui la renferme. En tout cas, je crains de ne pas trouver de coloris assez vif pour vous peindre le ravissement que m'inspire cette nouvelle existence.

Le Japon est bien décidément le pays des excursions par excellence, grâce au charme et à la variété de son paysage, à l'amabilité et à la gaieté de sa population, à la propreté coquette et raffinée de ses auberges.

Voilà huit jours que nous suivons le Tokaïdo et nous voyons à chaque pas un tableau nouveau. Ce sont des collines boisées, de vertes vallées semées de maisonnettes, des passes rocheuses, des forêts, des échappées sur la pleine mer ou des baies azurées, de larges rizières fermées au loin par des chaînes de montagnes et dominées par le cône imposant du vénérable Fuji. L'atmosphère est presque notre atmosphère d'Europe; la végétation a presque l'apparence de la nôtre. Partout les pins, l'arbre symbolique du bonheur dans ce poétique pays, sont disséminés dans la plus grande variété d'espèces, et donnent au paysage une ressemblance avec l'Écosse, la Forêt-Noire et les Pyrénées.

Malgré une analogie frappante qu'offrent certains points de vue avec les aspects, les plaines et les maisons de Java, on se sent bien loin ici des rigides palmiers, des chaleurs lourdes, des beautés nonchalantes des pays tropicaux! Et l'on revit dans cet air pur et sain, mélangé des senteurs forestières qui se dégagent d'une végétation moins exubérante, mais pourtant riche et luxuriante. Quel rêve que d'être ici aux deux plus belles époques de l'année : à l'automne, quand les arbres aux divers feuillages se colorent à l'infini, et tranchent sur la masse sombre des conifères; au printemps surtout, quand fleurissent ces cerisiers, ces pruniers, ces azalées dont nous ne voyons maintenant que les tiges et les buissons répandus de tous côtés dans les jardins, dans les bois, sur les pentes, et même sur les rochers.

LE VILLAGE DE HATTA, SUR LE TOKAÏDO.
Photographie de l'auteur

Si la beauté de la nature environnante influe sur le caractère et la physionomie d'un peuple, les Japonais ont certainement pris à leurs montagnes hardies, comme à leurs riantes vallées, leurs allures tout à la fois fières et indépendantes, douces et enjouées. Quand on se souvient des Chinois, de leurs mines goguenardes, de leurs manières souvent hostiles, on salue avec plaisir, à deux pas de leur empire, une population faite d'une pâte si différente, et dont les façons accueillantes, polies et agréables charment au premier abord.

Cependant nous autres étrangers, en général, nous profitons moins encore que nous ne devrions de cette urbanité naturelle, par la simple raison que les Japonais ont souvent lieu de croire leur politesse mal appréciée, sinon toialement perdue. Combien notre suffisance occidentale, nos airs dégagés et tant soit peu sceptiques ne doivent-ils pas froisser, dans leurs habitudes les plus chères, ces Asiatiques qui ont entre eux des rapports si cérémonieusement raffinés qu'ils en paraissent presque ridicules à première vue ! Songez donc que la plus vulgaire politesse exige ici qu'en s'adressant à quelqu'un on se déprécie soi-même, en comblant d'éloges et de compliments la personne à laquelle on parle; que pour se saluer dans les habitations on s'agenouille en plaçant les mains sur les nattes, et en touchant à plusieurs reprises le sol de son front; qu'en se rencontrant dans la rue on se courbe encore à plusieurs reprises en murmurant dans l'un et l'autre cas toutes sortes de félicitations et de remerciements; qu'hommes, femmes et enfants de toute classe et de toute catégorie, que tous enfin jusqu'aux simples koulis, jusqu'aux plus pauvres pèlerins ou mendiants, s'abordent et se quittent avec le cérémonial dont notre halte de Shimo-no-Séki nous donna le premier exemple.

Il va de soi que nous commettons à cet égard mille maladresses et balourdises ! Aussi semble-t-il tout naturel qu'Ito, notre petit guide, recueille cent fois plus de salutations et de politesses que nous, qui savons à peine les comprendre et encore moins y répondre. Mais nous nous entendons bien sur tout ce qui fournit matière à plaisanterie, avec ces rieurs qui s'amusent de tout et de rien, ébauchant des sourires quand nous esquissons de simples : « *Ohaïo!* » (Bonjour !) et partent aux éclats pour la plus petite farce.

Leurs maisons, leurs auberges sont toutes des modèles de soins vigilants.

Je dis *toutes*, car il faut y inclure jusqu'aux plus misérables cabanes, jusqu'aux tcha-ya de dernier rang. Là même, le plancher est recouvert de la natte traditionnelle, et les pieds de ceux qui la foulent ne sont ni chaussés ni souillés. Le respect de la natte s'élève à un degré tel, que même l'Européen le mieux éduqué offense à chaque instant et inconsciemment cette sorte de culte domestique du Japonais. Chez lui, la natte est chose tenue en plus haute estime que ne sauraient l'être chez nous les tapis les plus précieux, de sorte qu'en refusant de déférer à ses idées on agirait à la façon de malotrus qui voudraient monter tout bottés et crottés sur nos meubles de soie et de velours.

Les habitations qui abritent ces jolies nattes sont faites de bois. Quand elles sont neuves, elles paraissent assez pimpantes du dehors, mais généralement les poutres et les planches brunies de leurs façades ont une couleur sombre et ne laissent soupçonner aucune des coquetteries de l'intérieur. Dans les tcha-ya en particulier il faut, avant d'arriver dans les appartements attribués aux voyageurs, traverser de larges espaces réservés aux fourneaux sur lesquels bout l'eau du *tcha* (le thé), et occupés par les servantes pour le lavage de la vaisselle.

Les chambres, assez basses et petites, sont toujours mesurées par le nombre de nattes, *tatami*, qu'elles contiennent et qui ont une dimension uniforme de 1^m,60 sur 0^m,80 environ. Des parois à coulisses pleines séparent les chambres les unes des autres, tandis que d'autres parois, d'une hauteur moyenne de 1^m,75, divisées en carreaux de papier, laissent pénétrer la lumière. Ces parois, semblables à des feuilles de paravent, glissent dans les rainures des traverses, placées dans le plancher et dans les murs. Elles s'enlèvent à volonté, de telle sorte qu'on peut faire de plusieurs chambres une seule et vaste pièce, et qu'au besoin on pourrait convertir la maison entière en une charpente de poutres verticales et horizontales, protégée par un toit, mais ouverte à tous les vents comme à tous les regards.

En réalité il n'y a ni portes ni fenêtres, et en dehors des murs de refend, faits en terre, peu de pans qui soient solides et qui ne puissent se déplacer. Du reste, il n'y a ni greniers ni caves; il n'y a ni loquets ni serrures, et pour la nuit on barricade les façades au moyen de parois en planches qui se glissent entre des supports extérieurs, et se ferment par de simples verrous de bois.

L'idée d'un mobilier n'existe pas. Entrez dans un de ces appartements, et vous n'y verrez que les tatami jaune-paille, bordées de ruban gros-bleu, les quatre parois et le plafond. Chaises, tables, commodes, toilettes sont autant d'objets inconnus et inutiles au Japon. Le vrai Japonais se met par terre sur un coussin carré apporté à cet effet et sur lequel il s'agenouille; il mange sur de petits plateaux à pieds, placés devant lui pour le repas seulement; il écrit sur quelque table volante à laquelle n'est assignée aucune place fixe; il fait sa toilette principale dans un réduit affecté au bain. Pour la nuit, on lui apporte une lanterne de papier, de minces matelas superposés qui forment sa couche, un petit socle de bois sur lequel il repose sa nuque: objets qui pendant le jour sont rangés dans quelque fond d'armoire fixe, avec les vêtements et les autres ustensiles, tous également portatifs, tels que le *tobako-bon* et le *hibatchi*, c'est-à-dire la boîte à fumer et le brasero, etc.

Les besoins sont si modestes et si restreints, que la même pièce sert tour à tour à divers usages; aussi son luxe particulier consiste-t-il uniquement dans le genre d'ornementation de ses parois. Les traverses de bois, ornées aux jointures de petits cartouches de métal, sont polies et lissées comme du satin; les impostes teintées de couleur unie, découpées et sculptées à jour; les panneaux pleins, couverts d'inscriptions calligraphiées ou de peintures de fleurs et de paysages; les baguettes des carreaux finement travaillées; enfin, les parties solides des murs, toujours utilisées de manière à former de petites alcôves. Dans les unes sont fixées des étagères mignonnes; d'autres abritent un *kakémono*, une de ces peintures en hauteur tendues sur un rouleau de soie, qu'on suspend au-dessus de quelque vase orné de fleurs fraîches ou de branches gracieusement courbées.

La chambre japonaise ainsi disposée donne généralement sur une petite cour intérieure, aussi décorée et remplie que l'appartement lui-même est vide. Que cette cour ait seulement quelques mètres carrés, elle sera toujours convertie en un jardinet très soigné, orné de groupes de pierres et de petits rochers, rempli de touffes de plantes vertes, de broussailles et de sapins nains. On y verra même des paravents de bambou placés adroitement pour simuler des perspectives dans ce parc en miniature...

Il va sans dire que le système décoratif ne peut être partout également perfectionné; mais là où il atteint son idéal, il défie absolument toute description par ses mille détails ravissants. Certaines pièces comme certains petits jardins sont des bonbonnières adorables, de petits chefs-d'œuvre de patience et de goût que l'on voudrait pouvoir emporter et installer chez soi au delà des mers.

N'est-il pas étonnant le rapprochement à faire encore en cette occasion entre ces épouvantables auberges chinoises et ces jolies maisons de thé? En Chine, le plus grand mandarin en déplacement n'est pas aussi bien logé que l'est au Japon le plus pauvre pèlerin. Ce dernier est aussi mieux traité, car la nourriture japonaise, fort mangeable, a l'avantage d'être très proprement apprêtée, et non moins proprement servie. C'est un plaisir, vraiment, que de voir ces tablettes de laque brillante, ces fioles, ces petites coupes et ces tassettes de porcelaine ou de laque qui les garnissent, toutes remplies de potage bouillant, de poisson et de légumes salés. En dehors de certaines maisons de thé qui tiennent à la disposition des étrangers chaises et tables européennes, nous nous servons nous-mêmes toujours des ustensiles indigènes, malgré la peine que nous avons à nous asseoir sur nos talons, ou même à étendre pendant longtemps nos jambes sur les nattes. L'appétissante écuelle de riz a le privilège spécial de figurer à chacun de nos repas; mais nos vivres principaux voyagent avec nous.

Aussi quel cortège! Quatorze jin-riki-sha à deux coureurs chacune, soit avec Ito un ensemble de trente-deux hommes! tout un petit bataillon!... Je crois que jamais Européens n'ont envahi les hôtelleries du Tokaïdo avec une suite aussi nombreuse! Et cependant nous n'avons aucune voiture de trop : cinq pour nous-mêmes, cinq autres pour les bagages et mon appareil photographique, et quatre pour nos provisions de pain, de vin et de conserves diverses. Nous eussions certes pu simplifier ce train en nous mettant résolument au complet régime japonais; seulement je crois que nos estomacs n'auraient pas supporté longtemps une alimentation aussi peu variée et à laquelle d'ailleurs peu de touristes se soumettent.

Mais que dites-vous de cette manière de voyager en cabriolet, traîné par des hommes au trot? Serez-vous de ceux qui crient à la barbarie en apprenant qu'il est d'usage de se faire voiturer ainsi pour des excursions de plusieurs semaines, comme celle qui va nous conduire par monts et par vaux d'une extrémité du Japon à l'autre, aller et retour ? Ou bien admirerez-vous avec nous nos infatigables et gais coureurs qui nous ont déjà fait franchir jusqu'à soixante-cinq kilomètres en une journée ?

Attelés l'un devant l'autre, le premier tirant sur les brancards, le second sur une corde rattachée à nos fauteuils roulants, nos hommes nous entraînent dès sept heures du matin. En un seul temps de trot ils franchissent des distances moyennes de deux ri à deux ri et demi, c'est-à-dire de huit à dix kilomètres, faisant de courtes haltes d'heure en heure dans un village, à l'entrée d'un *torii* (portique de temple), ou à quelque point de vue renommé. Tandis qu'on nous présente la tassette habituelle, ils lavent au courant des fontaines leurs membres nus admirablement musclés, avalent quelques coupes de riz et quelques gorgées rafraîchissantes, puis repartent en avant plus dispos que jamais. Vêtus tout au plus d'une légère veste de coutil, les reins entourés du *fundoshi*, les pieds munis de sandales de paille, le front ceint d'un linge plié en bandeau ou couvert d'un vaste chapeau de bambou en forme de bouclier, ils tirent avec ardeur aux montées, retiennent prudemment aux descentes, toujours enjoués et satisfaits, plaisantant entre eux et riant avec nous sans jamais se départir de leur politesse naturelle, de leurs saluts et remerciements. Arrivés au but, dans l'hôtellerie de quelque bourg, ils s'arrêtent sans être essoufflés, comme si la course achevée était sur le point de commencer, et tout prêts à nous rendre mille services avant de songer à se reposer. Pourquoi ne seraient-ils pas aussi heureux qu'ils le paraissent ?

Pendant qu'Ito, en cuisinier expérimenté, prépare nos repas mi-européens mi-japonais, nous nous prélassons sur la surface des nattes moelleuses, et jetons bas nos vêtements habituels pour

JIN-RIKI-SHA A DEUX COUREURS.
Photographie de l'auteur.

endosser des kimono à ramages, et enfiler des *tabi* bleues ou blanches (chaussettes à deux compartiments, l'un pour le gros orteil, l'autre pour les quatre doigts).

Circulant ensuite par les couloirs de la tcha-ya encombrée, nous contemplons une foule de scènes curieuses à travers les panneaux entr'ouverts des pièces voisines. Nous entendons résonner des battements de mains retentissants (c'est ainsi qu'on sonne au Japon) et, comme réponse, des « *hei, hei!* » répercutés dans tous les coins de la maison par des voix féminines. Nous apercevons des voyageurs attablés devant leurs plateaux, une servante accroupie leur présentant un mets, en attendant de nouveaux ordres ; des dormeurs courbatus se laissant frictionner par des aveugles, masseurs et masseuses de profession ; des fumeurs tirant doucement les trois ou quatre bouffées de leurs pipettes minuscules, et frappant sèchement la tige de bambou sur la petite boîte qui recueille la boulette de tabac à demi consumée. Nous voyons des baigneurs empilés dans la cuve tout enveloppée de vapeur que renferme un petit local spécial, et dans lequel défilent tour à tour et souvent ensemble les koulis, les voyageurs et les voyageuses de tous âges, la famille du propriétaire et le personnel de la maison...

C'est en effet dans une cuve de bois dont l'eau est chauffée au charbon, que chaque Japonais prend régulièrement hiver ou été, dans sa maison, dans les tcha-ya ou dans les locaux publics exploités dans ce but, son bain quotidien du soir. Bain tellement chaud que nos épidermes européens pourraient à peine le supporter, quand même nous serions tentés de profiter de la première eau, toujours poliment offerte aux étrangers[1]. Tandis que nous préférons nous livrer à des ablutions en plein air, ou peu s'en faut, au milieu des rochers des petits jardins, ou sur

---

1. La même eau sert pendant toute une soirée pour un nombre illimité de baigneurs.

les couloirs qui règnent le long des panneaux de papier, nos voyageurs japonais se prélassent un temps infini dans leur cuve quasi bouillante. Avant d'y entrer ils se frottent, se savonnent, nettoient leurs dents; puis, le bain pris, rouges comme des homards, ils se sèchent en un clin d'œil avec le linge bleu carré, le *hatchi-maki*, qui est le compagnon inséparable de leur personne.

Au dehors, dans les bains publics et payants, le spectacle de cette toilette quotidienne du Japonais est plus curieux encore par le nombre de gens des deux sexes qui y prennent part ensemble, en se coudoyant le plus innocemment du monde. Quand on les contemple là, à leur plus grand ébahissement, on se demande si c'est seulement pour satisfaire aux exigences nouvelles que, dans les grands centres, le gouvernement a imposé des grillages de séparation au milieu des locaux « ad hoc », et prohibé une promiscuité qui choque nos conceptions occidentales? Ou bien, s'il veut transformer peu à peu, comme tant d'autres choses, des mœurs primitives, telles cependant qu'aucun moraliste n'y saurait trouver à redire.

Mais tout cela n'est-il pas affaire de convention ici-bas? Si une femme japonaise ne trouve pas extraordinaire de se baigner en présence de compatriotes non vêtus, il n'en est pas moins certain qu'elle hésiterait beaucoup à s'habiller en « décolleté », et qu'elle resterait même bien stupéfaite devant toutes les exhibitions de ce genre admises chez nous, tant celles que l'on voit dans les salons que celles de nos féeries et de nos ballets. Le fait est, autant que j'ai pu m'en rendre compte jusqu'à présent, qu'elle ne comprend pas notre pruderie civilisée parce que ses idées sur la coquetterie sont très différentes de celles qui ont cours dans notre monde européen, et qu'en résumé elle ne cherche pas à plaire à la manière des femmes d'Occident.

Le sujet serait intéressant à développer, mais il pourrait nous mener loin. Retournons donc aux tcha-ya et à nos installations de nuit, que nous faisons toujours d'assez bonne heure. Quand les matelas japonais sont étendus par terre, qu'à leur tête nous avons placé sur une autre couverture roulée nos oreillers personnels, Ito nous entoure d'un rempart de *Keating's insecticide powder*, généralement nécessaire, et les servantes fixent aux quatre coins de la pièce un grand filet vert bordé de rouge.

C'est le rideau protecteur contre les moustiques, et on le nomme *kaya*. Il forme comme une seconde chambre assez étouffante dans la première. Les Japonais s'endorment là-dessous, au besoin avec leurs lanternes et leurs hibatchi. Mais Dieu sait ce qu'il leur faut de temps pour cela ! Quant à nous, nous ne savons parfois comment nous livrer à Morphée sur ces couches nouvelles, tant est prolongé le bruit qui règne autour de nous une bonne partie de la nuit. Ce sont des bavardages, des rires et des plaisanteries incessantes, et le plus souvent les causeries du personnel féminin attardé dans sa besogne, qui parviennent à nos oreilles à travers les minces parois et par les espaces ouverts. Ce sont aussi des grincements de guitare dans les maisons voisines; ce sont encore, à deux pas de nous, presque aussi confortablement logés que les *danna-san* leurs maîtres, nos koulis qui se livrent à des jeux de hasard avec un entrain incompréhensible après les fatigues de la journée.

Le lendemain, de bonne heure, le mouvement a déjà recommencé et nous réveille malgré nos triples fermetures de moustiquaires, de panneaux à coulisses et de barricades de planches. Ito et nos koulis font un repas de riz avant le branle-bas; le premier à notre compte, les autres au leur. D'après les tarifs usités, cette vie d'auberge leur revient, paraît-il, environ à 30 sen ou 30 sous par nuit, pour le souper, le bain, la lumière, le lit et le déjeuner du matin. Comme leur contrat leur assure à chacun à peu près cinq francs par jour, ils peuvent gagner en moyenne 2 francs nets quand ils ne se livrent pas à des libations de *saké*, l'eau-de-vie de riz, qui est un extra toujours compté à part.

C'est Ito qui règle les belles notes calligraphiées des patrons d'auberge et donne, en partant, aux servantes des pourboires discrètement enveloppés dans de petits papiers blancs. Après des salutations générales, des vœux de bon voyage et de prompt retour, nous roulons de nouveau sur le Tokaïdo, où nous trouvons partout la même animation pittoresque et joyeuse.

Naguère encore cette vieille route historique était régulièrement sillonnée par les fiers cortèges des vassaux qui allaient rendre hommage à leur suzerain. A présent elle est bordée par les poteaux du télégraphe, et envahie par une multitude plus démocratique de gens à pied ou en jin-riki-sha, pèlerins, touristes et commerçants, circulant pour l'un des trois motifs de dévotions, plaisirs ou affaires, qui font des Japonais les gens les plus voyageurs de la terre. On voit à peine quelques chevaux, sauf ceux qui traînent les voitures de poste; tout le monde marche ou circule en fauteuil roulant, sur un chemin que ne fatiguent guère de si légers véhicules, et où les ornières sont chose inconnue en dehors des époques de pluies.

Inventée il y a une vingtaine d'années seulement, la jin-riki-sha ou *kuruma* est devenue rapidement un moyen de locomotion si commode et si nécessaire que sa vulgarisation a créé un métier nouveau pour des milliers de Japonais des classes inférieures. Elle existe régulièrement dans toutes les villes, où elle remplace toute espèce de voiture; mais on la voit stationner également à l'intérieur, et surtout le long du Tokaïdo, qui est la voie la plus fréquentée. Dans un voyage pareil au nôtre il serait donc aisé d'alterner la marche avec la kuruma, étant donnée la certitude de rencontrer en chemin de nouveaux véhicules et de nouveaux coureurs.

Sur notre parcours, les centres habités se présentent sous un aspect uniforme de simplicité honnête et modeste. Les hameaux, les villages, les bourgs et les petites villes se succèdent avec leurs maisons couvertes de chaume, de paillettes de bois ou de tuiles grises. Les rues sont droites, propres et larges, bordées de constructions assez basses, ayant tout au plus un étage. Toutes faites de bois, elles se fondent dans une teinte brune générale sur laquelle tranchent les enseignes des auberges et les draperies bleuâtres des boutiques, qui flottent le long des façades comme des baldaquins ou des rideaux.

De loin en loin surgissent des bâtiments plus élevés, faits en matériaux incombustibles, et fermés par de lourdes portes laquées. Ce sont des coffres-forts géants, destinés à sauver les récoltes et les marchandises précieuses dans les cas si fréquents d'incendies, qui dévorent au Japon, d'un seul coup, des villages ou des quartiers entiers. Les maisons flambent avec une telle rapidité, que les habitants, certains de ne rien sauver en dehors de ce qu'abritent leurs coffres-forts, se contentent en général de quitter leurs demeures au plus vite et de les regarder brûler philosophiquement, sans se lamenter d'un malheur que leur travail leur permettra de réparer rapidement.

Dans les bourgs et les petites villes, la voie centrale abonde en magasins. Ce sont des étalages de toutes sortes purement japonais ou déjà mélangés d'objets étrangers, boutiques de victuailles, de vêtements et d'étoffes, de porcelaines usuelles aux teintes bleues et blanches, d'ustensiles de laque unie ou de bambou, de lampes, de chapeaux, de lanternes et de parasols de papier huilé, etc. Dans les rues même, et jusque sur la grande route, nous voyons quantité d'industriels ou de marchands ambulants, colportant à chaque extrémité de leur bâton de bambou des charges de poissons, de fleurs et de plantes, de paniers d'osier, voire même des boutiques entières et des petits débits volants qu'ils posent ici ou là pour offrir au passant sucreries, joujoux et thé, ou un léger repas de riz ou de macaroni.

La plupart des maisons sont grandes ouvertes sur la rue, de sorte que notre regard peut plonger jusqu'au fond des habitations, assister aux marchandages entre clients et vendeurs, assis sur le bord de plates-formes nattées, suivre des scènes de travail, de vie d'intérieur, comme aussi les jeux de nombreux marmots, qui mettent jusque dans leurs amusements la gravité d'un âge plus avancé. Nus comme des chérubins, ou perdus dans les plis de longues houppelandes et de vastes manches taillées comme celles de leurs parents, ils exhibent les coiffures les plus fantaisistes. Les uns ont les cheveux coupés tout courts; les autres portent une tonsure au sommet de la tête, ou bien sur leur crâne rasé une frange unique descendant sur le front, et des mèches isolées qui pendent comme de petites queues au-dessus des oreilles et derrière la tête. Tout ce jeune monde trotte le long des maisons ou sur la voie, les aînés prenant soin des plus petits, en les traînant à la remorque ficelés sur le dos, comme des paquets de chiffons. Des bébés de quelques mois à peine chevauchent ainsi sur l'échine de gamins ou de fillettes de quatre à cinq ans au plus, qui courent et sautent en plein soleil sans se soucier de la petite tête endormie et ballottante dont ils ont la charge.

Quand nous passons devant les écoles, des bandes juvéniles se courbent en magnifiques saluts à notre intention; souvent aussi nous apercevons les enfants penchés sur des tables surélevées, dans des classes éclairées à l'européenne par des fenêtres vitrées.

Les bâtiments scolaires et les postes de police sont les seules constructions de ce genre que nous rencontrions; mais elles se trouvent jusque dans les plus petits villages. Là, comme dans les endroits les plus importants, où Ito doit exhiber tout de suite nos passeports, nous voyons les policemen du nouveau régime pontifiant devant leurs bureaux de bois blanc. Vêtus de pantalons et de jaquettes, chaussés de bottes prétentieuses, coiffés de képis ronds posés de travers sur leurs chevelures particulièrement désordonnées, ils nous croisent fréquemment aussi sur la route. Leur approche nous est toujours signalée par un petit cri de ralliement qu'adresse le premier de nos coureurs à toute la file ; et aussitôt chacun de remettre sur ses épaules un bout de la veste qu'il a enlevée pour être moins gêné dans sa course. Les agents, selon les dernières prescriptions gouvernementales, ont pour mission spéciale de veiller à la « bonne tenue » des indigènes ; mais, le policeman disparu, nos hommes rejettent aussitôt le vêtement encombrant. Serait-ce là un exemple de l'impopularité de certaines mesures nouvelles ?....

Kioto, 12 septembre.

Dans l'impossibilité où je suis de citer en détail toutes nos jolies étapes le long du Tokaïdo, je veux au moins en mentionner les principales. Tout d'abord Miya-no-shita et Hakoné, les premières après notre départ de Yokohama. Ces deux endroits se trouvent aux environs immédiats du Fuji, au centre d'un pays montagneux qui abonde en excursions charmantes. Beaucoup de résidents étrangers viennent ici en villégiature pendant les mois d'été, profitant à Miya-no-shita des sources minérales chaudes, et jouissant à Hakoné du calme romantique que ce village procure au bord de son beau lac encadré de pins gigantesques. Quelle délicieuse fin d'après-midi nous avons passée là, dans un air exquis, tandis que les derniers rayons du soleil disparaissaient derrière les sombres montagnes!

La passe qui monte vers Hakoné et redescend vers la mer est une des plus ardues qui existent au Japon. Aucune voiture ne peut la franchir, et même les kuruma doivent être démontées et transportées à dos de cheval. Le chemin, pavé de larges pierres, est un des plus pittoresques qui puissent se voir. Au delà, le Tokaïdo reprend un niveau plus uniforme, offrant souvent le spectacle ravissant d'un chemin resserré entre la mer et des pentes vertes couronnées de pins ombreux; que l'on se représente une étroite vallée des Vosges que baignerait l'Océan.

Quelques journées plus loin, nous avons trouvé dans une petite ville de 12 000 habitants, Hammamatsu, une des plus jolies hôtelleries que nous ayons vues. Les panneaux de nos chambrettes étaient composés de parties de différentes nuances, laquées et polies. La patronne de la maison, son petit garçon et sa future belle-sœur nous tinrent compagnie pendant notre souper. Cette dernière, une jolie enfant aux yeux doux et timides, n'osait goûter de nos mets étrangers; l'autre était une gentille jeune femme aux dents blanches, une rareté parmi les femmes mariées qui, dès leurs épousailles, se noircissent les dents et s'arrachent les sourcils. Hélas! les mieux favorisées de la nature perdent vite leurs charmes après un traitement aussi barbare.

A Nagoya, la ville d'où je vous adressai ma dernière lettre, nous nous sommes reposés une journée et demie. C'est une cité industrielle et florissante, de plus de 300 000 âmes, ancienne résidence des princes d'Owari, maintenant préfecture du *ken* (département) d'Aïtchi. Toutes les constructions administratives y sont faites à l'européenne, et sont entourées de grillages de

Passage d'une rivière, sur le Tokaïdo.
Photographie de l'auteur.

bois et de carrés de verdure. Notre hôtellerie, inférieure comme toutes celles des grandes villes aux auberges des bourgs et des villages, portait l'empreinte des nouvelles idées, car elle avait une salle à manger tendue de papier, des tables avec des nappes, des tapis ; autant de détails d'ameublement qui nous choquèrent non moins que la tenue et la gaucherie de certains messieurs japonais s'escrimant à singer nos usages et à manier nos ustensiles d'Europe.

A Nagoya on fabrique beaucoup de ces cloisonnés, vases, coupes et potiches aux couleurs heurtées, dont on nous inonde chez nous. Ces objets ont été tout spécialement créés pour notre goût moderne, et les Japonais n'en usent pas pour eux-mêmes. Mais la fabrication en est intéressante, et en particulier l'application minutieuse des petites parcelles de cuivre qui dessinent en relief, sur la surface des objets, les formes dans lesquelles se coule ensuite le mastic. Les couleurs s'appliquent en dernier lieu par quatre couches consécutives, suivies chacune d'une cuisson au four. Le polissage final est un travail fort long qui peut durer plusieurs semaines.

L'endroit le plus digne d'attention à Nagoya est sans contredit le château fort, un des plus beaux du pays. Construit en 1610, il a gardé son aspect d'autrefois ; ses fossés imposants, ainsi que ses pavillons d'angles aux toitures retroussées, sont restés intacts. Il sert actuellement de caserne aux troupes de la division militaire de Nagoya. Le faîte suprême de son donjon central, haut de cinq étages, supporte une paire de dauphins en or, l'une des célébrités artistiques du Japon ! et dont on estime la valeur à 180 000 yen, c'est-à-dire plus de 800 000 francs. L'un d'eux, ayant figuré à l'Exposition de Vienne en 1873, fit naufrage au retour avec le *Nil*, vapeur des Messageries ; mais on le repêcha fort heureusement, pour le replacer sur son siège aérien, à l'abri d'un élément qui avait failli lui devenir si funeste....

Depuis cinq jours nous sommes à Kioto, où Charles, remis de son accès de fièvre, nous a rejoints par voie de Kobé.

La cité sainte du Japon — appelée aussi autrefois Miyako — fut choisie comme capitale par l'empereur Kwanmu-Tenno. Il y transporta sa résidence en 794, soit en l'an 1454 de l'ère japonaise, cette ère étonnante qui a pris son point de départ à Jimmu-Tenno, en 660 avant J.-C., et qui a continué jusqu'à nos jours sous le règne ininterrompu, sinon effectivement puissant, d'une même dynastie impériale. Chacun sait que tandis que les Mikado végétaient en souverains mystiques à Kioto, les Taïkun, ou *Shogun* généralissimes, usurpant le pouvoir, gouvernaient militairement à Yédo.

C'est le dernier des shogun, Yoshi-Nobu-Tokugawa, qui en 1858 ouvrit le Japon au reste du monde en concédant, après de longues résistances, la fondation des ports internationaux de Nagasaki au sud, de Yokohama au centre, et de Hakodadé au nord, dans l'île de Yesso. Jusqu'alors le sol sacré de l'empire du Soleil-Levant avait été interdit à tout étranger, et même le Japonais qui s'expatriait restait banni à tout jamais de son pays natal.

Dix ans plus tard, de brusques événements révolutionnèrent l'empire. Une guerre intestine acharnée, résultat de longues luttes sourdes, alimentées encore par la venue des étrangers, éclata et se termina en 1868 par la défaite complète du shogun et de son parti. Le mikado reprit le pouvoir abandonné par ses ancêtres depuis plusieurs siècles, et inaugura une monarchie régénérée, en bouleversant de fond en comble toutes les institutions précédemment en vigueur. Le système féodal fut détruit; les grands vassaux, les *daïmio*, rendirent spontanément leurs territoires et leurs sujets, en acceptant la conservation du dixième de leurs anciens revenus et l'obligation de résider à l'avenir dans la capitale nouvelle, le Tokio actuel.

En même temps furent implantées toutes les réformes et les organisations qui, par un revirement sans précédent dans l'histoire, ont placé soudainement le Japon sur le même rang que les nations occidentales. Quelques années après, le gouvernement prit enfin la dernière mesure qui eût pu entraver cette marche progressive et sans laquelle la vie des étrangers fût restée en péril constant : il abolit à tout jamais le port des sabres, ces terribles sabres réservés aux membres de la classe militaire, c'est-à-dire à plusieurs millions de *samuraï*.

Le Japon vient donc de sauter d'un bond des traditions du moyen âge aux progrès des temps modernes, tout comme si en France nous eussions passé sans transition du règne de Charles VII au lendemain de 1789.

C'est dire que Kioto, la ville mystérieuse, est tombée maintenant au niveau ordinaire des autres villes du Japon. Il y a seize ans à peine, un étranger n'eût pu s'y montrer, pas plus qu'il ne se fût aventuré dans l'intérieur du pays sans s'exposer à passer par la lame d'un fanatique samuraï. Aujourd'hui le touriste visite, le Guide de Satow en main, le palais même des mikado, naguère demi-dieux, et prend quartier dans un des hôtels mi-européens des industriels indigènes, construits à côté des temples sacrés.

C'est dans une de ces maisons, le Ya-ami Hotel, que nous sommes logés, sur la colline de Maru-Yama. Cependant notre demeure actuelle nous désenchante beaucoup, après nos jolies tcha-ya. C'est une baraque de poutres et de planches mal jointes, qui contient un mauvais mobilier européen dans des chambres fermées par des parois à la japonaise, plus basses encore que les vraies. Nos tailles élevées ne s'en accommodent guère, et nous pestons souvent en nous heurtant rudement la tête aux traverses anguleuses. On dirait que les Japonais, créateurs de cette maison hybride, n'ont pas trouvé qu'il valût la peine de faire quelque chose de plus convenable pour ces étrangers qui tiennent à marcher partout en grosses chaussures, qui font des taches sur les tables et qui crachent par terre. D'ailleurs ils n'ont peut-être pas eu si grand tort, car la plupart des touristes qui viennent ici, fraîchement débarqués du Kobé voisin, ne savent encore comment se comporter dans une habitation strictement japonaise, et ruineraient en quelques semaines un de ces jolis décors pimpants et délicats.

Mais si la couleur locale nous manque au Ya-ami Hotel, par contre la véranda de son unique étage commande une vue magnifique sur la ville entière. Aperçu de là-haut, Kioto s'étend dans un cercle de montagnes comme une plaine de toits plats, dans laquelle pointent çà et là les arêtes droites de ses temples célèbres, semblables à de petits châteaux de cartes.

Depuis le départ de la cour impériale, les longues et larges rues, toutes régulièrement tracées en angles droits, ont perdu de leur originalité première; mais l'ouverture du chemin de fer qui relie Kioto à Kobé, et le marché toujours achalandé des soieries, y ont entretenu le mouvement et l'animation. Kioto est aussi resté la cité privilégiée des plaisirs, des théâtres, des fêtes illuminées et des soirées chantantes.

Dans ses grandes artères nous retrouvons au centuple tous les aspects que nous avons rencontrés le long du Tokaïdo. Ici comme partout la nuance bleu foncé prédomine dans le costume, parce qu'elle est la couleur adoptée pour les vêtements du kouli, de l'ouvrier, de l'artisan : vêtements que ceux-ci portent assez courts et serrés, toujours chiffrés dans le dos de grands signes blancs indiquant leur métier. Hormis ce vêtement de travail, le costume des Japonais se résume, en somme, à cette robe appelée kimono, qui pour les hommes comme pour les femmes a le même principe et la même forme. C'est la longue houppelande déjà mentionnée, à larges manches, sans boutons ni agrafes, croisant sur le devant et serrée à la taille par l'*obi*, la ceinture, très large chez les femmes, étroite chez les hommes, que lie toujours un nœud artistique et savant. Dans cette ceinture, au bas des reins, les hommes portent le petit attirail à fumer, la pipette et son étui, la poche à tabac, le tout suspendu par une ganse et un *netzuké*.

Au Japon, la mode, moins capricieuse que celle de notre civilisation, a consacré depuis de longues années ce vêtement, dont la coupe universelle ne change pas, et dont elle se permet de varier seulement le dessin, la couleur ou l'étoffe. On ne voit de couleurs vives et tranchantes que dans l'accoutrement des enfants, des toutes jeunes filles, et des demoiselles d'abord facile, que par cela même on devine à leur plumage. Quant aux vêtements des adultes, ils sont toujours d'une nuance sombre et discrète, variant dans les tons adoucis du gris, du bleu, du brun, du violet, sur des étoffes unies de crêpe de laine ou de soie, avec rayures ou dessins quadrillés et mouchetés. La seule ornementation usitée en dehors de la bordure noire qui fait le tour du cou est l'impression en blanc, sur les manches et la nuque, du nom ou de l'écusson de la famille.

Nous n'avons remarqué jusqu'ici qu'un nombre très restreint de Japonais vêtus strictement à l'européenne; encore ceux-là étaient-ils des employés du gouvernement, siégeant dans les bureaux de leurs administrations. Notre jeune Ito, cependant, se fait un malin plaisir de nous accompagner en petit complet de la dernière élégance !

J'ai donc la satisfaction de constater qu'en réalité on n'a adopté que nos chapeaux de paille ou de feutre, notre coiffure, nos dessous de tricot ou de flanelle et... nos parapluies ! Le système de chaussure si particulier et si simple, nécessaire du reste tant que la natte ne sera pas remplacée par des planchers de bois ou de pierre, règne toujours sans partage. Il se compose tout bonnement d'une semelle fixée au pied par deux bourrelets qui se croisent au point d'intersection des chaussettes. Que ce soient des *waraji*, sandales de paille, ou des *guéta*, hautes planchettes de bois, le système est le même pour les hommes, les femmes et les enfants. Toutefois l'adoption susdite de nos coiffures est tellement générale que, même dans les campagnes, elle a amené en partie l'abandon de cette mode si pittoresque, élégante et soignée qui laisse le dessus du front rasé et ramène sur le sommet de la tête la masse des cheveux, serrés en une petite queue mastiquée. Parmi les têtes hérissées et échevelées des Japonais d'aujourd'hui, nous ne la voyons plus guère en honneur que chez les pêcheurs ou les montagnards.

Quant aux femmes, soit dit pour clore cette longue digression, elles n'ont rien sacrifié encore de leur toilette originale.

Ici, à Kioto, nous venons nous-mêmes de compléter nos équipements japonais en achetant de ravissantes pipettes dont nous comptons bien nous servir dorénavant. D'autres achats plus considérables ont été faits chez divers marchands de soieries, de broderies et de curiosités. Ces messieurs nous ont paru très « carotteurs », car ils nous ont presque tous surfait leur marchandise d'un tiers et même d'une moitié du prix auquel ils nous l'ont ensuite abandonnée. Vu l'importance des achats, ils se sont engagés à nous les apporter eux-mêmes à Yokohama dans un mois.

Que ne pouvons-nous avec ces divers bibelots nous procurer quelques-uns des trésors artistiques qui font l'ornement des superbes temples de Kioto, les plus riches du Japon ! Ces temples abondent dans tous les quartiers de la ville et appartiennent à une infinité de sectes bouddhiques. Plusieurs d'entre eux, comme le monastère de Kurodani, le temple de Shinnio-do, et d'autres encore, trop longs à énumérer, cachent leurs sanctuaires sculptés, leurs grandes urnes de bronze et leurs brûle-parfums dans les hautes futaies de Maru-Yama; mais le plus important d'entre eux, le Nishi-Hongwan-ji, est situé dans Kioto même.

Ce temple, qui passe pour le plus vaste et le plus beau de l'empire, occupe avec ses dépendances un emplacement considérable : tel un village au centre d'une ville. Ses larges cours, ses portiques, ses sévères charpentes brunies, couvertes de toitures lourdement majestueuses, imposent dès l'abord. Pour qui n'aurait encore fait connaissance avec aucun édifice religieux du Japon, l'effet produit par celui-ci serait certainement impressionnant au plus haut degré, tant l'idée qu'on se fait d'un temple en général concorde peu avec ces sortes de granges sculptées et dorées, mélange de simplicité rustique et de somptuosité artistique.

Parmi les portails, celui réservé au mikado est admirablement travaillé. Les vantaux ne sont qu'un enchevêtrement de dragons et de gros chrysanthèmes (la fleur impériale), sculptés à jour dans toute l'épaisseur du bois. Ces mêmes motifs, ainsi que des fleurs de *botan* (pivoines), des oiseaux, etc., se répètent sur les panneaux, sur les colonnes dorées, les parois mobiles, ornés d'anciennes peintures représentant des pruniers, des bambous et des pins, qui servent à séparer les sanctuaires du *hondo*. Ce hondo, c'est la nef du temple, mais une nef en largeur et non pas en profondeur. Elle représente une surface de près de 500 tatami. Autant cette partie de l'édifice, réservée aux fidèles déchaussés, a une décoration austère et simple, autant les parties inaccessibles au delà des barrières fixes sont étincelantes de statues, de candélabres et d'ornements voyants.

Partout la tenue et la propreté sont parfaites, partout les prêtres sont accueillants et polis. Ici on se rappelle encore avec pitié les sanctuaires délabrés de Pékin et leurs bonzes sordides!

Avec une permission spéciale, nous avons parcouru les appartements de gala de la communauté. Leur création remonte, ainsi que le temple actuel, au seizième siècle. Comme ailleurs, ils se composent d'une suite de pièces séparées par des parois à coulisses; ils forment une dizaine de salles, dont la plus grande mesure environ 17 mètres sur 20 mètres, mais qui toutes, par leur peu d'élévation, paraissent bien plus vastes qu'elles ne le sont en réalité. L'harmonie générale des tons qui règne dans la décoration de ces pièces est difficile à traduire : tant sont belles et vraies les peintures sur les fonds d'or brunis par les années et qui représentent des bambous, des oies, des paons, des cerisiers, des grues blanches ou d'adorables petits moineaux, autant d'œuvres dues à l'école des Kano; tant paraissent sombres les sévères boiseries et les plafonds divisés en caissons carrés, où la patine du temps a fondu les nuances claires et voilé les couleurs et les dorures dans un ensemble d'une douceur infinie! Dans la plus grande des pièces il y a un certain fond de scènes à personnages qui évoque toutes les brillantes cérémonies des assemblées d'autrefois.

Quand on a jugé du goût calme et riche de ces appartements, le palais du Mikado ne fait qu'un effet bien secondaire. Il est vrai que, rebâti après un incendie, il date seulement d'une vingtaine d'années, et que depuis la transmigration du souverain à Tokio il n'est pas habité; toujours est-il que nous croyions un mikado plus luxueusement logé!... Dans le labyrinthe de pièces que nous avons traversé, il n'y avait pas un seul objet, pas un coussin, pas même de nattes, tout ayant été remisé ailleurs. Nous avons bien vu de jolies pièces finement décorées de grillages élégants et de peintures sur bois; nous avons vu l'appartement même du mikado (où étaient naguère conservés les symboles de la souveraineté, une pierre, un glaive et un miroir), appartement dont les portes sont de lourdes parois encadrées de massive laque noire ;... mais l'ensemble enlève bien des illusions!

L'extérieur des bâtiments, très étendus par suite de l'absence complète d'escaliers et d'étages[1], revêt une simplicité exemplaire. A voir ces cours, ces murs nus, ces toits inclinés, on dirait plusieurs fermes-modèles juxtaposées.

L'autre soir nous sommes allés au théâtre. La rue était gaiement illuminée de lampions de couleur, et sur la façade de la maison s'étalaient de grandes peintures criardes destinées à préparer le spectateur aux scènes émouvantes de l'intérieur.

Mais quelle salle bizarrement aménagée ! Représentez-vous un parterre carré divisé en petits compartiments, dans lesquels s'asseyent sur des nattes les hommes, les femmes et les enfants; sur les côtés, deux étages de petites loges; puis, détail plus inattendu, une large rampe longeant la gauche du parterre et deux autres rampes se croisant au milieu de la salle, de niveau avec la scène, que ferment des rideaux d'étoffe. Ces rampes servent à l'action de la pièce comme la scène elle-même, car les acteurs y circulent pour venir et repartir, et s'y arrêtent pendant leurs dialogues. Au lieu d'acteurs, je devrais dire *actrices*, car à ce théâtre de Kioto tous les rôles sont joués par des femmes. Les plus petites et les plus fluettes représentent le sexe aimable, tandis que celles qui sont douées de forts organes figurent les héros. Au Japon d'ailleurs, en vertu de conventions très curieuses à noter, acteurs et actrices ne jouent jamais ensemble, et les troupes se composent toujours exclusivement d'hommes ou de femmes. En tout cas, les femmes jouent peu.

Voici l'intrigue du drame, un des plus connus parmi les pièces

---

[1]. Au Japon les constructions sont faites de préférence en rez-de-chaussée, surélevé de 0^m,60 environ.

populaires. Il s'appelle *Kiraré-Yosaburo*, ou « l'Homme à la figure coupée ».

Un seigneur voué au jeu et à toutes sortes de vices protège une amie qui ne le chérit que modérément, à cause de ses défauts. Par contre, elle s'éprend follement d'un damoiseau dont elle fait la connaissance sur une plage. Le coup de foudre est très habilement joué, car la dame amoureuse s'éloigne graduellement le long de la rampe en poussant des soupirs et en lançant des regards passionnés au pauvre jeune homme, si profondément subjugué qu'il en laisse choir son manteau. Les déclarations et les confidences se font ensuite par correspondance. Mais l'ami du protecteur, un admirateur évincé lui-même, découvre l'intrigue et ourdit un complot. Il entraîne le jaloux et feint avec lui un voyage. C'est bien décidément le moyen employé dans tous les pays du monde. Pendant ce temps le damoiseau arrive nuitamment au rendez-vous de sa dulcinée ! Mais il y vient avec des hésitations et des craintes, comme s'il devinait déjà le sort qui l'attend; un instant il est sur le point de fuir, comme Joseph de biblique mémoire, et il ne cède qu'aux menaces de la jeune femme, qui ne parle de rien moins que de se tuer; — bref, il disparaît avec elle derrière un grand paravent.

Les rires et les jubilations de toute la salle ont à peine salué cette sortie un peu crue, qu'aussitôt reparaissent le protecteur et l'ami. Leur fureur est tragique. La femme, poursuivie par son ennemi, se sauve à toutes jambes à travers la salle et court se jeter dans la mer. L'amoureux est garrotté, ficelé dans un panier ouvert, écorché vif à coups de sabre par une escouade de bourreaux. Cette scène est d'un réalisme effrayant; on croit voir palpiter les chairs et couler le sang. Par excès de vengeance et de cruauté, le seigneur trompé, tout en fumant sa pipette avec un calme féroce, fait lui-même une dernière entaille sur le corps de sa victime, et y lance de sa bouche le contenu brûlant d'une coupe de saké!... Sur quoi, panier et damoiseau roulent à terre dans des convulsions tout à fait émouvantes.

La pièce n'est cependant pas terminée : des marins repêchent la noyée, et l'amoureux guérit de ses atroces blessures. Défiguré pour la vie, n'osant pas reparaître devant sa famille et ses amis, il devient vagabond et joueur, et retrouve un beau jour dans une maison de plaisir de Tokio son amante également dégradée par le vice. L'accablant de reproches, il lui réclame une somme égale à celle que ses parents ont payée pour la livraison de son corps mutilé. Mais l'infortunée ne roule pas sur l'or, sans quoi elle ne serait pas là; torturée par les exigences de celui qu'elle hait maintenant, elle se résout à se défaire de sa personne : elle l'empoisonne et se poignarde ensuite.

Et tout cela pour quelques secondes d'oubli derrière un paravent! Le théâtre japonais aiguise plus que le nôtre les flèches de Cupidon!...

Je dois à Ito les détails de cette dramatique histoire; mais elle était si parfaitement jouée qu'elle eût été compréhensible par elle-même. Décors, gestes et intonations des artistes avaient un cachet de vérité qui captivait bien autrement que les mouvements automatiques des mannequins des Indes et de la Chine. Les armes, les coiffures, les costumes de la scène reproduisaient dans les plus minutieux détails une époque historique déjà passée, et nous avions devant nous les tableaux les plus « japonais » qu'on puisse rêver, tels que les représentent, en général, les motifs de décoration, les sujets à personnages des livres, des éventails, des porcelaines, etc.

Toutefois ces tableaux de la scène contrastent vivement par certaines conventions, réputées belles et classiques, qui en règlent l'exécution, avec les réalités de la salle, de la rue et de la vie journalière. Il y a loin en effet de ces figures transformées, de ces yeux obliques, de ces sourcils invraisemblables, de ces minois maquillés et de ces bouches minuscules, aux visages que nous avions devant nous. Cette constatation vous fera, je pense, saisir ce qui m'a frappé si vivement moi-même, c'est-à-dire le fait qu'au théâtre seulement et dans l'imagination des dessinateurs il faut chercher le sens des scènes outrées d'après lesquelles le Japon passe généralement pour un pays si absolument baroque.

Pendant un entr'acte, et tandis que la salle retentissait des cris des marchands de friandises, nous avons été visiter la principale actrice dans sa petite loge nattée. Le maquillage de ses traits défigurés la rendait rien moins que jolie, vue d'aussi près! Pour nous remercier de nos compliments, elle nous offrit à chacun un hatchi-maki bleu et blanc imprimé à son nom: Naka-mura-Kotoji. Nous répondîmes à sa gracieuseté en lui envoyant sous enveloppe la somme fabuleuse de « deux yen »! Elle en fut enchantée...

Nakatsu-gawa, 27 septembre.

Nous quittâmes Kioto le 13 septembre pour aller à Ozaka avec nos kuruma en faisant le détour de Nara.

Nara, capitale impériale au huitième siècle, est un endroit de 20 000 habitants, célèbre par les grandes forêts sombres qui enclavent ses temples, et la statue colossale d'un Bouddha de 18 mètres d'élévation. Ce *Daï-Butsu*, après plusieurs tentatives infructueuses, a été érigé en 749, sur le désir du mikado régnant alors. Il se trouve dans le temple bouddhique de Todaï-ji;

sa haute toiture augmente encore l'effet étourdissant de cette masse de bronze. L'idole est assise sur un socle de 70 mètres de circonférence, les jambes croisées, la main droite levée vers l'épaule, et sourit béatement aux nains qui l'admirent ou l'adorent, venant journellement en grand nombre de tous les coins du pays.

Pendant que nous la contemplions, des pèlerins défilaient près de nous, beaucoup d'entre eux tout de blanc vêtus, portant au cou des chapelets et des plaques commémoratives des dévotions accomplies dans tel ou tel autre sanctuaire. C'étaient des apparitions bien pittoresques que ces fervents, avec leurs guêtres serrées, leurs kimono retroussés dans la ceinture, leurs gourdes et leurs cannes, leurs larges chapeaux en forme de cloche, et les nattes portatives recouvrant leur dos. Suivant les usages habituels du culte, avant de prier ils passaient de l'eau sur leurs mains, la puisant dans une de ces vasques de pierre que l'on voit scellées devant chaque sanctuaire; ils jetaient ensuite en offrande une petite monnaie dans un large coffre de bois grillagé. Puis, agitant fortement une corde et une cloche dans le but d'attirer l'attention de la divinité, ils murmuraient une courte prière, debout ou agenouillés, en frappant leurs mains l'une contre l'autre avec un bruit retentissant et sec...

Cependant nos coureurs et Ito tournaient autour de la statue tout comme s'ils eussent regardé la « colonne Vendôme ». Chez les uns se manifestait clairement un sentiment de curiosité indifférente, chez les autres une foi aveugle et superstitieuse : deux manières bien tranchées qu'on retrouve partout au Japon en matière religieuse, et que les efforts peu récompensés des missions chrétiennes ne parviendront guère à modifier[1]. Les classes élevées ne croient pas à grand'chose, et le gros du peuple reste

---

1. Seuls les évangélisateurs orthodoxes russes obtiennent des résultats de quelque importance.

enveloppé dans la grossière superstition qu'entretiennent soigneusement les prêtres.

Le bouddhisme est bien la religion reconnue du Japon, mais elle se subdivise en une quantité innombrable de sectes dissidentes et rivales, ayant toutes leurs reliques, leurs saints et leurs héros spéciaux. Leurs bonzes sont voués au célibat. Ils ont la tête rasée, portent des vêtements sacerdotaux et des chapelets qui leur donnent une ressemblance extérieure, déjà souvent constatée, avec les prêtres catholiques de nos pays; il en est de même de l'appareil luxueux et surchargé du culte qui rappelle beaucoup l'intérieur des églises romaines.

A côté du bouddhisme a été ravivé depuis la restauration impériale le *shintoïsme*, qui est la religion antique des *Kami*, ou divinités nationales, et le culte officiel de la maison souveraine. Ses rites et ses cérémonies sont empreints d'une simplicité archaïque qui exclut toutes les idoles ; ses temples ne contiennent que des miroirs ronds symboliques et une austère décoration de papier blanc en bandes déroulées. Les prêtres, connus sous le nom de *kannushi*, ont la faculté de se marier, portent pour les cérémonies des mitres noires et des robes de couleur, mais gardent dans la vie habituelle le costume civil ordinaire.

Toutefois, comme le nombre des kami est légion, et que toutes ces divinités fictives ont leurs sanctuaires aussi bien que les saints et les héros du bouddhisme, la quantité des lieux sacrés est innombrable, dans les villes, dans les campagnes, dans le pays tout entier. Le peuple vénère les uns comme les autres, trouvant sans doute sa plus grande satisfaction dans les réjouissances et dans les fêtes multiples faites pour célébrer tant de puissances surnaturelles, et profitant de toutes pour demander la réalisation de ses vœux.

De Musashino, l'hôtellerie isolée que nous habitions sur une pente au-dessus de la plaine, un grand escalier et un superbe chemin forestier conduisent au temple shintoïste de Kasugano-Miya et passent devant des boutiques où les pèlerins achètent de petits objets en bois et en corne comme souvenirs de l'endroit. Tout près de là broutent des daims apprivoisés, tenus en grande vénération. Les galeries et les chapelles peintes en rouge se détachent fortement sur le fond de verdure. Plus loin encore dans ce cadre mystérieux, on arrive à un second temple shintoïste, Waka-Miya, par une avenue faite en gradins de pierre, bordée sur une longueur de plusieurs centaines de mètres par des lanternes et des socles de granit, et tournant fréquemment sous le dôme des immenses cryptomérias entre des futaies aux sombres feuillages. On croit passer ainsi entre deux haies serrées de monuments funéraires, et l'effet est saisissant...

Au Waka-Miya, un spectacle de haut intérêt attend celui qui, pour la somme de neuf yen (quarante francs environ), désire voir une représentation de la danse religieuse de *kagura*. C'est une antique dévotion du culte de Shinto, qui, tout comme une messe, s'exécute sur la demande des fervents. En voici le cérémonial.

Dans une salle basse ouverte sur une cour du temple, trois kannushi et une femme s'accroupissent en face du spectateur, tandis qu'à droite, dans un renfoncement, quatre vierges se tiennent prêtes à commencer les danses. Les prêtres sont vêtus de grands surplis ; ils ont en mains, l'un une flûte, les autres un tambourin et deux planchettes de bois. Les jeunes filles, la figure empâtée, sont enveloppées de longs vêtements blancs à bouquets or et vert pâle qui tranchent sur une robe de dessous rouge écarlate. Leurs cheveux dénoués tombent sur le dos et sont serrés à hauteur du cou par un anneau doré; au-dessus du front pend une grappe de fleurs artificielles. La femme qui fait partie de l'orchestre est vêtue de même et a devant elle une longue harpe plate. Tous ces personnages restent muets et immobiles jusqu'à un signal donné ; à ce moment ils courbent la tête jusqu'à terre, et les instruments jouent un prélude mélancolique. Les jeunes filles se lèvent, s'avancent en file et commencent une série de mouvements lents et cadencés, qu'elles exécutent avec une grâce et un ensemble parfaits, en maniant soit des éventails, soit des faisceaux de clochettes en métal, garnis de rubans multicolores. Les prêtres chantent en même temps une triste litanie qui accompagne en sons plaintifs les battements du tambourin, le claquement à contre-temps des planchettes, les gémissements de la flûte et les gammes saccadées de la harpe.

Au milieu d'un décor austère, cette musique naïvement dissonante, ces mimes monotones laissent une impression étrange que la solitude des grands bois noirs empreint encore d'une vague mélancolie.....

De Nara à Ozaka le trajet en kuruma prend une journée quand on s'arrête en chemin à deux autres temples, Yakushi-ji et Horiu-ji. Dans le premier il ne faut pas manquer de voir une grande statue faite en entier de l'amalgame précieux de *shakudo*. Dans le second, un monastère aux vastes dimensions, de nombreux bâtiments se succèdent jusqu'à deux sanctuaires qui passent pour être les constructions de bois les plus anciennes du Japon. Leurs charpentes ont plus de douze siècles et demi. On y voit de fort curieuses idoles de provenance hindoue indiscutable et des fresques à demi effacées, les seules sans doute qui existent au Japon.

Dans une autre partie du monastère les bonzes montrent « la pupille de l'œil gauche de Bouddha ». Voilà qui vaut bien, certes, d'autres reliques moins asiatiques ! Enfin, dans un bâtiment octogonal sont empilés intérieurement et extérieurement une telle quantité d'ex-voto que les murs disparaissent sous leur nombre. Miroirs, tablettes peintes, sabres rouillés, chevelures d'hommes, tout pend pêle-mêle dans un désordre bizarre ; et ces

Nara. — Orchestre des prêtres shintoïstes accompagnant la kagura.
Photographie de l'auteur.

chevelures sacrifiées avec leurs queues nouées de petites ficelles, couvertes de graisse et de poussière, font penser à autant de têtes scalpées..... Brrr! cela sent l'expiation, la vengeance et peut-être bien le meurtre !....

Nous sommes arrivés au Jutei Hotel d'Ozaka le 14 au soir, après avoir suivi sans lanternes de grands faubourgs obscurs, parcouru des rues interminables, et passé sur une telle quantité de petits et de grands ponts, que nous croyions retraverser les mêmes à plusieurs reprises. Quand nous nous arrêtâmes enfin, nous circulions dans la ville depuis quarante-cinq minutes, et nos hommes en étaient au seul et même temps de trot depuis *deux heures*. Pour vous donner une idée de l'entraînement auquel ils étaient déjà parvenus au cours de notre tournée, je dirai que des coureurs supplémentaires, pris à l'entrée de la ville, ne purent les suivre et nous quittèrent en route, tout essoufflés. Aussi l'ardeur de notre bataillon lui valut-il une récompense générale de saké.

Le Jutei Hotel est une maison de même genre que le Ya-ami de Kioto, mais un peu mieux tenue. Elle est bâtie sur une petite île dans la rivière de Yodo-gawa, à proximité de la concession étrangère, un emplacement abandonné, où les négociants européens et américains n'ont pas réalisé ce qu'ils espéraient en affaires.

Ozaka, dont la population s'élève à plus de 500 000 habitants, la plus considérable ville après Tokio, est cependant le grand centre de commerce des provinces du sud et de l'ouest, et a été choisie comme résidence par beaucoup des plus riches marchands de la contrée. On y remarque une impulsion toute particulière de vie et d'animation, et l'infinité de canaux qui la traversent, rejoignant les bras de la rivière, lui donnent un aspect très original. Ozaka a été baptisée d'ailleurs du nom de « Venise de l'Extrême-Orient », allusion qui avait encore plus d'à-propos avant l'invasion des jin-riki-sha et lorsque tout le trafic se faisait en barques et en bateaux.

Les curiosités principales sont la Monnaie, la citadelle et quelques temples. Au Nishi-Hongwan-ji, nous assistâmes à une lecture faite par un bonze dans une salle attenante au hondo, devant un nombreux auditoire masculin et féminin. Il s'inspirait du contenu d'un gros livre qu'on lui apporta sur un riche plateau laqué d'or. Au temple de Ten-jin-Sama, populaire entre tous, il y avait cérémonie et réjouissance en l'honneur du dieu de l'eau, Suitengu. Sur le seuil du sanctuaire, où brillait le miroir de Shinto, un prêtre frappait sur un tambour, et dans la cour une femme faisait des aspersions au moyen d'une brosse qu'elle trempait dans des chaudières en ébullition, rangées en ligne droite devant les gradins.

Une foule nombreuse se pressait aux alentours des bâtiments, faisant cercle surtout devant un acrobate escamoteur dont l'adresse nous fascina longtemps. Trapu, musclé, aux traits énergiques sous son front rasé, il exécutait une série de tours avec une agilité et une dextérité admirables. Tantôt il balançait sur son épaule une large perche de bambou, qui se courbait comme un jonc sous le poids d'un gamin, livré à une gymnastique effrayante; tantôt il faisait danser des toupies inclinées à 45 degrés sur des cannes et des ficelles.

Nous nous sommes particulièrement divertis encore dans un recoin des dépendances du temple, que connaissent sans doute bien peu de ceux qui passent par ici : il y a là un réservoir habité par des centaines de tortues sacrées. Le jeu consiste à leur jeter de petits gâteaux soufflés roses et blancs, qu'on achète sur la place dans un débit de thé. Ces gâteaux, plus légers que l'eau, flottent à la surface comme des bouchons, et voilà aussitôt toute la troupe des tortues en chasse, nageant à l'envi et se bousculant, grosses et petites, jeunes et vieilles, pour happer les gâteaux toujours poussés plus loin. La bataille dure quelquefois longtemps, à la grande joie des Japonais et des Européens, aussi enfants qu'eux pour le quart d'heure.

La citadelle d'Ozaka fut avant la guerre de 1563 un imposant château fort. Ses bâtiments charpentés ont certainement été la perfection du genre. Taïko-Sama, le shogun fameux qui les fonda, y consacra des sommes fabuleuses, ainsi que le prouvent encore les monolithes énormes qui forment les murs de l'entrée principale. Ce sont des pierres de huit mètres de long sur cinq de haut. Mais pendant les luttes civiles tout fut incendié, et il ne reste maintenant que des plates-formes, des murailles et des fossés d'enceinte. De la terrasse supérieure, celle qui portait le donjon, on découvre tout Ozaka, sa masse de maisons brunes sillonnée de filets d'eau, des horizons de montagnes et de mer, puis, au pied même des remparts, une vaste caserne neuve, où manœuvrent, au son du clairon français, des lignes d'infanterie.

Quant à la Monnaie, elle a été pendant plusieurs années conduite par un directeur et un personnel étranger, presque entièrement remplacé par des employés japonais. C'est ici que sont frappées toutes les pièces nouvelles, estampillées du dragon et du chrysanthème. Les petites pièces d'argent et celles de cuivre circulent beaucoup, mais les yen d'argent sont rares, et l'or est difficile à trouver, même à prime élevée.

A Ozaka, de même que nous l'avions fait dans d'autres villes, à Nagoya et Kioto principalement, nous avons chargé Ito d'organiser des soirées de chanteuses, ou *guésha*.

Les guésha sont des artistes et, entre toutes, les plus populaires du Japon. Ce sont elles qui, danseuses, musiciennes et chanteuses, conservent et perpétuent les mélodies et les chants du pays. Dès leur première jeunesse, on les livre à l'étude de leur art, fort difficile et compliqué, puisqu'il n'existe pas de musique notée, et que toutes les mélodies se transmettent par l'ouïe seulement. Enrôlées par compagnies, elles se rendent aux maisons de thé, où les commandent les voyageurs de passage ou les citadins de la localité qui offrent à leurs amis une fête commune que l'exiguïté de leur maison et leurs habitudes domestiques ne leur permettent pas d'organiser chez eux. Jusque dans les villes les plus petites, les guésha ont élu domicile.

Il faut se garder cependant de les confondre avec les courtisanes, autrement dit les *joro*. Quelle que puisse être leur conduite privée, les guésha mènent une existence tout à fait indépendante et bien différente de celle des malheureuses que de lourdes dettes lient indéfiniment aux maisons qui exploitent leurs personnes. Déjà par leurs costumes, ces deux catégories de femmes japonaises si distinctes diffèrent complètement. Autant les joro se parent de kimonos éclatants brodés d'or et rehaussés de rouge, se coiffent d'épingles volumineuses, etc., autant les guésha affectent une mise modeste et peu voyante, dont la simplicité s'accentue en raison directe de l'âge. Les toutes jeunes seules arborent des nuances claires et des ornements de fleurs ou de bijoux de clinquant.

Leurs représentations servent de prétexte à des repas complets, ou seulement à des collations composées de thé, de bonbons coquettement enveloppés, de fruits découpés dans des bols d'eau fraîche, d'œufs crus au *sho-yu* (sauce salée assez forte), etc. Quand on a pris place, ces demoiselles entrent, tenant en main les *shamisen*, leurs longues guitares, soigneusement enveloppées, et s'agenouillent sur les nattes. Échange de politesses, plaisanteries et jeux commencent alors, car, en dehors de l'obligation où elles sont de chercher à plaire par leurs danses et leur chant au « seigneur » qui les fait venir, les guésha ont aussi pour mission de l'amuser par leur esprit et leur entrain.

Elles présentent d'abord la petite coupe pleine de saké chaud, qu'on leur offre en retour, puis elles allument sur les braises du tobako-bon les pipettes fraîchement bourrées, et les donnent à l'amphitryon, après les avoir essuyées sur le crêpe soyeux de leurs manches.

Les shamisen accordés, la partie musicale de la fête s'organise. En dehors de quelques exagérations faites pour satisfaire au goût étranger, les danses, aussi nombreuses que diverses, se distinguent toujours par beaucoup de grâce et de gentillesse. Elles simulent des scènes gaies ou mélancoliques, accentuées par des poses et des mouvements d'éventail, aussi difficiles à suivre ou à analyser qu'à dépeindre. Ce sont de préférence les petites guésha qui les exécutent, tandis que les autres chantent et accompagnent sur leurs shamisen.

Ces guitares tintent d'une façon particulièrement sèche et criarde, et produisent des sons de « ting, ting, ti-ting » légèrement énervants quand un instrument résonne seul, mais de meilleure harmonie quand plusieurs cordes se mettent à l'unisson. C'est en tout cas un spectacle des plus gracieux que celui d'une guésha promenant sur les cordes le petit grattoir maintenu par ses doigts délicats.

Souvent ravissantes de traits, ces aimables filles sont bien pour l'étranger, qui ne peut entrer en contact avec les femmes des classes supérieures, le type le plus agréable parmi les Japonaises. Mais que de coquetterie chez ces tourterelles ! Constamment préoccupées de leurs atours, elles ouvrent à tout instant des portefeuilles enfouis dans les plis de leurs vastes ceintures, pour se regarder dans de petits miroirs, teindre leurs lèvres sur des carnets dorés, ou lisser avec le peigne les bandeaux luisants de leurs belles chevelures d'ébène. Chez elles le rire est si facile et si habituel que, bien que nous ne comprenions pas leur langage, ni elles le nôtre, la gaieté ne manque pas dans nos réunions. Ce sont des leçons réciproques, des conversations monosyllabiques, des jeux à gages, etc., dont l'entrain serait encore bien plus complet si nous pouvions nous faire entendre.

Malheur à nous cependant si nous ne restions pas envers ces demoiselles dans les limites de la plus stricte politesse! Habituées à des égards publics très cérémonieux, elles nous feraient sentir notre manque de tact à la moindre infraction aux bonnes manières. C'est ainsi que les guésha d'Ozaka, avant de répondre à l'appel d'Ito, voulurent être assurées que nous étions des messieurs bien élevés, qui ne criaient pas trop fort et ne se permettaient aucune familiarité. Elles avaient donc été bien offensées par d'autres *idjin-san* de passage[1]?

D'Ozaka nous avons poussé une pointe jusqu'à Kobé, dans le but d'y chercher lettres, « espèces » et provisions fraîches, avant de nous mettre en route sur le Nakasendo.

Le 20, nous remontions en wagon direct pour Otsu (les Japonais disent Ots'), la station extrême de la ligne, placée au delà de Kioto; les trains partant de Kobé l'atteignent en trois heures. Elle a une situation ravissante au bord du lac de Biwa, dont la superficie égale celle du lac de Genève. La jolie tcha-ya que nous y avons occupée donnant directement sur les eaux, nous faisions nos ablutions à la nage, sous les yeux de pêcheurs à la ligne, qui croquaient des friandises en jetant leur hameçon.

Afin de gagner du temps, nous nous sommes embarqués avec toutes nos kuruma, venues ici nous attendre avec les bagages, sur le petit vapeur qui fait le service d'une extrémité du lac à l'autre, entre Otsu et Maïbara. Le trajet dure quatre heures. Il

---

1. *Idjin-san* signifie: monsieur étranger. La particule *san*, qu'on entend à tout moment, est le terme de politesse qui répond à la fois à notre « monsieur, madame et mademoiselle », et qui s'attache à tous les noms comme à toutes les appellations en général.

est à recommander à cause du beau paysage des rives, sinon pour l'agrément du bateau, dont le salon, fait pour des voyageurs qui s'asseyent sur leurs talons, est si bas qu'on ne peut s'y tenir debout.

A Maïbara, nos hommes se partagèrent les bagages anciens et nouveaux d'une façon bien caractéristique. Au lieu de se les disputer, ils firent fort tranquillement des lots aussi égaux que possible, et tirèrent au sort avec une philosophie toute fataliste, non toutefois sans adresser quelques bonnes plaisanteries à ceux que le hasard avait le moins favorisés. Puis nous reprîmes nos véhicules pour rejoindre, non loin du rivage, le Nakasendo à Bamba.

Shimmachi, 9 octobre.

Le mois de septembre, qui jusque-là avait été beau, ne voulut point faillir à sa réputation japonaise. Pendant plusieurs jours nous eûmes des alternatives de pluie et de temps assez maussade, fort peu rassurantes pour notre voyage dans la montagne, qui devait nous mettre durant quinze fois vingt-quatre heures en face de la nature seule, loin des villes, des temples et des plaisirs. Par surcroît de désagrément, Ito se déclara souffrant dès la seconde étape, se plaignit de maux de tête et de fièvre.

A plusieurs reprises son état nous obligea même de faire halte dans des endroits peu agréables, et de nous tirer d'affaire avec l'aide de nos traîneurs attitrés. Ceux-ci furent exemplaires, guidés par l'intelligente initiative de l'un d'eux, nommé Kin, qui s'est mis à nous soigner comme un vieux serviteur. La course à peine faite, il prenait son bain, endossait son kimono de repos, et, poitrine, jambes et pieds nus, dans un demi-déshabillé auquel le sens le plus délicat n'eût rien trouvé à redire, il s'occupait de nos personnes et de nos repas avec une entente et une aisance bien surprenantes chez un homme du peuple.

Kin est, avec un autre coureur de notre bande, le seul homme tatoué que nous ayons autour de nous. Chacun sait que le tatouage décoratif a joué un grand rôle dans la classe populaire, et en particulier chez les *betto* (les saïs du Japon) qui, courant en avant des chevaux avec le fundoshi pour unique vêtement, mettaient beaucoup d'orgueil à exhiber sur leur chair une espèce de maillot indélébile. Actuellement l'obligation du costume sur la voie publique, et la prohibition directe du gouvernement à l'égard du tatouage, ont à peu près tué cet art curieux, de sorte que, selon toute probabilité, le talent de dessinateur sur peau humaine sera de moins en moins transmis aux générations futures.

Les productions de ces artistes sont cependant originales au plus haut point, comme tout ce qu'a imaginé le « vieux Japon ». Les dessins de couleurs mates en bleu et rouge se marient admirablement avec la teinte hâlée des épidermes, qui sont remarquablement doux et lisses. Le coureur camarade de Kin est tout bonnement superbe : il a un véritable vêtement collant qui lui couvre tout le dos, les épaules, la moitié des bras, les côtes et les cuisses ; des dragons, des fleurs, des têtes de héros semblent y jouer à cache-cache. Quant à Kin lui-même, il n'est « pas encore terminé » ; ses moyens ne lui ont pas permis de faire exécuter plus que les contours bleus des arabesques qui l'envelopperont un jour, si le jeu, cette passion nationale, le traite mieux que par le passé.

Grâce à quelques rayons intermittents de soleil et aux prescriptions d'un médecin japonais (ex-étudiant à l'université moderne de Tokio), la fortune nous sourit à nouveau après quelques mauvais jours. La pluie s'arrêta, Ito reprit son rire immense qui nous amuse tant, et nous avons pu jouir pleinement du charme varié qu'offre le pays accidenté traversé par le Nakasendo, la route des montagnes centrales.

Elle a une élévation moyenne de huit cents mètres au-dessus du niveau de la mer, et franchit cinq passes ardues, échelonnées entre Kioto et Tokio, et variant de mille à seize cents mètres de hauteur. Les montées et les descentes, petites et grandes, se succèdent si rapidement, que l'usage des jin-riki-sha devient très souvent impossible, et que, la moitié du temps, le voyageur est obligé d'aller à pied. Au lieu de kuruma, on voit des *kago*, c'est-à-dire des litières de bambou portées par des hommes ; mais on rencontre surtout des piétons marchant allègrement, les mollets serrés dans des jambières bleues et leur kimono retroussé. Les koulis sont rares et remplacés par des taureaux et des chevaux chargés qui, au lieu de ferrure, ont les pieds enveloppés de chaussons de paille. Certains animaux portent de telles quantités d'herbe ou de foin qu'ils disparaissent complètement sous leurs fardeaux et qu'ils semblent être autant de masses ambulantes de verdure.

Le Nakasendo passe d'abord par des plateaux sauvages qui dominent des cimes et des vallons solitaires ; il rejoint ensuite des plaines encaissées, où les villages ont l'aspect animé de ceux du Tokaïdo. Plus loin il remonte vers des régions plus calmes, où les centres habités, beaucoup plus espacés entre eux, sont aussi plus primitifs ; où les gens revêtent en quelque sorte le caractère de la nature agreste qui les entoure. Les maisons ont des toits plats et proéminents couverts de grosses pierres et de balcons de bois, comme les chalets de la Suisse et du Tyrol. La population robuste et hâlée, aux traits accusés, ne connaît pas les innovations en usage dans les villes. Elle frappe, par une expression de confiante bonhomie chez les adultes, par une timidité presque farouche chez les enfants et les jeunes filles.

Comme peu d'étrangers fréquentent ces parages élevés, nous avons excité partout sur notre passage la plus vive curiosité. Le matin, quand, assis sur le seuil des auberges, nous nous mettions à lacer nos grandes chaussures, et l'après-midi lorsque nous prenions nos repas, il y avait toujours grand cercle de montagnards, rassemblés pour nous examiner et nous voir manœuvrer avec nos fourchettes et nos cuillers. Dans une des tcha-ya, la servante se montra si sauvage que rien ne put la décider à nous approcher. Dans une autre nous fûmes témoins un certain soir d'une telle effusion d'*arigato* (remerciements) que de notre vie nous n'en reverrons de semblable. La propriétaire de l'hôtellerie possédait une petite boîte à musique détraquée. Confiante en l'adresse de Louis, elle lui remit la boîte inerte, attendant, tout anxieuse, la fin de l'opération qui devait lui rendre le mouvement. Quand la brave femme vit rouler le cylindre, et qu'elle entendit l'air si longtemps endormi, sa reconnaissance ne connut plus de bornes : elle joignit les mains, toucha les nattes de son front, se courbant et se recourbant avec des démonstrations d'une gratitude et d'une joie tout à fait touchantes.

Nos plus beaux souvenirs se rattachent à la journée du 28 : ce fut une journée idéale, dorée au matin de chauds rayons et empourprée le soir de lueurs crépusculaires de toute beauté. Nous nous promenions comme dans un parc sans limites, quittant des vallées d'un vert éclatant pour monter sur des hauteurs boisées, d'où nous redescendions dans des gorges étroites ombragées de hêtres, d'érables, de châtaigniers, et au fond desquelles roulaient des torrents sur des lits rocailleux. De jolis villages étaient accrochés aux penchants des collines, et à nos pieds des ruisselets babillards, éclaboussant marmots et vo-

Touristes japonais en voyage sur le Nakasendo.
Photographie de l'auteur.

latiles nains, miroitaient au soleil le long du chemin, près des maisonnettes et dans les rizières. Le paysage était si riant et si frais, le ciel si pur, l'air si léger, que nous aurions marché ainsi jusqu'à l'autre bout du monde !....

Après une halte prolongée dans le joli bourg de Shimo-no-Suwa, au bord du lac du même nom, nous arrivâmes au delà de la passe de Wada-togé dans une contrée assez déserte, surtout aux environs du volcan Asama-yama. Plus loin, à Oïwaké, un des endroits les plus froids du Japon, la pluie recommença, et depuis lors nous n'avons cessé de cheminer à travers d'épais brouillards et sous de véritables déluges. Aussi est-ce avec peine que nos coureurs, barbotant dans une boue glissante, ont amené nos kuruma, enveloppées de toiles huilées par-dessus les capotes fermées, jusqu'à ce petit endroit appelé Shimmachi, où nous sommes bloqués depuis trois jours ! Derrière et devant nous, les ponts sont enlevés, et les rivières roulent des flots si impétueux que la police ne permet même pas de les franchir en barque.

Nos provisions sont presque épuisées, et nous tirons au sort pour les derniers morceaux de pain et les fonds de bouteilles. Le temps ne m'a donc pas manqué pour écrire le jour, et pour me livrer le soir à des développements photographiques, au grand désespoir de l'hôtelier et de ses servantes, qui s'escriment à nettoyer les planchers de leurs couloirs, maltraités par mes produits chimiques.

Notre emprisonnement sert aussi à enrichir de quelques mots notre vocabulaire japonais, mais nous trouvons la langue fort difficile à apprendre et même assez malaisée à prononcer d'après la façon dont les mots sont écrits. Leur orthographe (je l'ai adoptée ici telle que les Japonais la reconnaissent officiellement) diffère en effet beaucoup de la prononciation française, en ce que les *u* se prononcent en général comme *ou*, les *j* comme *dj*, les *ch* comme *tch*, les *g* comme *ng*, etc. Certaines personnes prétendent avoir une clef à toutes les conversations en abusant de l'*arimasu* et de l'*arimasen,* le « il y a » et « il n'y a pas » japonais ; mais ces locutions ne conduisent guère loin, pas plus que le patois haché usité à Yokohama par les étrangers. Quant aux mots euphoniques tels que *saïonara*, *tadaïma*, *doso*[1], et d'autres, qui passent pour avoir quelque analogie avec l'italien, ils disparaissent parmi la quantité de ceux dont les *ka* et les *tch* donnent à la prononciation japonaise l'accent assez dur qui la caractérise....

Yokohama, 14 octobre.

Le 10 octobre la police nous autorisa enfin à passer, et nous pûmes prendre quartier quelques ri plus loin, à Kumagaï, dans une tcha-ya encombrée, qui abritait 175 voyageurs !

La dernière journée fut rude entre toutes pour nos hommes. Cinq ou six d'entre eux, blessés au pied, étaient presque hors de combat. Cependant nous les ramenions tous, sauf un seul, laissé malade à Kioto des suites de « nopces et festins ». Sur les chemins, les pluies avaient fait partout des ravages ; et une rivière, le Toda-gawa, avait à tel point inondé la campagne environnante, que pendant près d'une heure nous avons navigué en bac sur la route submergée. Toutes nos jin-riki-sha avaient été entièrement démontées pour la circonstance.

Le même soir, à la nuit tombée, nous entrions au grand trot dans les faubourgs interminables de Tokio. Malpropres, couverts de poussière, fatigués, après avoir traversé de longs espaces sombres de l'immense capitale, nous débouchions subitement sur un

---

1. Adieu, — tout de suite, — s'il vous plaît.

boulevard brillamment éclairé, rempli de boutiques et de monde, et sillonné de tramways. Des tramways! mais où étions-nous donc? Hélas! à deux pas de la gare où chauffait le dernier train pour Yokohama. O tyrannie du progrès, tu nous avais de nouveau enchaînés!...

Yokohama, 28 octobre.

Peu de jours après notre rentrée au Bluff, nous nous remettions déjà en route pour une nouvelle excursion, ayant Nikko pour but, Nikko, « l'éclat du soleil[1] », et dont la renommée est entretenue par ce dicton populaire : *Nikko mi naï utchi wa, kekko yu na* — « N'appelez rien superbe avant d'avoir vu Nikko ».

Un matin de bonne heure, nous quittions Tokio, dans un char à bancs attelé de deux chevaux. Nous avions choisi ce mode de transport afin de gagner du temps et d'éviter l'organisation d'une seconde caravane, trop encombrante pour une absence de courte durée. La distance de Tokio à Nikko étant de 38 ri, soit 140 kilomètres, on peut, avec de nombreux relais, faire le voyage en deux jours, à condition toutefois de commander au service postal des voitures spéciales et de ne pas prendre les omnibus réservés au public japonais sur cette voie.

Au delà d'Utsu-no-Miya, ville de 15 000 habitants, la route devient très pittoresque. Encaissée entre des talus au pied des-

---

1. Célèbre par les sépultures des deux plus grands shogun.

quels roulent des ruisseaux rapides, elle est bordée jusqu'à Nikko même, c'est-à-dire sur le quart du chemin total, par une double haie de conifères séculaires, dont les hautes branches se joignent en dôme imposant. Les hommes passent comme des pygmées sous les arches majestueuses de ces arbres gigantesques. Cette allée est fameuse non seulement par sa beauté, mais aussi par les souvenirs qui se rattachent à l'époque où elle voyait annuellement les défilés pompeux du prince-abbé de Nikko, ou de l'envoyé du mikado, allant en pèlerinage aux tombes des shogun.

A Ima-ichi, dernier grand village avant Nikko, le caractère montagnard de la contrée s'accentue. Une ravine coule au milieu de la voie; aux devantures des boutiques pendent des faisans, des geais, et même des peaux d'ours. Mais ces trophées, qui donnent une idée de la grande abondance du gibier dans ces parages, ne peuvent qu'augmenter les regrets du touriste-chasseur, auquel le gouvernement, aussi strict sur ce point que sur bien d'autres, ne permet pas de porter fusil en dehors des limites fixées aux ports ouverts. Les voitures s'arrêtent à Hachi-ishi dans l'unique rue montante et pierreuse de l'endroit, dont une maison sur trois abrite un marchand de bibelots de bois ou de photographies. Aucun véhicule ne saurait s'aventurer plus loin; les kuruma elles-mêmes restent stationnées là. Quand nous arrivâmes, la tcha-ya favorite, celle de Suzuki, était remplie de voyageurs étrangers; force fut donc de chercher ailleurs un refuge pour la nuit et de commencer par voir les environs de Nikko.

Dès le lendemain, nous partions à pied pour le lac de Chiu-zen-ji, qui se trouve à 1370 mètres au-dessus du niveau de la mer et à 800 mètres plus haut que Hachi-ishi.

Au sortir du petit village, notre promenade débuta par un coup d'œil de toute beauté. Les dernières maisonnettes touchent à une pente inclinant vers le torrent impétueux du Daïya-gawa, qui coupe le paysage dans toute sa largeur et roule en cascatelles, au bas de collines de pins. A gauche apparaît, ressortant sur le fond clair des montagnes, au-dessus d'un coude formé par le torrent, un grand pont massif, tout rouge, d'un rouge de sang qui luit vivement sous les branches sombres des cryptomérias. C'est *Mi-hashi*, le pont sacré, bâti en 1638 sur l'emplacement où, suivant la légende, le saint Shodo Shonin fut miraculeusement secondé par le dieu Shinsa-Daïya. Quand le saint vint, au huitième siècle, explorer les montagnes de Nikko pour y élever un sanctuaire, il se trouva devant l'infranchissable torrent de Hachi-ishi. Après avoir prié en se prosternant, il aperçut sur la rive opposée un personnage divin, d'une taille gigantesque, qui lui lança par-dessus les eaux mugissantes deux serpents, l'un vert, l'autre bleu. Ces reptiles formèrent aussitôt une longue passerelle, semblable à un arc-en-ciel, et disparurent dès que le saint eut heureusement traversé le torrent. Autrefois Mi-hashi était ouvert aux shogun et aux pèlerins à deux époques de l'année. Actuellement il reste constamment fermé par des grilles placées à ses deux extrémités. Un pont ordinaire parallèle est l'unique passage qui donne accès dans la vallée.

Après l'avoir franchi, nous avançâmes bientôt vers des régions forestières où les *momiji*, ces jolis érables aux feuilles effilées, brillaient dans l'éclat de leurs parures d'automne. Plus nous avancions, plus la gorge se resserrait, creusée par le lit d'émeraude du Daïya-gawa, que nous traversions et retraversions sur des rocs et de petits ponts de fagots; plus aussi les flancs des montagnes devenaient abrupts et les feuillages variés. Un point de vue surtout nous émerveilla : c'était au sommet d'une première montée assez ardue, sur un plateau isolé au centre d'un vaste demi-cercle. Abrités du soleil par le toit d'une tcha-ya primitive, nous embrassions du regard un panorama grandiose. De tous côtés, en haut comme en bas, sur les cimes et les escarpements, ce n'était qu'un éparpillement de gigantesques touffes répandues en bouquets roses, rouges, jaunes, ponceau, orange et vermillon, et tranchant sur l'azur du ciel en nuances variées à l'infini. Des cascades blanches s'échappaient par-ci par-là en larges nappes et couraient grossir le torrent qui serpentait au fond de la vallée circulaire.

Je doute que nulle part au monde il soit possible d'admirer un plus resplendissant tableau de beautés automnales.

A partir de là commença l'ascension sérieuse, vraie ascension de pèlerinage, sur les gradins de bois d'un escalier rustique, de cinq à six cents marches, pratiqué à travers des broussailles que dominaient les troncs robustes des chênes et des hêtres. Çà et là des points d'arrêt et des terrasses nous laissaient entrevoir le chemin parcouru. Au sommet, un joli sentier, passant près d'une cascade colossale, nous conduisit vers l'extrémité du lac, dont les eaux calmes se précipitent subitement à cet endroit dans un gouffre étroit et profond. La chute est superbe, une des plus hautes du Japon, et mesure une centaine de mètres.

Au bord du lac de Chiu-zen-ji, nous avons trouvé, non pas un village, mais un alignement de maisons fermées, parmi lesquelles deux ou trois tcha-ya seulement semblaient habitées.

Le calme était complet dans cet endroit solitaire! Pas une vague, pas un bateau sur la surface lisse du lac que nous dominions de nos chambrettes, et où nous voyions se refléter les collines et leurs manteaux multicolores. Dans l'unique rue, silence absolu. Notre présence et celle de nos koulis rendaient seules quelque animation à ce lieu désert; et il semblait difficile de se représenter le mouvement extraordinaire qui règne là dans les mois de juillet et d'août, quand des milliers de pèlerins accourus pour faire, après de pieuses abstinences, l'ascension de la montagne sainte de Nantaï-zan, viennent remplir les huttes de bois et les transformer en véritables ruches.

La montagne se dresse à droite du lac, derrière le temple que fonda Shodo Shonin, alors qu'après de grandes privations et plusieurs vaines tentatives faites dans un espace de « quinze ans », il parvint dans ces régions inexplorées jusqu'au sommet mystérieux, qui était la demeure supposée des dieux et leur résidence de prédilection. Aujourd'hui le premier touriste venu peut faire l'excursion de Tokio à Nantaï-zan en peu de jours, muni des meilleures provisions que son cœur puisse souhaiter. A Chiuzen-ji, région toujours recouverte de neige en hiver, le froid se fait sentir dès que les rayons du soleil d'automne ont disparu derrière les cimes. Il fallut donc nous vêtir chaudement le soir, et nous servir pour la nuit de couvertures japonaises ouatées. Au matin, hélas! une malencontreuse pluie nous contraignit de renoncer aux belles promenades des environs, et nous repartîmes sans voir les sources chaudes de Yumoto.

Rentrés à Nikko, nous nous sommes voués à l'inspection approfondie des grands mausolées, perdus dans des bois touffus de pins, où Iyé-Yasu et Iyé-Mitsu, les premier et troisième shogun de la ligne des Toku-gawa, dorment de l'éternel sommeil.

Comme effet général, il ne faut pas croire que ces sépultures aient la moindre ressemblance avec les monuments semblables d'autres empires. Ici la symétrie fait complètement défaut, mais l'irrégularité des plans concorde admirablement avec le caractère sauvagement triste de l'endroit. Elle donne même plus d'importance aux bâtiments divers qui se succèdent sans qu'on les devine, au delà de tournants inattendus et d'escaliers imprévus, et qui, pour cette raison, ressortent davantage dans leur beauté individuelle. Tandis que dans les mausolées impériaux des Indes et de la Chine les monuments se dressent tout grands ou dominent dès l'entrée, ici, au contraire, les angles et les détours cachent le mausolée jusqu'au dernier moment et le font apparaître d'autant plus imposant dans son mélancolique isolement.

Des avenues magnifiques de cryptomérias conduisent aux deux temples et se confondent là avec les conifères qui les englobent. Passé les grands torii de granit, estampillés du blason des Tokugawa (un cercle renfermant trois feuilles en forme de cœur), on voit d'abord des portiques rougeâtres, dont les niches sont ornées de statues héroïques grimaçantes; des bassins de pierre renfermant l'eau sacrée; puis de larges escaliers couverts de mousse, montant avec leurs lourdes balustrades vers des plates-formes et d'autres portiques qui ouvrent sur les cours des oratoires, entourées de bâtiments peints et sculptés. Au delà de ces oratoires seulement et après plusieurs révolutions de nombreux degrés, se trouvent les dernières chapelles, derrière lesquelles s'élève la tombe, espèce de petit dôme en bronze, placé sur des marches au centre d'un encadrement de balustres.

Ces dispositions sont semblables pour les deux mausolées; celui du grand shogun Iyé-Yasu, mort en 1616, est réputé plus vaste et plus luxueux. Nous avons pourtant préféré l'autre, dont l'ensemble est plus impressionnant. Dans les oratoires et bâtiments de chacun, la décoration est d'une richesse qui défie la patience du plus habile pinceau. Ce sont des sculptures si merveilleuses et si compliquées, répandues en relief ou à jour sur les portes et les parois; des enchevêtrements si invraisemblables de fleurs, de dragons et d'animaux; un coloris si brillant d'or et de nuances variées, qu'il faudrait rester pendant des heures en contemplation devant de telles somptuosités avant de pouvoir en analyser les principaux détails.

Grâce à un permis spécial, obtenu par les soins de la légation auprès du Ministère de l'Intérieur, nous avons pu visiter les divisions intérieures de ces oratoires magnifiques et certains objets précieux qui sans cela ne nous auraient pas été montrés. Deux hommes de la police étaient spécialement attachés à notre service, et dans les temples les prêtres nous attendaient en grand cérémonial, vêtus de leurs robes sacerdotales. Le premier d'entre eux venait à notre rencontre, nous remettait une petite feuille avec son nom, et après de profonds saluts nous confiait aux soins de ceux qui devaient nous montrer les choses préparées pour la circonstance et sorties des coffres-forts en notre honneur.

Dire que nous avons contemplé là des « trésors » serait exagéré ; je crois même qu'on nous en a fait voir le moins possible. Je mentionnerai cependant comme objets intéressants de vieux masques qui servaient anciennement pour les mimes religieuses, quelques beaux laques d'or et des souvenirs personnels de Iyé-Yasu, son armure et son palanquin, etc. Le permis eut surtout pour grand avantage de nous donner accès au pourtour de la chapelle de Iyé-Mitsu et dans l'appartement qui précède l'oratoire de Iyé-Yasu. Autour de la chapelle nous fûmes littéralement éblouis par les reflets des dorures ornant les parois sculptées, et par le brillant de la couche épaisse de laque noire recouvrant le sol. Cette ornementation étonnante était barricadée de parois de planches pour la garantir des intempéries ; quel effet ne doit-elle pas produire dans le cadre vert à tonalité puissante des pins, quand aux grandes fêtes on la met à jour ! Devant l'oratoire de Iyé-Yasu, nous avons admiré des murs et des plafonds qui sont tout bonnement exquis de tons d'or éteints et de couleurs fondues. On trouve comme une réminiscence de Versailles ou de Venise dans des caissons carrés, dans de hautes corniches et des séparations régulières de panneaux à sujets peints ou sculptés, dont tous les motifs sont traités comme des bijoux.

Les temples de Iyé-Yasu et de Iyé-Mitsu étant voués, l'un au culte de Shinto, l'autre au culte bouddhique, la tenue des prêtres était à noter. Le kannushi chef, qui nous promena, portait une robe de satin vert à cordons de soie violette et blanche, et tenait dans la main une sorte de palette en bois. Les bonzes avaient des surplis sombres, rehaussés de bandes brochées de soie aux mille ramages.

Nous avons passé à Nikko quatre journées entières, favorisés par un temps très agréable. Nous sommes allés voir le monastère de Sambutsu-do, dans l'enclos duquel est un ravissant jardin, dont la vue donne directement sur les montagnes de Chiuzen-ji. Dans l'habitation, dont les jolis appartements japonais furent occupés par les jeunes princes d'Angleterre, lors de leur visite, un bonze nous montra de précieuses peintures anciennes, montées sur rouleaux (*maké-mono*), sortes de missels relatant en détails d'une extrême finesse les exploits des shogun.

De jolies promenades aux cascades des environs occupèrent enfin nos loisirs, et nous rentrâmes à Yokohama comme nous étions venus. En route, nous avons croisé plusieurs bandes de touristes anglais, parmi lesquels se trouvaient trois dames, roulant en jin-riki-sha vers la tcha-ya de Suzuki, où nous avions fini par obtenir un charmant logement dans un pavillon séparé.

Yokohama, 10 novembre

A cette saison les maisons de thé, comme toutes les maisons japonaises en général, perdent une bonne partie de leurs charmes par la difficulté qu'on a de les chauffer. Depuis la fin de l'automne jusqu'au renouveau, les Japonais se contentent des *hibatchi* ouverts qui leur servent de calorifères; ils s'accroupissent tout

Bonze du monastère bouddhique de Sambutsudo, a Nikko.
Photographie de l'auteur.

autour pour se chauffer et étendent leurs doigts engourdis au-dessus des braises. Mais ce mode de chauffage, qui n'est que modérément commode, est surtout bien insuffisant.

Aussi ne saurions-nous trop apprécier le confort de notre habitation du Bluff, maintenant que nous avons terminé les excursions lointaines de notre programme, et que nous pourrons jouir de cette installation, à proximité de Tokio, où bien des choses intéressantes nous retiendront quelque temps encore.

Notre chalet commande de charmantes échappées sur la mer, les pentes du Bluff et le Fuji, dont le cône régulier, semblable à un large pain de sucre, resplendit de neige pendant plus de la moitié de l'année. Au rez-de-chaussée nous avons une salle à manger et un grand salon, au premier les chambres à coucher. Suivant l'usage adopté pour les habitations européennes, une petite annexe fort simple contient la cuisine et des pièces pour les domestiques. Notre personnel est composé de Will, d'Ito, d'un boy et d'un cuisinier. Les concierges, autrement dit les *momban*, qui habitent une petite case de bois à côté de la grille d'entrée, sont à la charge du propriétaire.

Notre existence est fort agréable. Le matin nous montons à cheval, sur de très bons poneys chinois, pris au mois chez un loueur anglais du settlement. Quand pour le reste de la journée nous sommes « chez nous », nous conservons nos habitudes françaises, déjeunant à midi, dînant à sept heures. Nos relations de société se bornent encore presque exclusivement aux rapports que nous avons noués avec les aspirants et les officiers de la *Victorieuse*, le vaisseau-amiral dont la cuirasse blanche brille dans la baie en face du Bund. Ces messieurs nous ont fait les honneurs de leur navire, dont la tenue admirable nous a émerveillés, aussi bien que la discipline confiante des hommes.

Le mois dernier (entre nos excursions du Nakasendo et de Nikko), le vice-amiral et les officiers offrirent une matinée dansante très réussie au corps diplomatique de Tokio et à la société de Yokohama. Le bâtiment avait été décoré d'une façon charmante, et transformé en tente au moyen de larges toiles blanches sous lesquelles pendaient tous les pavillons du globe; le pont était converti en un véritable jardin de palmiers, d'arbustes et de plantes de toutes sortes, formant haies, parterres et massifs, au milieu desquels étincelaient des panoplies de sabres, de haches et de pistolets, ainsi que des pièces d'artillerie.

On nous présenta ce jour-là à différentes personnes que nous venons de retrouver pendant les courses d'automne. Terminées depuis avant-hier seulement, elles ont duré trois jours, et ces trois jours ont été un véritable carnaval. Comme à Hongkong, comme à Shanghaï, les courses sont l'occasion d'un *holiday* général, pendant lequel on ferme tout, banques, bureaux et magasins, pour aller sur la pelouse ou pour bénéficier d'un changement d'air dans quelque villégiature des environs. Tout le train habituel de la vie est suspendu durant le court règne du betting, et les indigènes eux-mêmes profitent plus ou moins par rayonnement de ces jours de fête.

Déjà plusieurs semaines auparavant, la piste sert de rendez-vous matinal aux gentlemen propriétaires ou entraîneurs, qui courent ou font courir sous un nom d'adoption. Leurs chevaux sont des poneys chinois, japonais, ou croisés chinois-japonais, en grande partie de jolies bêtes qui passionnent la colonie entière longtemps avant et longtemps après les courses mémorables, qu'ils gagnent ou qu'ils perdent. Le champ de courses a été aménagé sur le Bluff, à un quart d'heure de voiture de notre chalet. Il a cela de particulier que l'ovale intérieur de la piste forme un vallon, et que par le fait les chevaux courent autour d'un vaste trou. La petite tribune de planches est assez modeste. Une terrasse-balcon la surmonte; elle est destinée au mikado, qui a l'habitude d'assister à une des deux réunions.

Il vint à la seconde, et nous vîmes son cortège défiler devant nos fenêtres. Rien de bien majestueux, par exemple, pour un souverain oriental : un piquet de lanciers en uniformes bleus, à brandebourgs verts et shakos carmin; une berline attelée de deux chevaux, et quelques voitures de plus modeste tournure. C'était un peu maigre pour le « fils du Soleil »! A la tribune, même simplicité. Deux sentinelles seulement étaient postées sous le balcon où siégeait le mikado, entouré de personnages vêtus d'uniformes sombres.

Ministres japonais, ambassadeurs étrangers, dames de Tokio et de Yokohama, nul ne manquait à la réunion.

La note gaie de la journée fut donnée par la mission coréenne. Venue à Tokio pour clore les négociations relatives aux difficultés déjà mentionnées, elle va de réception officielle en réception officielle, fort enchantée de voir tant de choses nouvelles pour elle. La mission est composée de huit personnages, des êtres assez primitifs, dotés d'une naïveté très réjouissante. Aux courses, ils arrivèrent conduits par un interprète, tout doucement comme un troupeau de moutons, et se groupèrent maladroitement dans la tribune, au beau milieu de l'assemblée. Leurs robes peu propres, de couleur verte, violette, blanche ou bleue, et leurs grands couvre-chefs en fil de fer (en forme de paniers à salade ou de garde-manger portatifs) attirèrent tous les regards, mais sans que cela les intimidât le moins du monde. Les courses les intéressèrent au plus haut degré et les rendirent tout rêveurs de gloire équestre. Ce fut à tel point que l'un d'eux, le personnage principal, brûlant de désirs irrésistibles, fit demander au mikado la permission de courir aussi.

Aussitôt le mikado et ses ministres s'empressèrent de le satisfaire et firent mieux encore : ils décrétèrent, séance tenante, la fondation d'un prix coréen; deux jockeys entrèrent en lice et l'on mit à cheval l'ambassadeur triomphant! Le signal donné, les chevaux partirent. Au commencement cela n'alla pas trop mal; mais bientôt le pauvre plénipotentiaire faiblit; la respiration lui manqua; il se cramponna désespérément à la crinière de sa monture, et, tandis que les jockeys dépassaient au grand galop le poteau d'arrivée, il vint, tout étourdi d'une course folle, rouler sur le gazon au pied de la tribune impériale. Robe et fil de fer gisaient piteusement à terre, tandis que les rires et les acclamations éclataient de toutes parts.....

Le 3 de ce mois était l'anniversaire de la fête de l'empereur[1]. Ce jour-là il y eut à Tokio diverses festivités : une revue des troupes de la garde, une grande représentation des vieilles danses de *No*, et un bal au Ministère des Affaires étrangères.

Dès le matin les wagons de première classe du train de Yokohama étaient encombrés par des voyageurs civils, consulaires ou diplomatiques. Après la revue passée à cheval par le mikado, qui portait un uniforme chamarré d'or sur toutes les coutures, il y eut une réception au palais d'Akasaka, et un déjeuner auquel assistèrent les ministres. Suivant l'usage, chacun d'eux reçut ensuite, de la part du souverain, soigneusement enfermée dans une jolie boîte de bois blanc ornée de l'écusson impérial, la portion des mets qu'il n'avait pas consommée, ainsi que la coupe de porcelaine fine placée devant lui à table. Cette grande politesse de haut lieu signifie que tout objet offert dans la maison de l'empereur ne doit revenir à aucune autre personne qu'au destinataire privilégié.

Ayant dîné chez M. B..., le secrétaire de la légation d'Angleterre, nous sommes allés avec lui au bal du Ministère, où avait eu lieu auparavant un banquet offert à tout le corps diplomatique. Les abords du bâtiment (qui est une construction tout à

---

1. L'empereur est né en 1852 à Kioto.

fait européenne, étaient envahis de jin-riki-sha. Quelques rares voitures stationnaient dans la cour, tout illuminée de cordons de gaz et de lanternes multicolores. Au-dessus du perron, surveillé par des agents de police, un grand *Welcome* transparent accueillait les nombreux invités. Les salons, assez bas, mais bien ornés de fleurs et de feuillages, regorgeaient de personnages décorés, de ministres en habits brodés, d'officiers de marine en grande tenue et de dames en toilettes. Cependant les éléments nationaux étaient bien rares ou trop européanisés; car, les princesses espérées faisant défaut, il n'y avait que quelques dames japonaises en kimono gris-perle fort simples, à côté de Mme Inouyé, qui portait une robe de bal de dernier goût moderne. Aussi cette réunion cosmopolite avait-elle bien plutôt l'air d'une fête donnée par des Européens en l'honneur de quelques personnages japonais. L'orchestre et le buffet ajoutaient encore à l'illusion, tandis que le feu d'artifice, tiré dans le jardin, la complétait absolument.

La soirée fut égayée de nouveau par les inévitables Coréens. Aux courses leur tenue avait déjà causé passablement d'hilarité, mais dans cette salle de bal elle était bouffonne au superlatif degré. Les Coréens s'asseyaient par terre, le long des murs, et quelquefois au beau milieu d'un salon. Quelques-uns s'étaient pris de grande amitié pour les vins et les plats du souper; aussi ne quittaient-ils plus le buffet. Pinçant avec leurs doigts, et par-dessus la table, les morceaux qui leur plaisaient, ou les prenant sans vergogne dans les assiettes de leurs voisins, ils avalaient d'un seul coup des bottes entières de persil ou de cresson décoratif, et s'abandonnaient à des libations interminables. Vers minuit certains d'entre eux étaient complètement ivres, et s'en allaient dodelinant de la tête et de l'inséparable chapeau de fil de fer, en serrant avec effusion la main de quiconque acceptait ce privilège. Le concert de leurs soupirs digestifs n'était pas ce qu'il y avait de moins nouveau dans leurs manières.

A une heure du matin, un train spécial ramenait tous les Yokohamois, dont les oreilles tintaient encore de la polka de « Tout à la joie », le dernier écho de la soirée....

Quelques jours après cet anniversaire, une fête bien japonaise, la fête des Chrysanthèmes, devait avoir lieu dans le parc impérial d'Akasaka. Tous les ans à deux époques, au moment de la floraison des cerisiers et des pêchers, et au moment de l'épanouissement des chrysanthèmes, le mikado fait avec l'impératrice et toute la cour une inspection minutieuse des jardins; il invite à cette occasion tous les Japonais de haute naissance, les légations, et par elles les « étrangers de distinction ». Ayant l'honneur de compter parmi ces derniers, grâce à l'amabilité de nos ministres, nous nous réjouissions de contempler, au moins une fois, une mise en scène brillante, de voir l'impératrice et ses dames d'honneur en robes écarlates, et dans les allées, sur les pelouses, des bandes d'enfants richement vêtus. Hélas! il n'en fut rien!

Après une journée chaude et superbe, le 8 novembre nous amène une pluie fine et tenace. Nous partons néanmoins pour Tokio, devant déjeuner chez notre ami B.... Après déjeuner la pluie cesse, et tout le bataillon de la *Victorieuse* fait irruption dans la petite maison japonaise de notre hôte, apportant cette nouvelle : « La fête n'est pas contremandée; il y a fête! il y a fête! » Tout joyeux nous filons en kuruma vers le palais d'Akasaka; mais là il y a silence complet : la fête n'aura décidément pas lieu.

Nos invitations impériales en poche, il nous semble dur cependant de rebrousser chemin sans essayer de parlementer. B... s'en charge; sa requête est transmise à la maison de l'empereur, et, par faveur spéciale, on autorise notre troupe à pénétrer dans le domaine impérial. On nous montre d'abord le palais, qui n'est qu'une demeure provisoire, en attendant la construction du palais nouveau. Nous y voyons des salles assez basses, aussi simples que celles de Kioto; elles ont des parois à coulisse et des carreaux de papier; des paravents et quelques meubles modernes sont perdus dans les coins. Mais le parc est beau; nous nous y promenons pendant deux grandes heures, sans jamais apercevoir de clôture, circulant au milieu de vallonnements variés, à travers des bois touffus, au sommet de petites collines, autour de lacs limpides, et jusque dans des rizières.

Les chrysanthèmes sont exposés dans des tentes oblongues, dont on relève à notre approche les draperies blanches, marquées du blason impérial. Les arbustes sont rangés d'après leur taille sur plusieurs lignes et par grosses touffes jaunes, rouges, blanches, roses ou panachées. Les pieds les plus élevés ont environ 1^m,50. Chacun porte une multitude de superbes fleurs, aussi volumineuses que des dahlias ou de grosses pivoines. Les pétales sont droits ou recourbés, et frisés en mèches délicates. Les tiges, d'un beau vert, sont soigneusement écartées les unes des autres par des liens faits avec une adresse et une patience merveilleuses.

Les pieds les plus remarquables s'épanouissent séparément dans des vasques de porcelaine bleue et blanche, tandis qu'une tente spéciale abrite les trois merveilles de la saison : trois buissons monstres, de nuances différentes. Le plus fort a deux mètres de pourtour, et forme un bouquet admirablement arrondi de quatre cent treize fleurs! C'est magnifique. Cette année, toutefois, les chrysanthèmes passent pour n'avoir pas réussi et pour être fort inférieurs à ceux de la fête précédente, alors que les jardiniers présentèrent un pied orné de six cent quarante-deux fleurs!

Ceux qui n'ont pas vu les chrysanthèmes d'Akasaka ne peuvent se représenter la beauté d'une végétation dont nous n'avons, en France, que de pâles reflets. Ici le chrysanthème est une fleur populaire et souveraine tout à la fois. Il compose l'écusson du mikado, et, tant que dure son éclat, une place d'honneur lui est acquise dans la maison du riche bourgeois comme dans l'échoppe du plus pauvre artisan.....

✹

Tokio, 22 novembre.

Habiter Tokio d'une manière indépendante n'est pas chose facile pour l'étranger qui ne fait pas partie d'une légation, qui n'est pas dans les emplois du gouvernement japonais, et qui par suite n'a pas le droit de s'établir dans la ville.

Il peut néanmoins se mettre dans « ses meubles » sans permission préalable, en louant une habitation à Tsuki-ji, la concession spéciale créée à cet effet. Il peut encore prendre quartier au Seyo-ken, petit hôtel à l'européenne, situé tout près de la gare. Mais les chambres y sont mal tenues, par un personnel peu surveillé; de plus, Tsuki-ji est une langue de terre mortellement triste, habitée seulement par des missionnaires et le ministre d'Amérique. Le plus commode pour un résident passager est donc de rester à Yokohama, quitte à se servir des trains nombreux qui vont à Tokio quinze fois par jour et en cinquante minutes de trajet. Cet arrangement paraîtra encore plus pratique à qui peut de temps en temps jouir dans la capitale d'une hospitalité aussi généreuse et aussi aimable que celle du chevalier Martin Lanciarès, le chargé d'affaires d'Italie, qui reçoit les

Français avec une bienveillance extrême. Plusieurs fois déjà, votre serviteur a occupé chez lui un joli appartement, dans une petite construction appelée la « Corvette », et dont bien des amis reconnaissants conservent le souvenir.

Nos journées devant s'écouler dorénavant de plus en plus à Tokio, il est temps que j'esquisse à larges traits la grande ville dont j'ai déjà si souvent cité le nom.

Avant de devenir la capitale militaire du Japon en 1590, quand le shogun Iyé-Yasu y établit son gouvernement, Tokio n'était qu'une rude forteresse, entourée de villages épars. Pendant près de trois siècles, ses successeurs y siégèrent tout-puissants, et la ville atteignit sous leur impulsion son extension et sa richesse artistique, malgré les désastres qui, plus souvent et plus complètement qu'ailleurs, y anéantirent des milliers de vies humaines et détruisirent quantité d'habitations. En 1601, 1657, 1668, 1698, des incendies réduisirent en cendres la ville presque entière. En 1773, une épidémie lui enleva près de deux cent mille habitants! et les années 1703 et 1855 principalement furent marquées par des tremblements de terre qui ruinèrent de fond en comble d'immenses quartiers. L'histoire de la métropole n'est qu'une série de désastres de ce genre, auxquels vinrent s'ajouter encore des typhons et des inondations.

Le mikado actuel, Mutsu-Hito, y réside depuis 1869, et il y a inauguré son règne sous le nom de Meï-ji. Puisse le souverain réintégré apporter autant de bonheur à Tokio que son gouvernement y a créé d'innovations!

Qu'on lise les jolis récits du comte de Beauvoir et du baron de Hübner, ils paraîtront presque comme des contes de fées, si on les compare avec les descriptions actuelles d'une capitale si rapidement transformée, le cœur du Japon d'aujourd'hui. Là où naguère encore les étrangers ne circulaient, comme à Kioto, que sous escorte respectable de *yakunin,* résonnent maintenant la trompe du *tram-car* et le sifflet des locomotives.

On va vite au Japon! plus vite que le train de Yokohama, qui prend et laisse en route une énorme quantité de voyageurs : cent quatre-vingt mille en un mois ! A destination, le débarquement réserve bien des surprises au nouveau venu : tandis que sur l'asphalte du quai clapotent d'innombrables chaussures de bois, la foule se presse en masse jusque dans la salle des pas perdus, où siègent des marchands de journaux et de brimborions divers. Au bas de l'escalier, des rangées de jin-riki-sha attendent, et les coureurs vous hèlent, poursuivant souvent le voyageur qui trouve trop cher le tarif proposé[1]. Le quartier nouveau, Shimbashi, qui entoure la gare, a, lui aussi, un cachet très différent des autres villes japonaises. On y voit des constructions en pierre, des boutiques aux inscriptions anglaises ; sa grande voie de Ghinza ressemble, à s'y méprendre, à un de nos boulevards modernes. A une demi-heure de là, on se trouve dans un autre quartier qui peut plus aisément encore faire oublier le Japon et l'Orient tout entier, le quartier des légations étrangères et des nombreux ministères : Nagata-tcho, un des points les plus agréables de la capitale, grâce à ses constructions espacées et ses jardins verts.

Tout près, cependant, se creusent les profonds et larges fossés, et se dressent les hauts talus couronnés de pins tordus du Shiro, l'ancienne enceinte fortifiée des shogun. Leur vieux palais n'existe plus ; détruit par un incendie en 1872, il va être remplacé dans la même enceinte par la nouvelle demeure impériale, projetée pour satisfaire à la fois aux traditions de la vieille cour et aux exigences de l'étiquette occidentale. Rien de frappant, par exemple, comme le contraste avec les vestiges d'une grande époque chevaleresque, à peine disparue : ces hautes et lourdes portes forti-

---

[1]. Règle générale, les Japonais débattent assez longtemps le prix des kuruma, même pour une simple course.

Fossés du Shiro a Tokio.
Photographie de l'auteur.

fiées, ces ponts massifs, ces pavillons d'angle aux toitures retroussées et les salons des ministères japonais voisins.

A Tokio, où tout est immense, le Shiro, centre effectif de la métropole, couvre la superficie d'une petite ville avec son parc et ses casernes. Ici sont logées les troupes de la garde impériale, au nombre de quatre mille environ, soit la neuvième partie de l'armée actuelle, qui fut organisée sous la direction de deux missions militaires françaises, et pour laquelle le gouvernement adopte, depuis, des améliorations empruntées aux diverses organisations militaires de l'Europe. Autour du Shiro même se trouvent d'autres enceintes, celles de la citadelle proprement dite. Autrefois elles abritaient pendant six mois de l'année les nombreux seigneurs féodaux qui venaient là, sous l'œil du maître, et accompagnés d'une partie de leur clan, de leurs samuraï et de leurs artisans, faire acte de présence dans leurs *yashiki*, des domaines indépendants comme leurs fiefs réels.

Les yashiki qui subsistent encore sont entourés de bâtisses uniformes de bois noirâtre sur soubassements de solide maçonnerie, et n'ont d'autre prétention architecturale que des portiques sculptés. Mais la plupart ont été détruits par le feu ou démolis; d'autres sont remplacés par de larges espaces vides, étendus comme des terrains de manœuvre, ou par de nouvelles constructions publiques : bureaux d'administration, écoles et universités, dans lesquelles les carreaux de papier ont fait place aux fenêtres à guillotine.

Dans ces voies majestueuses, où l'on voudrait, ne fût-ce qu'un instant, voir renaître l'appareil fier et somptueux des pompes féodales, règne un morne silence. Le Tokio populeux et vivant commence seulement autour des fossés extrêmes, pour s'étendre jusqu'à des distances colossales, non pas comme une ville, mais comme plusieurs cités juxtaposées, avec des intervalles de campagne et de cultures. Il y a des ponts et des canaux comme à Ozaka; des rizières et de petits bois semés de cabanes qui conduisent le passant dans quelque endroit du Tokaïdo ou du Nakasendo; puis vient de nouveau une grande artère, coupée de rails, les rives de la baie, ou les bords du large Sumida-gawa qui traverse la métropole.

Tokio est tout un monde, d'un million d'habitants, répartis dans les basses maisonnettes de quinze districts principaux. Le plus grand mouvement anime ses grandes artères, dans lesquelles les enfants en particulier constituent la plaie de la circulation. Depuis les tout petits jusqu'à ceux qui en portent d'autres (ou, à défaut de ceux-ci, des poupées géantes!), tous courent au beau milieu de la voie, se jetant entre les jambes des coureurs avec la plus grande insouciance et malgré tous les avertissements. Qu'on se représente en même temps les aveugles qui marchent en tâtonnant à l'aide de leurs bâtons, les femmes qui trottinent gauchement sur leurs planchettes, les jin-riki-sha lancées à fond de train, les koulis qui plient sous le poids de leurs charges, et l'on se dira que d'incessants miracles empêchent seuls les accidents.

Il faut cependant reconnaître que le calme et le sang-froid de la population lui sont un préservatif à cet égard, car personne ne s'impatiente, personne ne se querelle, et les coureurs s'arrêtent net, avec une habileté étonnante, au moment où leur véhicule, bien souvent chargé de deux voyageurs, est prêt à en heurter un autre. Ils s'excusent même, le sourire aux lèvres, du dérangement qu'ils ont causé à ceux qui les dérangent. Partout urbanité, courtoisie et concessions mutuelles! Quelle leçon pour nos grandes villes!....

Par suite des vallonnements sur lesquels est bâti Tokio, il est fort difficile, pour ne pas dire impossible, d'obtenir une vue d'ensemble sur la ville. Les meilleurs endroits à cet effet sont cependant Atago-Yama et Uyéno.

Atago-Yama est une colline située au sud dans le quartier de Shiba, vers le faubourg de Shina-gawa (côté de Yokohama) et à proximité des sanctuaires où les autres shogun reposent dans des mausolées non moins riches que ceux de Nikko. La vue s'étend principalement sur les forts de Shina-gawa et sur l'horizon par delà la baie de Yédo. Cet endroit est très recherché, les jours de fête, par des gens endimanchés en quête de la vue, qui gravissent les marches raides du haut escalier et qui se reposent devant les petits débits de thé, installations inséparables de tout rendez-vous populaire.

Shiba et Atago-Yama sont à un quart d'heure de course du quartier de la gare. Quant à Uyéno, il faut faire tout un voyage pour y arriver, et rouler à peu près aussi longtemps que pour se rendre à un autre but, célèbre parmi les célèbres, le temple d'Asakusa. Pour l'une et l'autre de ces courses, de bons coureurs, attelés en paire, ne mettent pas moins d'une heure entière! Vous jugez des distances. Tandis qu'à Shiba on se retrouve sous de sombres pins, comme à Nikko, et dans un isolement presque aussi complet, à Uyéno l'art a aidé la nature en créant de magnifiques promenades sous des arbres séculaires, qui sont le plus bel ornement d'un parc rendu public. C'est là qu'au printemps défile tout Tokio, chacun venant en habits de fête s'extasier devant les floraisons d'avril.

On voit bien des choses à Uyéno: des échappées lointaines et charmantes sur un lac et sur des quartiers vallonnés de la ville; des quantités d'échoppes et de débits ambulants; un jardin zoologique; un restaurant à l'européenne qui vit en bonne intelligence avec un antique Bouddha de bronze; enfin les vastes bâtiments du nouveau musée et plusieurs tombes shogunales, bien dépoétisées dans ce cadre moderne.

A la place du musée se trouvait, avant 1868, une merveille de l'architecture religieuse du Japon : c'était un temple bouddhique fondé par Iyé-Mitsu. Il était considéré comme le métropolitain de l'empire, et son grand prêtre était toujours un fils du mikado régnant. Vicissitudes des choses humaines : le dernier grand prêtre, porté un instant comme prétendant au trône impérial avant la victoire qui détruisit son temple, fut prosaïquement exilé en Allemagne pour y « faire des études », et les sanctuaires ont fait place à des bâtiments de brique, où des expositions permanentes d'objets industriels, des cabinets d'histoire naturelle, etc., instruisent le « jeune Japon ».

Une des sections les plus intéressantes est celle où sont réunis en musée archéologique les vestiges soigneusement classés des diverses époques historiques, depuis l'âge de pierre jusqu'à nos jours. Armes, instruments, manuscrits, objets du culte, tout est aussi curieux à étudier ainsi que les costumes de cour, les armures, les vêtements de daïmio et de *kugé* (anciens nobles de haut rang, mais sans territoires), ou que les coiffures et les ornements impériaux, brocarts, soies et velours, qui pendent tristement dans des vitrines.

Parmi les objets d'art brillent des laques d'or dont la valeur est à celle des objets de l'industrie actuelle ce qu'est la valeur des tableaux des vieux maîtres par rapport aux reproductions populaires de la gravure et de la photographie. Le musée ne possède cependant qu'une quantité limitée de pièces remarquables, comparativement à celle qu'il aurait sans doute désiré acquérir. Car, troquées contre des billets de banque, elles ont pris le chemin de New-York, de Londres et de Paris à la suite d'amateurs fanatiques, devenus plus connaisseurs de l'art du vieux Japon que les meilleurs parmi les rares « Japonais japonisants » d'aujourd'hui.

Cette expression est moins impropre qu'on ne le croirait, car non seulement on ne fait plus maintenant les objets précieux que les artistes inimitables des siècles passés produisaient, dans le calme et patient labeur d'une existence entièrement vouée à leurs seigneurs protecteurs, mais encore on a perdu au Japon la notion vraie de l'art ancien. On se jette à corps perdu dans la fabrication d'objets dont la popularité trop vulgaire finira par dévoyer complètement le génie artistique si admirable et si original de ce peuple.

Une promenade vers Asakusa est une des plus intéressantes que le touriste puisse entreprendre, car elle le conduit par les centres les plus populeux de Tokio.

Au carrefour qui précède le grand torii d'entrée, — une traverse droite placée sur deux poteaux verticaux légèrement inclinés vers l'intérieur, — c'est une mêlée compacte de gens et de kuruma. Une fois l'enceinte passée, l'animation grandit encore sur une avenue dont les côtés sont garnis d'une longue rangée de boutiques. C'est une foire permanente où stationnent des photographes et des barbiers, des marchands de toutes catégories, des vendeurs de jouets, de vêtements, de chaussures, de thé et de riz, de graines pour les pigeons sacrés, devant les échoppes desquels se promènent dans l'après-midi des familles entières de citadins et de campagnards allant au sanctuaire de la déesse Kwannon.

La foule devient plus dense au fur et à mesure qu'elle se rapproche des marches qui conduisent sous de lourdes poutres rouges vers le coffre de bois, où chacun jette la monnaie d'usage; là elle se divise en file pour passer devant les autels et arriver jusqu'à une statue qui est la grande « attraction » du temple, avec la relique de la déesse — une relique pêchée au sixième siècle par un noble sur le rivage du fleuve. Elle représente le saint Bindsuru, secoureur attitré des malades. A toute heure du jour on peut voir des fervents mettre en contact avec cette idole la partie de leur corps qu'ils voudraient guérir. Aussi la statue est-elle déjà tout usée à force d'être ainsi frottée. On achète à une stalle adjacente de petits billets et des images de la déesse, vendus par les prêtres. Les uns prédisent aux familles la naissance d'une fille ou d'un garçon, les autres sont des talismans qu'hommes et femmes portent dans de petits bandeaux serrés autour de leurs bras!

Après avoir terminé ses dévotions au plus grand bénéfice des bonzes de l'endroit, le courant humain se déverse tout autour du temple dans les carrefours forains où mille plaisirs et distractions guettent les passants. Ce sont des saltimbanques et des prestidigitateurs, des chiens savants, des jeux de billard, des tirs à l'arbalète, des oiseaux dressés et des singes apprivoisés, des galeries de figures de bois, des tcha-ya et des marchands de gâteaux; puis partout, à tous les coins et dans toutes les allées de cette fête perpétuelle, des photographes et toujours des photographes, dont les montres exhibent, en poses variées, les acteurs favoris, les guésha connues, et de paisibles bourgeois en attitudes d'emprunt.

C'est là, dans ce parc étonnant, qu'on voit en miniature la grande pièce que joue tous les jours et dans toutes les parties du pays ce peuple fataliste et superstitieux, frivole, avide de plaisirs et cependant si facilement satisfait! Qui a négligé de parcourir les méandres d'Asakusa n'a pas observé la nation japonaise sous un de ses aspects les plus caractéristiques.

Le jour où nous y allâmes, nous nous sommes bien divertis dans une boutique où deux « femmes plongeuses », dévêtues jusqu'à la ceinture, égayaient une assemblée compacte par des tours aquatiques de haute fantaisie. A un moment donné elles disparurent complètement sous l'eau du bassin carré, tenant chacune un parapluie huilé; et, pendant un temps qui parut durer plusieurs minutes, on vit les deux parapluies tourner harmonieusement sur la surface comme des toupies sur un plancher. Idée bien japonaise que celle-là! En ressortant, ces femmes semblaient peintes en rouge, tant l'eau était froide.

Tokio, 8 décembre.

A Tokio, les parcs et les jardins privés sont très nombreux. A leur sujet, je parlerai rapidement du yashiki de Mito et de la propriété d'un riche commerçant du quartier de Honjo.

Le yashiki de Mito appartenait avant la révolution au prince de ce nom. C'est un vaste domaine, situé au nord de la ville, sur le chemin d'Uyéno, et occupé actuellement par l'arsenal qu'y installa la mission militaire française. Le parc a été fort réduit par suite de la construction des bâtiments nouveaux, mais ce qui en reste mérite d'être vu, car les beaux arbres rares y abondent. Celui qui peut le visiter avec une permission spéciale du ministre de la guerre, y trouvera un coin charmant de nature vraie, un lac, un petit sanctuaire, auquel conduisent des ponts de pierre chinois; il y verra aussi un ravissant pavillon de thé qui sert aux officiers.

A Mito, comme au parc impérial de Fukiage, dans le Shiro, les beautés artificielles, étalées sur de pittoresques vallonnements, ont trouvé leur consécration dans une longue suite d'années. A Honjo, par contre, dans le jardin particulier de M. D..., la décoration à peine éclose prouve une origine aussi récente que recherchée. Là-bas, ce sont sur un vaste terrain des sites agrestes et largement traités ; ici, dans un espace réduit, un fouillis contorsionné et maniéré à faire crier la déesse Nature. De petits sentiers tournants, des ponts larges de deux pieds, jetés sur d'étroits ruisseaux ; des bassins resserrés dans des groupements de rocaillerie parsemés de conifères nains, dont les branches contournées traînent dans des directions anormales ; des *toro*, petits monuments de granit en forme de lanternes massives, posés au-dessus de broussailles arrondies et de touffes basses, puis encore et toujours des pierres et des bouts de rocs gris, blancs ou roses, amenés de très loin et à grands frais : tels sont les ornements de ce jardin de Japonais opulent.

Le terrain, décuplé en apparence par ces arrangements lilliputiens, contient, en dehors de la maison d'habitation, plusieurs kiosques de plaisance : une cabane de pêche en bambou clair, une maisonnette de thé, composée de pièces contournées, et une grande construction à plusieurs étages, la gloire du propriétaire. Le luxe des matériaux employés à l'intérieur de cet échafaudage est incroyable. En bas, dans une grande pièce deux fois haute comme les appartements ordinaires et se terminant par une corniche sculptée, les impostes, les cadres de parois, sont des bois les plus rares et les plus chers, et le papier est remplacé par de la soie transparente. Même recherche luxueuse aux étages supérieurs dans les pièces qui, une par une, s'élèvent en tour jusqu'à une plate-forme.

Mais, chose bizarre, ces pièces se distinguent toutes par un mélange assez vulgaire d'ameublement chinois et européen : il y a des tapis criards posés sur les jolies nattes, de lourds cadres dorés placés sur les panneaux de boiserie délicate, etc., autant de choses qui prouvent une dégénérescence de goût et un commencement d'invasion de nos produits, pourtant si incompatibles avec le genre purement japonais.

L'inspection terminée, nous fîmes la connaissance du propriétaire de céans. Il nous attendait dans son habitation, où il nous fit servir du thé et des sucreries, et nous montra, entre autres curiosités, un joli éventail Louis XVI, qui lui avait été donné par l'ambassadeur d'Angleterre. Les paniers et les coiffures poudrées des personnages de l'éventail paraissant l'intriguer beaucoup, je lui expliquai qu'il y a cent ans on avait le bon goût de s'habiller ainsi en France. Il en fut très surpris, ne se disant pas sans doute que, du train où vont les choses dans son pays, nos petits-fils s'étonneront un jour tout autant des sabres et des queues mastiquées de 1868!...

Nous avons appris que la création de sa propriété lui avait coûté plus de 400 000 francs. Si ce chiffre paraît grand à distance, on le trouverait bien plus fabuleux sur place, en voyant l'endroit restreint qui a englouti cette somme. Mais, au Japon, le luxe ne consiste pas tant dans la quantité ou la dimension, que dans la qualité et la rareté des objets. De même que le véritable artiste japonais ne se répète jamais, même dans les petits détails de son travail, le collectionneur et l'amateur de belles choses cherchent à tout prix des objets que d'autres ne possèdent pas. Il leur faut du nouveau, de l'inédit, et ils payeront de grosses sommes une fantaisie baroque mais inconnue, qu'ils auront suggérée, créée ou simplement achetée d'occasion. Tel bois, telle rocaille, telle plante habilement retroussée, atteignent des prix qui nous sembleraient tout à fait extraordinaires.

Dans maints autres endroits nous avons pu nous en convaincre, tant chez les horticulteurs-jardiniers, dont les pépinières forment de vastes faubourgs verdoyants autour de Tokio, que dans plusieurs autres propriétés que nous avons visitées avec grand intérêt. Le goût des plantes et des fleurs est si développé dans toutes les classes de la population que le nombre de ces horticulteurs est incalculable. Dans leurs enclos on voit par plates-bandes des quantités d'arbustes verts, fusains, buis, thuyas et conifères variés, de formes tourmentées et vénérables malgré leurs petites statures; des pruniers et des pêchers nains, élevant en l'air ou inclinant leurs branchettes, qui en janvier se couvriront de fleurs. Dans les serres aux carreaux de papier sont conservées des plantes plus délicates, des palmiers-sicca, des rochers agrémentés d'herbes et de mousses, et quantité de petits sujets rares et précieux, tendrement soignés par des mains habiles. Des vases baroques, d'élégants pots de faïence blanche et bleue, font encore ressortir les jolis détails de cette végétation étudiée. Quand on s'informe du prix de ces gentilles extravagances, il est d'autant plus élevé que l'objet est plus frêle, plus drôle et plus original.

Il en est de même des ravissants cabanons des propriétaires difficiles; leur valeur augmente en raison directe du charme discret de leur décoration. Ce sont des bonbonnières aussi étudiées qu'un bibelot de prix, mais toujours aussi vides que le veut l'usage. On n'y trouve ni les vases décoratifs, ni les broderies multicolores, ni les meubles somptueux de laque ou de bois, ni les objets de bronze ou d'ivoire dont nous garnissons nos appartements *à la japonaise!* Même chez les plus riches et chez ceux qui possèdent des trésors d'art ancien, ces trésors sont invisibles parce qu'ils restent renfermés dans des coffres-forts, dont ils ne sortent qu'aux grandes occasions.

C'est dans des décors de ce genre, aussi dispendieux que simples d'aspect, que se déroule entre amateurs de cérémonies la plus complète de toutes, celle du *tcha-no-shiki*, de rigueur chez un hôte désireux d'offrir le thé suivant les vieilles traditions. Il faut des années pour en faire l'étude approfondie, et dans les familles qui en cultivent encore la tradition, on l'enseigne à la jeunesse, tout comme on lui montre à disposer les fleurs qui servent à l'ornementation des appartements.

Tokio. — Jardin particulier et pavillon de thé.
Photographie de l'auteur.

Au Japon, jeunes gens et jeunes filles apprennent à placer un morceau de charbon sur le hibatchi de gala, et à courber dans un vase une branche de prunier, d'après des méthodes aussi précises que celles que l'on suit en Europe pour nous enseigner le piano, la danse, ou tout autre talent d'agrément.....

C'est aussi dans le quartier éloigné de Honjo, de l'autre côté du Sumida-gawa et du pont de Riogoku-bashi, qu'ont lieu, aux abords du temple d'Ekoïn, les combats de lutteurs. Renouvelés deux fois par an, au printemps et en hiver, ils durent dix jours. Ces combats jouissent au Japon d'un prestige aussi grand que les luttes de gladiateurs dans la Rome antique, ou, à notre époque, les courses de taureaux de Madrid. Grande est la foule qu'attire chacune de leurs séries, soit dans la capitale, soit dans les villes de province qu'ils visitent par troupes.

Leur cirque est une sorte de grand hippodrome construit spécialement pour la circonstance et couvert de toiles. Au centre se dresse une estrade carrée, dont la plate-forme sablée et surélevée est limitée par des poteaux supportant un grand baldaquin. Entre l'estrade et l'enceinte extrême grouillent, debout ou sur des gradins, des milliers de spectateurs mâles, à l'exclusion de toutes femmes, l'usage ne permettant pas à celles-ci d'assister aux représentations. Les lutteurs ont pour tout vêtement une ceinture de satin bleu foncé, munie de longues franges. Ce sont généralement des personnages très corpulents, ou bien des hommes vraiment superbes, bâtis comme des Hercules, et tranchant sur le public comme des géants sur une race dégénérée. Leur chevelure, pleine et longue (le dessus de la tête n'est pas rasé), est relevée en queue suivant l'ancienne tradition. Un juge en costume de gala, large pantalon, jupe de soie gris clair et surplis bleu-ciel à ailerons raidis — le vieux *kamishimo* des samuraï, — se poste à côté des combattants pour suivre leurs mouvements et annoncer les péripéties de la lutte, au moyen d'un éventail qu'il agite de différentes manières.

Quand deux lutteurs ont gravi les marches, les préparatifs et les essais commencent. Ils sont interminables et faits avec un cérémonial très compliqué. Les combattants tout d'abord s'accroupissent, se regardent, puis se lèvent, font craquer les muscles de leurs immenses personnes, rafraîchissent leurs mains, s'accroupissent à nouveau et se contemplent encore. Tout à coup, ils se saisissent et on les croit engagés! Mais c'est un faux départ, et ils recommencent leurs préliminaires avec une affectation d'artistes sûrs de leur public.

Le spectateur japonais attend patiemment le moment où enfin les combattants se trouvent dans les bras l'un de l'autre, engagés pour une lutte décisive. Un long murmure accueille alors cet enlacement définitif, et l'attention devient intense; mais la lutte ne dure pas. Le vainqueur, vite révélé, enlève son adversaire, le terrasse et souvent le jette par delà l'estrade, au milieu de l'assemblée. A ce moment les hourras éclatent de toutes parts, frénétiques, presque sauvages.....

Je ne sais si ce récit pourra donner une idée de l'impression saisissante de cette explosion d'enthousiasme. Quoi qu'il en soit, ces géants aux traits puissants, arqués de gros sourcils; ces luttes longuement attendues et terminées en un moment; cette foule d'abord silencieuse, puis subitement secouée par un délire instantané: tout cela constitue un tableau émouvant du Japon actuel, qui a laissé disparaître tant d'autres scènes caractéristiques de son pittoresque passé.

Le jour où nous assistâmes à l'une de ces représentations, de nombreux combats se succédèrent ainsi, et la séance se termina par un long défilé des lutteurs qui devaient prendre part aux luttes des journées suivantes. Pendant cette parade de torses, ils se présentaient par bandes rivales, et formaient cercle sur l'estrade pour se livrer à une mimique pompeuse de bras levés, de jambes écartées, etc. Durant cette exhibition de leurs avantages musculaires, ils portaient de grands tabliers de velours, brodés et frangés d'or.

Ces curieux spectacles me donnèrent l'idée de faire ce que personne, sans doute, n'a encore essayé jusqu'ici : de photographier ces lutteurs au milieu de leur arène, sur leur estrade et pendant leurs combats. Tenter la chose de mon propre chef en entrant avec mon appareil dans l'enceinte, eût provoqué une curiosité des plus hasardées, et fort probablement un refus poli mais catégorique de la part des gladiateurs.

Avec leur extrême politesse, et précisément à cause de cette politesse, les Japonais sont tout ce qu'il y a de plus chatouilleux sur les moindres questions d'étiquette, et prennent vite une attitude de dédain glacial envers celui qui se passe des formalités désirées par les habitudes. Point n'est besoin de séjourner longtemps dans ce pays de sensitives pour s'en apercevoir. D'ailleurs la corporation des *sumo* (les lutteurs) jouit d'une considération spéciale, et ces favoris sont des personnages auxquels le peuple et la bourgeoisie adressent, non pas le « vous », *omayé*, du supérieur à l'inférieur, mais l'*anata* de l'inférieur ou d'égal à égal.

Je passai donc par toutes les formalités voulues, résolu à me soumettre aux négociations les plus ennuyeuses. A cet effet, j'allai avec Ito à la maisonnette, voisine du temple, où habite le chef de la corporation, un vieux monsieur de soixante-dix ans. On nous fit entrer dans une petite pièce donnant sur une cour et un hangar, où avait lieu une séance d'exercices entre élèves et maîtres lutteurs. Ito entonna, avec le susurrement poli traditionnel, des explications qui me semblèrent éternelles, murmurant des compliments, disant des phrases aimables, auxquelles répondait de même le vieux chef, tandis que de part et d'autre on buvait tranquillement le thé par petites gorgées, et que les pipettes succédaient aux pipettes. La bru, les enfants, se mêlaient à l'entretien, lançant nonchalamment les exclamations d'usage, les *so'odes'ka? — so'odes'ne? — hé, hé!* qui signifient : « Comment? — Vraiment? — Oui, oui! » et qui reviennent constamment dans le courant des conversations. Tous me regardaient avec ébahissement, et si les passants avaient pu écarter les parois extérieures, ils n'auraient pas manqué de se joindre au groupe des causeurs. En tout cas ma démarche fut couronnée de succès; le patron promit ce que je voulus, et mit tous ses géants à ma disposition, pour le lendemain de la clôture des représentations, et avant la démolition du cirque.

La séance donnée en mon honneur ne dura pas quelques moments, mais presque une journée entière. Quand j'arrivai à l'heure dite, par un beau temps clair, pas de lutteurs! Il fallut les rassembler de tous les côtés à la fois, chercher les uns chez le coiffeur et attendre que les autres eussent absorbé leur *gozen* (riz) du matin. Puis il fallut se mettre en quête des ceintures bleues, et faire endosser à l'arbitre son *kamishimo;* enfin, rentrer dans les moindres détails comme si rien n'avait été convenu et expliqué auparavant. Ce que je n'eus pas besoin de réclamer, par exemple, ce fut la foule; et mon inquiétude au sujet d'une galerie indispensable de spectateurs se dissipa rapidement, quand je vis arriver de tous côtés autant de badauds qu'il en fallait pour composer une assistance des plus fournies. Tout marcha donc à souhait; les sumo répondirent de bonne grâce, mais non sans une certaine majesté, à mes désirs. Je les fis poser plusieurs fois dans les attitudes qu'ils prennent avant, pendant et après la lutte et, en fin de compte, je les priai d'accepter le cadeau d'argent que je remis, dûment enveloppé, au chef de la troupe.

Représentation de lutteurs japonais.
Photographie de l'auteur.

Après le coup d'œil tout au moins original d'une représentation spéciale, donnée pour satisfaire une fantaisie européenne, la foule s'écoula dans la cour du temple en formant là, devant les vieilles sculptures du sanctuaire, un tableau non moins pittoresque que le premier. Des enfants ébahis étaient échelonnés sur les marches, et, au milieu de cette assemblée en mouvement, les hautes statures des lutteurs, perchés sur leurs guéta, semblaient autant de colosses venus d'un autre monde.

Quand j'allai, séance tenante, faire une visite de remerciements au vieux danna-san, il me fut impossible d'échapper chez lui à de nouvelles cérémonies; je dus entrer dans la meilleure chambre, m'asseoir sur un coussin de soie, en m'adossant au *toko-no-ma* — la petite alcôve au kakémono — qui est toujours la place d'honneur; accepter plusieurs tasses de thé, et goûter d'une fricassée de poulet qui cuisait avec des oignons dans une poêle au-dessus du hibatchi. Ce plat, un des meilleurs de la cuisine japonaise et qu'on peut qualifier d'excellent, est connu sous le nom de *tori-nabé*.

Quand je partis, le vieux monsieur me fit cadeau d'une petite coupe en porcelaine, sans valeur du reste; mais ici, dans les offres de présents, c'est à l'intention qu'on regarde, et d'elle avant tout que l'on tient compte. Que n'imite-t-on en Europe cet exemple de simplicité sans prétention !

Tokio, 16 décembre.

Les guésha abondent dans la capitale et y jouent un grand rôle, à part celui que leur crée l'art du chant et de la danse; de tous leurs agréments, ce sont même pour certaines d'entre elles les moins réels et les moins rémunérateurs.

Quand on en convie quelques-unes en petit comité et surtout en compagnie de jeunes gens japonais, les soirées qu'on passe dans leur société sont des plus charmantes; mais ces demoiselles deviennent assez timides quand elles se trouvent au milieu d'un grand nombre d'étrangers, dans des fêtes monstres comme celle que donna dernièrement le docteur R..., voyageur comme nous. Elle est à mentionner non seulement parce qu'elle a dû coûter une grosse somme, mais parce qu'elle était fort bien combinée, et offerte à Nakamura-ya, une célèbre maison de thé-restaurant très aimée des Japonais. L'été, on s'y rend par eau en compagnie de guésha en toilettes élégantes, ce qui ne doit pas manquer de couleur locale par une belle soirée. L'hiver, la jin-riki-sha est le véhicule indispensable pour arriver dans cette partie lointaine de Tokio, proche d'Asakusa et du temple des lutteurs.

Notre hôte avait eu l'aimable pensée de mettre des pantoufles moelleuses à la disposition de tous les invités, obligés, comme de juste, de laisser leurs chaussures « au vestiaire ». En haut, dans une vaste salle nattée, les couverts étaient rangés en deux longues files éclairées par de grands flambeaux placés alternativement entre les coussins et les plateaux des convives. Tous les festins se règlent de cette façon. A six heures et demie, vingt-cinq guésha vinrent s'accroupir sur deux lignes parallèles aux nôtres et aidèrent à nous présenter les dix ou onze plats qui furent déposés à nos genoux. C'étaient des potages divers, des poissons cuits ou crus et des oisillons rôtis, chaque mets se trouvant coquettement servi dans de la porcelaine fine décorée de verdure.

M. R.... avait songé à nos appétits européens et commandé dans cette intention un second souper, que personne du reste ne refusa; mais comment ne pas faire de rapprochement entre l'aspect désordonné de cet autre repas, dont les miches émiettées, les tranches de viande éparpillées, les bouteilles grandes et massives, juraient haut avec les arrangements mignons des petits plateaux de laque brillante où tout était si proprement et si soigneusement disposé ?

Dans la soirée, les guésha débutèrent par un jeu d'ensemble sur les shamisen. L'ampleur harmonieuse de leur jeu était remarquable, surtout dans les notes basses, et les cordes vibraient chaudement, sans l'ombre d'un retard ou d'une hésitation, sous les petits grattoirs habiles qui les touchaient. Puis les danses et les cantilènes suivirent leur cours....

Les guésha de Tokio qui, soit dit entre parenthèses, ne prodiguent pas facilement leurs faveurs aux idjin-san, et ne le font jamais pour leurs beaux yeux, ont presque toutes des passions marquées pour les acteurs en vogue. Aussi ne peut-on leur faire de plus grand plaisir, et se concilier plus aisément leurs bonnes grâces, qu'en les menant, ou plutôt en les envoyant au théâtre.

J'insiste sur le mot *envoyer*, parce que ces demoiselles — en somme est-on moins exclusif en Europe? — ne se montrent jamais qu'à contre-cœur en compagnie d'étrangers. Nous en avons fait nous-mêmes l'expérience en allant l'autre soir retrouver au théâtre quelques guésha de notre connaissance, qui étaient assises dans leur loge depuis huit heures du matin. A notre grande surprise, elles nous firent prier de vouloir bien nous mettre dans une loge voisine, notre admission dans la leur ne pouvant que porter ombrage à leurs relations dans la salle et sur la scène!...

Vous apprendrez par cela qu'ici, comme partout ailleurs, on se défie toujours un peu des inconnus, quelque poliment qu'on les reçoive; et vous apprendrez aussi qu'au Japon on peut aller au spectacle à l'heure où d'autres se lèvent en France.

Les représentations commencent, en effet, dès le matin et durent toute la journée, jusqu'à huit ou neuf heures du soir. Dans une ville immense comme Tokio, une séance théâtrale devient même le but de tout un voyage. Les Japonais, qui raffolent tous des émotions scéniques, débarquent de bonne heure dans la rue où se trouve la salle de spectacle, et descendent dans une des nombreuses maisons de thé dont cette rue est bordée. Là ils achètent leurs billets, déposent leurs petits bagages, et, suivant l'arrangement de la représentation, viennent s'y reposer ou y prendre leur repas, quand ils ne se le font pas servir au théâtre même.

Le programme de la journée fait alterner des drames et des comédies, des tragédies et des ballets. Les pièces historiques et leurs vieux costumes, étudiés avec un soin minutieux, ont toujours le plus de succès par leurs péripéties émouvantes de combats, de tortures, de suicides et de scènes larmoyantes. Les moments les plus palpitants sont alors toujours violemment acclamés dans le public par des cris ou des exclamations gutturales d'un effet étrange, qui sonnent rauquement comme: *iach! iach!* C'est le bravo japonais.

Plusieurs fois déjà les théâtres nous ont captivés, même pour des heures entières, ce qui prouve combien les spectacles sont habilement coupés. Un même après-midi nous a fourni trois scènes de morts différentes: un duel, un empoisonnement et un *harakiri*. Le duel avait lieu entre deux nobles du vieux temps, qui dégaînèrent de grands sabres; à chaque blessure apparaissaient, sur les vêtements des combattants, de larges fentes rouges, adroitement produites par des fils tirés à temps. L'empoisonnement fut plus réaliste encore, hideux même, car la pauvre victime, condamnée par une rivale, mourut en proie à d'épouvantables convulsions et à des vomissements de sang si bien joués que nous en avons éprouvé un réel écœurement. Quant au suicide par harakiri, ce fut une scène assez lugubre par elle-même pour qu'on eût raison d'y supprimer les derniers détails matériels.

Le harakiri était naguère reconnu, de par le Japon entier, comme la mort la plus honorable qui existât; elle exigeait une dose de courage considérable, puisque, pour se la donner, il fallait s'ouvrir le ventre horizontalement. Ce qu'il a été commis de ces suicides depuis des siècles est incalculable, soit par punitions et condamnations de haut lieu, soit par expiations volontaires, à la suite de meurtres accomplis ou de vengeances assouvies. Depuis l'abolition des sabres, et à la veille de la mise en vigueur d'un code inspiré par le code Napoléon, le harakiri est officiellement discrédité et aboli. Mais le principe qui l'encourage et le perpétue n'est pas détruit, et les harakiri de la scène ont toujours encore le don de passionner la foule des spectateurs.

Celui que nous avons vu, quoique simplement ébauché, donnait une idée très exacte de ces suicides et du cérémonial avec lequel tant de samuraï l'accomplirent. Le condamné volontaire se tuait chez lui, dans sa maison, entre son fils et sa femme qui pleuraient de désespoir. Impassible comme la fatalité, il fit de longs et calmes adieux, sans embrassements; puis, agenouillé sur la natte, il découvrit sa poitrine, se porta un coup droit dans le creux de l'estomac, et, avec une expression admirable de douleur stoïque, chancelant déjà, il promena froidement de gauche à droite la lame enfoncée. Tandis qu'il s'affaissait en avant, le décor tourna sur un pivot central....

L'assistance, témoin d'une succession aussi rapide d'événements tragiques, restait comme frappée d'un morne respect. Elle s'électrisait, au contraire, à d'autres moments moins intéressants pour tout étranger ; par exemple, à la vue de longues luttes et de batailles, alors que les héros victorieux prenaient des attitudes triomphantes, en louchant hideusement et en secouant la tête : attitudes et poses classiques qui provoquaient régulièrement une explosion de « iach ! » sauvages.

Un ballet avait séparé l'empoisonnement et le harakiri. Il fut annoncé par le formidable roulement de planchettes qui précède les grands changements à vue. Trois hommes le dansèrent d'une façon ravissante ; l'un des trois représentant une femme et minaudant à plaisir. Enfin, comme clôture de spectacle vint une comédie moderne. Cette fois, on était en plein Tokio d'aujourd'hui, devant une tcha-ya d'Asakusa ; chapeaux de feutre et parapluies de soie égayaient le tableau. La causerie courante et journalière avait le dessus après le langage redondant des tirades dramatiques, et dans la salle on riait bruyamment des jeux de mots et des calembours. Une certaine servante de tcha-ya, type exact de celles qui accablent les consommateurs d'amabilités et de prévenances, nous fit tordre de rire, tant elle était supérieurement mimée par un acteur à voix flûtée.

Danjiuro, le grand Danjiuro, personnage presque plus fameux et plus populaire que ne le sont nos Got et nos Coquelin, avait paru à diverses reprises dans les parties dramatiques. Il est de ceux pour qui brûlent maints cœurs féminins, et il possède plus d'un de ces grands rideaux à blasons, hommages d'admiration, que l'on tend sur la scène avant l'apparition des acteurs favoris. Intéressé par une perruque mirobolante que le célèbre acteur porte dans une pièce très ancienne, je me présentai le même soir dans sa loge ; c'est un joli petit réduit, rempli d'habilleurs et garni d'une toilette de laque rouge, encombrée de brosses et de pompons. Tel qu'un grand seigneur habitué aux compliments, il me reçut d'assez haut, mais il me permit néanmoins de revenir faire un croquis de son extraordinaire coiffure. Lui seul a le droit de la porter, comme de jouer la pièce qui la motive, et qui, par droit héréditaire, s'est transmise dans sa famille de père en fils.

Une autre fois le mélange de gaieté et de tragique fut d'un genre différent. La première pièce célébrait les épousailles d'un jeune samuraï qui se mariait avec une timide jeune fille sans le secours des prêtres (ce qui est l'habitude ici), et qui, au moment de ses noces, recevait une déclaration d'amour d'une autre jeune personne, follement amoureuse de lui.

La déclaration était faite, en présence de la fille, par son propre père, fort ému de l'événement. Ce dernier n'imagina rien moins dans cette extrémité que d'offrir sa progéniture comme « femme en second », assurant au futur qu'elle se contenterait de son affection pendant la deuxième quinzaine de chaque mois!... Mais le samuraï refusa froidement de se prêter à cet accommodement, et le père dut s'en aller désolé en courbant le front. Sur quoi, la salle entière cria ironiquement d'une seule voix : *O'tots' san komarimasu!* « Voilà le papa bien dans l'embarras! »...

Dans la pièce suivante, on représenta une scène de tortures des plus émouvantes. Le prisonnier, un héros vaincu, placé à genoux sur des lames de bois aiguës, recevait sur ses cuisses des poids de pierre sans cesse augmentant. Pendant ce temps son jeune fils, attaché à une poulie, était roué à coups de verges. La scène abonda encore en détails réalistes : car l'enfant tomba inanimé aux pieds du père qui, les yeux hagards et les jambes ensanglantées, s'affaissa lui-même en criant vengeance, mais sans avoir trahi son secret. Dans l'assistance toutes les femmes sanglotaient, et plus d'une petite guésha s'essuyait les yeux du revers de sa large manche.

Plus tard on vit la famille éplorée du prisonnier accueillir avec transport les promesses d'un ami qui se dévoue pour elle. Cet ami, le héros de la pièce, était personnifié par Sadanji, autre célébrité artistique. Intéressant au possible, au cours d'un long dialogue, Sadanji entama subitement une tirade, superbe d'éloquence, qui finit par une explosion de sentiment d'une vérité poignante. Je regardai à ce moment un voisin japonais qui était resté indifférent pendant la scène de torture: de grosses larmes roulaient maintenant sur ses joues....

D'après ce court résumé d'impressions diverses, vous comprendrez l'intérêt vif et captivant qu'exerce le théâtre japonais, car sur la scène et dans la salle il fait assister à maints tableaux de la vie passée et actuelle du pays. Chez ces personnages qui représentent des générations disparues, avec leurs coutumes mystérieuses, leurs combats chevaleresques, leurs discours lents et pompeux, on retrouve le souffle qui agita le pays à une époque d'héroïques dévouements et de fanatisme cruel, quand le sang ruisselait des sabres à toute occasion provoquée par le point d'honneur.

La vue de ces spectacles rétrospectifs ferait même frissonner peut-être si l'on ne se disait que le peuple rieur qui vient les contempler n'a pas puisé sa gaieté uniquement dans sa grande révolution. Il en a joyeusement hérité de ses pères, de préférence à des traditions qu'il juge aujourd'hui inutiles et impraticables.

C'est ainsi que le théâtre éclaire l'étranger sur la philosophie et la force de résistance inouïes que déploie la race japonaise, vertus qui, tout en étant inhérentes à sa nature, se développent sous l'influence d'un système d'éducation morale qu'on ne peut s'empêcher d'admirer. Le stoïcisme des suppliciés de la scène n'est qu'une figuration de ce qui peut s'observer tous les jours chez ces Japonais qui guérissent de maladies réputées incurables, et qui endurent les plus grandes douleurs physiques sans proférer la moindre plainte. Le théâtre manifeste encore la froideur et l'impassibilité extérieures qu'on remarque dans les rapports journaliers, où les affections et les amitiés sont dissimulées sous des manières empreintes de la politesse la plus compassée. Les démonstrations apparentes, dont nous autres Occidentaux sommes si prodigues, sont ici incomprises et superflues. Une mère n'embrasse pas son enfant, pas plus qu'un enfant ne se jette au cou de sa mère ou de son père. Des amis ne se serrent pas la main; des parents, des compagnons intimes se séparent pour longtemps, ou se retrouvent après des années, en se saluant imperturbablement, comme ils saluent le premier venu, selon les usages consacrés.

Dans une atmosphère si différente de la sienne, l'Européen se trouve placé entre deux alternatives : celle de réformer son propre caractère ou de perdre à tout jamais le peu de patience dont la nature l'a doté.

La patience et la possession de soi-même, voilà deux des qualités les plus caractéristiques du Japonais. Elles sont même de celles dont il n'admet pas l'absence chez autrui, et qui le portent à gratifier de l'épithète dédaigneuse de *yakamashi* celui qui discute avec emportement, ou qui a la faiblesse de se fâcher. Yakamashi veut dire « fou »; et pour le Japonais tout homme qui ne sait pas maîtriser sa colère est un être dénué de raison. Il va sans dire que la plupart des Européens s'attirent ici ce qualificatif!....

Yokohama, 26 décembre.

Dans nos tournées théâtrales, nous avons souvent été accompagnés par un Américain, le Dr W. S. B... de Boston, avec lequel nous nous sommes liés de grande amitié. Presque aussi Parisien que les vrais enfants de Lutèce, il a puisé à Paris l'amour du bibelot, qui fait de lui un japonisant de première force et un de ceux que ce ravissant pays retiendra longtemps encore. Débarqué depuis bientôt un an, il habitait avec nous à Kioto la terrasse du Ya-ami Hotel, et parlait alors de son prochain départ pour la Chine et les Indes.

Mais sa passion pour le Japon l'a emporté, et il s'est décidé à y rester un temps indéfini, s'occupant même d'obtenir à Tokio, par les soins de sa légation, une maisonnette japonaise, où il pourra se livrer à l'aise au développement de ses goûts de collectionneur. Il a adopté un genre de vie auquel se prêteraient peu d'Occidentaux, mais qui est le seul admissible pour qui veut rester journellement en contact avec la civilisation nationale du pays. Tout à fait indépendant, se tenant à l'écart des réjouissances du monde étranger, n'allant à Yokohama que pour affaires, il s'initie de plus en plus aux mœurs et aux traditions japonaises; il se plaît à découvrir des choses dont les voyageurs ordinaires ne se doutent même pas, et à comprendre de mieux en mieux des délicatesses que maints autres foulent aux pieds, aussi inconsciemment ou avec le même parti pris que ces Japonais avides de progrès, qui reviennent d'Europe et d'Amérique imbus d'idées trop subversives.

Le désir d'isolement de cet ardent japonisant étonnera moins celui qui se sera rendu compte que, sur les hauteurs du Bluff, au milieu d'une société essentiellement européenne, les résidents et commerçants étrangers concentrent leur activité dans un centre des plus restreints, évitant tout point de contact avec le monde indigène. L'élément anglais, qui prédomine ici comme partout, paraît même affecter plus que tout autre une indifférence absolue à cet égard, ce qui n'est pas sans surprendre et même indisposer le voyageur avide de nouveauté, et qui la cherche là surtout où elle a la réputation d'être plus piquante et plus inédite.

En dehors des relations que les affaires créent forcément, la plupart des étrangers ne demandent donc pas de rapprochement avec l'élément japonais, pas même pour l'étude de la langue, que personne ne se donne la peine d'apprendre et à laquelle on supplée par un baragouin aussi incohérent qu'incompréhensible. Ce baragouin est le pendant du pidgin des ports de Chine, avec la seule différence que les Japonais, domestiques, koulis ou marchands, ont livré leur idiome au mauvais traitement de l'étranger, tandis que les Chinois, plus exclusifs, ont pris la langue anglaise pour la malmener à leur façon.

Les résidents de Yokohama consacrent à tous les divertissements mondains d'Europe des loisirs que la clémence du climat favorise en toute saison : on danse et on dîne en ville; on joue la comédie, on organise des parties de campagne et des cavalcades, on se passionne pour les courses et le lawn-tennis, où les dames brillent au premier rang! En un mot, on fait tout ce qu'il est possible de faire pour oublier ou faire oublier aux autres que l'on est au Japon, dans ce pays tant vanté et réputé si extraordinaire que bien des gens en Europe donneraient des mois de leur vie pour y passer quelques semaines.

Se doutent-ils, ces enthousiastes, que pour trouver le vrai Japon, ou ce qui en reste, il faut avant tout s'éloigner de Yokohama, ou bien que, s'ils veulent suivre le courant européen, ils doivent se préparer à rencontrer à chaque pas le pastiche de la sociabilité anglaise, dont le plus grand bonheur consiste dans des dîners cérémonieux auxquels on se rend en « grande tenue ». On a ainsi l'illusion de se retrouver toujours à la même table, ornée de verdure et de vases en cristal garnis de fleurs. Le menu est invariablement le même, depuis la *fish shrimp sauce* jusqu'à la *pheasant bread sauce*, et les mêmes conversations guindées s'y répètent éternellement. Les dames sortent majestueuses avec le frôlement de leurs traînes de soie, tandis que les hommes s'asseyent de travers sur les chaises pour allumer leurs manilles et faire circuler les flacons. Après les gorgées habituelles de sherry, de port et de claret, les éléments momentanément séparés se retrouvent au salon, et les douces conversations continuent au-dessus d'un album de photographies ou du dernier numéro du *Punch* local, publication humoristique faite par un dessinateur de talent.

La maîtresse de la maison réclame alors la romance inéluctable, car la phrase perfide de *Oh! do give us a song* ne fait pas plus défaut ici que dans la vieille Albion. Elle est immédiatement suivie de ces mélodies, telles que : *In the gloaming,* — *I am weary*, etc., qu'adorent toutes les chanteuses, très charmantes d'ailleurs, mais souvent dépourvues d'oreille et de voix.

Si une romance inédite n'a pas le bonheur de plaire, les remarques recueillies par l'artiste se bornent régulièrement à ces mots distraitement prononcés : « *What a very sad song!* — Quelle triste chanson! » Et l'approbation la plus enthousiaste ne va jamais au delà d'un *Oh! thank you so much!* dit du bout des lèvres, avec le même ineffable sourire qui a accompagné les fausses notes de Mrs X..., les gazouillements de Miss Y... et la rêverie mélodieuse de Mrs Z.... Ces dames sont vraiment bien bonnes de se donner ainsi en spectacle les unes aux autres. Mais elles le font avec une résignation si parfaite qu'on ne peut s'empêcher de leur savoir gré de joindre leurs *songs* au programme d'une soirée, dans le but unique d'accompagner en sourdine les entretiens divers.

Nous n'avons pas l'intention, par ces critiques innocentes, d'offusquer les personnes hospitalières dont nous avons eu le plaisir de faire la connaissance : nous voulons simplement montrer une fois encore de quelle manière carrée et intransigeante John Bull sait implanter dans les contrées les plus lointaines les moindres détails de son *home* anglais. Là en réalité est tout le secret de la facilité d'émigration qui le distingue, mais qui, hélas! nous manque tant à nous autres Français et que nous n'acquerrons sans doute jamais!...

Il n'y a guère au Japon que le paysage et les excursions qu plaisent aux résidents étrangers et qui les passionnent. Par un heureux hasard, les settlements des ports principaux sont tout particulièrement favorisés sous ce rapport. A Yokohama par exemple, on peut rayonner de tous côtés dans des contrées ravissantes et se rendre en quelques heures à deux sites célèbres, qui vaudraient en eux-mêmes un voyage au Japon.

C'est d'abord Kamakura, la capitale des shogun de 1192 à 1450, mais dont il ne subsiste qu'un village et quelques hameaux groupés autour de grands temples. A Kamakura se rattachent mille faits historiques et religieux, qui évoquent des souvenirs de batailles, d'assassinats et de suicides politiques. C'est ensuite Enoshima, l'île sainte. Entre ces deux endroits se trouve le Daï-Butsu, tant célébré par les voyageurs en général, mais inférieur en stature à celui de Nara. Il a maintenant pour rôle spécial de servir de motif photographique aux pique-niqueurs qui aiment à se grouper dans ses vastes mains de bronze.

Enoshima a la particularité d'être ou de ne pas être une île, suivant la saison et les marées. A cette époque de l'année on peut toujours traverser à pied la langue de sable d'un kilomètre qui relie au continent ce pittoresque rocher. Au bout de la plage de sable un torii de bronze s'ouvre sur une petite ruelle qui conduit par des degrés inégaux entre deux rangées de boutiques et de tcha-ya jusqu'à des gradins plus réguliers. Ils aboutissent à divers temples perdus sur la hauteur dans des retraites ombragées. La promenade est ravissante, car à chaque détour d'un chemin de ronde tortueux elle offre des sculptures inattendues, des sanctuaires à demi cachés par des arbres magnifiques et des points de vue superbes. Plus loin on descend par des escaliers le long de hauts rochers abrupts, recouverts jusque dans leurs crevasses d'une végétation toujours verte de lierres, de plantes grimpantes, de camélias sauvages. Des gradins plus rapides conduisent au versant opposé de l'île, en face de l'Océan, vers la grotte sacrée de la déesse Benten, but suprême de tous les pèlerinages à Enoshima.

A Kamakura, à Enoshima et sur les routes qui y conduisent, on voit des merveilles de vrai paysage japonais. Bien fortunés vraiment sont les voyageurs pressés et les résidents affairés qui trouvent là, à deux pas de Yokohama, de si jolis tableaux qu'ils peuvent se dispenser d'en chercher d'autres plus loin.

Nous venons de profiter des belles journées proverbiales de décembre pour nous isoler un instant dans ces sites charmants. Bien des gens (et particulièrement ceux qui veulent jouir en plein air de leurs vacances de Noël) choisissent cette saison de préférence à toute autre pour faire de courtes excursions. Ce Noël-ci d'ailleurs a été idéal et radieux, confirmant par une température exquise la réputation de ce climat tempéré et vivifiant, dont les nuits froides alternent maintenant avec des journées azurées, inondées de chauds rayons de soleil. Malgré de fortes gelées, nous avons actuellement le ravissant spectacle d'une végétation presque entièrement verte : les gros arbres et quelques buissons

Sanctuaire et portiques a Oji, près de Tokio.
Photographie de l'auteur.

seuls restent sans feuilles, pendant que de tous côtés les conifères, les bambous, les houx et les camélias avec leurs feuillages luisants ou leurs fleurs épanouies donnent, durant l'hiver, l'illusion des saisons disparues. Le Bluff et ses jardins ont conservé leur aspect d'il y a trois mois ; leurs haies, leurs massifs et leurs bosquets sont éternellement brillants, et au milieu d'eux quelques rares capuchons de paille recouvrent les plantes délicates et frileuses. Dans la campagne et près du rivage, le long des deux baies qui encadrent Yokohama, sur les hauteurs et dans les vallons, ce sont les mêmes charmants tableaux de verdure entremêlée de grappes rouges et de gros bourgeons.

Voilà donc la revanche du Japon auprès de ceux qui lui reprochent de ne pas avoir de flore. Ils oublient qu'un seul de ses arbustes ou de ses buissons se couvre d'autant de corolles qu'il peut y en avoir d'éparpillées dans une de nos prairies, et que ces floraisons se succèdent sans interruption dans les haies et dans les bois. Camélias aux diverses couleurs, neige éblouissante des arbres printaniers, tapis roses et rouges des azalées, touffes épanouies des chrysanthèmes, sont autant de merveilles incomparables qu'on ne trouve que dans ce pays privilégié !

Noël est si vert dehors que chacun, à Yokohama, transporte une partie de cette verdure dans sa maison. Des arches de bambous donnent accès aux cottages, encadrés de guirlandes entrelacées ; dans les appartements, les cheminées, les portes et les lustres sont ornés de gais festons, parmi lesquels figure aussi le légendaire *mistletoe*. Même en bas, dans le settlement à moitié délaissé, les lieux publics se décorent de feuillages, pour fêter le Noël des marins, dont les navires mouillés en rade ne se fleurissent nulle part....

Tokio, 5 janvier 188...

Si à Yokohama l'élément anglais s'implante en dominateur, à Tokio les légations portent bien au moins leur cachet distinct de nationalité. Elles ont pour ceux qui les fréquentent le grand avantage d'offrir, par leurs rapports constants avec les autorités gouvernementales, un courant d'idées et de renseignements spéciaux dont on est tout heureux de bénéficier.

La Russie possède, sans contredit, la plus belle résidence. C'est une grande et luxueuse construction de style italien, voisine du Ministère des Affaires étrangères. Le rez-de-chaussée a été richement meublé par un tapissier de Paris, et la maison entière est chauffée dans cette saison, nuit et jour, par des poêles organisés comme ceux de Pétersbourg ou de Moscou. Le parc-jardin de la Russie est contigu à celui de l'Italie, dans la demeure duquel LL. MM. Umberto et Margherita contemplent les visiteurs du haut de leurs cadres dorés. A la légation d'Allemagne, le « Kaiser » occupe aussi la place d'honneur dans le grand salon d'une jolie villa de briques et de pierres.

Ces puissances sont toutes chez elles, sur leur terrain et dans leurs murs; mais la France loge dans une petite demeure de location, bien à l'écart, placée au détour d'une rue, au coin de laquelle trône l'ambassadeur de Chine dans un yashiki historique. L'humble résidence est si masquée par tout ce qui l'entoure, qu'un Français errant dans ces parages est dans l'impossibilité absolue d'apercevoir son pavillon national, qui devrait cependant flotter dans les airs aussi haut que n'importe quel autre!....

Les ministres relégués là sont les premiers à déplorer une

pareille installation, et ne se sont pas fait faute de s'en plaindre. Mais on a tenu compte de leurs rapports tout autant que des demandes et des réclamations analogues faites à propos des terrains vagues de Sha-mine à Canton, ou du grand terrain que nous possédons à Yokohama sur le Bluff, au bord de la mer, et qui est resté jusqu'ici sans destination. A Tokio nous avons « refusé » autrefois l'emplacement le plus en vue de tout le quartier de Nagata-tcho, point élevé sur lequel a été bâti depuis le vaste Ministère de la Guerre. Et, tandis que nous paraissons manquer de moyens matériels pour nous installer selon notre rang dans la capitale d'un grand empire, la petite Hollande s'occupe de se créer un chez-elle, et l'Espagne ainsi que la Belgique (qui résident encore à Yokohama) suivront un jour ou l'autre son exemple.

Quant à l'Angleterre, il va sans dire qu'elle possède un domaine digne d'elle. C'est un compound de plusieurs hectares qui fait face aux fossés du Shiro. Dans ce parc, de récente origine, tous les membres de la légation ont leur demeure individuelle, c'est-à-dire de charmants pavillons entourés de jardins et construits avec ce soin particulier que les architectes-inspecteurs savent donner à ces demeures privilégiées. Dans la villa principale, dont l'escalier-hall est surtout à noter, habite en ce moment sir Harry Parkes, une des figures les plus marquantes de l'Extrême-Orient.

Il est une des victimes les plus intéressantes qui existent du fanatisme chinois et japonais. En 1868, il faillit être coupé en morceaux à Kioto, alors que, se rendant officiellement chez le mikado, il vit son cortège assailli par des hommes à deux sabres qui, en un clin d'œil, taillèrent en lambeaux les premiers Anglais de la troupe. Mais ce danger, auquel échappa sir Harry, n'est rien en comparaison des supplices qu'il endura en Chine, quand, prisonnier de guerre et sourd aux interrogations de mandarins féroces, il subit pendant plusieurs jours, enterré jusqu'au cou, les injures les plus ignobles qu'une foule abjecte pût lui infliger! Sir Harry est revenu cependant de cet épouvantable cauchemar. Sa maison est servie exclusivement par un personnel chinois[1], et il reçoit l'ambassadrice aux pieds mutilés avec la même simplicité accueillante qu'il accorde à tous ses visiteurs.

Son salon, dont ses filles font les honneurs, est en ce moment le principal point de réunion à Tokio. Les mercredis on y rencontre des personnages japonais, tout le corps diplomatique et les principaux professeurs universitaires étrangers appelés par le gouvernement pour les cours de sciences, de langue, de médecine, de littérature, de législature, etc.

Nous avons commencé l'année dans la capitale, entraînés dans un courant officiel qui nous a mis en présence des plus puissants personnages du pays et de Leurs Majestés impériales.

Notre ministre, ayant eu l'extrême gracieuseté de penser à nous d'une façon toute spéciale, avait obtenu pour nous des invitations à la réception diplomatique du palais d'Akasaka, réception à laquelle ne sont admises que les légations étrangères, à l'exclusion même du corps consulaire. Elle eut lieu à dix heures du matin.

Au palais d'Akasaka, le portail de l'empereur était réservé à l'entrée des légations seules, tandis qu'une foule de jin-riki-sha et de chevaux de selle stationnaient devant l'entrée ordinaire, ouverte pour les fonctionnaires japonais. On se rassembla dans un salon d'attente, simple comme les pièces précédemment décrites du palais. Étaient présents: sir Harry Parkes, le doyen du corps diplomatique, en grand uniforme, le ruban bleu-ciel

---

1. Même au Japon, grand nombre d'Européens s'entourent de préférence de domestiques chinois; ceux-ci se recommandent toujours par une régularité exemplaire.

et rouge de Saint-Michel en sautoir; avec lui son personnel, deux capitaines de navire, l'avocat de la Couronne en perruque frisée, les Misses Parkes en toilettes blanches brodées de dessins japonais en or; le ministre d'Amérique, en habit noir, et ses filles; les chargés d'affaires d'Allemagne et d'Espagne, en uhlan de Saxe et chevalier d'un ordre castillan; les autres représentants, en habits brodés; enfin l'ambassadeur de Chine, son épouse, trois secrétaires et attachés, en grands costumes nationaux, exhibant fièrement une tenue héréditaire que les Japonais ont répudiée. L'ambassadrice, qui, peu de jours auparavant, avait fait son apparition dans le monde officiel, portait un pantalon-jupe couleur arc-en-ciel, une tunique rose tendre, des fleurs et des pierreries dans la queue pointue de sa coiffure, et un diamant solitaire sur le front. La marche pénible de ses pieds invisibles faisait mal à voir.

Comme on défilait un par un devant le mikado, il était difficile de suivre les mouvements des personnes qui précédaient. Aussi, quand nous approchâmes, la légation d'Angleterre avait déjà disparu. Le doyen avait félicité Sa Majesté au nom des puissances réunies, et le mikado avait dit quelques mots à sir Harry Parkes.

Au moment où je me trouvai sous la traverse de bois poli ouvrant sur la salle d'audience, je vis la fille du ministre d'Amérique s'éclipser en faisant une grande révérence, et j'aperçus en même temps le couple impérial sur une plate-forme. A la droite du mikado se tenait un groupe de hauts dignitaires chamarrés de décorations; à gauche de l'impératrice, plusieurs princesses et dames de la cour en atours de cérémonie. Un silence absolu régnait, rompu seulement par le frôlement des bottines sur les tapis. Chacun passait en faisant trois profonds saluts, tandis qu'au milieu de l'immobilité générale le mikado seul répondait par de légers signes de tête. Tant que je pus rester à distance, et sentant bien qu'une fois engagé dans la série des révérences il serait impossible de fixer autre chose que le sol, je contemplai ce spectacle exceptionnel, qui dans sa rigidité rappelait une exposition de figures de cire. Ce fut donc une rapide vision dont je me rappelle ceci : un souverain d'assez haute taille, en uniforme européen surchargé, nu-tête, le visage impassible mais plutôt doux, le menton garni d'une barbiche noire; une souveraine petite, la chevelure flottante, enveloppée dans les plis d'amples vêtements sombres. Mon passage devant ce tableau fut si rapide que je dus, en gagnant la porte, faire appel à ma volonté pour ne pas me retourner sur le seuil!...

Quant au cérémonial, on ne pourrait s'empêcher d'en constater le défaut complet; cette lacune choque dans le domaine impérial, quelque accoutumé que l'on soit déjà à toutes les innovations du gouvernement actuel. Je ne critique pas l'absence d'un trône, puisqu'un trône proprement dit n'a jamais existé au pays du Soleil-Levant; mais j'ai en vue cet apparat que l'on trouverait à la plus petite cour européenne, et qui manque ici totalement. Il n'y a ni gardes, ni huissiers, ni chambellans : tout au plus dans les antichambres quelques fonctionnaires en vêtements noirs européens, mal seyants. Entre les habits dorés des hauts dignitaires et le négligé de ces subalternes, rien d'intermédiaire.

Sans exprimer de légitimes regrets au sujet de l'abandon du faste national par les corps dirigeants (à quoi bon prêcher dans le désert?), qu'il soit permis de dire toute la déception qu'on éprouve en remarquant la manière pour le moins incomplète dont nos usages ont été copiés. Il serait à souhaiter que la devise « tout ou rien » fût appliquée ici, et que l'on ne se contentât pas, après avoir répudié un antique cérémonial tyranniquement raffiné, de s'inspirer de nos traditions d'étiquette occidentale, pour n'en parodier que des détails imparfaits. O décorum d'antan! qu'es-tu devenu?

En quittant le palais impérial, nous nous sommes retrouvés aussitôt au milieu des joies de la capitale en liesse.

Décidément le jour de l'an, avec ses fêtes et ses obligations multiples, n'a pas été inventé dans notre bon pays de France. Au Japon, on pratique félicitations et réjouissances depuis plus longtemps et d'une manière plus recherchée. Autrefois, quand le calendrier chinois était en usage, et que le premier de l'an coïncidait avec notre 10 février, sept jours de repos consécutifs consacraient le *Shin-nen*. Mais actuellement trois jours de chômage sont seuls de rigueur. Boutiques fermées, affaires arrêtées, maisons décorées, les Japonais passent ces journées en visites cérémonieuses, en réceptions de famille, en amusements et même en pèlerinages. Pendant que 36 millions d'hommes se livrent à la gaieté et au « farniente », le mikado est l'homme le plus occupé de l'empire. Ses réceptions durent en effet les trois journées entières, car, lorsqu'il a agréé les félicitations des princes, des ministres d'État, des *sanghis* (membres du Conseil privé) et du corps diplomatique, les corps d'État, le Sénat, le Tribunal judiciaire suprême, les ministères et leurs administrations, le corps des officiers, etc., défilent devant lui.

Tout le jour de l'an les abords d'Akasaka et le quartier des Nagata-tcho fourmillent de personnages en tournées de visites, allant s'inscrire ou déposer les cartes les uns chez les autres. C'est un croisement presque continuel de voitures fermées, précédées de betto, courant de toute la vitesse de leurs jambes bleues et battant l'air de leurs larges manches; derrière les glaces apparaît la figure poudrée de quelque grande dame japonaise ou le bicorne d'un dignitaire blafard. Ce sont les équipages des légations, des officiers à cheval, en képi et grande tenue; puis d'innombrables jin-riki-sha, à deux et même trois coureurs, promenant des uniformes et des chapeaux à plumes, ou des habits noirs, des gibus démodés et de gros gants blancs.

Certaines jin-riki-sha sont escortées par des agents de police, qui suivent deux à deux quelque grand personnage politique pour lequel on redoute encore le fanatisme des ennemis du nouveau régime.

L'ensemble de Tokio frappe cependant par son calme inusité et son manque de mouvement habituel. Le 31 décembre jusqu'à minuit, les grandes voies ont été illuminées et encombrées d'échoppes volantes; le 1er janvier au soir, tout restera sombre. Devant chaque demeure le bambou et le sapin marient leurs rameaux verts. Des arbustes et des arbres entiers sont placés au seuil des demeures. Souvent ce sont des tiges arquées, traversées de franges de paille de riz et entremêlées de festons de papier blanc. Des faisceaux de paille tressée ou tordue, ornés de feuilles de fougère, de bandes de papier, de homards, d'éventails ou d'oranges, se retrouvent à chaque façade et dans chaque intérieur; ils représentent autant de symboles et de souhaits de richesse, d'existence longue, heureuse et sans tache. Même les plus pauvres et les plus humbles maisonnettes ont leur ornementation, faite au moyen de cordonnets et de franges, qu'on accroche en festons aux bambous plantés dans la rue devant les habitations.

Le jour de l'an avec son cortège de cadeaux donne aussi libre carrière aux jeux favoris de la jeunesse japonaise, les raquettes et les cerfs-volants, si bien que le passant circule dans un imbroglio de ficelles et de marmots, et que dans l'air voltigent et ronronnent quantité d'oiseaux fantastiques et de bonshommes grimaçants. Les jeunes gens, les pères de famille se mêlent à ces jeux avec les enfants et les fillettes enfarinées, vêtues de leurs kimono les plus voyants, coiffées d'aiguillettes et de pompons brillants, et qui, du seuil de leur porte, lancent par-dessus les promeneurs leurs jouets aériens.

Tels sont les plaisirs de la rue; mais que de cérémonies et

d'usages curieux sans doute, dans les milliers de cases nattées inaccessibles aux regards investigateurs de l'étranger !...

Yokohama, 10 janvier.

Depuis le premier de l'an, Tokio et Yokohama ont repris leur physionomie accoutumée. Toutefois un aspect nouveau a surgi par suite d'une chute de belle neige épaisse. L'époque ingrate de l'hiver japonais a commencé, et l'on ne voit plus que gens enveloppés de plusieurs kimono superposés et emmitouflés de gros cache-nez; les femmes se protègent du froid par de jolis capuchons de crêpe qui encadrent leurs figures comme des coiffes de novices; seuls les malheureux koulis continuent à rester jambes et poitrine nues, en stationnant près de leurs petites voitures.

Le moment est venu où nous devons songer au départ. Nos places sont retenues sur l'*Oceanic*, qui, arrivant de Hongkong dans deux jours, nous emmènera vers San Francisco. Mais c'est le cœur gros que nous quitterons ce séduisant séjour !....

A bord de l'*Oceanic*, 23 janvier.

Isolés comme nous le sommes au milieu de l'Océan, les loisirs ne nous manquent pas pour lire, écrire et penser; mais jusqu'ici les meilleures intentions n'ont pu triompher, chez les sensibles, des rigueurs du temps et du roulis énervant du bateau. Pendant plusieurs jours je n'ai pu sortir de ma cabine. D'ailleurs, sur le pont, l'aspect monotone du ciel gris, de la mer houleuse, où l'on aurait vainement cherché une voile ou un mât, était peu encourageant. Toutefois depuis hier le temps s'est remis, et nous voguons sous un ciel bleu, en compagnie d'albatros qui nous suivent vers les rives des îles Sandwich.

La surprise de ce détour, sans précédent dans les voyages de notre ligne de bateaux, nous fut donnée seulement au moment de notre départ de Yokohama. Nos amis nous félicitèrent de cette bonne fortune et nous nous en sommes félicités nous-mêmes, heureux de voir ces régions intéressantes, tant vantées pour leur climat et leur végétation; heureux aussi de rompre la monotonie d'un long voyage en mer, et comptant du reste sur un passage rapide et une halte rémunératrice à Honolulu. Mais toutes ces espérances sont autant de déceptions : car, après une traversée d'une lenteur désespérante, la perspective d'un séjour dans la capitale hawaïenne sera réduite à un arrêt aussi bref que possible, quelques heures à peine, soit le temps de débarquer des koulis chinois et de prendre du charbon.

C'est en effet à cause de toute une cargaison de Célestiaux que nous allons nous promener aux tropiques! à cause de quatre cents individus qui grouillent en hordes brunâtres de chaque côté de l'entrepont, parqués pêle-mêle avec nombre égal d'autres Chinois, à destination de Victoria. Autrefois, les deux compagnies de steamers la *Pacific Mail* et l'*Oceanic Steam Navigation* (la première américaine, la seconde anglaise) réalisaient leurs plus beaux bénéfices en transportant d'innombrables koulis vers la Californie. Mais, depuis que les États-Unis ont promulgué leur célèbre loi restrictive interdisant le débarquement de travailleurs chinois en Amérique, les compagnies se sont vues réduites au simple transport des passagers et des marchandises. Aussi profitent-elles avec empressement des occasions exceptionnelles qui leur fournissent une cargaison asiatique comme celle-ci ! Huit cents Célestiaux à cinquante dollars par tête valent mieux assurément qu'une vingtaine de passagers à deux cents dollars.

Nous sommes très peu nombreux, en effet. Notre société se compose d'un ménage établi à Auckland (Nouvelle-Zélande), d'un jeune Anglais qui fait le tour du monde avec sa sœur, puis de deux autres Anglais, dont l'un est clergyman, et qui vient de se fiancer à Nangasaki, dans une tcha-ya, avec la jeune Anglaise déjà mentionnée ; il y a encore un missionnaire américain avec quatre enfants, deux négociants de Hongkong, puis divers personnages muets et insignifiants. C'est un mélange de clergé militant, de touristes pressés et de commerçants utilitaires dont le sens réalisateur voit surtout la fortune à faire et le repos à conquérir. Par suite du nombre restreint de dames, on ne danse pas et on ne fait que peu de musique ; mais on joue au whist, aux dominos, et on lit beaucoup. Les amateurs de sport, renforcés par les officiers du bateau, organisent de temps en temps une partie de cricket. Ils envoient une douzaine de balles goûter l'eau de mer et gagnent de l'appétit pour le dîner de six heures et demie.

La question des repas joue naturellement le grand rôle avec celle de la distance parcourue, et au lunch d'une heure la conversation roule tout entière sur ces deux sujets, à défaut des entretiens plus captivants, que ne fournit plus, à la longue, un genre de vie aussi monotone.

Notre installation est bien différente de celle des bateaux des Messageries, de la P. and O. et d'autres compagnies. Le salon, situé au milieu, occupant toute la largeur du bateau, est très clair, car la lumière y entre des deux côtés à la fois. Il est meublé de grands divans circulaires et de trois longues tables garnies de fauteuils tournant sur pivot; quatre portes donnent de ce salon sur des couloirs de dégagement, qui conduisent aux cabines. Au-dessus se trouvent un palier entouré de divans et un fumoir. Plus haut enfin est le pont des passagers, longé d'un bout à l'autre par une file de cabines, les plus agréables du bateau.

Dans ces différences de construction, il y a avantage et désavantage : avantage, parce que le salon est gai, à l'inverse de celui des autres bateaux, qui n'est en définitive qu'une sorte de longue galerie plus ou moins obscure, avec un piano au bout extrême et des quantités de portes interceptant mal les bruits de conversation ou de toilette venant des cabines; désavantage, parce que le pont, réduit d'un tiers au beau milieu, ne forme que deux couloirs bas, sous la toile tendue, et manque tout à fait du confort de ces grands ponts où les fauteuils et les chaises longues se groupent comme dans une immense salle aérée.

Nous avons eu, non pas la semaine des quatre, mais celle des deux jeudis. En effet, le lendemain du 21 janvier ne fut pas pour nous le vendredi 22, mais un second jeudi 21, intercalé afin de nous mettre d'accord avec l'horaire de l'autre hémisphère. Que ne peut-on de temps en temps trouver dans la vie un supplément de jours qui ne comptent pas? Et pourquoi ce bonheur vient-il quand il est le moins désiré?

Le 23, nous nous trouvions au delà des Midway-Islands, sans les avoir côtoyées d'assez près pour les apercevoir. Ce sont des rochers sablonneux, inhabités, qui n'ont pu servir de point de ravitaillement pour les voyages de San Francisco à Yokohama, ainsi qu'on l'avait espéré. Pendant un temps on y laissa des dépôts de vivres et de combustibles; on y déposa même un homme qui y vécut solitaire en compagnie de son chien; puis l'idée fut abandonnée et les rochers arides rentrèrent dans l'oubli.

Au cours de cette longue traversée, mes pensées se sont reportées vers le « vieux Japon ». J'ai fait plus intime connaissance avec les ouvrages si intéressants de Dubard, Beauvoir, Hübner, Bousquet, etc., et surtout avec les volumes précieux de *Black's Young-Japan*, histoire succincte des événements dont le Japon a été témoin depuis les premiers traités de 1858. Plus on lit ces ouvrages, plus on est frappé de la manière saisissante dont les uns décrivent l'état de choses d'alors et dont les autres déduisent de cet état les bouleversements qui se sont produits ; plus on reste stupéfait du changement radical qui s'est opéré dans une aussi courte période. On en arrive à douter que ce changement ait réellement été accompli dans ce pays par les hommes mêmes qui l'ont provoqué....

Voyez ces contrastes !

Naguère l'empire était fermé, cloîtré de par la loi et la volonté des dieux, avec un souverain invisible, trônant dans la reclusion ; le shogun, en vrai maire du palais, dictait ses volontés aux grands vassaux, souverains eux-mêmes de leurs fiefs, exerçant droit de vie et de mort sur leurs samuraï, et par ceux-ci sur les castes inférieures. Chez ces privilégiés régnaient des mœurs patriarcales, à côté d'un code d'honneur sanglant et d'un dévouement aveugle à tout pouvoir hiérarchique. Chez le peuple dominaient une soumission et un respect absolus, bien maintenus d'ailleurs par la crainte des sabres, qui anoblissaient les mains mêmes de ceux qui les portaient. Enfin il y avait dans ce monde d'outre-tombe une opposition de faste artistique et d'habitudes modestes, de raffinement et de simplicité, qu'aucune autre civilisation n'a jamais égalée.

Aujourd'hui les étrangers sont établis dans cinq ports internationaux et réclament l'ouverture du pays entier ; le mikado, dépouillé de ses attributs mystiques, se montre comme un simple mortel dans toutes les occasions, sans même obtenir les marques de respect public qu'un samuraï quelconque était autrefois en droit d'exiger. Les grands et petits daïmio sont dépossédés de leurs apanages et de leurs armées; leurs clans détruits se confondent avec le reste de la nation; les membres de la caste militaire sont devenus simples employés du gouvernement ou abandonnés à leurs propres ressources[1]; les sabres s'exportent par centaines de milliers et se dispersent en tous lieux; l'aristocratie en général est devenue commerciale et industrielle en se rabaissant au niveau de ces marchands si méprisés. La jeunesse étudie nos sciences et nos langues chez elle, en Europe et en Amérique, d'où elle revient transformée, après avoir vécu de notre vie, et peu disposée à s'accommoder, au retour, des vieilles habitudes de la patrie. Le gros du peuple gagne de jour en jour en indépendance d'esprit sous le nouveau souffle égalitaire; l'influence des nombreux journaux populaires et des réunions publiques augmente avec la perspective d'une représentation nationale prochaine. On a déjà parlé de république! Enfin il se développe un désir d'assimilation à tout prix qui s'applique d'une façon souvent exagérée à tout imiter de notre civilisation, sans chercher à sauvegarder parmi des institutions nationales et des traditions vénérables ce qu'il serait peut-être utile d'en conserver.

N'est-il pas regrettable de voir un grand peuple prendre plaisir à se renier lui-même, quand il a créé une civilisation et un art empreints d'un caractère si original?

Non seulement il s'en est allé, le vieux Japon qui a fourni à des contemporains privilégiés le spectacle d'une organisation semblable à notre moyen âge, que nous étudions dans des livres, que nous essayons de retracer dans des monuments ou des

---

1. Il y en a qui sont heureux d'accepter un salaire de ces mêmes étrangers qu'ils eussent pu massacrer naguère; d'autres qui sont coureurs de jin-riki-sha, et dans la bizarre obligation de traîner tel compatriote auquel ils auraient eu le droit de couper la tête une vingtaine d'années plus tôt.

ruines, que nous reconstituons dans des tableaux, et dont nous recueillons les vestiges artistiques comme autant de souvenirs inimitables; mais le Japon d'hier a déjà disparu également pour faire place à celui de demain, sur lequel la civilisation moderne étendra peu à peu le coloris uniforme que va prendre bientôt l'univers tout entier.....

Qu'adviendra-t-il maintenant d'une révolution aussi fondamentale, qui est loin de répondre encore à l'attente de ceux qui ont bouleversé le pays, comme de ceux qui l'ont envahi pour y implanter leur commerce? Le gouvernement, entraîné dans d'énormes dépenses, lutte avec des difficultés financières très sérieuses. La pacification des esprits n'est pas terminée partout. Quant aux affaires, elles ne marchent pas d'une façon satisfaisante. On a accablé d'importations une nation qui a peu de besoins, qui, par conséquent, peut elle-même y pourvoir, et qui d'ailleurs cherche plus que jamais à les satisfaire chez elle. Lancé dans une voie d'imitation où se développe son génie d'application, où la satisfaction de son amour-propre peut se donner libre carrière, le Japon s'évertue actuellement à reproduire tout ce que lui a appris l'étranger. Il fait ses canons et ses fusils, frappe sa monnaie, installe des filatures et des raffineries, fabrique même jusqu'aux objets les plus insignifiants, qui lui sont devenus utiles depuis son contact avec l'Occident[1].

Ouvrira-t-on résolument le pays à la libre occupation de l'étranger? Les réformes suivront-elles un cours rapide? Seront-elles conduites dans l'intérêt de tous? Voilà autant de questions que résoudra seul l'avenir, secondé par l'intelligence remarquable d'un peuple qui a devancé le temps dans son œuvre....

---

1. Un collectionneur de notre connaissance est parvenu à réunir un nombre infini de marques différentes d'allumettes suédoises fabriquées au Japon.

Quant à ceux qui tiendraient à voir à peu près intact, au milieu de cette rage de progrès, un esprit éminemment conservateur; qu'ils viennent observer le rôle que joue la femme au Japon. Douce, patiente, élevée dans l'idée d'une affectueuse soumission, elle consacre au bien-être de son seigneur et maître le but de son existence ; toujours gaie et souriante, d'un dévouement naturel développé encore par l'éducation, elle exerce une influence, faible en apparence, mais qui pénètre cependant si loin dans tous les détails de la vie, qu'elle constitue sans aucun doute un des principaux aimants de ce pays occultement dominé par elle.

Puissent les femmes du Daï-Nihon, en gardiennes fidèles des foyers, contribuer longtemps encore, par le culte des bonnes traditions du passé, au développement d'une vertu que leurs fils risquent peut-être de désapprendre : l'orgueil légitime de la « nationalité » !

VI

AMÉRIQUE

A bord de l'*Oceanic*, 4 février.

Nous voici de nouveau en pleine mer, après avoir abordé à Honolulu. Dès le matin du 26 nous côtoyions à droite une des îles hawaïennes, et à midi nous avions à notre gauche Owahu, notre but, dominant l'horizon comme une pyramide de rochers rosâtres, dont la crête disparaissait dans les nuages.

Un pilote, bon type de vieillard américain à boucles blanches, vint à notre rencontre pour nous guider, à travers les récifs de corail, jusqu'à l'endroit, assez éloigné de la côte, où l'on devait jeter l'ancre, l'*Oceanic* ne pouvant entrer dans le port à cause de son tonnage trop considérable. Ceux qui avaient espéré aller immédiatement à terre furent bien déçus, car on répandit vite la nouvelle contrariante que la comission sanitaire mettait le bateau en quarantaine et défendait à tout le monde, hormis au capitaine et au commissaire, de débarquer. Et cela à cause de nos Chinois suspects, capables de communiquer la petite vérole ou toute autre maladie contagieuse, à la population hawaïenne, dont le nombre va toujours diminuant, même sans le concours des épidémies.

Le capitaine nous quitta en nous laissant l'espoir d'arranger les choses à la satisfaction générale; mais nous n'en restâmes pas moins réduits pour quelques heures à regarder Honolulu à distance, tout en nous demandant si nous ne serions pas obligés de repartir sans aborder. A la vue du palais, dont les tourelles émergeaient de bouquets de verdure, on parla naturellement du roi, Kalakaua Ier, le souverain actuel. Fils d'un bottier, il était employé aux postes des îles Sandwich avant son élection, qui eut lieu en 1874 et qui fut accomplie par les menées du parti américain tout-puissant, représenté par les grands propriétaires planteurs de cannes à sucre.

Quand le capitaine revint à la fin de la journée, il nous annonça que nous pouvions aller à terre jusqu'au lendemain à midi, et que nos quatre cents Chinois allaient débarquer sur un îlot voisin pour y subir la quarantaine prescrite pour eux. Sans perdre une minute, on monta en canot, et vite on entra au port. Sur le quai attendaient quelques voitures, espèces de phaétons à capote fixe, attelés de grands chevaux américains, et conduits par des cochers blancs ou indigènes. Traversant de larges rues bordées de grandes boutiques et de *wine and billard saloons* où la clientèle ne manquait pas, nous nous dirigeâmes vers le *Hawaïan Hotel*. C'est une grande maison bien agencée, à chambres hautes, confortablement meublées et munies des perfectionnements les plus modernes, y compris les sonnettes électriques et les téléphones. Le génie inventif de l'Amérique perce partout. Les boys chinois sont à moitié déchinoisés eux-mêmes, avec leurs vêtements européens, leur crâne non rasé et leur tresse enroulée autour de la tête.

Une des curiosités de Honolulu est l'ancienne danse nationale du *hula-hula*. Pour en avoir une idée, nous nous sommes fait conduire dans un local *ad hoc*, par un fringant Hawaïen aux doigts chargés de bagues, à grand faux-col, veston prétentieux, et porteur d'une guitare. Là, trois grâces hawaïennes, bien plus grasses que gracieuses, vêtues de grands peignoirs blancs, les pieds nus, une grosse ceinture faite de longues herbes autour de la taille, se mirent à tournoyer au son de deux banjos. Rien de joli vraiment! Cadre, personnages, musique étaient d'une vulgarité qui dispense d'en dire davantage. Autrefois, en plein air, dans un joli paysage, au milieu d'un cercle de spectateurs en costume national primitif, la hula-hula avait sans doute du caractère, mais actuellement quel vilain spectacle !

Au jour, Honolulu nous plut assez. En dehors des rues d'affaires, tout est spacieux dans la ville; on voit de grands enclos et de vastes jardins, beaucoup de verdure grimpante entremêlée de teintes violettes, rouges, orange, qui rappellent les Indes et Ceylan. L'excursion en vogue est la visite au *Pali*. On y va en voiture dans l'espace d'une heure et demie, en suivant d'abord une belle avenue, puis une très mauvaise route qui passe dans une vallée dépourvue d'ombrage. On croise chemin faisant beaucoup de Chinois et quelques indigènes en partie de famille; les femmes sont assises à cheval, à la manière des hommes, malgré leur peignoir!

Insensiblement on s'élève à une grande hauteur, d'où l'œil embrasse un immense panorama. Il s'étend au delà de plaines vertes jusqu'à la ligne d'horizon où se confondent la mer et le ciel. Les rochers, coupés verticalement, se dressent au-dessus d'un abîme effrayant, et, de chaque côté, des pans de montagnes rocheuses, également à pic, encadrent le précipice. Cet endroit, plus sauvagement romantique que beau, a son histoire dans les annales hawaïennes : c'est ici qu'au commencement du siècle le fameux roi Kaméhaméha Ier, conquérant de toutes les îles Sandwich, et triomphant des dernières résistances, précipita dans l'abîme les guerriers refoulés d'Owahu.

A deux pas de là on retrouve les descendants de ces héros engagés en pleine civilisation moderne. On voit leurs monuments nouveaux : la maison de l'ex-reine Emma, le Government House, belle construction à colonnes, la statue de bronze de Kaméhaméha Ier, érigée sur un piédestal de marbre blanc. Parmi les habitants de Honolulu, les hommes rappellent par leur costume les types ouvriers ou bourgeois de tous les pays. Quant aux femmes, généralement grandes, fortes, quelquefois plantureuses, elles circulent attifées d'une simple robe de chambre boutonnée dans le dos et ornée d'un volant dans le bas; elles vont pieds nus, et portent sur la tête un large chapeau de paille garni de fleurs à profusion. Les petites filles sont costumées de la même façon. Mais comment dire l'air débraillé de ces insulaires, leur démarche traînante et quasi provocante? Comment décrire les intérieurs des cases demi-européanisées, taudis malpropres où l'on voit des lits en désordre, des vêtements jetés pêle-mêle, et partout le même laisser-aller, la même négligence. Malgré les efforts des missionnaires et les enseignements des écoles, cette population a conservé sa naïveté, son indolence et sa paresse primitives; et le progrès américain, greffé sur des natures à la fois douces et barbares, n'a eu, hélas, pour principal résultat, que d'inaugurer dans ces îles le règne des liqueurs fortes.

Honolulu est un port de relâche pour le trajet des grands steamers allant d'Australie à San Francisco. C'est pourquoi beaucoup de personnes s'empressèrent de s'embarquer sur l'*Oceanic*. Prêtes en quelques heures, elles montèrent à bord avec nous, doublant ainsi le nombre des passagers. Plusieurs jours après notre descente vers l'équateur, la chaleur resta intense; maintenant les costumes d'hiver ont remplacé les vêtements légers, rendus nécessaires pendant plus d'une semaine....

7 février.

Nous allons arriver dans peu de temps à San Francisco. Depuis une heure, cet après-midi, nous sommes en vue de la

Femmes du peuple a Honolulu.
Photographie de l'auteur.

côte. Tout le monde est enchanté de toucher au terme du voyage, en particulier les passagers venant de la Chine et du Japon, qui sont bien las de cette interminable traversée.

On calcule les chances d'aborder tout de suite, de retirer ses bagages, et pour abréger les minutes on admire le paysage. Voici la célèbre *Golden Gate*, détroit resserré qui nous conduit dans la grande baie de San Francisco. Les côtes sont rocheuses et pourtant gazonnées ; à droite s'étend la jeune capitale californienne, amas grisâtre de maisons échelonnées sur des collines ; à gauche, dans le lointain, apparaissent les maisons d'Oakland, sur la rive opposée. C'est là qu'on monte en chemin de fer pour traverser le Nouveau Monde....

San Francisco, 12 février.

Voici donc l'Amérique! Avant de jeter l'ancre, nous subissons déjà les effets du sans-gêne national. Une quantité d'employés de la douane, coiffés de grands chapeaux, envahissent le pont et « ordonnent » à tous les passagers de se réunir dans le salon. Pourquoi? on se le demande....

A ce commandement impératif notre troupeau s'empresse toutefois d'obéir et, se parquant autour des tables, écoute silencieusement le seigneur douanier qui fait l'appel nominatif, tout comme au régiment. Il distribue ensuite de grandes feuilles administratives, et nous voilà tous, le nez sur le papier ; chacun est requis de signer un formidable serment, attestant qu'il déclare tous les objets frappés de droits. Quels sont-ils? On ne nous le dit pas. Oh! ces douanes américaines! elles peuvent compter pour les plus consciencieuses du monde et les plus vexatoires aussi. Heureusement que leur réputation les précède!

Avant de pouvoir débarquer, il fallut nous laisser tâter sur toutes les coutures, et assister au bouleversement complet de nos nécessaires de voyage. La « tragédie » des gros bagages n'eut lieu que le lendemain matin dimanche. Pour ma part, ma torture dura trois quarts d'heure, montre en main. Malles, caisses à photographies, boîte à chapeaux, tout fut ouvert, fouillé, retourné de fond en comble par un bourreau inexorable, qui ajoutait à toutes ses audaces celle de plaisanter familièrement. Tandis que ce farceur tranchait du prud'homme, parlant de son devoir, etc., j'avais envie de l'étrangler sur place. Il ne respecta même pas ma correspondance. « Qu'avez-vous là? — Des lettres. — Laissez-moi voir! » Et le voilà qui fouille encore, à la recherche de quelque chiffon de soie : « Qu'est cela? — Un encrier. » L'objet en question est aussitôt retourné; car malgré son aspect innocent il pourrait renfermer une collection de diamants dans quelque double fond. Enfin, tout ayant été impitoyablement scruté, bouleversé, un visa définitif me délivra sans anicroche. J'avais affaire à un homme relativement facile; qui s'en douterait?

D'autres voyageurs furent certainement plus chicanés, tel entre autre, au sujet de quatre douzaines de serviettes de toilette, dont une douzaine était neuve. Objets éminemment suspects! Un monsieur en route pour un voyage d'un an et demi peut-il avoir besoin de quatre douzaines de serviettes? Aussitôt des écritures et trois dollars de droits d'entrée! Tel autre avait un petit coussin de soie brodée, un souvenir. Malheureusement ce souvenir n'était pas encore usé jusqu'à la corde (il avait même l'air neuf et aurait pu être revendu); son possesseur eut beau jurer que c'était un cadeau, rien n'y fit; le coussin fut évalué à trois dollars, c'est-à-dire soixante cents de droits.

Un mot encore sur notre douanier. Avant de nous quitter (nous étions alors à dîner à bord) il se posta majestueusement sous la porte, son large chapeau sur la tête, et d'une voix tonnante nous cria comme un tyran à ses esclaves : « *All understood there?* » (Tous compris là-bas?) C'était adorable! Et dire que nous avions encore la naïveté de tenir aux formes. Il est vrai que nous venions du Japon.

Le débarcadère de la *P. M. Company* permet aux voitures d'approcher jusqu'au pied de la passerelle du steamer. Nous montions donc, au sortir même de l'*Oceanic*, dans un immense carrosse jaune, véhicule tellement suspendu qu'il fallait une échelle pour y grimper. Deux lords-maires y auraient tenu avec leurs shériffs et aldermen. Comme nous n'avions jamais trôné dans une machine aussi majestueuse, force nous fut de trouver la course bon marché : un dollar, pour dix minutes prix de faveur! Nous quittâmes notre carrosse moyen âge dans la cour somptueuse du Palace Hotel, pour comparaître devant le tribunal de M. Smith et de son état-major, dans le grand hall d'attente, où se coudoient tous les arrivants, résidents ou partants de cette ruche cosmopolite. On nous numérota, et nous montâmes en *elevator* (lisez ascenseur) vers nos chambres du quatrième, en compagnie d'un gentleman moricaud, à chevelure frisée, vêtements prétentieux et chaîne d'or. Il nous quitta aussitôt en nous abandonnant à notre initiative dans nos appartements respectifs.

Ceux-ci du reste sont les plus complets et les plus commodes qu'il soit possible de désirer. Chaque pièce a son cabinet de toilette, approvisionné de robinets à eau chaude et à eau froide, une salle de bain avec aménagement semblable, etc. Le tout est confortable et soigné, et l'appartement a un caractère d'indépendance qui peut le faire comparer à un petit domaine particulier où chacun est chez soi. Tous les étages (il y en a six) ouvrent par des galeries circulaires sur la cour couverte. Les sept à huit cents chambres qui composent l'hôtel sont toutes conçues d'une manière uniforme. Le prix le plus élevé n'excède pas cinq dollars par jour, repas compris. Ceux-ci se servent dans de grandes salles du rez-de-chaussée, d'une décoration fort simple, mais ils sont désagréablement présentés sur une foule de petits plats encombrants que des *waiters* nègres, mulâtres et créoles empilent à plaisir devant le dîneur qui a eu la malencontreuse idée de commander du même coup tout son repas. C'est là une coutume bien américaine.

Ces waiters, avec leur tête et leurs mains noires tranchant sur le plastron blanc de leur costume moderne, font assez l'effet de *minstrels* en rupture de contrat, et on leur demanderait plus volontiers un solo de banjo qu'une tranche de rosbif. Mais en citoyens émancipés de la libre Amérique, dont l'anglais est devenu la langue usuelle, ils ont une fort haute opinion d'eux-mêmes, et il faut bien se garder de les appeler « boys », comme sont tentés de le faire tous ceux qui, venant d'Orient, ont encore dans les oreilles les patois divers de cette classe de serviteurs. Les waiters forment une partie assez utile de l'élément domestique; impossible d'en dire autant du reste du personnel. Les messieurs noirs préposés à chaque étage se moquent, la plupart du temps, des coups de sonnette qu'on leur adresse, et quand ils y répondent, c'est dans une attitude de dignité étonnée tout à fait réjouissante. Il faut leur faire soi-même toutes les avances, en paroles comme en monnaie, pour les décider à brosser un vêtement. Quant aux chaussures, ils ne s'en occupent pas et vous renvoient aux *boot-blacks* d'en bas, chez lesquels on descend après toilette terminée, pour se faire cirer.

Ici donc, dans un des hôtels les plus somptueux de l'Amérique, il n'y a, à vrai dire, aucun service, et l'on pourrait rester plusieurs jours de suite enfermé chez soi sans que personne s'en inquiétât, à l'exception peut-être de la femme de chambre chargée de faire l'appartement.

Le vaste *block*[1] formé par le Palace Hotel se trouve au centre le plus remuant de San Francisco, ou *Frisco* en langage familier. Le nouveau débarqué du Pacifique se voit donc jeté tout de suite dans le tourbillon de la grande ville moderne aux constructions luxueuses, aux artères encombrées de voitures, de tramways, de chariots et d'omnibus; d'hommes pressés et de femmes pimpantes, tous plus ou moins agités par le souffle fiévreux des affaires et des plaisirs. Il en ressent même une impression tout à fait ahurissante, habitué qu'il est à l'allure si différente des populations asiatiques, dont le mouvement, même dans les grandes capitales, ne produit jamais de fatigue. On trouve à San Francisco l'agitation de Paris et de Londres, augmentée encore de la surexcitation particulière à la jeune Amérique, qui frappe surtout dans cette cité à peine vieille de trente ans.

Dans cette ville florissante de 300 000 âmes, mise à sept jours de portée du littoral Est, et devenue le centre commercial d'une riche contrée, où la fouille de l'or a cédé le pas à l'agriculture et à toutes ses promesses de fécond avenir, le développement a été si rapide qu'on n'a pas eu le temps de le prévoir. Aussi le terrain a-t-il conservé ses ondulations naturelles. Certaines rues montent et descendent de la façon la plus inattendue et donnent de singulières perspectives avec les sillonnements du tracé des *cable-cars*. Partout le pavé est tellement mauvais qu'une simple course en voiture devient une fatigue et que les meilleurs remèdes contre les cahotements, la foule et les tramways sont ces tramways eux-mêmes. Il faut penser que l'édilité ne se préoccupe pas de tous les détails de sa charge. Croirait-on, par exemple, qu'une grande ville comme San Francisco est entièrement dépourvue d'éclairage? Tel est cependant le cas en ce moment. Pas un seul bec de gaz n'est allumé la nuit, et la cité serait plongée dans une obscu-

---

[1]. Ici le mot *block* désigne l'ensemble des maisons comprises entre deux rues aussi, au lieu de « tant de rues à gauche », dit-on « tant de *blocks* à gauche ».

rité complète sans les foyers électriques qui éclairent certaines maisons et certains magasins, aux frais de leurs propriétaires. Pourquoi en est-il ainsi? Parce que le *Gaz-Fund* est épuisé pour le quart d'heure, et que, tant qu'il restera sans ressources, Frisco continuera à être éclairé partiellement par la bonne volonté de quelques citoyens, et restera partout ailleurs enveloppé de ténèbres!!...

Le quartier chinois, qui est incorporé dans la ville, compte parmi les curiosités principales. Tous ceux qui n'ont pas vu la Chine le visitent même avec un vif intérêt et en parlent ensuite comme s'ils y avaient trouvé toutes les nouveautés d'une ville du Céleste-Empire. Il n'y a cependant de vraiment chinois, dans ces rues étroites à maisons modernes, que la malpropreté traditionnelle des Célestiaux, leurs personnes mêmes ayant perdu quelque chose de la physionomie qui leur est propre, grâce à certains détails de leur costume que jamais on ne vit ainsi sur les bords du Fleuve Bleu.

Les Chinois ne recueillent pas en général grande sympathie, mais la façon malveillante dont on agit à leur égard dépasse ici tout ce qu'on peut imaginer. Ils sont la bête noire de la Californie, et on leur réserve les qualifications les plus méprisantes et les traitements les plus insultants. Question de dollars! parce que les Chinois se contentent d'un gain minime et font ainsi une concurrence formidable aux nouveaux venus qui désirent gagner plus qu'eux, tout en travaillant moins. L'animosité sans cesse augmentant et qui s'est souvent manifestée par de lâches agressions a triomphé enfin par la loi restrictive que chacun connaît et qui peut compter pour l'œuvre la plus arbitraire d'un pays réputé ouvert à tous. On prétend que cette loi est absolument nécessaire pour assurer l'avenir des Californiens, et qu'elle n'aura d'ailleurs d'effet que pendant dix ans. Soit! Mais qu'on ne parle plus alors de tolérance ni de liberté absolues.

Une chose à voir près de Frisco est *Cliff House*, restaurant placé au bord de la mer, en face de quelques rochers où des phoques nombreux ont élu domicile. Dans l'après-midi du dimanche, en particulier, beaucoup de personnes en font le but de leur promenade. Quittant les rues poussiéreuses de la ville, on se rend dans cet endroit écarté soit à pied, soit en voiture traînée par des trotteurs extraordinaires. Rien de bizarre comme le contraste que présentent ces rocs à l'aspect sauvage, où les amphibies viennent se chauffer au soleil en hurlant, et cette multitude endimanchée qui encombre la terrasse du café, allant et venant aux sons de l'orchestre. Dans la foule de Cliff House les hommes ne se font pas remarquer par l'élégance de leurs tournures ; on voit beaucoup de diamants montés en épingles qui jurent passablement avec des ongles noirs. Quant aux femmes, elles ont toutes le goût du luxe et du clinquant ; et leur coquetterie se révèle dans une mise des plus recherchées, sinon extravagante.

San Francisco nous a offert, pour la première fois depuis notre départ d'Europe, des représentations théâtrales vraiment bonnes, et je puis noter comme une jouissance d'autant plus vive qu'elle était presque oubliée, l'audition d'un bon orchestre accompagnant de jolies voix.

Nous allons maintenant franchir d'un bond la distance qui nous sépare de l'Est, nous arrêtant seulement à Chicago et aux chutes du Niagara. Nous prendrons à cet effet la route centrale, la première établie des trois grandes voies ferrées qui vont dorénavant fonctionner concurremment. La voie sud a été ouverte il y a quelques années; c'est elle qui descend jusqu'aux confins du Mexique, passe par Santa-Fé, la ville la plus ancienne du Nouveau Monde, et par Kansas-City, l'un des centres les plus rapidement développés des États-Unis. La voie nord, dont le tracé côtoie la limite du Canada, conduira au fameux Yellow-Stone-Park, une merveille récemment découverte.

✱

Chicago, 20 février.

Le 14 février, jour de notre départ, un grand nègre, casquette sur la tête et poussant une lourde brouette en fer, vient chercher nos bagages pour les conduire à l'elevator. Ce personnage nous adresse des paroles tout amicales et vise avec une habileté remarquable le crachoir de ma chambre. En bas, dans la cour, l'employé des bagages enregistre nos colis pour Council-Bluffs, c'est-à-dire jusqu'à mi-chemin de New-York. A cet effet il attache à chaque colis une courroie munie d'une petite plaque de cuivre à numéro, et nous donne à nous-mêmes, comme reçus, des plaques correspondantes. Voilà une bien pratique simplification d'écritures et d'étiquetages. Un peu hasardeuse, direz-vous, comme nous le pensions nous-mêmes, car il serait facile à un mauvais plaisant ou à un voleur de changer ou d'enlever courroies et numéros.

Un énorme *ferry-boat* nous conduit à travers la baie jusqu'à Oakland. Il contient une foule compacte de voyageurs transcontinentaux, de touristes et de simples résidents de ces jolies habitations suburbaines qui s'étendent le long des rives de la grande baie. Dans la gare d'Oakland, plusieurs trains chauffent. Le nôtre se met en mouvement au son majestueux d'une grosse cloche.

La fin de la journée est superbe : le soleil brille dans le ciel entièrement bleu, et l'air a la transparente pureté d'un jour d'été. Nous passons devant des prairies et des maisons blanches, réunies en agglomérations d'aspect prospère. Avant la tombée de la nuit, nous traversons Sacramento-River sur un ferry qui transporte d'une rive à l'autre notre train tout entier. A Sacramento, la capitale gouvernementale de la Californie, a lieu le premier arrêt sérieux. Il y a trente minutes pour souper; thé, œufs, viande et pommes de terre, tel est le menu offert aux voyageurs. Nous payons chacun un dollar à la caisse et remontons en car.

Le wagon qui porte l'imposante dénomination de *silverpalace-car* pourrait, à la rigueur, contenir quarante-huit personnes assises sur des banquettes disposées dos à dos dans un salon que traverse un couloir central. Mais vingt-quatre seulement peuvent y tenir à l'aise. C'est, du reste, le chiffre réglementaire. Aux deux extrémités du car se trouvent des toilettes complètes pour les dames et les messieurs, un petit fumoir et une pièce réservée, appelée *state-room*, qui contient quatre places. L'installation de jour laisse peu deviner les combinaisons qui, pour la nuit, transforment le car en dortoir commun. Le garde spécial préposé au service de chaque wagon a fort à faire jusqu'à l'arrangement complet des vingt-quatre lits. Il commence par tirer les coussins mobiles que renferment deux banquettes situées face à face; puis, faisant jouer le panneau incliné du dessus, il l'abaisse parallèlement à la couchette d'en bas. Il place ensuite des séparations de bois, découpées selon la pente des parois, en les fixant sur les arêtes des banquettes; enfin il garnit les lits et accroche les rideaux qui les cachent. Voilà les sections organisées à deux couchettes chacune.

Le coucher abonde en incidents amusants, et les dames ont besoin d'une forte dose de patience, jointe à un complet oubli du *shocking* et à une grande habileté pour se déshabiller. Ceci est absolument nécessaire en présence des hasards qui placent dans une même section un monsieur et une dame inconnus l'un à l'autre. Dans notre car, par exemple, un jeune Anglais logeant au-dessus de deux dames a paru terriblement embarrassé pour se hisser jusqu'à sa couche. Je crois que, tout en étant le propriétaire en titre du lit d'en bas, il a eu la galanterie d'épargner à ses voisines une ascension compromettante.

C'est un bien bizarre dortoir vraiment que cette grande chambre ambulante, avec son long couloir jonché de bottines éparses sous les rideaux épais, gravissant les pentes de la Sierra-Nevada, tandis que dehors brille un clair de lune magnifique.

Après une nuit excellente, passée dans un très bon lit large et chaud, le *porter* me réveille le lendemain au point du jour, comme je l'en avais prié, car je désire avoir au moins un rapide coup d'œil sur les montagnes. Il est sept heures; le soleil dore les sapins, les torrents et les cimes blanches, qu'il est possible d'apercevoir; mais le froid est vif et n'encourage pas à stationner sur la plate-forme extérieure, en quête d'un paysage dont l'attrait diminue de seconde en seconde. Nous avons passé les beautés sauvages de la sierra au milieu de la nuit, déçus comme tous ceux qui suivent cette route dans un sens ou dans l'autre, et qui ne voient jamais les seuls sites vraiment beaux de tout le voyage.

A huit heures, on fait un arrêt de trente minutes à Rens pour déjeuner, au grand déplaisir des dormeurs, qui regrettent de se lever sitôt. Rens a un aspect tout frileux sur sa plaine dégarnie; mais ses maisons de bois n'ont pas mauvaise tournure; et le déjeuner est bon. Quant au menu, il est pareil au souper d'hier; le prix idem. Ici nous voyons les premiers Indiens : leurs visages aux larges traits, coupés droit, sont barbouillés de couleur rouge et jaune. Des feutres gris couvrent leurs longs cheveux, ombrageant leurs yeux rêveurs et farouches à la fois. Ils s'enveloppent du mieux qu'ils peuvent de vêtements modernes et de couvertures, cadeaux de leur « *Big Father* », comme ils appellent le Président des États-Unis. Quelques femmes circulent parmi eux, portant un marmot tout peinturluré, ficelé dos contre dos comme une momie, dans une sorte de boîte-berceau. Par groupes, par petites compagnies, ils attendent ainsi le départ des trains, sur lesquels on les laisse monter gratis. Où vont-ils? que font-ils? ces anciens chefs de pays inexplorés, autrefois fiers de leurs armes et de leurs coursiers, maintenant admis par pitié sur les monstres de fer et de flamme destructeurs de leur liberté. La vue de ces gens, si proches de leur complet anéantissement, fait peine à voir. Les hommes ont dans le regard quelque chose de triste et d'hébété; seuls les jeunes d'entre eux, élevés dans le bruit des locomotives et sous la protection des couvertures présidentielles, montrent quelque gaieté.

Pendant toute la journée la route continue, monotone, à travers des landes de sable uniformément grises, qui s'étendent jusqu'au pied de hauteurs neigeuses. Les stations sont de pauvres petits hameaux sans végétation, sans arbres; souvent elles sont représentées par une triste et solitaire maison de planches, perdue dans le grand désert. Les Indiens descendent et montent à leur guise, se laissant contempler avec une certaine résignation dédaigneuse par les voyageurs cosmopolites qui à chaque petit arrêt cherchent à se donner un peu d'exercice. Mais gare au départ! Il s'agit de ne pas s'éloigner et d'avoir les oreilles ouvertes, car le train se remet en mouvement sans autre signal que l'intimation de « *All on board!* », souvent oubliée ou indistincte.

Vers deux heures nous faisons halte à Humboldt-House pour jouir de notre dîner, dont le menu est pareil au souper de la veille et au déjeuner du matin. Cette hôtellerie soignée est placée là comme une petite oasis dans un désert, mais une oasis bien délaissée, une fois les trente minutes d'arrêt passées, pendant lesquelles le train déverse là tout son contingent de voyageurs affairés et bruyants !

Le 16 février, nous sommes déjà de bonne heure aux bords du Lac Salé, filant entre sa vaste nappe d'eau et une chaîne de collines couvertes de neiges. A Ogden, la station de bifurcation pour la ville des Mormons, située à deux heures de là, tous les voyageurs quittent le train : les uns pour se rendre à Salt-Lake-City, les autres, comme nous, pour continuer vers l'Est dans un autre train.

Salt-Lake-City est sans doute une ville éminemment curieuse par sa puissante éclosion et son rapide développement sous le gouvernement tyrannique de Brigham Young ; mais, en dehors de son atmosphère morale, analysée dans mille récits divers, elle reste absolument lettre close pour le visiteur, qui n'y voit autre chose que des maisons, de larges rues et peu d'animation. Nous n'avions donc aucun désir de nous y arrêter. Dans notre nouveau car nous retrouvons tout un groupe de copassagers de l'*Oceanic*, partis de Frisco avant nous et peu satisfaits de leur visite chez les Mormons. Ils nous disent qu'ils ont eu très mauvais temps, qu'ils ont vu une ville pareille à toute autre ; et qu'en somme ils n'ont rien remarqué de particulièrement distinctif chez les fameux sectaires que les émissaires mormons recrutent en Europe dans les rangs des malheureux facilement enrôlés par les promesses d'un travail rémunérateur et de facilités conjugales.

A partir d'Ogden le pays a un aspect de culture variée, fort agréable à voir, après la désolation précédente. De petits bois alternent avec des pâturages ; l'homme a parfait ici la nature. Mais bientôt la voie ferrée domine de nouveau sur les hauteurs ;

elle entre dans les sauvages défilés des *canons*. Des rochers aux formes fantastiques se succèdent sans cesse; à leurs parois de couleur rouge clair se détachent ici et là de petites touffes de verdure, sous les grandes lettres blanches d'une hideuse réclame de : *Sozodont*, *Sozodont* et toujours *Sozodont!* qui tirent l'œil et jurent atrocement avec la beauté du paysage. A trois heures nous sommes à Evanston, petite *city* au beau milieu des neiges. L'air est vivifiant, exquis.

L'après-midi nous passons par de nombreux *snow-sheds*, longs tunnels faits de poutres et de planches, plus qu'indispensables contre les rafales de neige qui bloquent souvent des trains pendant des jours entiers. Certains de ces sheds ont une longueur de plusieurs kilomètres. Nous croisons aussi le train venant de l'Est, et qui s'est trouvé arrêté pendant douze heures dans les Montagnes Rocheuses par suite d'une tourmente inattendue. Grâce à ce train, nous lisons les derniers journaux parus dans les villes que nous allons traverser; mais ils donnent surtout des comptes rendus locaux et consacrent des pages entières à la description des toilettes et des villégiatures des dames de Denver, la capitale élégante du Colorado. Nous apprenons ainsi l'intéressante nouvelle que Mrs B... portait hier au théâtre une robe saumon et que Miss M... vient de partir en courte visite chez ses amis les O..., à X..., etc., etc.

Le 17 février, le premier arrêt a lieu à Rock-Creek House. Le paysage est tout empreint du charme sévère de la saison. Nous sommes sur les hauts plateaux des Montagnes Rocheuses et nous allons traverser les grandes plaines de Laramie, où vivent d'innombrables troupeaux de cerfs.

Au milieu de la journée nous franchissons le fameux pont de Dab-Creek, qui ressemble à un tissu de fils de fer. A Sherman nous nous trouvons au point le plus élevé de la route, à

8242 pieds au-dessus du niveau de la mer. Un monument a été érigé là pour marquer ce point culminant. A Cheyenne nous dînons, mais moins bien que partout ailleurs. Cheyenne est cependant une cité de quatre mille habitants, avec de véritables rues, des magasins, des véhicules ; elle possède même un club qui a coûté beaucoup d'argent. Clef de ligne ouvrant au sud sur le Colorado, centre le plus proche des mines d'or des Black Hills récemment découvertes au nord, centre d'affaires enfin pour les immenses élevages de bestiaux de cette contrée, c'est la plus grande ville entre Salt-Lake-City et Omaha, où le train doit arriver le lendemain.

A mesure que nous descendons, la neige diminue. Au fumoir on parle de choses et d'autres, et surtout de la question des Indiens insoumis du Sud, ainsi que des luttes qu'ils provoquent dans l'Arizona et de la nécessité de les « exterminer » entièrement. On cause aussi des *reservations* faites aux tribus qui se sont soumises dans d'autres États, et auxquelles le gouvernement a concédé des terrains et donné des secours en vêtements. Enfin on décrie hautement la mince probité des *indian agents*, qui passent pour escamoter une forte partie des secours à distribuer !... Nos orateurs américains n'allongent pas trop leurs jambes, mais ils font de plus en plus preuve d'une adresse extraordinaire à l'égard des petits vases ronds répandus à profusion sur les planchers, et dont ils usent constamment, en dépit de leurs voisins, qui ne leur paraissent nullement des obstacles infranchissables.

Le 18 février nous déjeunons à Grand Island, à 1850 pieds au-dessus de la mer. En une nuit nous avons parcouru d'immenses territoires, récents théâtres de guerres, de meurtres, de guets-apens, de scènes de carnage de toutes sortes; mais on n'évoque pas facilement à présent, au milieu de ces vallées fertiles et de ces belles forêts, le souvenir des luttes acharnées que s'y livrèrent les envahisseurs et les premiers occupants du sol. La Platte-Valley nous amène ensuite vers Omaha et les rives du Missouri. A chaque pas le pays revêt un caractère plus civilisé, plus cultivé. De belles plaines, des hameaux, du bétail nombreux et de jeunes cités animent le paysage.

Enfin à Omaha nous trouvons, après quatre jours de voyage, une ville vraiment digne de ce nom; puis, traversant le large Missouri, qui coule sous un magnifique pont en fer, nous arrivons à la station de Council-Bluffs, but extrême de notre train d'Ogden. Ici le changement est obligatoire pour tout le monde. Il se fait dans une très belle gare neuve, où cinq nouveaux trains, partant à quelques minutes d'intervalle, attendent les voyageurs, selon leurs préférences pour telle ou telle ligne. Pour Chicago seul, trois trains partent sur trois voies concurrentes.

Nous voilà bien en plein dans le milieu *East*. En franchissant le Missouri, nous avons quitté les régions « sauvages », et nous ne nous en plaignons pas. Comme premier confort nous trouvons dans notre train un *palace-dining-car*, où nous sommes tout surpris de pouvoir dîner tranquillement, vu l'habitude prise pour nos repas si impitoyablement écourtés. Étiquetés d'abord jusqu'à Council-Bluffs, nos bagages ont été à nouveau enregistrés jusqu'à New-York par les soins d'un employé qui a tout simplement parcouru le train avant notre arrivée à Omaha, reprenant nos jetons de cuivre pour nous en donner d'autres.

C'est hier 19 février, à deux heures, que nous arrivions à Chicago à travers une longue suite de faubourgs et munis déjà de billets de 50 cents, valables pour le voyage aller et retour entre les gares et un hôtel quelconque. Ces billets s'achètent dans le train même, pour éviter ensuite toute perte de temps. En Amérique, plus que partout ailleurs, *time is money!...*

Niagara-Falls, 24 février.

Quarante-huit heures dans la grande ville que baigne le lac Michigan, c'est plus qu'il n'en faut pour la voir. Après cinq jours et cinq nuits de vie fatigante et désœuvrée en chemin de fer, on apprécie sans doute un hôtel bien monté et le mouvement d'une grande cité ; mais quand ce mouvement est aussi prosaïquement affairé qu'à Chicago, on s'en lasse vite.

L'hôtel où nous sommes descendus, le *Great Pacific*, est un immense block déjà noirci par l'atmosphère enfumée de la ville ; son vaste hall du rez-de-chaussée ressemble à une salle de Bourse, tant par sa construction que par la foule masculine qui y circule toute la journée, pour y fumer, pour y lire journaux et télégrammes, pour y discuter entreprises et nouvelles. Le personnel nègre, les ascenseurs et les longs couloirs, tout réédite l'hôtel de Frisco, mais avec plus de bruit encore. Dans chaque chambre on trouve une bible sur la commode, et un *fire escape* accroché près de la croisée. C'est un instrument de sauvetage dû aux mesures perfectionnées prises ici à la suite du terrible incendie qui détruisit les trois quarts de la ville. Réduit en cendres, Chicago s'est vu renaître comme le phénix, avec une rapidité si merveilleuse que les anciens résidents eux-mêmes en restent stupéfaits.

Aussi le tracé de ses grandes artères immensément longues et majestueusement larges, que dominent de hautes et massives constructions à six et sept étages, est-il superbe. Mais dans ce luxe de l'espace on déplore l'uniformité sombre des murs de briques rouges ou déjà noircis, des grands magasins aux fenêtres à guillotine, aux inscriptions à grosses lettres, devant lesquels s'échelonnent à perte de vue des mâts télégraphiques aux nombreuses traverses et aux fils enchevêtrés! Et dans ce cadre spacieux on se fatigue de cette étourdissante animation de lourds véhicules, de tramways formant des trains entiers, tirés par des locomotives, de ce voile épais de brumes grises qui rappelle Londres et son atmosphère attristante. A Chicago, l'élégance, le raffinement font défaut, même dans le public des théâtres. Quelle différence avec Frisco, où semble avoir passé comme un souffle parisien!

L'événement de notre séjour à Chicago a été notre visite à la fameuse boucherie-manufacture de porcs aux Stock Yards. Un Anglais éleveur de bestiaux dans les *ranchès* de Cheyenne (occupation qui le retient aux États-Unis du printemps à l'automne, et lui permet de jouir de l'Angleterre le reste de l'année) nous avait donné pendant notre voyage commun jusqu'à Omaha une carte pour ses agents. Ces Stock Yards sont situés à plusieurs kilomètres du centre de la ville. Pour y arriver, on met une demi-heure en chemin de fer, ou cinquante minutes en cable-car. Nous avons choisi ce dernier mode de locomotion, croyant mieux juger de la ville; mais je constate avec mélancolie que nous avons tout bonnement suivi pendant trois quarts d'heure deux de ces rues ennuyeuses et interminables qui se coupent à angle droit.

Vus d'une tour panoramique, les Stock Yards, magasins d'approvisionnement de Chicago, s'étendent en une grande plaine divisée en une foule de petits enclos carrés, où les bêtes à cornes, les moutons et les cochons forment des taches noires, brunes et blanches. Au milieu se trouve le bâtiment des agences et, à droite, les lignes ferrées et les constructions des diverses *Pig killing and packing manufacturies*. Suivez-nous dans l'une d'elles, celle de MM. Armour and C°, et préparez-vous à un spectacle que la plume de Zola seule pourrait convenablement décrire.

Dans un seul et même hall on assiste aux derniers moments,

à la mort et au dépècement mécanique de milliers de porcs. Dès l'entrée, une atmosphère âcre, chaude, chargée d'exhalaisons de sang fumant, vous prend à la gorge. On avance sur le sol gluant dans des mares rougeâtres et glissantes. Quelques escaliers conduisent à une partie surélevée ; là est un enclos où grognent les animaux destinés au supplice. Un homme, debout à l'entrée de l'enclos, saisit chaque porc par une patte de derrière, le suspend à un crochet de fer et le hisse, la tête en bas, jusqu'en face de l'égorgeur, campé dans un lac de sang. Le pauvre cochon pousse un hurlement suprême confondu avec le bruit des machines plus bas et brusquement étouffé par l'immense couteau qu'il reçoit en pleine gorge. Un gros flot pourpre jaillit, et l'animal glisse sur la barre de fer pour aller rejoindre une dizaine de confrères plus ou moins occis, dont les gigotements diminuent au fur et à mesure qu'ils approchent des engrenages où commence leur transformation. Arrivés là, ils sont lavés à l'eau bouillante, raclés, fendus, vidés, dépecés, passés de main en main sur de longues tables fumantes.

Je passe sur les détails divers de ces opérations, parce que je ne les ai pas approfondis moi-même, écœuré par cette épouvantable tuerie, suffoqué par l'air vicié de ce lieu de carnage, et croyant toujours voir le mouvement automatique de cet homme maculé de sang, qui, avec une précision mathématique, plonge et replonge son coutelas dans des milliers de corps pantelants....

On parcourt ensuite les autres parties moins répulsives de la manufacture, c'est-à-dire de longues voûtes sablées où pendent d'énormes quantités de viande fraîche et de jambons, la fabrique des saucisses diverses, les magasins de salaison et d'emballage en tonnes, enfin la boutique de détail où les ménagères peuvent acheter par morceaux le porc tué la veille.

MM. Armour ont abattu pendant l'année dernière cent cinquante mille têtes de bétail ; ils comptent faire davantage cette année! Une grande partie (les deux tiers de ces viandes) est répandue dans l'Est ou expédiée en Angleterre.

Nous inclinant devant la grandeur de ces entreprises colossales, nous quittions Chicago, ses hautes cheminées et ses rues agitées, pour admirer la calme majesté du Niagara. Partis le 21 de Chicago, nous voyagions toute la nuit et débarquions le dimanche matin, à sept heures, à Niagara-Falls, côté américain. Un joli petit hôtel, l'hôtel Kaltembach, très bien tenu, nous fit bonne impression après les caravansérails à six étages et ascenseurs, que nous avions trouvés jusqu'à présent. Le grand hôtel, Cataract House, n'est pas encore ouvert, la saison ne commençant pas avant le 15 mai. Mais les chutes, belles en tout temps, devraient peut-être attirer plus de monde quand elles sont, comme à présent, en partie encombrées de glaçons.

À première vue cependant, les cataractes désillusionnent. On a tellement entendu parler de cette merveille gigantesque que sur place on s'écrie : « Comment, ce n'est que cela? » Chacun subit cette impression parce qu'au lieu d'être entourées d'un cadre pittoresque les chutes se précipitent à ciel ouvert d'un horizon tout plat dans un lit encaissé. Les cataractes imposent donc plus par leurs détails que par leur ensemble. Il faut les voir et les revoir, et, sans abuser de sites différents, se familiariser avec les plus frappants d'entre eux. Il faut de plus, pour atténuer des vexations inévitables, trouver un cocher relativement honnête qui, pendant la longue visite, consente à vous conduire surtout aux endroits les plus dignes d'intérêt. Il faut enfin se cuirasser contre les exploitations diverses qui se sont établies partout, comme autant de péages : comptoirs féroces prélevant à chaque pas des droits de cinquante cents ou d'un dollar, sempiternelles boutiques de photographies, de coquillages, d'oiseaux empaillés et de produits divers de l'industrie indienne.

Ne verra-t-on pas se réaliser l'espoir de la création d'une propriété nationale gratuite, qui mettrait à la portée de tous, du moins sur la rive américaine, la majestueuse splendeur des cataractes?

Les deux rives américaine et canadienne sont reliées par deux ponts magnifiques, celui du chemin de fer et celui des voitures et des piétons. C'est de ce dernier qu'on embrasse la première vue d'ensemble sur les chutes. Mais le plus beau panorama général est celui qui s'obtient de la terrasse supérieure du musée anglais, situé sur la rive canadienne. Là on fait face à la chute américaine, à gauche de laquelle s'étend la ville de Niagara-Falls. Les maisons ont l'air de petits joujoux de bois, et le torrent qui coule à leur base semble vouloir les entraîner dans les profondeurs du gouffre écumant....

Il nous a fallu une journée entière pour visiter les points les plus importants. C'est d'abord Table-Rock, sur le côté canadien. Il s'agit là de se costumer en vêtements imperméables et de descendre les quarante marches d'une tour de bois, au bas de laquelle on se trouve sur des glaçons et de la neige, entre des parois de rochers et la cataracte furieuse, qui vous inonde d'une fine pluie. Goat-Island, Prospect-Park et le Whirlpool sont à voir aussi, sur le territoire de New-York State. Goat-Island est une île presque sauvage émergeant au milieu du fleuve, et à l'extrémité de laquelle celui-ci se précipite avec impétuosité dans le ravin encaissé où il continue à couler paisiblement. De Prospect-Park on aperçoit d'un côté la nappe unie du fleuve, le rebord terrible de la chute, puis en bas un spectacle analogue à celui de Table-Rock, et pour le moins aussi beau. Au Whirlpool enfin, on atteint au moyen d'un ascenseur le lit même du fleuve, à 2 ou 3 kilomètres environ plus loin que les chutes.

C'est entre le Whirlpool et le pont du chemin de fer que Blondin accomplit sa fameuse traversée....

New-York, 9 mars.

De Niagara-Falls à New-York, il y a quatorze heures de chemin de fer. Le meilleur moyen de rendre le voyage plus agréable est de quitter le train à Albany, la capitale de New-York State, et de descendre l'Hudson en bateau à vapeur. Mais à cette époque le service de la rivière n'est pas encore commencé, et il faut se contenter de contempler derrière les glaces du wagon le paysage charmant qui se déroule le long de la voie.

Je ne saurais dire que New-York plaise beaucoup à première vue. Pour des voyageurs de passage tels que nous, la ville semble trop turbulente dans les quartiers d'affaires, et elle a un aspect trop monotone dans les quartiers élégants. Mais l'orientation y est des plus faciles. La cité-presqu'île, comme tirée en longueur entre Jersey et Brooklyn, dont la sépare un bras de l'Hudson, est partagée d'un bout à l'autre en deux quartiers, East et West, par l'interminable Broadway, avec lequel courent parallèlement des avenues que coupent à angles droits des rues numérotées. Dès que ceci est compris et que l'on a fait connaissance avec le chemin de fer aérien, rien n'est difficile à trouver, depuis Wall Street, en pleine cité commerciale, jusqu'à Madison Square, le point central du quartier des grands magasins, des théâtres et des hôtels principaux, ou jusqu'aux confins du Park, auquel conduit la célèbre *Fifth Avenue*. Cette longue voie étroite n'est autre que l'avenue des Champs-Élysées de New-York, le rendez-vous des toilettes élégantes, des équipages stylés qui défilent aristocratiquement devant les maisons alignées à l'anglaise, précédées de jardinets grillés, alternant avec des palais lourdement somptueux et des églises de tous styles et de toutes confessions.

Tout près de Brunswick Hotel, où nous sommes descendus, se trouve le restaurant fameux de Delmonico et le Hoffmann House, ce dernier fort connu pour son bar célèbre; c'est une grande salle toujours pleine, où l'on prend les spiritueux traditionnels en vue de tableaux, de statues, de bahuts anciens, d'armures, etc., qui ornent partout les parois. On apprend bien vite que tel grand Bouguereau qui est accroché là a coûté dix mille dollars au propriétaire; tel Corrège tant d'autres mille, tel Gobelin aux armes impériales tant de mille encore, et l'on réalise avec stupéfaction que plus d'un demi-million a été englouti dans la décoration de ce comptoir de boissons, le plus élégant et le plus recherché de New-York. Combien n'y en a-t-il pas de ces bars où à toute heure du jour et de la soirée il est d'usage d'absorber force consommations, suivant une habitude tyrannique entre toutes, à laquelle l'étranger a bien de la peine à se soustraire.

C'est évidemment afin de pouvoir échapper à la proximité de ces bars bruyants que les ladies prétendent à tant de privilèges dans les hôtels, dans les restaurants, partout enfin où une indépendance absolue leur est garantie par des réservations spéciales de : *Ladies' entrance, ladies' attendance, ladies' rooms.* Que ne voit-on pas en fait d'organisations de ce genre créées en leur honneur! Quels égards constants envers elles de la part de ces hommes qui, sentant l'infériorité où les place leur éducation peu soignée, paraissent vouloir s'en excuser par des démonstrations tout au moins exagérées!

De New-York nous sommes allés passer deux jours à Washington. La ville ressemble à Versailles par la majesté de ses larges voies. On y voit nombre de statues élevées à la mémoire d'hommes célèbres, et de grands monuments publics; les plus anciens sont d'aspect austère avec leurs portiques grecs; les plus modernes trop chargés de lourds toits à mansardes et de fastueuses sculptures. Isolé sur les pentes vertes d'une petite colline qui domine la ville et la rivière, le Capitole trône tout blanc avec ses colonnes, ses galeries et son dôme brillant.

Barnum était arrivé en même temps que nous à Washington. Le matin, il fit promener un cortège formidable par toute la ville. C'était une trentaine de gros chars dorés, attelés de quatre et même de six chevaux; c'étaient des musiques, des zèbres, des éléphants, des dromadaires, des Nubiens, des Zoulous, que sais-je encore? L'après-midi, les représentations monstres eurent lieu parmi un camp volant de grandes tentes, où se retrouvaient parqués séparément tous les éléments du cortège. Autour de l'enceinte ovale et fermée, quinze ou vingt mille spectateurs étaient entassés, juchés sur d'incommodes banquettes et suivant des yeux trois spectacles donnés simultanément sur les trois pistes distinctes contenues dans l'arène. Ce cirque et toutes les tentes du dehors où se voyaient encore des géants, des femmes à barbe, des Aztèques, toute une foire de monstruosités diverses, c'était Barnum et Barnum tout seul.

Boston nous a plu énormément : sans doute parce que nous y avons fait grand nombre de connaissances et que l'esprit traditionnel de culture et d'érudition, les manières avenantes et distinguées des Bostoniens nous ont agréablement frappés. C'est à Boston, plus que partout ailleurs, qu'est sensible le contraste entre les masses mal élevées, aux allures égalitaires et sans gêne, et l'aristocratie ancienne et nouvelle qui se retranche dans un rigorisme des plus exclusifs.

Comme aspect, Boston a deux côtés bien distincts. La vieille ville aux rues étroites avec son « Common » bordant Beacon Street, et ses maisons patriciennes, hautes, étroites et sombres, qui font souvenir de Green Park à Londres; puis la ville neuve avec ses belles et larges rues, ses grands hôtels, ses églises de style original, son musée historique et artistique, etc., etc. Tout ce nouveau quartier a été conquis sur la mer et érigé sur pilotis après refoulement des eaux et comblement à niveau.

Mais que dire encore qui ne soit déjà connu de tous, sur ce pays, sur ces grandes villes modernes, que nous parcourons bien plus par obligation qu'avec intérêt soutenu? Si près du départ, engagés dans une vie européenne dont les agréments n'ont que peu de charmes en comparaison de tous ceux qui nous attendent dans le *home* tant désiré, nous n'éprouvons plus à l'égard de ce qui nous entoure qu'une indifférence, bien excusable certainement.

Dans trois jours, enfin, nous nous embarquerons sur le *Canada*, à destination directe de France, et sous peu ce long voyage ne sera plus qu'un résumé de souvenirs! Puissent tous ceux que le goût des voyages entraînerait sur nos traces en conserver de pareils! Dans l'attente d'un heureux retour, entrevu naguère de si loin encore, actuellement si rapproché que la durée de la dernière traversée nous semblera sans fin, je ferme ce fidèle buvard, confident de ma longue correspondance, et vous dis, chers absents: « Au revoir! à bientôt! »

FIN

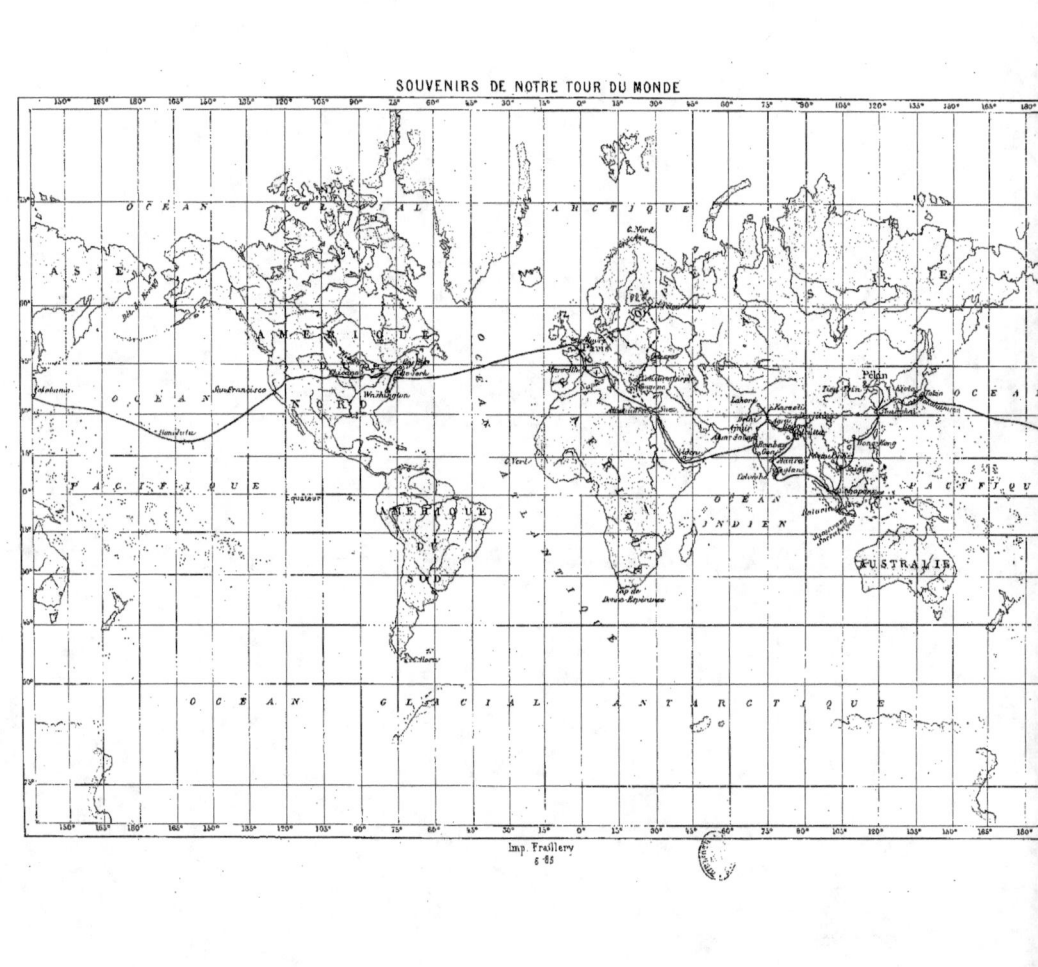

RÉSUMÉ

DES DISTANCES PARCOURUES

De Marseille à Alexandrie par les *Messageries maritimes*. . . . . 6 jours.
D'Alexandrie à Suez par chemin de fer . . . . 12 heures.
De Suez à Bombay par la *P. and O*. . . . . 13 jours.
De Bombay à Ellora par chemin de fer et voiture . . . . 20 heures.
De Bombay à Goa par la *British India*. . . . . 34 heures.
De Bombay à Ahmedabad par le *Bombay, Baroda and Central India Railway* . . . . 12 heures.
D'Ahmedabad à Jaïpur par le *Western Rajputana State Railway*. 24 heures.
De Jaïpur à Delhi . . . . 12 heures.
De Delhi à Lahore par le *Scinde, Punjab and Delhi Railway* . . 20 heures
De Lahore à Kasaoli par chemin de fer, voiture et chevaux de selle. 21 heures.
De Delhi à Agra. . . . . 7 heures.
D'Agra à Dholpur . . . . 2 heures.
D'Agra à Lucknow. . . . . 12 heures.
De Lucknow à Bénarès par le *Oudh and Rohilkand Railway*. . . . 15 heures.
De Bénarès à Calcutta . . . . 22 heures.
De Calcutta à Darjiling . . . . 27 heures.
De Calcutta à Madras et Colombo par la *British India*. . . . . 9 jours.

II

De Colombo à Kandy par chemin de fer	4 heures.
De Colombo à Singapour et Saïgon par les *Messageries maritimes*	8 jours et demi.
De Saïgon à Pnom-Penh par bateau à vapeur	27 heures.

III

De Singapour à Batavia par les *Messageries maritimes* . .	2 jours et demi.
De Batavia à Buitenzorg par chemin de fer	1 heure et demie.
De Batavia à Samarang par la *Nederlandsch Indie Stomboot Maatshappij*	2 jours et demi.
De Samarang à Soerakarta par chemin de fer	5 heures.
De Soerakarta à Djokjakarta par chemin de fer	2 heures et demie.
De Djokjakarta à Boro-Boedoer en voiture	4 heures et demie.
De Samarang à Soerabaya par la *N. I. S. M.*	24 heures.
De Soerabaya à Malang par chemin de fer	5 heures.
De Malang à Pasoeroean par chemin de fer	3 heures.
De Pasoeroean à Tosari et au Bromo, en voiture et à cheval	8 heures.

IV

De Singapour à Hongkong par les *Messageries maritimes* .	6 jours.
De Hongkong à Canton par bateau à vapeur	7 heures.
De Hongkong à Macao par bateau à vapeur	4 heures.
De Hongkong à Shanghaï par les *Messageries maritimes* .	2 jours et demi.
De Shanghaï à Tien-Tsin	3 jours.
De Tien-Tsin à Pékin, suivant le mode de transport, par cheval, chariot ou bateau	24 heures à 5 jours.
De Pékin à la Grande Muraille, aux Tombeaux des Ming et aux Palais d'Été	5 jours.

V

De Shanghaï à Nagasaki, Kobé et Yokohama, par la *Mitsu-Bishi*	7 jours.
De Yokohama à Tokio par chemin de fer	1 heure.

RÉSUMÉ DES DISTANCES PARCOURUES.

De Tokio à Kioto par voie du Tokaïdo. Distance de 133 ri, soit 430 kilomètres; avec une moyenne de 15 ri par jour en jin-riki-sha et sans tenir compte des arrêts.	9 à 10 jours.
De Kioto à Nara, environ 11 ri 3/4, soit 38 kilomètres.	une demi-journée.
De Nara à Ozaka, 12 ri, soit 39 kilomètres.	une demi-journée.
D'Ozaka à Kobé par chemin de fer.	1 heure.
D'Ozaka à Kioto et Otsu par chemin de fer.	1 heure et demie.
Traversée du lac Biwa d'Otsu à Maïbara.	4 heures.
De Maïbara à Tokio, par voie du Nakasendo; 118 ri, soit 390 kilomètres; avec une moyenne de 10 ri par jour et sans tenir compte des arrêts.	11 à 12 jours.
De Tokio à Nikko, 38 ri, soit 140 kilomètres.	2 à 3 jours.

VI

De Yokohama à Honolulu par l'*Oriental and Occidental*.	13 jours.
De Honolulu à San Francisco, *idem*.	10 jours.
De San Francisco à Chicago par le *Central Pacific Railway*.	5 jours.
De Chicago à Niagara.	16 heures.
De Niagara à New-York.	14 heures.
De New York à Washington.	10 heures.
De New-York à Boston.	7 heures.
De New-York au Havre par la Compagnie Transatlantique.	10 jours.

La dépense moyenne d'un voyage comme le nôtre peut être évaluée à un chiffre de deux mille francs par personne et par mois.

TABLE DES PHOTOTYPIES

1. Jeune fille japonaise. — Photographie de l'auteur.. . . . . . . Frontispice.
2. Caves d'Ellora. — Photographie de MM. Bourne et Shepherd à Calcutta 26
3. Ruines du Vieux-Goa. — Photographie de l'auteur. 30
4. Le Taj Mahal d'Agra. — Photographie de MM. Bourne et Shepherd à Calcutta 54
5. Bénarès : les bords du Gange. — Photographie de MM. Bourne et Shepherd à Calcutta. 82
6. Rivière aux environs de Kandy. — Photographie de l'auteur 112
7. Maison hollandaise à Batavia. — Photographie de M. D. Charnay . . 136
8. Équipage javanais. — Photographie de l'auteur 154
9. Canton : communs d'une habitation européenne. — Photographie de l'auteur. 188
10. Halte de Ho-Chi-Wou : chariots et mules. — Photographie de l'auteur. 214
11. Pékin : la rue des Douanes. — Photographie de l'auteur 224
12. Barthélemy et les trois âniers. — Photographie de l'auteur 228
13. Mausolée de Young-Lo : portail d'entrée. — Photographie de l'auteur. 232
14. Le village de Hatta, sur le Tokaïdo. — Photographie de l'auteur . . . 254
15. Jin-riki-sha à deux coureurs. — Photographie de l'auteur 260
16. Passage d'une rivière sur le Tokaïdo. — Photographie de l'auteur . 268
17. Nara : orchestre des prêtres shintoïstes accompagnant la Kagura. — Photographie de l'auteur. 284
18. Touristes japonais en voyage sur le Nakasendo. — Photographie de l'auteur. 294
19. Bonze du monastère bouddhique de Sambutsu-do à Nikko. — Photographie de l'auteur. 304

TABLE DES PHOTOTYPIES.

20. Fossés du Shiro à Tokio. — Photographie de l'auteur 314
21. Tokio : jardin particulier et pavillon de thé. — Photographie de l'auteur. 324
22. Représentation de lutteurs japonais. — Photographie de l'auteur . . . 328
23. Sanctuaire et portiques à Oji, près de Tokio. — Photographie de l'auteur. 342
24. Femmes du peuple à Honolulu. — Photographie de l'auteur 362

TABLE DES CARTES

1. Hindoustan et Ceylan.   22
2. Ile de Java 140
3. Côtes de Chine. 236
4. Japon méridional et central. 250
5. Planisphère résumant l'itinéraire général. 386

ERRATA

—

Page 13, ligne 22. Au lieu de : résumé des premières impressions, lire : résumé *de* premières impressions.
    30, — 8. Au lieu de : restés, lire : *restes*.
    41, — 2. Au lieu de : Kealing, lire : *Keene*.
    41, — 11. Au lieu de : Babor, lire : *Baber*.
    42, — 21. Au lieu de : monuments entièrement du, lire : monuments *faits* entièrement du....
    49, — 4. Au lieu de : uirait, lire : *dirait*.
    141, — 5. Au lieu de : les silhouettes bleues de, lire : les silhouettes bleues *des*....
    218, — 18. Au lieu de : Yung-Lo, lire : *Young-Lo*.
    301. — 1. Au lieu de : Toku-gawa, lire : *Tokugawa*.
    304, — 18. Au lieu de : fin, lire : *fini*.
    349, — 21. Au lieu de : le quartier des, lire : le quartier *de*.
    352, — 26. Au lieu de : Oceanic Steam Navigation, lire : *Oriental and Occidental*.
    355, — 26. Au lieu de : rafinement, lire : *raffinement*.
    379. — 29. Au lieu de : manufacturies, lire : *manufactories*.

Note générale : Lire sans *s* final les mots asiatiques qui par erreur ont été mis de cette façon au pluriel.

TABLE DES MATIÈRES

I

INDE ANGLAISE

De Paris à Alexandrie	1
Alexandrie et Suez	5
Mer Rouge et golfe d'Oman	10
Bombay	13
Ellora	25
Goa	29
Ahmedabad et Ajmir	31
Jaïpur	35
Delhi	40
Lahore	45
Kasaoli	49
Agra	53
Dholpur	57
Lucknow	70
Bénarès	79
Calcutta	83
Darjiling et Selim-Tea-Estate	89
Madras	97

II

CEYLAN. — COCHINCHINE

Colombo	101
Rambukkana	106
Kandy	108
De Colombo à Singapour	114
Singapour	117
Saïgon	119
Pnom-Penh	124

III

JAVA

Batavia	133
Buitenzorg	141
Le Préanger	144
De Batavia à Samarang	148
Les Vorstenlanden	151
Boro-Boedoer	154
Djokjakarta	157
Soerakarta	159
Soerabaya	168
Bromo et Pasoeroean	169
De Soerabaya à Batavia	175
De Batavia à Singapour et Hongkong	177

IV

CHINE

Hongkong	183
Canton	188
Macao	200
Victoria Peak	203
Shanghaï	205
De Tien-Tsin à Pékin	212
Pékin	216
La Grande Muraille	226
Les Tombeaux des Ming	230
Les Palais d'Été	233
De Tien-Tsin à Shanghaï	242

V

JAPON

Shimo-no-Séki et Kobé	245
Yokohama	250
Le Tokaïdo	254
Nagoya	268
Kioto	270
Nara	280
Ozaka	285
Le Nakasendo	291
Nikko	297
Tokio	308

TABLE DES MATIÈRES.

Enoshima 342
Le Pacifique 352

VI

AMÉRIQUE

Honolulu 359
San Francisco 363
De San Francisco à Chicago 370
Chicago 378
Niagara 381
New-York, Washington, Boston 383

Résumé des distances parcourues 387

Table des phototypies 391

Table des cartes 393

Errata 395

11933. — Imprimerie A. Lahure, rue de Fleurus, 9, à Paris.

www.ingramcontent.com/pod-product-compliance
Lightning Source LLC
Chambersburg PA
CBHW072105220426

43664CB00013B/2008